"十三五"国家重点出版物出版规划项目

中國財政学会
财政与国家治理系列丛书

The Government Budget Reformation
of China through a Mountain Pass
The Modern Budget System in a Changing World

山坳上的
中国政府预算改革

——变革世界中的现代预算制度

马蔡琛　等／著

中国财经出版传媒集团
经济科学出版社
Economic Science Press

财政与国家治理系列丛书编委会

总　　　编：刘尚希
副　总　编：高培勇　李俊生　郭庆旺
编委会成员：王卫星　王光坤　王浦劬
　　　　　　王朝才　白重恩　白景明
　　　　　　李万甫　李晓超　陆　磊
　　　　　　罗文光　孟　春　欧文汉
　　　　　　祝宝良　傅志华

总　　序

实现中华民族伟大复兴，是一百多年以来无数海内外中华儿女的梦想。今天，我们比历史上任何时期都更接近、更有信心和能力实现中华民族伟大复兴的目标。当我们端起历史的望远镜，回看一百多年来我们走过的路，我们看到财政与国家命运的关系是如此紧密，国家命运的变化和兴衰背后竟然隐藏着深刻的财政密码。

公元1840年，天干地支纪年法为庚子年。这一年发生了第一次鸦片战争，西方列强敲开了封闭的清朝的大门。1842年，清政府签订了丧权辱国的《南京条约》，使中国陷入了近代半殖民地社会的泥潭。在此之后，列强侵略、军阀割据、生灵涂炭。虎门陷落，英军侵入珠江；甲午战败，北洋水师覆没；卢沟桥事变，日军全面侵华，中华民族经历了太多的屈辱史。但是谁能想到，近代国运衰弱的背后，隐藏着鲜为人知的财政密码。拿当时的中国和英国相比较，鸦片战争前中英工业制造能力、军事实力的巨大差距只是表象，深层次里是财政制度、国家治理体系和治理思想的巨大差异。英国1668年的"光荣革命"，议会永久地把国王的财政权力关进法律的笼子里，并逐步建立起现代财政制度。"光荣革命"确立的税收法定原则，为英国工业革命奠定了基础，也为英国殖民战争提供了财力支撑。2000多年前就已确立的中央集权统治和财政制度没有与时俱进，在清政府的财政收入中地丁、盐课、关税是主要来源，其中地丁一项几乎占到政府收入的2/3左右。重农抑商的财政制度使中国的发展长期停留在以农业为主的状态，国家的综合实力难以壮大。而且，在有限的政府财力中用于国防的也十分有限，财政权被滥用，腐败严重，不少支出化为皇室、大臣奢侈享乐等政府消费性支出。即使面临严峻的军事威胁，这种惯性也难以迅速改变。财政无法把经济、政治和国防整合起来，国家综合实力不能通过财政的转化而增强，国家衰败是不可避免的。

1

公元 1949 年，天干地支纪年法为己丑年，这一年中华人民共和国成立。当毛泽东主席在天安门城楼上宣告中国人民从此站起来了的时候，很少有人想到，无数人为之奋斗的这一天的到来，背后也隐藏着财政密码。毛泽东 1938 年发表的《论持久战》中有这样一句话："抗日的财源十分困难，动员了民众，则财政也不成问题，岂有如此广土众民的国家而患财穷之理？" 1949 年，毛泽东发表的《我们是能够克服困难的》一文中写道："二十二年的人民解放战争告诉我们，在任何一个驱逐敌人建立人民政权的区域，必不可免地要经过一个困难的时期。……为着克服困难，必须完成几项根本性质的工作，这就是：（一）消灭封建势力，使农民得到土地；（二）实行精兵简政，简省国家开支；（三）在上列两项基础之上初步地恢复和发展一切有益的工业和农业生产。"毛泽东所谈到的三项根本性质的工作，每一项都与战时财政制度密切相关。中国共产党战时废除苛捐杂税、减租减息等财政制度为中国革命奠定了强大的经济基础、社会基础和政治基础。

公元 1978 年，天干地支纪年法为戊午年，这一年中国共产党十一届三中全会召开。1978 年的中国，是中华民族 5000 年历史上具有重要意义的一年。如果说 1949 年中国的变化是让中国人民站了起来，那么 1978 年的变化则是中华民族走向富裕道路的开始。但是，当年我国面临着十年"文革"带来的严峻局面：经济凋散，科技落后，人民贫困。与世界其他国家相比，我国经济不仅与发达国家的差距进一步扩大，而且还被一些发展中国家和地区远远地甩在了后面。邓小平强调，不改革开放，总有一天会被开除"球籍"。可以说，贫困与落后，生存危机与开除"球籍"的危险，是撬动中国改革开放最大的动力。解决短缺问题的根本途径是提高生产力，提升经济效率，市场化无疑是唯一出路。要建立充满生机的社会主义经济体制，增强企业活力是经济体制改革的中心环节。而这个时候，是财政改革率先打破高度集中计划经济体制的缺口，也是财政改革为市场化改革奠基铺路。财政改革是围绕"增强企业活力"展开的，而"利改税"则是增强企业活力、确立企业市场主体地位的关键一步。

在人类史上，没有哪个国家的发展是一帆风顺的；没有哪个国家的发展没有遭遇过重大风险，甚至危机。审视历史，其背后都隐藏着财政密码，左右历史变迁的进程，从历史的波澜中都能找到财政的身影，重大的历史变革无不指向财政。面对风险和危机，果断地进行财政变革，就能化风险为动力、化危机为转机；如果拖泥带水、停滞不前，等待的就只能是灭亡。美国的"进步时代"和苏联的解体是对此最好的诠释。"进步时代"之前，美国财政制度既杂乱又低效，藏污纳垢，完全不对民众负责。国家面临的问题，也是腐败横行、假冒伪劣猖獗、重大灾难屡屡发生、社会矛盾异常尖锐。在"进步时代"，美国从收入和开支两方面对其财政制度进行了彻底的改造，建立了现代财政制度，其现代国家的基础就是在这个时期奠定的。到20世纪20年代，美国已建立了一个高效的现代国家机器。没有在"进步时代"打下的财政制度基础，美国资本主义的命运也许完全会是另外一种结局。反观苏联解体，最大的原因也是因为苏联一直实行高度集权的财政制度，导致整个社会毫无活力和动力，风险长期积累，遇到问题冲击时"帝国"便分崩离析。

历史是一面镜子——知兴衰，明得失，可照现实，可照未来。当我们审视人类历史的长河时，发现财政与国家治理的关系是如此紧密。尤其是人类社会已经进入风险社会，其特征是高度不确定性。在风险社会，经济风险、社会风险、债务风险、金融风险，以及地缘政治风险等公共风险相互交织、叠加放大、全球互联，若处理不好会引发严重的发展危机。在这一背景下，研究财政与国家治理的关系尤为重要。基于此，中国财政学会推出了《财政与国家治理》系列丛书，丛书试图从各个角度解读实现国家治理体系和治理能力现代化背后的财政密码，为实现中华民族伟大复兴贡献智慧力量。

刘尚希

2018 年 5 月

前　　言

　　岁月流逝，这本总括反映我近十年来政府预算研究的书稿，就要正式付梓出版了。本书是我主持的若干项研究课题的综合性成果，它们分别是：国家社会科学基金重大项目"我国预算绩效指标框架与指标库建设研究"（项目编号12&ZD198）；国家社会科学基金一般项目"我国预算制度的演化与改进研究"（项目编号12BJY134）；教育部人文社会科学研究规划基金项目"公共预算监督绩效的行为经济学分析"（项目编号12YJA790097）；中国财政学会2014年度招标课题"跨年度预算平衡机制研究"。

　　自1997年以来的二十多年间，我对政府预算问题的研究大体可以分为三个阶段。第一阶段是1997～2000年，在天津市财政局预算处从事预算管理实践工作。这一时期恰逢这一轮中国政府预算管理改革胎动萌生之际。在财政预算管理部门从事实际工作的这段经历，为后来的政府预算研究积累了坚实的实践基础与现实感悟，成为在预算理论研究与改革实践之间往返漫游的渡海津梁。二十年后，回首来时的路，这真是一笔"千金不易"的宝贵人生财富。第二阶段是2000～2009年，先后在中国人民大学财政金融学院攻读博士学位，在中国社会科学院财政与贸易经济研究所（现更名为中国社会科学院财经战略研究院）从事科学研究工作。这期间，又分别在中国社会科学院和财政部财政科学研究所（现更名为中国财政科学研究院）应用经济学博士后流动站从事博士后研究。有关前两个阶段的预算研究成果，构成了我早先出版的《变革世界中的政府预算管理——一种利益相关方视角的考察》（中国社会科学出版社2010年版）一书的主体。第三阶段始于2009年3月，在已故的南开大学经济学院老院长马君潞教授盛情相邀之下，我在那个时候加盟到南开大学经济学院，一晃又是将近十年过去了。本书主要汇集了我在南开十年来有关政府预算的研究成果，也算是《变革世界中的政府预算管理——一种利益相关

1

方视角的考察》一书的姊妹篇。

2010 年 4 月，搜狐财经举办了一场"新视角经济学人论坛"，主题是"预算公开离公共财政有多远?"那天，我和北京大学的平新乔老师到的比较早。我从包里拿出一本刚出版的《变革世界中的政府预算管理——一种利益相关方视角的考察》埋头写上"请指正云云"，一抬头竟发现平老师也从包里取出一本我的书。后来才知道，他是专门从书店买了带来的。我们后来相约到平老师的办公室长谈了一次。尽管当时所谋划的事情后来由于各种主客观因素的变化而未能实现。但当年他的一句话，这十年来我总是时常想起:"小马，这是你38 岁时候写的书。10 年以后，你 48 岁的时候，能否超越 38 岁的自己?"十年岁月，弹指声中。从这个意义上讲，本书也可以算作对自己近十年人生岁月的一张答卷，尽管因平台局限、人事变迁等诸多因素，距离当初的期望还是有相当之距离，但毕竟是这些年一步步走来的一个写照。如果问本书出版后第一个想送给谁，我想应该是平新乔老师。

这些年我对于政府预算问题的研究，大体是循着"一主一辅"两条线索展开的。主线是对于中国政府预算改革与现代预算制度建设等诸多前沿性命题，展开持续性的追踪研究、实地调研与政策咨询;辅线则是对于社会性别预算问题的理论研究与实践开拓，这是属于财政学与社会学中的妇女/性别学的交叉性领域。

就辅线而言，这些年先后参与推动了河北省张家口市、河南省焦作市、浙江省温岭市等地的社会性别预算改革，并于 2009 年和 2014 年出版了中国大陆第一本和第二本社会性别预算的研究著作①。2014 年第二本性别预算著作出版之际，我曾经说过，"对于社会性别预算问题，至少在现阶段，我或许已到了'事了拂衣去'的时候了。"

现在看来，在另外一条所谓"主线"的话题上，除了预算绩效管理与绩效评价等尚未完工的研究命题之外，总体上也到了可以告一段落的时候了。回首这二十多年来，对于中国政府预算问题的探索与思考，耗去了我太多的青春岁月和热血激情。每每回想起那些为推进中国政府预算改革而奔走呼号的岁月，那些同财税理论和实际部门的朋友们所结下的深厚学术情谊，那些留在时

---

① 这两本书分别是《社会性别预算:理论与实践》(经济科学出版社 2009 年版)、《中国社会性别预算改革:方法、案例及应用》(经济科学出版社 2014 年版)。

光记忆中的财政改革故事，真有恍如昨日之感。我们对于财政预算改革的一些构想与期许或许一时难以实现，但至少也要让后代人知道这些前人的思考和梦想。我不禁又一次想起纳兰的词"人生若只如初见"，这些年对于政府预算问题，也越来越有这种"如初见"的感觉。到而今，"一篇读罢头飞雪"，也是应该"结束铅华归少作，摒除丝竹入中年"了。人生总要留一点时间，做些自己真正喜欢的事情。当然，我仍旧会永远祈祷中国政府预算改革的未来，并愿意随时与之甘苦共尝。

本书中的一些章节，是由我在南开大学带领的研究生团队共同完成的。这些同学大多有志于从事教书育人的事业，作为一名老师，这是颇为值得欣慰的事情。这些合作者的名字已于书中相应章节逐一标注，在此不再赘述。学如积薪，后来居上。从这个意义上讲，我还是想再一次对大家表示感谢：你们是我的骄傲！

特别感谢中国财政科学研究院刘尚希院长的大力支持！感谢"财政与国家治理系列丛书"对于本书的认可与接纳。

在 2010 年出版的《变革世界中的政府预算管理——一种利益相关方视角的考察》一书的后记中，我曾经写过这样一段文字："'付梓即为千古事'。在这急剧变革的时代中，本书是否能够经历时间的考验？本书提出的种种研究命题和分析结论，能否实现历久弥新的理想与追求？这些也只能交给实践去检验，读者去评说。如果本书能够对推进中国政府预算改革的研究与实践，有所助益，则应归功于笔者得有机缘站在无数巨人的肩膀之上；如果有不尽如人意之处，则恳请读者朋友们批评指正！"

今天所要说的，也同样是这几句话。

最后，祝福中国政府预算改革的未来！

马蔡琛
2018 年 6 月于白河之滨 天津桥畔

目录

1

第1章

导论：中国政府预算改革"爬山坳"

回首 20 世纪初叶风云激荡的中国近代史，许多事件仅是当初波澜壮阔岁月中的沧海一粟，却对此后的中国现代化进程产生了深远影响。从政府预算的角度来看，这一时期也同样发生了一系列开时代先河的重要事件。

这一时期关于政府预算的重要历史事件有：戊戌变法中康有为、梁启超提出编制预算公开财政的主张，1908 年清政府颁布了《清理财政章程》，以及从1910 年起由清理财政局主持预算编制工作。这是中国五千年历史上第一次正式编制政府预算。同时，以市场经济为参照的早期预算制度改革，推动着理论界对西方国家预算制度的研究。在此背景下，1911 年（宣统三年）江苏人吴琼出版了中国历史上第一部预算学著作——《比较预算制度论》。即使时隔100 多年，其中的很多观点以现代的眼光来看，也是发人深省的。譬如，吴琼在该书中指出："预算无论何国，苟为采用立宪政体之国家，无不视此为最要之问题，亦为最难解决之问题。试翻西洋诸国之历史，凡在专制政体之下，促起议会之召集，使有制定宪法之适当时机，即不外乎国家之岁计。政府先编将来之预算，求得议会之同意，实为国家主要目的。然随立宪政体之实行，或当实行未久之时，此预算问题，常为舆论之中心，为一般国民所注重。验既往而测方来，殆如出一途而未尝或渝。及随国运之进步，与财政之膨胀，人民智识之发达，则其重要之程度，且益见增进。东西各国，或起政治上之风云，内阁交迭，议会解散等事，试一考其原因，其与预算问题不相关涉者，殆屈指可数。然则预算问题，非但为准备立宪之国所急须研究，即在宪政成立之国，亦不可不深加讨论者也。"①

---

① 吴琼：《比较预算制度论》，商务印书馆 1911 年版，第 1～2 页。

　　如果不过多地对当年的社会改良者加以苛求的话，20 世纪初叶近代政府预算萌芽在中国的产生，至少在某种程度上标志着皇室收支与政府财政收支的界限开始明确，政府预算也开始有可能成为以广大民众为代表的民权一方与王室贵族进行斗争的工具。这对于中国现代化进程所可能产生的影响，无疑是相当深远的①。当时一些学者已然对政府预算的重要性有了相当深刻的认识。例如，曾被誉为旷代逸才的杨度先生，于 1907 年在其名篇《金铁主义说》中就曾指出："监督会计及预算之制，其严重如此，是皆国会重要之职权，即立宪国所以建设责任政府唯一之武器也。"

　　不妨将分析的视野继续回溯到 17 世纪英国资产阶级革命前后的时代。通过对当时史料的分析，② 似乎可以得出这样一个结论：现代政府预算的确立与发展，是英国社会公众与君主之间经济利益争夺的产物，它体现出市场因素在其发展壮大的过程中，各相关利益主体维护自身利益的现实要求。其思想渊源可以进一步上溯到 1215 年英国《大宪章》首次确认的"非赞同毋纳税"以及 1295 年英国"模范议会"所提出的"涉及所有人的问题，应当由所有人来批准"的基本预算与税收原则。

　　早在近 70 年前，著名经济学家马寅初先生也曾指出："在欧美各国，决算报告大都送交国会审议。……政府每年度取于民者几何，支出者又几何，应使人民详悉内容，求其谅解与拥护，用以解除责任。……论者咸以政府决算之能否如期完成公布，为测验民治程度之标准，其重要可知。"③

　　通过历史的考察不难得出这样的结论，政府预算的产生与发展是与现代法治国家和民主政治同步成长的，政府预算不仅是一个经济范畴，还更多地涉及政治层面的因素。同时，在政府治理构架基本稳定的前提下，还更进一步涉及政府公共管理等具体操作层面的问题。

　　如果我们将目光进一步投向中国政府预算管理的现状时，却不得不面对一些现实的挑战。政府预算在中国从萌芽到成长，经历了百年的求索与漂泊，但

---

　　① 马蔡琛：《变革世界中的政府预算管理——一种利益相关方视角的考察》，中国社会科学出版社 2010 年版，第 1 页。
　　② 关于英国现代财政预算制度发展演进较为系统的论述，可以进一步参阅：宋丙涛：《英国崛起之谜：财政制度变迁与现代经济发展》，社会科学文献出版社 2015 年版。
　　③ 马寅初：《财政学与中国财政——理论与现实》，商务印书馆 2001 年版，第 144 页。（原书于 1948 年由商务印书馆出版）

仍旧面临着诸多尚待解决的时代课题。政府预算在中国，曾经或多或少地偏离了"涉及所有人的问题，应当由所有人来批准"这一看似浅显却又颇难实践的基本原则。中国政府预算距离"依法用好百姓的钱"的目标，或许仍旧需要完成某些关键性的跨越。

1.1　中国政府预算的公共化进程[①]

如果不做过细的考证，改革开放 40 年来，在财政管理领域具有里程碑意义的事件大致有这样几个：一是 20 世纪 80 年代的两步"利改税"和"分灶吃饭"财政体制；二是 1994 年的税制改革与"分税制"财政体制改革；三是始于 20 世纪 90 年代末期的新一轮预算改革和构建公共财政框架；四是近年来的现代财政制度建设。应该说，中国财政体制改革由以收入为核心的制度安排，向以支出为重点的预算改革转型，并非仅仅是一个历史事件，而是具有深刻时代背景的。从这个意义上讲，我们将中国政府预算改革的进程用"公共化"来加以描述，也是符合历史逻辑和改革实践的。

1. 渐推渐进的动态过程

从制度变迁的策略选择来看，在计划经济向市场经济的转型路径上，与苏联和东欧国家不同，我国采取了一条利用已有组织资源推进市场化进程的渐进演化模式。

基于政治、经济和社会的特点以及各地方和部门日趋固化的利益格局，考虑制度变迁的收益与成本对比，我国的预算公共化改革也同样选择了一条渐进式道路。其典型表现是：各项改革措施先在较小范围内进行试点，然后再将试点经验向全国推广。

然而，依据制度变迁的路径依赖理论，初始制度选择所形成的锁定效应会在相当程度上约束着新体制沿着原有路径惯性推进。因此，为化解新旧体制转换过程中的"路径依赖"问题，需要对政府预算诸环节进行系统化的流程再造。这不仅涉及预算编制与执行等技术层面，还触及立法机构和社会公众的预算决策权、知情权、参与权等民主政治层面的问题。尤其是当前的市场化进程

[①]　马蔡琛：《中国政府预算公共化进程》，载于《中国社会科学报》2010 年 5 月 11 日。

中，现代财政的制度建设尚未成功，预算公共化改革的纵深推进也难以"毕其功于一役"，中国政府预算公共化呈现为渐推渐进的动态演进过程。

2. 传统政治哲学与现实国情的融合过程

我国具有漫长的中央集权和"官本位"传统，加之在传统计划经济时代，各项权力过多掌控在政府手中。长期形成的"人治"传统和各种政务活动中印刻的浓烈"人情"因素形成了内生化的历史积淀。预算公共化改革要求公共经济活动按照法治原则运行，这些难免会与"官本位"传统发生激烈碰撞。

从我国预算演进的发展历程来看，与发达市场经济国家预算制度历经数百年的发展演进相比，即使从萌芽产生算起，近现代政府预算理念在中国，也仅有大约一百年的历史。所以，中外政府预算在治理水平与技术手段上难免存在某些差距。而市场经济国家许多成熟且先进的预算管理技术，则是在其经济社会发展已进入相对稳定阶段、政府职能界定相对清晰的基础上成型的。这种相对稳定的经济发展构架为政府预算的精细化和标准化管理提供了较为平稳的运行平台。

而我国尚处于经济运行的市场化转型时期，在相对宽泛且不断调整的政府职能构架之下，预算管理各利益相关主体间的互动影响结构，也处于不断发展变化之中。因而，中国预算管理公共化的路径选择、具体制度设计与技术手段的选型，都不能盲目照搬国外的预算管理模式，更不能一味强求管理手段与技术的先进性。

3. "自上而下、自下而上"相结合的演进过程

在 20 世纪 90 年代末期之前，我国预算公共化改革的初期，有关预算方面的制度改革与管理创新大都是由中央政府直接主导的。也就是由中央政府提供制度供给，采取的是"自上而下"的强制性制度变迁方式。

随着市场经济体制的逐步确立，公共财政体制框架的初步构建，单纯依靠"自上而下"的行政力量来推进政府预算改革无疑是不够的。一方面，随着财政分权改革的推进，地方政府的利益主体意识逐渐复苏，以中央行政力量为主推进改革的实施效果逐步下降；另一方面，随着经济社会转型的日益深化，中央政府"自上而下"改革的成本也在不断加大。同时，地方政府因事权下移、财权上移而形成的财政资金压力日显突出，也难以消极等待上级政府提供预算管理制度创新的总体框架。因此，在比较制度创新的边际收益与边际成本后，部分地方政府开始率先启动了"如何吃好财政蛋糕"的预算管理改革。在改革取得成效之后，自下而上被中央政府加以认可，然后再由中央政府自上而下将改革经验推广至全国。

循着这样的演进线索，"自上而下"的强制性制度变迁与"自下而上"的诱致性制度变迁方式的结合，保障了经济转轨时期预算公共化改革的可持续性。特别值得关注的是，由地方政府发起的预算改革也大体遵循着这样一种在相对较小范围内"自上而下"与"自下而上"相结合的演进方式，进而扩大到全国范围。

4. 实体公共化和程序公共化分别推进的非均衡过程

在预算基本法的原则框架下，政府预算分别循着预算实体法和预算程序法两个维度加以展开。因此，预算公共化过程中的法治建设也分别循着实体公共化和程序公共化两条线索加以展开。

然而，长期以来受法学领域"重实体、轻程序"的现实影响，加之各级政府部门过分强调短期经济发展的现实政绩，而忽视长远发展的规则与程序，在政府预算实体公共化和程序公共化的关系问题上，理论界与实务部门往往更倾向于强调实体层面上的预算资金筹集与配置效率等技术路线问题，而对基本"道路规则"层面上的程序正义原则相对重视不足。

其实，就社会转型期预算公共化改革的长远发展而言，建立一个规范政府分配活动秩序的程序正义层面上的"道路规则"体系①，远较单纯注重结果的"实体"政绩重要得多。

当然，认识到完善程序规则重要性的同时，仍旧需要基于中国预算改革所面对的现实国情，认识到程序规则的确立，在更深层次的意义上还涉及责任政府建设等层面的改革，需要一个相对较长的历史进程。所以，在当前重点解决较为容易的"实体"层面问题、在预算实体公共化改革的基础上，适时将改革引向基本程序规则的确立，也是符合中国预算公共化改革现实的理性选择。

---

① "道路规则"原本是指用于确保交通秩序的制度体系，后来美国学者詹姆斯·布坎南借用"道路规则"一词，形容影响政府公共决策方式和行为的根本制度。正如布坎南所指出的，"一场游戏有它的规则限定，而一场较佳的游戏只产生于改变规则"。"在其最一般的含义上，政治的一个功能，就是建立'道路规则'，这个'道路规则'使具有不同利益的个人和团体能够追求极为不同的目标，而不至于出现公开的冲突。"本书在此使用"道路规则"一词用来形容公共治理结构的根本制度。进一步论述可以参阅：James M. Buchanan. *Constitutional Economics*, London：Palgrave, Macmillan and Co, 1987.

5. 以"边角改革"推进"核心改革"的演化过程

在我国财政体制改革的初期，为了与经济体制改革的渐进性相适应，减少改革的成本和阻力，财政改革集中解决那些难度相对较小或急需调整的制度和事项，沿着"先收入改革、后支出改革"的路径展开。这种从先易后难的角度出发、率先启动"边角改革"，逐步深化到"核心改革"的策略，是符合我国财政改革的历史趋势与逻辑结果的。

政府预算的公共化改革，因偏重于政府支出方面的安排与管理，属于整个公共财政框架中深层次的核心问题。由于其更多涉及政府内部公共管理和政治民主化的进程，涉及包括立法机构、财政预算部门、资金使用部门和社会公众等各预算参与者间的利益调整，而成为整个财政改革的核心议题。

政府预算公共化改革要求政府依法规范使用资金，要求预算资金配置的决策、审批、使用过程公开透明，它使得预算决策和运作程序更加民主、公开、科学。这些难免会触动相关部门固化已久的既得利益，改变以往的资金配给"暗箱操作"格局，也将挑战政府部门拥有的非规范化的预算资金自由裁量权。

尽管如此，政府预算的公共化改革体现了市场经济走向成熟的内在要求，其发展趋势是不容逆转的。市场经济体制改革的"渐进式"演变和公共财政改革的"先易后难"策略，已经勾画了一条相对清晰的预算改革路径。政府预算公共化改革可先从较小范围的试点开始，从技术层面较为简单的措施入手，以"边角改革"逐渐延伸向涉及利益格局调整等"核心改革"领域，以"边角改革"推动"核心改革"，从而最终完成现代预算制度建设的历史进程。

每当人类历史开创崭新篇章的时候，总需要完成关键性的几步跨越。正如毛泽东同志在半个多世纪前所比喻的那样，眼前的处境，就像我们常说的过山坳一样，快爬到坳上时，千万不可松劲，要咬紧牙关一鼓气地爬上去，往后的路就好走了①。如果也可以将现代政府预算在中国长达一百多年的艰辛历程比

---

① 1947 年，毛泽东同志在对贺炳炎将军分析 1947 年解放战争中陕北战场的局势时，曾经生动地以翻越山坳作为比喻：眼前的处境，就像我们湖南人常说的"过山坳"一样，快爬到坳上时，千万不可松劲，要咬紧牙关一鼓气地爬上去，往后的路就好走了。进一步论述参阅：何立波：《上将贺炳炎二三事》，载于《文史天地》2006 年第 11 期，第 31～32 页。

喻为翻越山坳的话，那么现在就是"快爬到坳上"的时候了。始于 20 世纪 90 年代末期的新一轮中国政府预算改革，大大加快了这一翻越山坳的进程，在短短的 20 年间，政府预算管理在中国取得了长足的进步，距离最终达到山巅，或许已并不遥远。从这个意义上讲，本书取名为《山坳上的中国政府预算改革》。早在近百年前，著名历史学家吕思勉先生在其《白话本国史》一书中就曾指出："近世的改革事业，来源是很远的，蓄势是很久的。这种变动，不发则已；一发之后，就如悬崖转石（看得他似乎也有顿挫，其实算不得什么），非达到目的不止。所以现在正是个变动的时代；正是个变动了，方在中途的时代。"从这个意义上讲，中国的政府预算改革事业也处于一个方在中途的过程之中。当代中国的现代预算制度建设处于一个急剧变化的世界之中，同时也在深刻地变革着现实世界，故本书的副标题定为"变革世界中的现代预算制度"。

1.2　本书的视角结构与篇章安排

从经济学的视角思考一个现实问题的时候，往往需要将其置于一个理论的或概念的框架之中，作为现代预算制度的研究自然也不例外。现代政府预算的运行机制与制度安排是相当纷繁复杂的，为不致茫无头绪起见，本书的研究并不求面面俱到，而是在紧密结合中国现代预算制度建设中各种紧迫性命题的同时，进一步从预算行为的视角，探求预算决策行为的心理学基础、预算绩效提升的现实路径等更为深层次的话题。本书除第 1 章"导论：中国政府预算改革'爬山坳'"外，其余各章的结构和内容主要包括：

第 2 章"构建中的中国现代预算制度"。本章是针对中国现代预算制度建设的总体性考察。本章主要包括：国家治理视野中的现代财政制度、现代预算制度的演化特征与路径选择、中国政府预算改革 40 年的回顾与展望、《预算法》的修订历程与政府理财的未来挑战。

第 3 章"政府预算管理的心理学分析——基于行为经济学视角的考察"。本章运用行为经济学的分析方法，考察预算管理和预算决策的心理学基础，进而试图初步构建"预算决策心理学"的初步研究框架。本章主要包括：公共预算遵从的行为经济学分析、中期财政规划的预算决策行为分析、公共预算决策及时性的均衡分析、政府预算执行偏差的行为经济学分析、基于角色压力理论的政府预算监督成本及其优化、预算绩效评价中专家评价的行为经济学分析。

第 4 章"政府预算绩效管理：现代财政制度建设的必由之路"。本章重点关注政府预算绩效管理问题。本章主要包括：政府预算博弈、从传统绩效预算走向新绩效预算、利益相关方视野中的预算绩效提升、预算管理视野中的年终突击花钱问题。

第 5 章"全球视野中的当代政府预算改革"。本章致力于为现代预算制度的研究提供一个国际比较的观察视角。本章主要包括：全球预算改革的最新演化趋势、财政总预备费管理的国内外比较与启示、预算透明度的国际比较、预算公开。

第 6 章"政府会计改革与财政安全预警机制"。本章试图从政府会计改革的维度，来探求实现公共财政安全监测预警机制的可能路径。本章主要包括：中国政府会计改革的框架设计与路径选择、公共财政安全预警机制的波段框架设计、公共债务危机中的政府会计改革。

第 7 章"跨年度预算平衡机制与中期财政规划改革"。本章试图从当前改革的紧迫需要出发，探求构建跨年度预算平衡机制和中期财政规划改革的路径选择与实施方略。本章主要包括：跨年度预算平衡机制的文献述评、跨年度预算平衡机制的作用机理与构建思路、中国政府预算顺周期问题的实证分析、后金融危机时代的政府预算管理改革、各国中期预算改革的成败得失、我国中期财政规划改革的总体思路与关键节点、单一制大国条件财政视野中的跨年度预算平衡机制。

第2章

构建中的中国现代预算制度

2.1 国家治理视野中的现代预算制度[①]

在改革开放新的历史时期,财政被赋予了"国家治理的基础和重要支柱"的功能定位,这充分体现了财政作为国家长治久安制度保障的重要性,明确了建立现代财政制度体系的改革方向,确定了 2020 年在包括财税体制改革在内的重要领域和关键环节改革上取得决定性成果的时间表。

1. 推进预算公开,打造阳光财政体系,实现"依法用好百姓钱"的政府理财目标

在《中共中央关于全面深化改革若干重大问题的决定》中关于"改进预算管理制度"的部分,开宗明义地指出,实施全面规范、公开透明的预算制度,从而凸显了阳光财政建设的现代政府理财观。公开透明是现代政府预算的重要特征,也是当代各国财政管理的基本准则之一。通俗地讲,公共财政就是"以众人之财,办众人之事"。其实,这句话并没有说完整,后面还应该有半句话——"众人之事,当由众人来议定,应让众人都知晓"。以"阳光预算"推进"责任政府"建设,从"预算公开"走向"政务公开",进一步健全责任追究和财政问责机制,也大体勾勒出了一条重塑中国公共治理结构的路线图。回首 40 年来我国改革开放的艰辛历程,就公共治理而言,我们始终在探索着一条重塑政府治理结构的基本线索。经过多年的曲折探索,也大体明确了这样

---

① 马蔡琛:《打造国家长治久安的财政制度基础》,载于《天津日报》2014 年 2 月 24 日;马蔡琛、黄凤羽:《国家治理视野中的现代财政制度》,载于《理论与现代化》2014 年第 3 期。

一个改革目标，那就是：通过消除政府的对外扩张性和内部膨胀性，使其成为一个有限的而不是全权的、公正的而不是为利益集团服务的、廉洁的而不是腐败的、效率的而不是低耗的政府，从而实现现代民主法治国家"善治"（good governance）的客观要求①。

在我国财税体制改革的初期，为减少改革的成本和阻力，大体沿着"先收入改革、后支出改革"的路径展开。这是符合我国财税改革的历史趋势与逻辑结果的。20世纪90年代末期以来，新一轮政府预算改革的启动，体现了中国财税改革由以收入为核心的制度安排转向以支出为重点的预算管理改革。现代预算制度作为公共财政的基本存在形式，是构建现代财政制度的基础性载体和平台。发达市场经济国家的公共财政，就是在预算制度的约束和作用下逐步确立与完善的。当代中国预算改革所取得的核心成就，或许并非耳熟能详的部门预算、国库集中收付、政府采购等技术规程层面的具体举措。中国公共预算改革最为动人心弦的成果，就在于找到了一条推进预算科学化、规范化、公开化、法治化的新路。这条新路上最为醒目的路标就是——预算公开和阳光财政。

2. 建立跨年度预算平衡机制，调整预算审核重点，实施中长期财政规划，实现财政可持续发展

从传统的年度平衡走向跨年度的中期预算平衡是未来中国预算治理结构的重要变化之一。长期以来的预算决策过程往往局限于年度预算平衡结果与赤字规模，这容易助长预算过程的短期行为倾向，而忽视了财政预算安排在中长期的可持续性。

通过引入跨年度预算平衡机制，在中长期时间尺度上实现预算周期性平衡，将预算审核的重点由平衡状态、赤字规模向支出预算和政策拓展，引入中期财政规划（如3~5年的中期预算框架），这将有助于公共财政体系的可持续发展，有利于预算政策、经济政策和公共政策的有序衔接。

3. 建立权责发生制的政府综合财务报告制度，有效实现政府性债务的风险预警与防范

在政府会计和政府财务报告体系中，引入权责发生制的核算原则，既是近

---

① 马蔡琛：《变革世界中的政府预算管理———一种利益相关方视角的考察》，中国社会科学出版社2010年版，第4页。

30 年来发达经济体财政管理变革的普遍趋势，也是国内学术界与实务部门讨论了多年的热点话题。在建设现代财政制度的改革蓝图中，明确了权责发生制的政府资产、负债计量原则，应该说是一个较具突破性的重要举措。

在现时的中国，政府性债务及其风险防范已成为一个备受关注的话题。当前对于政府性债务问题的分析大多聚焦于财政收支的流量问题，而对于政府资产与负债的存量配比问题关注不够。而政府性资产（尤其是净资产）的规模，对于债务风险的监测与预警才更具应用价值和预警效果。

政府会计作为"政府的商务语言"，是政府资产负债计量与核算的基本载体，而我国以往的以收付实现制为计量基础的政府会计和财务报告体系只能反映资金的流量，无法全面反映"欠人人欠"的各类债权债务关系，更难以准确测算和推演资产存量。加之，行政事业单位的固定资产不计提折旧，还会进一步导致政府资产净值的不实。就国际视野而言，20 世纪 90 年代以来，多数发达国家和部分发展中国家基于改善政府绩效的考虑，逐步将传统的收付实现制政府会计改为权责发生制，并相应改革了财务报告体系[1]。国际货币基金组织 2001 年发布的《政府财政统计手册》中，对于政府经济事项的记录时间也已改为权责发生制核算原则。

在全面深化财税体制改革中，明确提出建立权责发生制的政府综合财务报告制度，这不仅有利于建立规范合理的中央和地方政府债务管理及风险预警机制，也有助于从国际比较的视野中防范主权债务风险。

4. 凸显《中华人民共和国预算法》（以下简称《预算法》）的权威性，取消重点支出同财政收支增幅或生产总值挂钩的做法，克服预算管理"碎片化"的现象

长期以来，基于具体国情与历史惯性等多种因素，《中华人民共和国农业法》《中华人民共和国教育法》《中华人民共和国科技进步法》等法律规定，本类型公共支出的财政投入应达到财政经常性收入或国内生产总值的一定比例。某些部门法甚至采取了"一刀切"的方式，要求各级财政均应按照某种固化的比例，保持法定支出的增长。这种做法既没有考虑到《预算法》的严肃性和财政体系的承受能力，又变相肢解了预算的整体性和统一性。

---

[1] 王雍君：《公共预算管理》（第二版），经济科学出版社 2010 年版，第 224 页。

就公共治理结构而言，政府预算管理的职能是不容肢解的。在预算资源配置问题上，《预算法》应该拥有最高的法律权威，不应因凌驾于《预算法》之上的部门法而割裂预算资源配置的统筹规划和通盘考虑。在我国社会转型时期，尽管教育、农业、科技等支出领域确实属于需要优先发展的重要事项，但这种重点支出同财政收支增幅或生产总值挂钩的做法，既影响了《预算法》的权威性，也忽视了公共财政体系的可持续承载能力。在深化财税体制改革的方案设计中，明确了"清理规范重点支出同财政收支增幅或生产总值挂钩事项，一般不采取挂钩方式"。就预算治理结构的优化而言，这是一个重要的进步，既符合政府预算决策的统筹兼顾与保障重点原则，又彰显了现代预算治理结构转型的发展方向。

5. 构建现代政府间财政关系：划分事权、以支定收

始于1994年的分税制财政体制是中国政府间财政关系的奠基性改革，"是一个长治久安的基础"[①]，构建了相对稳定的中央与地方收入分配关系。但是，当时各级政府间的支出责任划分基本上延续了原有做法，划分得不明确，特别是涉及全局性资源配置的支出责任，大量划分给省及省以下政府[②]。从这个意义上讲，现行分税制的问题就在于地方政府收入与其支出责任不对称[③]。1994年的分税制改革在经历了漫长的"中场休息"之后，终于重启了规范事权与支出责任一翼的未竟事业。

长期以来，在政府间财政关系问题上，各级政府倾注了更多精力在其收入一翼，而忽视了事权与支出责任一翼的科学划分，从而导致财政转移支付所涉及的资金在中央与地方政府之间纵横交错的流转过程缺乏有序的运行轨道与道路规则。各级政府之间的财政资金转移支付其测算依据与最终结果不仅普通公众难以了解，即便是地方政府之间对彼此资金配给的详细状况也互不知晓，具有较为浓厚的"暗箱操作"色彩。按照"以收定支"的惯性思维，地方政府过于关注财政收入的增长，而忽视了公共服务等支出责任的有效履行，由此导致征收"过头税"、土地财政、融资平台债务等一系列问题。在构建现代政府

---

① 朱镕基：《整顿财税秩序　严肃财经纪律　强化税收征管　加快财税改革》，引自：《十四大以来重要文献选编》，人民出版社1993年版。

② 楼继伟：《中国政府间财政关系再思考》，中国财政经济出版社2013年版，第11页。

③ 吴敬琏：《分税制的问题是地方政府收入和支出责任不对称》，http://finance.ifeng.com/news/special/2012lingnan/20120325/5800553.shtml。

间财政关系的改革方案中，进一步明确了建立事权和支出责任相适应的制度，彰显了从划分事权，到明确支出责任，再到以支定收的构建政府间财政关系的逻辑次序。

就未来中国现代财政制度体系的纵向预算资源分布而言，在确定相应事权与支出责任的前提下，还可以考虑将地方分享的增值税收入根据人口、社会商品零售额等客观因素在地区之间重新分配。在此基础上，针对地方政府因履行相应支出责任而产生的财力缺口，可以通过完善一般性转移支付增长机制以及相应的转移支付预算来加以解决。一般性转移支付的增长机制需要根据人口等客观因素设计统一公式进行分配，真正实现转移支付资金分配的公开透明。这种从"以收定支"向"划分事权、以支定收"的思路调整，将有助于从根本上遏制地方政府的投资冲动与政绩压力，切实推动公共服务均等化，从而最终实现建设现代国家财政制度体系的改革目标。

2.2 现代预算制度的演化特征与路径选择[①]

现代预算制度是现代财政制度的重要构成内容。早在 80 多年前，南开大学的何廉先生和李锐先生在其《财政学》一书中就曾做过精练的概括："财务行政与立法之内容，包括预算之编制与批准，岁出之行政与监督，以及公款之保管与赋税之征收等。关于此方面之问题，始注意研究者，为德国之官房学派。官房学之目的，注重在国家财产之收入及管理方法，故是派之著作中，以讨论此方面为最多。然以之为近世财政学之一部而论之较详者，实始于斯泰因氏（Stein），盖在氏以前，研究财政学者，大抵仅注意于财政之经济方面，自氏则始注重其法律方面。故从兹以后，财务行政及立法，遂成为财政学范围内之一部分。法国学者斯脱姆（Stourm）著有《预算》一书，关于财务立法方面，讨论尤详。唯英美财政学者，多将此问题，于所著财政学之末，约略述其大概或一部分，鲜有加以详细论列者。"[②]

在当前的全面深化改革中，财税体制改革成为各方关注的焦点。而现代财

---

① 马蔡琛：《现代预算制度的演化特征与路径选择》，载于《中国人民大学学报》2014 年第 5 期。
② 何廉、李锐：《财政学》，商务印书馆 2011 年版，第 447 页（原书于 1935 年由商务印书馆出版）。

政制度的作用基础具体表现为现代预算制度，全面规范、公开透明的预算制度构成了国家治理体系与治理能力现代化的基础性制度载体。其实，何谓现代预算或现代财政制度本身就是一个颇难界定的范畴。在现时的中国，涉及当代财政预算改革的诸多话题往往提及美国"进步时代"的启示，甚或上溯至 18 世纪英国光荣革命以来的预算传统。其实，就常识而言，数百年前英美诸国的预算改革大体属于"近代预算制度"，而非"现代预算制度"。近百年来，各国的预算制度已然从早期更具政治色彩的宪政手段与革命工具，逐渐转化为国家治理的重要制度载体与支撑平台。现代各国的预算改革与制度建设在追求决策理性化的过程中，逐渐演化出一系列更具绩效导向性与财政问责性的管理工具。

本书对于现代预算制度的研究将分别从当今世界的预算改革潮流、中国传统理财经验的斟酌取舍、中国现实国情的沧桑正道这样三个维度来界定预算现代性的内涵，从而尝试探寻未来中国政府预算治理体系及治理能力现代化的路径选择。

1. 现代预算制度的演化特征：基于百年预算史的考察

（1）预算目标的渐进演化：从"控制取向"到"绩效导向"。

纵观现代政府预算的演化进程，总体上呈现从"控制取向"逐步走向"绩效导向"的发展趋势。其早期阶段的功能设计是"控制取向"的，更为强调古典预算原则①所倡导的"明确"与"约束"原则，注重通过控制预算收支实现立法机构对行政机关的有效控制。然而，随着政府职能与规模的不断拓展，国家干预逐渐成为一种社会思潮，客观上要求行政机构在预算问题上更具主动性。某些发达经济体由于预算执行中的支出控制太多、过于严格，制约了各部门的创新能力和灵活性。于是 20 世纪 50 年代前后，出现了以加强政府财政权为主导思想的现代预算原则②。与新公共管理运动（NPM）引入公共部门之间的内部市场竞争（internal market）相适应，逐步采用了赋予行政部门更多自由裁量权的分权型预算管理模式，以鼓励创新与节约。其中，较具代表性

---

① 在资产阶级革命过程中，提出了一系列通过立法机关控制政府财政活动的方法，后来的学者将其概括为古典预算原则，其核心思想为加强议会对于政府预算的外部控制。

② 现代预算原则是 20 世纪 40 年代的美国联邦预算局长史密斯（H. D. Smith）提出的，主要强调预算必须加强行政责任、保证灵活性、程序多样化、适度的行政自主权及一定的弹性。其早期的思想渊源可以追溯到美国首任联邦财政部长亚历山大·汉密尔顿所倡导的加强政府行政权的思想。汉密尔顿认为，强有力的行政领导权是重要的，政府预算和财政事务是这一领导权的首要工具。其观点深受当时英国的影响，在那里部长们主导议会和行政事务。

的当属瑞典预算改革中提出的口号：“各部的部长就是自己的财政部长①。”

尽管不断提升预算资源的配置与使用绩效始终是现代预算制度不懈追求的目标，但就控制取向与绩效导向的现实应用而言，在不同国家的特定历史时期，结合自身的国情特点和经济社会发展阶段又往往不得不有所侧重和取舍。二者甚至呈现某种“鱼与熊掌不可兼得”的关系。这正如艾伦·希克对发展中国家推行绩效预算改革提出的忠告：“这些发达国家只有在已经建立起可靠的控制制度之后（而不是之前）才赋予管理者运作的自由，将先后顺序颠倒就要冒这样的风险，即在有效的制度建立以前，就给予管理者随心所欲地支配财政资金的权力。②”

在预算决策过程中，独立的预算编制传统的缺失也成为大多数转型国家的制度障碍（尤其在转型初期）③。就中国预算管理的现实而言，由于长期以来对政府预算的管制太松，来自立法监督机构的外部约束弱化造成了一定的资金浪费和低效率支出。因此，现阶段的中国政府预算改革还应循序渐进，先以“控制取向”为主，待时机成熟后再转入“绩效导向”。从这个意义上讲，中国预算改革可能呈现的从“合规控制”逐步走向“绩效导向”的“两阶段”发展假说，应该说是可以基本成立的。

（2）预算合约的两难取舍：理性决策的追求与现实过程的妥协。

从表现形式来看，预算体现为贴有价格标签的一系列公共目标，但在更深层面上，则可以将预算当成一份合同④，即一种以公法为基础的合约结构⑤。预算决策与执行也更多体现为一个制定和实施预算合同的过程。在预算决策中，由于信息交换的不对称性以及利益相关者逆向选择和道德风险的存在，这种合约结构往往呈现为不完全信息动态博弈。不同组织在实施预算合约时采取的机会主义行为策略也有所不同。

---

① Jon Blondal：《瑞典及 OECD 国家的预算编制管理》，载于《预算编制与执行国际研讨会会议纪要》1999 年 7 月 29 ~ 31 日，第 19 页。

② ［美］艾伦·希克：《当代公共支出管理方法》，经济管理出版社 2000 年版，第 34 页。

③ Jorge Matinez-Vazquez, Jameson Boex, Budgeting and Fiscal Management in Transitional Economies, Journal of Public Budget, Accounting & Financial Management, Fall 2001, Vol. 13, No. 3：353 – 396.

④ ［美］阿伦·威尔达夫斯基、内奥米·凯顿：《预算过程中的新政治学》（第四版），上海财经大学出版社 2006 年版，第 2 页。

⑤ 程瑜：《政府预算契约论———一种委托—代理理论的研究视角》，经济科学出版社 2008 年版，第 4 页。

在 20 世纪 30 年代以前，虽然各国预算制度各具特点，但其组织形式及程序仍大体相同；自 60 年代以来，美国成为世界上最强大的经济体，其预算制度的不断创新也引起了各国的纷纷效仿[1]。近半个多世纪以来的世界预算改革，总体上呈现出追求预算决策理性化的发展趋势，从而试图正面回应科依（Key）在 20 世纪 40 年代提出的颇具政治哲学意味的经典预算命题："将有限的预算资源配置给活动 A，而不是活动 B，做出这一预算决策的基础何在？"[2]第二次世界大战以来，发达市场经济国家的预算管理以早期的分行列支预算（line-item budget）为基础[3]，先后开展了多种模式的管理制度创新，以期提升预算决策的理性化与科学化水平。

无论是关注产出的绩效预算（performance budget）、强调长期计划性的计划—规划—预算系统（planning-program-budget system，PPBS）、突出个体自主性的目标管理预算（MBO）、强调项目优先次序的零基预算（ZBB），还是融合企业管理思想的新绩效预算（new performance budget）[4]，均试图提供某种理想的或最佳的预算模式，将有限的预算资源配置给最具价值的方向或活动[5]。然而，现实的预算合约确定与执行过程却更多体现了各相关方的利益交换与妥协，这似乎是一个可以普遍观察到的结果。

其实，现代公共财政本身就是一种市场与政府妥协的结果[6]。政府预算作为一个集体选择过程，不论是预算总规模，还是具体部门或项目的资金分配，都不同程度体现了利益交换的倾向[7]。在预算资源配置过程中，受到负面影响的群体（包括行政部门）会强烈抵制预算资源的重新分配，而来自受益方的支持却往往相对分散。回顾数百年的预算发展史，预算管理原则从"古典"到"现代"的演变，实际上也是立法机构与行政机构之间相互交易与妥协的结果。现实中的预算决策过程则体现为多数人未来利益与少数人既得利益之间

① 姜维壮：《比较财政管理学》，中国财政经济出版社 2000 年版，第 317 页。

② Key，O. The Lack of Budgetary Theory. American Political Science Review，1940，Vol. 34，No. 12：1137－1144.

③ 分行列支预算，也称逐项预算、线性预算、条目预算等，通常根据每一开支对象的成本来分配公共资源，这是最基本的预算组织形式。

④ ［美］尼古拉斯·亨利：《公共行政与公共事务》（第 7 版），华夏出版社 2002 年版。

⑤ 马骏、赵早早：《公共预算：比较研究》，中央编译出版社 2011 年版，第 22 页。

⑥ 吕炜：《我们离公共财政有多远》，经济科学出版社 2005 年版，第 33 页。

⑦ 马蔡琛：《初论公共预算过程的交易特征》，载于《河北学刊》2006 年第 5 期。

的彼此博弈，其最终结果的达成往往意味着双方讨价还价的交易结果①。因而，真实世界中预算合约的确定与施行难免在某种程度上偏离理性决策的预设目标和轨道，但这并不妨碍将提升预算决策的科化学水平作为引导各国预算改革的一个方向性目标。

（3）预算问责的纵深推进：从合规控制到公民参与的渐推渐进。

如果说公共预算就是"以众人之财，办众人之事"，那么众人之事就当由众人来议定、让众人皆知晓、受众人之监督，这本是一个不言自明的问题。然而，自 1295 年英国"模范议会"最早提出"涉及所有人的问题，应当由所有人来批准"这一较具普适性的预算准则以来，在各国预算实践中，最终建成"以天下之财，利天下之人"的责任政府仍旧是一个屡经波折的过程。

在通常的预算决策过程中，除了为数不多的市民大会或全民公决之外，大多数财政收支决策是由经过选举产生的议员做出的②。现代预算史的演进脉络显示，早期的预算问责侧重于强调议会的外部监督，预算成为对政府实施普遍控制的一种工具。20 世纪 80 年代以来的全球预算改革浪潮，更为注重将预算作为赋权公民参与的工具③。通过广泛运用预算听证、公共服务调查、预算对话等技术手段，促使现代预算的功能从偏重合规性控制，逐步拓展为向公民赋权的一种公共治理工具，从而进一步提升了现代政府的合法性基础。

其中，较具代表性的当属参与式预算（participatory budgeting）在拉丁美洲、亚洲、非洲和欧洲诸国的广泛兴起。自 1990 年参与式预算的原始模型在巴西的阿雷格里港市面世以来，目前世界范围内有记录的实施案例已达 1000 多个④，国内浙江省温岭市、河南省焦作市、上海市闵行区、云南省盐津县等地，也开展了不同形式的参与式预算改革试点。

尽管参与式预算之于普通公民而言，到底是一种"生活必需品"还是

---

① 马蔡琛：《变革世界中的政府预算管理——一种利益相关方视角的考察》，中国社会科学出版社 2010 年版，第 54～55 页。

② ［美］约翰·L. 米克赛尔：《公共财政管理：分析与应用》（第六版），中国人民大学出版社 2005 年版，第 31 页。

③ 王雍君：《公共预算管理》（第二版），经济科学出版社 2010 年版，第 426 页。

④ ［法］伊夫·辛多默、［德］鲁道夫·特劳普·梅茨、张俊华：《亚欧参与式预算：民主参与的核心挑战》，上海人民出版社 2012 年版，第 1 页。

"奢侈品"仍旧存在某些分歧①。然而，参与式预算通过预算过程中的公共学习可以进一步促进政府与民间的和谐互动。作为公共服务受益方的公民一旦通过行使公共权利而获得了权利主张，公民就应该接受、认同和内化权利主张的后果②，尊重经由公共选择程序而达成的预算结果。

（4）预算周期的逐步拓展：从年度预算走向中期财政规划。

预算程序中反复发生（且互有重叠）的事件构成了预算周期（budget cycle），涵盖了预算编制、执行到决算的全过程。如同企业会计准则采用"会计分期假设"一样，各国的预算管理也往往以年度性原则作为预算周期的划分依据③。年度性原则意味着预算必须每年都重新编制一次且只能覆盖某一特定时期④。然而，在20世纪的预算发展史中，由于年度性的预算周期假定增加了预算决策成本，无法满足跨年度的资本性支出需要，也难以反映预算安排与发展规划之间的有机联系，故而日益受到质疑。

同时，年度预算的决策模式容易助长那些短期行为倾向，而忽视了财政收支安排在中长期的可持续性，限制了政府对未来更为长远的考虑。在中国现实预算管理中，预算决策所覆盖的时间维度过短也导致了预算调整过于频繁的"年年预算、预算一年"现象⑤。近年来，预算调整、预算超收、年终突击花钱等问题日益受到社会普遍关注，这既有社会转型期客观因素的影响，也不乏预算决策过程与公共政策制定过程分离、预算编制精细化程度有待提升的管理因素。

在"为将来而预算"的理念引导下，多数OECD成员国已采用了包括未来3~5年的多年期预算框架以弥补年度预算的不足⑥。在那些因各种因素制约而难以全面实施中期财政规划的国家⑦，也针对资本性支出的未来成本、养

---

① 马蔡琛、李红梅：《参与式预算在中国：现实问题与未来选择》，载于《经济与管理研究》2009年第12期。

② 杨心宇：《现代国家的宪政理论研究》，上海三联书店2004年版，第137页。

③ 各国预算年度的起止时间通常为1年，但也有一些例外。例如，美国部分州政府实行的"双年度预算"（biennial budget）。在历史上，时间跨度较长的当数欧洲历史上尼德兰王国时期的预算年度。"尼德兰之1817年宪法，规定经常之岁出，每间十年，须一次求议会之协赞"（吴贯因：《中国预算制度刍议》，文益印刷局1918年版，第15页），也就是说，该政府经常性支出的预算年度为10年。

④ Sundelson，Wilner. 1935. Budgetary Principles. Political Science Quarterly, Vol. 1, No. 2：236 -263.

⑤ 马蔡琛、黄凤羽：《国家治理视野中的现代财政制度》，载于《理论与现代化》2014年第3期。

⑥ 王雍君：《公共预算管理》（第二版），经济科学出版社2010年版，第50页。

⑦ 在国内外文献中，关于中期财政规划的类似称谓有很多，主要包括中长期预算、多年期预算、滚动预算、中期基础预算、中期财政框架、中期支出框架等，其具体含义大致相同。

老金等公民权益性支出的长期需求、政府担保等隐性负债，采用了某种方式的中长期展望。

需要注意的是，"鉴以往之事易，证未来之事难"，越是长时间尺度上的预算决策，其在预测精度上面临的挑战也越大。以美国为例，金融危机而导致的经济形势变动使得原有的基础性预测数据已不具有准确性，美国预算周期已然由 1995 年的"1 + 4"年缩短为"1 + 2"年①，这已较为接近其某些州政府的双年度预算。根据亚洲开发银行专家的观点，建立中期财政规划应具备经济运行稳定、可靠的宏观经济预测能力、严格的决策过程、良好的预算纪律性等条件②。从发展中国家和转轨国家的经验来看，由于上述条件还不完全具备，这些国家引入中期财政规划的成功案例尚不多见。因此，对于中期财政规划所可能达到的预期效果仍需保持审慎乐观。

2. 中国政府预算改革的现实约束

（1）公共行政层面的现实约束：基于核心预算机构与预算碎片化的考察。

发达市场经济国家的预算改革之所以能够取得预期的成效，就在于其政府预算改革与行政管理体制改革得以大体同步推进。然而，在现时的中国，预算支出管理模式的转换，相对于行政管理体制改革而言呈现某种程度的超前性③，这导致各资金使用部门的积极性和责任感不强，收支矛盾向财政预算部门集中。其主要问题集中于以下两个方面：

一是，核心预算机构的缺失是导致行政系统内部的预算管理权能被严重肢解。在政府内部预算权力的分配问题上，成熟市场经济国家的行政预算权大多集中于一个核心预算机构，由其在政府内部实施集中统一的预算控制。然而，在某些发展中国家则不然，名义上的核心预算机构（如财政部）主要负责经常性预算（operating budget）的分配，而资本预算（capital budget）通常是由一个计划部或发展部来分配的④。这一现象在当前的中国预算管理中表现得尤为突出。不仅各级发展和改革委员会拥有规模庞大的被戏称为

---

① 朱晓晨：《中长期预算体制的国际比较与启示》，载于《经济研究导刊》2010 年第 15 期。

② 萨尔瓦托雷·斯基亚沃·坎波、丹尼尔·托马西：《公共支出管理》，中国财政经济出版社 2001 年版。

③ 吕炜：《我们离公共财政有多远》，经济科学出版社 2005 年版，第 27 页。

④ Potter, Barry H. , Jack Diamond. 1999. Guidelines for Public Expenditure Management. Washington, D. C. : IMF. P. 16.

"口袋预算"① 的"切块资金",而且各级科技、教育等部门也不同程度地拥有较多的预算资金自由裁量权,从而严重肢解了预算管理权能的统一性。

二是,重点支出(法定支出)的硬性规定加剧了政府预算的碎片化趋势。与各国预算法作为财政基本法的通常状况不同,我国很多部门法或者相关文件中,强制规定了重点支出同财政收支增幅或生产总值挂钩的做法②。这种做法没有考虑预算法的规定和财政的承受能力,压缩了预算决策的统筹安排空间③,使得预算碎片化的趋势更为明显。此外,财政部门担心经常性财政收入基数增加而导致重点法定支出压力加大,也在一定程度上制约了全口径预算改革的推进。

(2)立法监督层面的现实约束:基于审议时间与表决方式的考察。

早在80多年前,我国著名经济学家何廉、李锐在其《财政学》一书中就专门论述了预算监督的重要性:"预算之实行,须有监督之方法,始可免财务行政官吏之滥费或舞弊。苟第有预算而无监督其实行之机关,则预算将等于具文。吾人研究英国之财政制度,即可见国会控制财政权之成功,不在其初得是权之时,而在其获得监督实际岁出之后。故欲谋预算之施行无弊,立法机关应有监督预算实行之权,此决算之制所以发生也。……预算制度在近世已甚发达,其监督预算实行之法,亦已日趋完善,此为现代财政公开之事实,然第有预决算而不公布,则不得谓之财政公开。即使揭布而无普及之工具,则财政公开之程度,亦属有限。故近世之印刷及新闻事业愈发达,财政因之愈可公开,

---

① 3800 亿"口袋预算":发改委编织的谜,http://finance.jrj.com.cn/2011/05/30091610082444.shtml。

② 涉及法定支出的相关法律规定主要包括:《中华人民共和国农业法》第 38 条、《中华人民共和国农业技术推广法》第 28 条、《中华人民共和国教育法》第 54 条和第 55 条、《中华人民共和国义务教育法》第 42 条、《中华人民共和国职业教育法》第 27 条、《中华人民共和国高等教育法》第 60 条、《中华人民共和国科学技术进步法》第 59 条、《中华人民共和国科学技术普及法》第 23 条、《中华人民共和国体育法》第 41 条、《中华人民共和国文物保护法》第 10 条、《中华人民共和国审计法》第 11 条、《中华人民共和国人口与计划生育法》第 15 条等。相关中央文件中的规定主要包括:《中共中央关于加强社会主义精神文明建设若干重要问题的决议》《关于进一步加强和改进新时期体育工作的意见》《中共中央、国务院关于卫生改革与发展的决定》《中共中央、国务院关于进一步加强农村卫生工作的决定》《中共中央、国务院关于加强人口与计划生育工作稳定低生育水平的决定》《中共中央、国务院关于进一步加强农村工作提高农业综合生产能力若干政策的意见》《中共中央、国务院关于进一步做好下岗失业人员再就业工作的通知》《中共中央、国务院关于深化教育改革全面推进素质教育的决定》等。

③ 仅以教育支出为例,2012 年,全国公共财政教育经费支出 21165 亿元,占 GDP 之比首次突破 4%,占全国财政收入的比重超过 1/5。

而预算制度，及其监督之方法，亦遂得因之而益进也。"①

在现代政府治理中，立法监督机构的"强大"抑或"虚弱"，主要通过其对政府预算的控制程度来加以检验。也就是说，只有经由政府预算，立法监督机构才有望对政府行为施加切实有效的影响。自进入 21 世纪以来，社会各界要求加强人大预算监督的呼声日益高涨，各级人大的预算监督力度也在不断加强。然而，受到一些内生性因素的局限，人大预算监督距离"何有何亡，黾勉求之；凡民有丧，匍匐救之"② 的民生理财目标仍旧具有一定的距离。究其原因，大致有以下两个方面：

一是，人大全体会议的预算审议时间过短，"加强人大监督"变相成为"加强人大常委会"的监督。我国各级人大全体会议的会期普遍较短，长则十余日，短仅数天，这导致人大全体会议层面的预算审查监督难免流于形式。某些地方人大的全体会议对于高达上千亿元的政府预算资金直到近年来才专门安排半天时间加以审议③。这与发达市场经济国家的议会预算审议期间动辄数月，形成鲜明的对比④。

二是，人大预算审议缺少辩论环节，采用一次性总体表决方式。发达国家的预算审议往往将预算案分解为若干拨款法案分别加以审议，并逐一投票表决，从而实现对每个部门预算申请的详细审查⑤。然而，受人大会期以及代表审议能力等因素的制约，我国各级人大的预算审议采用了一次性表决通过的方式。这导致了即使有些人大代表对预算草案的某些内容存有质疑，但因缺少必要的预算辩论程序，在表决时既难以全部否定，也甚少发表意见的

---

① 何廉、李锐：《财政学》，商务印书馆 2011 年版，第 462 页（原书于 1935 年由商务印书馆出版）。

② "就其深矣，方之舟之。就其浅矣，泳之游之。何有何亡，黾勉求之。凡民有丧，匍匐救之"，出自《诗经·邶风·谷风》。

③ 《人代会首次安排半天审查财政预算报告》，http：//news. hexun. com/2013 - 01 - 22/150419317. html。

④ 调整人大会期或预算审议时间属于人大组织法层面的问题，已超出了本书的研究范围，故暂存而不论。

⑤ 例如，美国在 20 世纪 90 年代中期以前，国会并不将联邦预算视为一个整体，而是将联邦预算分成几个拨款议案，各由一个独立的拨款小组委员会加以审议（资料来源：［美］约翰·L. 米克赛尔：《公共财政管理：分析与应用》（第六版），中国人民大学出版社 2005 年版，第 99 页）。又如，瑞典将其财政支出划分为 27 个开支领域加以管理，由议会审议各开支领域单项拨款的开支水平，并按 27 个开支领域逐一投票通过，最终形成预算拨款法案（资料来源：全国人大常委会预算工作委员会调研室：《国外预算管理考察报告》，中国民主法制出版社 2005 年版，第 226 页）。

机会①。需要说明的是，近年来在一些地方人大的预算审议中，已尝试引入了分部门预算审议与部门预算票决的方式②，这体现了中国预算改革的一个发展方向。

（3）预算治理结构的历史约束：广覆盖的大政府理念与多层级的大纵深结构。

正如钱穆先生所言，制度规则"是随时地而适应的，不能推之四海而皆准，正如其不能行之百世而无弊"③。历史往往是有其惯性的，变制度易，变社会难。任何政府治理结构的优化与调整都不能脱离一国文化传统的影响。在建设现代预算制度的过程中，其历史惯性因素主要体现为广覆盖的大政府理念与多层级的大纵深结构。

与源自西欧的现代西方文明的发展路径不同，我国早在2000多年前的秦朝就完成了国家的统一。而这一目标在欧洲，历经上千年的努力也仍旧未能完全达成。与西方世界源于自由市场经济的个体主义方法论不同，中国历史文化传统中更为认同整体主义方法论。在中国人的观念中，国家的统一与完整具有极为崇高且不可撼动的地位，加之农业社会的生产力水平与规模庞大的人口，最终形成广覆盖的大政府理念，也是顺理成章的事情。

这种广覆盖的大政府理念流传至今，在财政支出问题上，则体现为社会各界对于加大民生投入的普遍赞同以及民生支出的刚性增长。然而，民生财政投入的高增长是以财政收入的一度高速增长为依托的。直面当前的经济现实，我们不得不承认，中国财政收入连续多年高速增长的时代，似乎已然接近尾声，今后财政收支矛盾将更显突出。由于我国经济体制改革采取了边际调整的渐进改革策略与增量调整路径，这种财政收支矛盾的压力将会在相当程度上制约预算管理改革的可能运作空间。

同样基于具体国情的约束，在政府治理结构的纵向层级设置问题上，形成了中央、省、市、县、乡的五级财政体系。针对未来的中国地方财政层级

---

① 张弘力：《公共预算》，中国财政经济出版社2001年版，第244页。

② 2013年3月，在浙江省温岭市第十五届人大二次会议上，首次对温岭市农林局、科技局进行部门预算票决，首开中国政府预算分部门审议并表决的先河（资料来源：温岭：《人代会上首次对部门预算进行票决》，载于《中国台州网》，http://www.taizhou.com.cn/news/2013-03/06/content_991261.htm）。感谢时任温岭市人大常委会主任的张学明先生，在实施这一改革举措之前，对笔者个人进行咨询并采纳了相关建议。

③ 钱穆：《中国历代政治得失》，生活·读书·新知三联书店2001年版，第6页。

（乃至行政层级）的设置，也呈现出某些截然不同的观点①。其中，既有基于"省管县"和"乡财县管"的实践，主张实行省县两级制的扁平化改革动议，也有结合历代兴衰变革得失，认为在省与县之间设置一个行政层级或许是中国古代行政管理的一项宝贵经验②。

这种改革进程中的两难选择，至少会从两个方面影响未来的中国预算改革。一方面，在央地间的利益分配处于调整变化的时期，地方政府往往将注意力集中在彼此利益分割的多重博弈上，缺乏强化预算制度约束、降低交易成本、提高资金使用效益的内在激励机制③；另一方面，在"省管县"条件下，省级财政的管理半径增加，将可能拓展基层预算改革的自主空间。随着"省管县"改革逐渐覆盖一些地域广阔且人口众多的省份，省级财政难免会面临"管不过来"的窘境④。这样就不得不向县级政府下放大量权力，也就相应拓展了基层预算管理的自主空间。

3. 中国现代预算制度建设的路径选择

（1）组建国家预算管理局，打造核心预算机构，推进全口径预算管理。

针对预算过程中缺乏核心预算机构、"切块资金"导致预算决策权肢解等问题，可以借鉴美国组建直接隶属于行政首脑的预算管理局（OMB）之经验，依据预算编制、执行、监督三分离的原则，组建国家预算管理局，打造核心预算决策机构。

在具体思路设计上，可以将目前的财政部预算司、相关支出司以及相关部委（如发展和改革委员会、科技部、教育部）中具有一定预算编制职能的部门统一起来，并将预算编制工作从财政部中独立出来，组建一个直属于国务院的新型专业预算编制机构——国家预算管理局，从而为预算决策提供组织和法律保障。这样还有助于整合各类"口袋预算"中的"切块资金"，将其纳入统一的核心预算机构来加以管理，从而在机制设计上切实推进全口径预算管理改革的进程。

（2）引入参与式预算管理，试行分部门预算审议与分部门票决机制。

参与式预算通过吸收公民直接参与预算过程，讨论和决定预算资金的使

---

① 马蔡琛：《"营改增"背景下的分税制财政体制变革》，载于《税务研究》2013 年第 7 期。
② 田穗生等：《中国行政区划概论》，北京大学出版社 2005 年版，第 261～268 页。
③ 马蔡琛：《中国预算管理制度变迁的经济学分析》，载于《税务与经济》2002 年第 2 期。
④ 马蔡琛、李璐：《"省管县"体制下的县级政府预算管理研究》，载于《经济纵横》2010 年第 8 期。

用，合理确定预算项目的优先序，并监督资金的安全有效运行。其所内生的公平配置资源、监督政府支出、实现社会公正的功能，已然成为各国政府治理（尤其是基层政府）中颇具发展前景的一种预算管理模式。

因此，可以结合当前基层预算改革中的参与式预算试点经验，在预算草案的初审阶段，针对涉及民生的重点公共支出项目，更为广泛地吸收民意代表参加预算审议，有效克服缺少预算辩论的机制设计缺失，从而实现听取民情、挖掘民隐、伸张民意的公共预算改革目标。

同时，针对当前一次性总体表决而导致预算审议容易流于形式的弊端，可以尝试率先在基层政府预算的审议中，引入分部门预算审议和表决的机制。在具体操作层面，可以采用"三部曲"的预算规范化进程①。首先，全面推进各级人大代表政府预算的知识普及，提升立法监督机构的预算审议能力。其次，在人大系统内部建立专家咨询机构，由具有丰富经验的预算专家协助人大代表审查政府预算。最后，尝试推行政府预算草案的分部门审议与分部门票决制度，全面提升预算规范化和法治化水平。

（3）辩证认识跨年度预算平衡机制的作用效果，稳步推进中期财政规划改革。

从传统的年度平衡走向跨年度的中期平衡，是未来中国预算治理结构的重要变化之一。长期以来的预算决策过程局限于年度预算平衡结果与赤字规模，这容易助长预算过程的短期行为倾向，而忽视了财政预算安排的中长期可持续性。跨年度预算平衡机制作为一种周期性预算平衡准则（也称补偿性财政政策），源自20世纪30年代的瑞典预算。在跨年度预算平衡机制中，以经济周期代替财政年度，不要求财政收支在每一年度内的平衡，只要求在一个经济周期中平衡，从而既能实施反周期的宏观政策，又可以实现预算平衡。然而，结合其在各国实施的经验和教训，对于跨年度预算平衡的约束条件与实际作用效果仍旧需要加以辩证考察。

首先，周期性预算平衡准则的假设前提是经济周期中衰退与高涨的幅度和持续时间体现为对称性，唯有如此，才有望将盈补亏以实现一个经济周期内的预算平衡。然而，现实的经济周期时常是非对称的，往往是一个较长的经济衰

---

① 高培勇、马蔡琛：《中国政府预算的法治化进程：成就、问题与政策选择》，载于《财政研究》2004年第10期。

退期之后，才迎来经济繁荣。由于在经济低谷时期积累了大量的财政赤字，欲实现周期性预算平衡，就不得不在经济繁荣阶段，实施具有较强力度的紧缩性政策来实现预算盈余。这却容易导致来之不易的经济繁荣，因紧缩政策而重回低谷。美国在 20 世纪 50 年代就曾实行这一政策，却导致了长达多年的"艾森豪威尔停滞"（Eisenhower stagnation）[①]。

其次，政府官员道德风险的存在使得某届政府可能在任期内支出过多而导致巨额赤字，但将弥补赤字的任务顺延至下一届政府来承担。同时，经济周期的确定往往具有事后性。也就是说，往往只有待周期结束后，才能较为清晰地辨别在哪一时点进入繁荣、何时又是经济衰退的开始。但预算决策却是事先性的，需要事前预测经济周期的波峰与谷底，这种预测上的困难进一步诱发了预算决策者的道德风险。

最后，要防止预算周期、经济周期和政治周期的错配。结合《国务院关于实施中期财政规划管理的意见》以及早期河北省和河南省焦作市的中长期预算改革试点，我国的中期财政规划选择的是三年滚动周期，而国民经济和社会发展规划是五年周期，二者在覆盖时间上的不匹配难免会影响中期财政规划的作用效果。此外，如果将政府换届周期也考虑在内的话，三者的周期错配影响可能会更大，而将上述三种周期理顺则殊非易事。

因此，在对跨年度预算平衡机制的作用机理妥为参通解透之前，年度预算平衡准则仍旧不能轻言放弃，否则就容易引发赤字财政的不良后果。

（4）整合预算监督资源，加强财政问责，实现公共受托责任。

尽管当前加强预算监督的呼声甚高，但仔细观察却可以发现，当下的政府预算监督不仅存在因代表审议能力、人大会期限制而导致的监督缺位问题，还存在众多监督主体"多龙治水"引致的监督交叉与监督成本问题。就现实而言，至少存在财政部门的绩效评价与审计部门的绩效审计之间的监督重叠与错位。

就绩效审计的基本理念而言，其绩效导向功能至少体现为三个方面：一是，凭借审计机制的监督导向功能，促进公共支出服务于整体绩效的提升；二是，公共支出中是否存在着不惜成本打造"玄铁重剑"，抑或广耗资源修炼"屠龙术"，结果却无用武之地的现象；三是，审计成本约束机制的不断完善。

---

① Samuelson，Paul A. Economics，1 th ed. New York：McGraw-Hill，1980.

其实，绩效审计的这三个功能与财政部门的绩效评价是相通的。二者之间类似于审计实务中实质性测试（substantive testing）与符合性测试（compliance testing）的关系。绩效审计相当于外部审计主体实施的实质性测试，但无论何种方式的审计，总是基于被审计单位内部控制有效性的符合性测试加以展开的，从而利用抽样审计原理有效节约审计成本。然而，现实中的绩效审计与绩效评价之间，在指标设计、方法选择、结论应用等方面均缺乏相应的接口，总体呈现"各自为政""不相往来"的局面，这难免会造成有限监督资源的浪费。在未来中国预算监督体系的系统重塑中，需要将各类监督资源和监督手段加以必要的整合，以更好地加强财政问责，实现政府公共受托责任。

2.3 中国政府预算改革 40 年的回顾与展望[①]

财政为庶政之母，预算乃邦国之基。正如何廉与李锐在 80 多年前所指出的，"现代国家，必有预算，此为财政共通之原则。"[②] 预算对于现代国家治理的重要性可见一斑。美国在 20 世纪初建立了现代预算制度，作为这场变革见证者的马寅初先生曾如此说："如果我的国家也产生这样的改革，将对国家产生深远的影响。"[③] 预算改革被视为重塑公共治理结构的重要基石，往往是历史上重大经济与社会变革的切入点和突破口。

发端于 1978 年并与改革开放共同成长的中国预算改革，如今已步入不惑之年。40 年来，预算日益成为各级政府的重要政策工具，在施政过程中起到了支撑性的作用。同时，为满足政府职能转变的需要，围绕建立现代财政预算制度，我国进行了一系列持之以恒的改革探索。特别在这一轮全面深化改革中，预算改革成为启动最早、力度最大、成效最为显著的领域之一。总体来看，我国的预算制度逐渐摆脱了计划经济的影子，适应了社会主义市场经济的要求，并向匹配国家治理现代化的方向转变，推动了我国由"国家预算"迈向"预算国家"的历史进程。在改革开放 40 年的时间节点上，循着鉴往知来

---

① 本节由马蔡琛和苗珊合作完成。
② 何廉、李锐：《财政学》，商务印书馆 2011 年版，第 448 页。
③ 马寅初：《纽约市的财政》，哥伦比亚大学，1914 年。

的思路，本节系统梳理了我国预算改革的演化历程，以期为政府预算制度的进一步深化改革提供借鉴参考。

2.3.1　预算改革的逻辑起点：1978 年

如果重新站在当年改革开放的起点上，我们不难发现当时的资源配置主要经由计划来完成，预算仅是计划的表现与反映。这一时期，我国的预算采用单式预算的形式，基数法的编制方法，强调国民经济的综合平衡，但在不同部门、单位、类别的支出上，预算管理方法又不尽相同，总体而言较为粗放和随意，并将集中财力办大事、平衡财政收支作为最主要的出发点与立足点。虽然其间也曾进行适度的分权、分级管理的探索，但这一时期的预算管理体制主要还是采取高度集中、统收统支的管理模式，这主要体现在两个"超常"：

1. 建立在"剪刀差"和低工资基础上的收入超常

20 世纪 50 年代，《关于实行粮食的计划统购和计划供应的命令》和《国营企业、事业机关工资等级制度》的先后颁布，确定了农产品统购统销制度和城镇职工低工资制度，从而降低了工业生产的原材料成本和劳动力成本，为工业部门获取大量利润创造了条件。在高度集中的计划经济体制下，工业部门的超额利润转变为国家的财政收入，从而保证了财政收入占国民收入的比重长期保持在 30% 以上（1978 年为 37.2%）的高水平。[①] 在这种特殊的财政收入汲取机制下，国家掌握了大部分社会财富，并对其进行再次分配。

2. 建立在政府职能大而宽基础上的支出超常

在计划经济条件下，计划是资源配置的主体，政府包办一切的思想导致了政府职能大而宽，几乎覆盖了包括政府、企业、家庭在内的全部生产、投资甚至消费领域。譬如，国防建设、公安司法、文化教育、健康医疗等公共服务需要，道路、通信等基础设施的建设以及集体福利措施的补贴等。

在"高度集中，统收统支"的预算管理体制下，财政囊括了大部分生产部门创造的纯收入，控制了各地方政府、各部门和单位的大部分支出。这在一定程度上限制了相关主体的积极性和创造性，最终导致了国家财政运行困难。在

---

① 高培勇：《论重构财政运行机制》，载于《经济理论与经济管理》1995 年第 3 期。

1974～1976 年连续 3 年出现赤字，占财政支出的比重分别为 0.9%、0.64%
和 3.67%。[①]

2.3.2 预算改革的萌芽：基于收入一翼的改革

这一时期的预算改革可以细分为两个阶段：预算制度的恢复（20 世纪 80
年代）和预算改革的萌芽（20 世纪 90 年代）。

2.3.2.1 预算制度的恢复（20 世纪 80 年代）

1979 年，我国正式恢复编制并向全国人民代表大会提交国家预算报告，
由人代会审议批准后执行，预算管理制度开始恢复重建并逐渐制度化。20 世
纪 80 年代处于计划经济向市场经济过渡的阶段，中央与地方之间的分配关系
并不确定。收入如何分配尚不可知，如何统筹安排支出也就无从谈起（尤其
是对地方政府而言）。因此，这一时期的预算改革主要集中于财政收入一翼，
如中央与地方的分配关系以及收入方式的转变等，具有显著的承上启下的特
点，既在计划经济体制上有所突破，又为之后的以部门预算为核心的公共支出
管理改革打下了基础。

随着经济的复苏和发展，高度集中的统收统支财政体制制约了地方发展的
积极性。因此，自 1980 年起我国先后对财政体制进行了三次改革：1980 年的
"划分收支、分级包干"，到 1985 年的"划分税种、核定收支、分级包干"，
再到 1988 年起的多种形式的包干体制，由强调中央、地方政府的分成转向强
调财政收入增量的变化，在形式上逐步向分税制靠拢。[②]

改革开放之前，国有企业将绝大部分利润上缴国家，构成了财政收入的主
要来源，1978 年企业收入占财政收入的比重为 50.52%，为最主要的收入来
源。改革开放后，为增强企业活力，先后推行了企业基金和利润留成制度。但
随着经济体制改革的深入，利润留成制度的弊端逐渐显现。受外资企业实行所
得税制度的启示，我国于 1983 年、1984 年进行了两步"利改税"改革，税收
收入成为财政收入的主要来源，1986 年税收收入占财政收入的比重达到

① 中华人民共和国国家统计局：《国家数据》，http：//data. stats. gov. cn/easyquery. htm?cn = C01。
② 项怀诚：《中国财政 50 年》，中国财政经济出版社 1999 年版，第 344、528～529 页。

98.53%（见图 2 - 1、图 2 - 2）。税收收入作为一种更为稳定且规范的收入来源，更符合市场经济的内在要求。

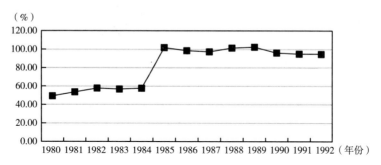

图 2 - 1　1980～1992 年税收收入占财政收入比重

注：由于存在大额的企业亏损补贴，1985 年、1988 年、1989 年的税收收入高于财政收入。

资料来源：中国财政年鉴（2007）；谢旭人：《中国财政 60 年》，经济科学出版社 2009 年版，第 253 页。

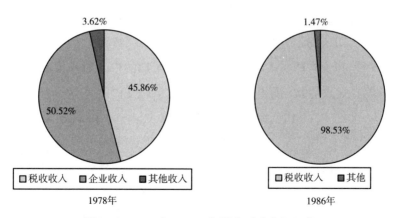

图 2 - 2　1978 年、1986 年国家财政收入组成

资料来源：杨志勇、杨之刚：《中国财政制度改革 30 年》，格致出版社 2008 年版，第 6 页。

20 世纪 80 年代的改革注重放权让利，逐步摆脱了计划经济的枷锁。但这种放权让利的改革也带来了一些负面影响，甚至有些至今仍未解决。譬如，财政包干制赋予了地方财政较大的自主权，各地方政府纷纷采用筹集预算外资金的方式来弥补财力不足，一定程度上导致了预算外资金的膨胀。至 1985 年，预算外收入占预算收入的比重已经高达 76.32%。[①] 为规范预算外资金，我国

---

① 中华人民共和国财政部：《预算外资金的历史沿革》，http：//yss. mof. cn/zhengwuxinxi/lilunyanjiu/200809/t20080925_78407. html。

于 1986 年、1993 年、1996 年先后对其进行了三次调整，不断缩小预算外收入的口径，试图将其逐步纳入预算。此外，为弥补预算内资金的不足，还曾针对预算外资金征收了"两金"，如 1983 ~ 1993 年共征收国家能源交通重点建设基金 1810.89 亿元，1989 ~ 1996 年累计征收国家预算调节基金 685.97 亿元。[①]即便如此，预算外资金依然屡禁不止。2001 年，我国预算外资金规模高达 3385 亿元，相当于同期财政收入的 30%。[②] 随后进行的政府收支两条线和非税收入管理改革，逐渐规范了预算外资金的管理和使用，但迄今为止，预算外资金这一历史命题仍未从根本上得到解决。

2.3.2.2　预算改革的起步（20 世纪 90 年代）

1992 年，党的十四大报告正式确定未来改革的目标是建立社会主义市场经济体制。不同于计划经济中的预算依附于计划，在市场经济条件下，预算成为配置公共资源的重要工具，建立与市场经济相适应的预算管理制度迫在眉睫。受 20 世纪 80 年代一系列放权让利改革（特别是"分灶吃饭"的财政包干体制）和价格闯关失误的影响，这一时期的中央财政极度困难，甚至不得不向地方财政借款以解燃眉之急。当年参加分税制改革的有关同志曾回忆道："20 世纪 80 年代末到 90 年代初，发生过中央财政向地方财政三次'借钱'的无奈之举。"[③] 为此，我国在 1994 年进行了分税制改革，按税种划分各级政府的预算收入，一级政府对应一级预算主体，各级政府的预算独立，自求预算平衡。可以说，预算改革是由分税制改革的新需求推动的，同时，预算改革也为分税制的有效推行提供了坚实的制度基础。当然，此后中国预算管理改革的变迁路径，同样也受到了分税制向"分钱制"演化的影响。

1. 新型预算形式的探索

为满足市场经济条件下不同资金管理的需求，我国在 20 世纪 90 年代开始了复式预算的探索，将国家预算分为经常性预算和建设性预算，并在中央和省两级试编复式预算，但此时的复式预算受制于预算收支科目、预算编制程序及

---

① 谢旭人：《中国财政 60 年》，经济科学出版社 2009 年版，第 303 ~ 304 页。
② 刘克崮、贾康：《中国财税改革三十年亲历与回顾》，经济科学出版社 2008 年版，第 516 页。
③ 刘克崮、贾康：《中国财税改革三十年亲历与回顾》，经济科学出版社 2008 年版，第 329 页。

方法等因素，仅对原来的单式预算进行了简单的技术处理，并不是真正意义上的复式预算。① 随后，《中共中央关于建立社会主义市场经济体制若干问题的决定》和《预算法》明确规定各级政府编制复式预算，《预算法》实施条例将其细化为政府公共预算、国有资产经营预算、社会保障预算和其他预算。②1994 年的分税制改革规范了央地关系，各级政府的预算盘子变得确定。地方政府结合本地区实际情况，在细化预算编制、加强预算管理方面做出了诸多贡献。例如，天津市实行了标准周期预算制度③，安徽省实行了综合财政预算，河南省、湖北省、云南省等地打破"基数法"的预算编制方式，试行了零基预算。④ 但不得不说，这些地方预算改革大多昙花一现。以零基预算为例，自1993 年开始，零基预算在我国的一些地方财政管理中试点，并一度视为最佳的预算编制形式，但从实际情况看并非如此。黄佩华等在调查中国地方财政问题时发现零基预算仅具有极小的影响范围。⑤ 零基预算并没有发展成为一种基本的预算框架，而仅是运用于专项经费领域。⑥ 其实，由于财力紧张、工作量繁重等因素，零基预算对专项经费预算的影响也是微乎其微的。

2. 预算法制化建设

1991 年，《国家预算管理条例》颁布，随后的 1994 年和 1995 年，《预算

---

① 项怀诚：《中国财政 50 年》，中国财政经济出版社 1999 年版，第 528 ~ 529 页。

② 在《预算法》（2014 年修正）中改为"预算包括一般公共预算、政府性基金预算、国有资本经营预算、社会保险基金预算"，"其他预算"被取消。相关文献的检索发现，在这 20 年中，关于"其他预算"到底是什么，似乎从无相对明确的规定。"其他预算"从产生到消失，颇具无始无终之感。

③ 标准周期预算制度是 20 世纪 90 年代末期天津市预算管理改革的一种本土化尝试。最初由时任天津市财政局局长的崔津渡同志，大约在 1998 年下半年的一天晚上将近 11 点的时候，主持召开了预算处工作会议，提出了要建立一种"30 个月预算"的设想。当时，大家均茫然不解，此事交由当时在天津市财政局预算处工作的马蔡琛同志具体负责查阅资料，尽快破译领导意图。后来，我们结合美国预算编制阶段早在预算年度开始前 18 个月即着手进行，预算编制与执行阶段的周期恰好为 30 个月，从而破译了"30 个月预算"的内涵，由此奠定了标准周期预算制度的雏形。后来，结合天津市预算管理的实践，提出了编制阶段 12 个月、执行阶段 12 个月、决算和绩效评价阶段 6 个月的标准预算周期（我们最初的提法叫作"标准预算周期"，而不是"标准周期预算"）。当时为了便于改革的推进，在未就市场经济国家预算管理进行详尽考察的情况下，就提出实行"标准周期预算制度"是市场经济国家通行做法的结论，似乎也是无可厚非的。详细参见：马蔡琛：《关于标准周期预算的理论思考》，载于《中国财政》1999 年第 10 期；崔津渡：《标准周期预算管理》，中国财政经济出版社 2004 年版。

④ 中华人民共和国财政部：《地方部门预算改革的简要历程》，http：//yss. mof. gov. cn/zhuantilan-mu/yusuanguanligaige/dfbmysgg/200806/t20080630_55290. html。

⑤ 黄佩华、迪帕克：《中国：国家发展与地方财政》，中信出版社 2003 年版，第 133 ~ 153 页。

⑥ 21 世纪经济报道：《财政审计痼疾求解零基预算适度微调》，http：//money. 163. com/08/0829/01/4KFP2VR2002524SC. html。

法》及其实施条例先后颁布，首次在法律上明确了分税制财政体制，并对预算编制、执行、监督等问题做出了详细的规定，表明预算立法已由行政法规上升至法律层面。此外，1998年，全国人大常委会预算工作委员会正式成立，主要负责协助财政经济委员会承担全国人大及其常委会审查预决算方案、调整方案及监督执行。法律法规的出台和预算审查及监督的强化，推动了中国预算管理在法制化的轨道上加速前行。

为了进一步推进预算管理改革，1999~2000年，财政部预算司联合世界银行驻中国代表处，先后在天津、河北廊坊、辽宁大连、江苏苏州召开了四次"预算编制与执行国际研讨会"，邀请了来自OECD、美国、澳大利亚、法国、匈牙利等国的专家，较为系统地介绍了相关国际经验，为后续部门预算改革方案的推出，提供了重要的技术支撑。

总的来说，这一时期的预算改革主要集中于收入一翼，建立了相对稳定的政府间财政关系，为而后的支出翼的改革奠定了基础。但随着市场经济的建设和政府职能的转变，原有的预算管理格局已经难以适应现实的需要，分散的预算编报主体、粗放的编制方式（主要采用基数法）、频繁的预算调整、过短的编制时间等问题，甚至一度成为财政管理的顽疾，支出翼的预算管理改革迫在眉睫。

2.3.3 预算改革的兴起：基于支出一翼的改革

随着经济市场化的理念、规则、制度的不断叠加和财税运行格局的变化，建立与市场经济相适应的公共财政体制成为财政体制改革的方向。1998年底召开的全国财政工作会议，明确提出了构建公共财政体制基本框架的目标。政府预算是公共财政的基本制度载体，因而公共财政的建设必然推动预算制度的公共化。[①] 进入21世纪，支出翼的预算改革全面兴起，在这10多年间，我国的预算改革先后经历了以部门预算为核心的革新型改革（2000~2003年）和零敲碎打的渐进型改革（2003~2013年）[②] 两个阶段，总体呈现出控制导向的

---

① 高志立等：《政府预算公共化研究：理论、实践与路径选择》，中国财政经济出版社2012年版，第4页。

② 根据世界银行专家的观点，我国的预算改革采用的是"零敲碎打"的办法，与中东欧和独联体等转型国家的改革相比略显逊色。详细参见：黄佩华、迪帕克：《中国：国家发展与地方财政》，中信出版社2003年版，第133~153页。

特点。

1. 革新型改革（2000～2003 年）

在初步完成分税制改革之后，预算改革在千年之交以迅猛之势崛起，以部门预算为核心进行了包括部门预算、国库集中收付、政府采购、收支两条线以及政府收支分类的五大改革。

部门预算，即一个部门一本预算，是市场经济国家预算管理的基本组织形式。1998 年，河北省在全国范围内率先启动部门预算改革，打响了当代中国预算管理改革的第一枪。随后，河北省的改革模式得到了财政部和各地财政部门的高度重视。1999 年，财政部《关于改进 2000 年中央预算编制的意见》提出"改变预算编制方法，试编部门预算"，标志着中央部门预算改革的正式启动。部门预算将传统的"基数法"改为依据基本支出和项目支出的分类，采取定员定额和项目库管理的方式推进预算决策，将传统的"自上而下"编制方式改为"两上两下"的决策流程，同时将预算编制时间延长，由 1999 年之前的 4 个月逐渐延长至 2004 年的 10 个月。值得注意的是，预算编制时间的延长并没有持续很久，目前我国的预算编制时间仍旧仅有大约 5 个月（基层预算的编制时间可能更短）。2001 年，我国启动了国库集中收付制度改革①，旨在建立以国库单一账户体系为基础，资金缴拨以国库集中支付为主要形式的现代国库管理制度。部门预算将分散的资金分配权归集于财政部门，国库集中收付制度将分散的账户和资金也集中于财政部门，从而使得财政部门成为核心预算管理机构，能够以统一的程序和规则来进行资金分配，并对资金的流动进行动态监控，确保了资金运作的效率性和使用的合规性。

此外，政府采购在提高资金使用效益的同时，强化了财政监督，推动了廉政建设。"收支两条线"改革，规范了政府性基金和收费项目，逐步将预算外收支纳入预算管理，提高了预算的全面性。随后推进的政府收支分类改革，初步建立了一套既符合现实国情又符合国际通行做法的收支分类体系，为预算改

---

① 国库集中收付制度改革得到了台湾地区著名预算专家李国鼎先生的鼎力相助。李国鼎先生曾向我们提供了他撰写的《"国库集中支付制度"的推展及成果》，详细介绍了"国库"制度改革的背景、必要性、操作过程要点和难点，还附有一张作业流程图。此外，他还派台湾地区前"国库署"支付处长郭振军先生到北京介绍了台湾地区"国库"集中支付制度及其实施情况。详细参见：项怀诚、楼继伟等：《中国政府预算改革五年（1998～2003）》，中国财政经济出版社 2004 年版，第 212～213 页。

革的深化和财政透明度的提升创造了条件。

2. 渐进型改革（2003～2014 年）

这一时期，由于所得税共享改革、出口退税分担机制调整等财政体制层面的变化，地方政府感觉又会被"动了自己的奶酪"，影响了地方政府对财政体制演变的预期，因而增加了预算改革纵深推进和后续展开的难度，甚至给人以"预算改革高潮已经过去"的感觉。① 总体而言，这一时期的预算改革"零敲碎打"的特征更为明显，主要是对预算管理制度进行改良和补充。

（1）设立中央预算稳定调节基金。

2003～2006 年，中央财政连续多年超收，年均超收 2040 亿元，暴露了收入预算编制的缺陷以及超收收入使用的问题。② 针对这一问题，我国于 2007 年开始设立中央预算稳定调节基金，试图建立"以丰补歉"的机制，旨在规范财政管理，特别是超收收入的管理和使用。之后，部分地方开始设立预算稳定调节基金，譬如，截至 2013 年底，浙江省省级及 83 个市、县（区）设立了预算稳定调节基金 413 亿元，占 2013 年全省一般公共支出决算的 8.7%，提高了财政的跨年度调控能力。③ 2014 年，新《预算法》规定，各级财政的一般公共预算可以设置预算稳定调节基金，以弥补以后年度预算资金的不足，从而最终将预算稳定调节基金作为法条确定下来。

（2）编制国有资本经营预算。

2007 年，国务院颁布《关于实行国有资本经营预算的意见》，决定从 2007 年起在中央本级实行国有资本经营预算，并选取了 117 家中央企业作为试点，2010 年中央国有资本经营预算首次提交人大审议。至 2012 年底，纳入中央国有资本经营预算实施范围的一级企业共 813 户，地方国有资本经营预算的实施范围已覆盖全国 34 个省、自治区、直辖市和计划单列市。此外，山东、湖北等 16 个省区市的 124 个地市（含地市级以下）也实施了国有资本经营预算制度。④

---

① 马蔡琛：《中国公共预算管理改革的制度演化与路径选择》，载于《中央财经大学学报》2007 年第 7 期。

② 卢凌波：《预算稳定调节基金：财政储备还是预算调节》，载于《财贸经济》2012 年第 12 期。

③ 浙江省财政厅总预算局课题组：《创新财政中期规划编制，完善跨年度预算平衡机制》，载于《预算管理与会计》2016 年第 9 期。

④ 贾康、刘薇：《构建现代治理基础——中国财税体制改革 40 年》，广东经济出版社 2017 年版，第 244 页。

（3）预算绩效管理崭露头角。

2003 年，党的十六届三中全会提出"建立预算绩效评价体系"，拉开了预算绩效管理改革的序幕。随后，财政部先后颁布了《中央部门预算支出绩效考评管理办法》《财政支出绩效评价管理暂行办法》《关于推进预算绩效管理的指导意见》《预算绩效管理工作规划（2012~2015）》等文件。2009 年在财政部预算司下设"预算绩效管理处"，2011 年成立了政府绩效管理工作部际联席会议①。2014 年财政部投资评审中心更名为预算评审中心，主要承担为部门预算项目进行评审、研究提出项目支出标准、开展项目事后绩效评价等职责，加强预算编制过程的审核把关，使预算评审成为预算编制过程中的必经程序，促进形成预算编制、执行、监督与绩效考评相互制约的工作机制，提高预算编制的科学性。

（4）预算公开逐渐起步。

2008 年《中华人民共和国政府信息公开条例》正式颁布，要求县级以上各级政府及其部门在各自职责范围门内确定主动公开的政府信息的具体内容，并重点公开财政预算、决算报告，为预算公开提供了制度保证。2009 年，财政部首次公布了财政预算报告和中央财政收入预算表、中央财政支出预算表、中央本级支出预算表、中央对地方税收返还和转移支付预算表 4 张表格，财政预算公开迈出了重要一步。随后，2010 年报送全国人大审议预算的 98 个中央部门中，75 个部门公开了部门预算，2011 年这一数字增长至 92 个。② 与此同时，中央各部门公开了"三公"经费。此后，预算公开以"三公"经费作为重要突破口，并将涉及面更广的部门预算公开作为一项常规性工作。预算公开的范围不断扩大，内容愈发详尽。总的来说，这一时期的预算公开大多集中于中央部门，但有些地方政府也进行了有益的探索，如北京市、广东省等地。2008~2014 年推动预算公开的相关政策文件如表 2-1 所示。

---

① 政府绩效管理工作部际联席会议由监察部、中央组织部、中央编办、发展改革委、财政部、人力资源社会保障部（公务员局）、审计署、统计局、法制办 9 个部门组成，监察部为牵头部门，联席会议办公室设在监察部。联席会议主要有五项职能：一是研究提出加强政府绩效管理的相关政策和措施；二是组织协调和综合指导国务院各部门和各省（区、市）开展政府绩效管理工作；三是组织拟订政府绩效评估指标体系、程序和具体办法；四是组织推动和监督政府绩效管理各项工作的落实；五是研究与政府绩效管理工作有关的其他重大问题，向国务院提出建议。

② 新华社：《财政部等多家中央部门 23 日公开 2012 年部门预算》，http：//www.gov.cn/jrzg/2012 - 04/23/content_2120737.htm。

表 2 - 1 2008 ~ 2014 年推动预算公开的相关政策文件

发布时间	发文机构	文件名称
2008 年 5 月	国务院	《中华人民共和国政府信息公开条例》
2008 年 9 月	财政部	《财政部关于进一步推进财政预算信息公开的指导意见》
2010 年 3 月	财政部	《财政部关于进一步做好预算信息公开工作的指导意见》
2011 年 1 月	财政部	《财政部关于深入推进基层财政专项支出预算公开的意见》
2011 年 5 月	国务院	《国务院办公厅关于进一步做好部门预算公开工作的通知》
2012 年 6 月	国务院	《机关事务管理条例》
2013 年 8 月	财政部	《财政部关于推进省以下预决算公开工作的通知》

资料来源：根据中央人民政府门户网站、中华人民共和国财政部官网信息整理而得。

这一时期的预算改革重点关注合规性控制，不仅强调内部控制，也强调人大和审计的外部监督。与此同时，在地方预算审查监督中涌现出诸多创新形式。例如，河北省人大尝试将公民听证引入预算初审，武汉市和深圳市在预算审查中试行了"单项表决"模式。特别地，深圳市人大曾单项否决了五洲宾馆扩建项目、市委组织部疗养院和经济培训中心三个项目。① 这种模式在后来得到了延续和发展，譬如，2013 年浙江省温州市首次对 6 个试点部门的预算草案进行分项审议表决。② 随着 2006 年《中华人民共和国各级人民代表大会常务委员会监督法》的出台，多年来人大在预算事务中"橡皮图章"的形象得到显著改观。将我国的预算改革置于国际比较视角之下，不难发现，这一阶段的中国预算改革与同期 OECD 各国的做法颇为不同。OECD 各国强调放松控制和加强绩效管理，而我国当时仍致力于加强预算控制的合规性改革，这也是时代条件使然。其原因正如艾伦·希克所指出的，建立有效的外部控制系统是现代公共预算体系的必由之路。③ 经历这一阶段之后，我国基本建立了控制导向的预算管理制度，其中绩效管理、预算公开等制度性突破为后来的全面深化改革奠定了基调。但这一时期的预算制度仍然存在诸多问题。例如，支出结构

---

① 傅新：《预算"单项表决"值得借鉴》，载于《经济研究参考》2007 年第 48 期。

② 温州网：《温州在全国首创对部门预算进行分项审议表决》，http://news.66wz.com/system/2013/01/06/103495548.shtml。

③ ［美］艾伦·希克：《当代公共支出管理方法》，经济管理出版社 2000 年版，第 113 页。

不合理，社会福利支出比重较低；[①] 预算执行进度不均衡，年末结余结转资金过多；[②] 预算决策的民主化程度有待提高；预算信息的可获得性差等。如何破解这些时代难题，也成为下一阶段财政制度建设的重要核心议题。

2.3.4　预算改革再出发：建设现代预算制度

党的十八届三中全会将财政定位为国家治理的基础和重要支柱，并提出要建立现代财政制度的改革目标，特别提出要改进预算管理制度，实施全面规范、公开透明的预算制度。为适应国家治理现代化的需要，我国开始了新一轮更加深入的预算制度改革。

1. 提高配置效率：全面推行绩效管理

预算领域中"绩效"概念在中国的提出已有 10 余年的时间，其热度并未随着时间推移而消退，形成了绩效预算改革的时代潮流。2014 年，新《预算法》的出台填补了绩效预算领域的法律空白，并从多方面对预算绩效管理提出了要求。为落实《预算法》的要求，2015 年以来，中央及地方各级政府出台了各类改革办法，积极探索创新模式。财政部先后出台《中央部门预算绩效目标管理办法》《中央对地方专项转移支付绩效目标管理暂行办法》，进一步规范预算绩效目标管理。2016 年，中央预算部门 10.3 万个支出项目全部设定了绩效目标，涉及金额 7598 亿元，比上一年增长了 255%，并依据绩效目标，细化形成了包括产出、效益、满意度在内的多维度绩效指标；[③] 同时，选取了教育部等 15 个中央部门作为绩效监控试点，以期及时纠正预算执行过程中的偏差，并在 2017 年扩展到所有中央部门。[④] 相对而言，地方的预算绩效管理改革在操作层面上更具灵活性和创新性，逐渐形成了上海

---

① 2012 年，我国全口径财政支出中经济建设支出的比重为 38.67%，远高于 OECD 成员国中发达国家 10% 左右的水平，而医疗卫生、社会保障就业、教育等社会福利支出的比重为 40.51%，较 OECD 成员国 60% ~ 70% 的比例低了 20 ~ 30 个百分点。详细参见：高培勇、汪德华：《"十三五"时期的财税改革与发展》，载于《金融论坛》2016 年第 1 期。

② 以 2012 年为例，91 个中央部门公布的 2012 年度决算信息显示，当年的结转结余资金超过了 2027 亿元，平均每家的结转结余资金都在 22.27 亿元以上。详细参见：京华时报：《91 家中央部门上年度结转结余资金超 2 千亿元》，http://news.163.com/13/0723/02/94EESIQF00014AED.html。

③ 财政部预算司：《2016 年中央预算部门绩效目标实现全覆盖》，载于《预算管理与会计》2016 年第 7 期。

④ 齐小乎：《预算绩效管理"中国经验"呼之欲出》，载于《中国财经报》2017 年 9 月 26 日。

"闵行模式"①、广东"南海模式"②、河北"部门职责—工作活动—预算项目"发展路径等较具代表性的绩效管理模式，为绩效预算的全面推行积累了经验。

尽管我国的绩效预算改革起步较晚，但成果颇丰，得到了一些国际组织的高度肯定。例如，财政部预算评审中心的研究成果《财政支出政策绩效评价研究报告》和《财政支出政策绩效评价指南》就得到了世界银行的认可。③ 更为重要的是，评审结果逐渐成为预算安排的重要依据。2012 年和 2013 年，上海市嘉定区财政部门分别对 36 个和 38 个预算项目实施绩效前评价，评审后的资金节约率为 15% 和 17%。2016 年，财政部组织 360 名行业专家和 8 家第三方机构 160 人参与中央预算的初评，已完成的 109 个中央部门中，审减额达到 344 亿元，平均审减率为 38%。④ 这预示着绩效与预算资金相连接的机制已然逐渐建立，"绩效"和"预算"两张皮的状况有望发生根本性的转变。

2. 改善管理效果：年度性向中期性转变

预算在传统上具有年度性的特点，但年度预算存在着固有的局限性，难以在政策与预算之间建立联结机制，以至于预算很难反映政策重点和公共支出的优先序。实践表明，除了合规性外，年度预算在满足公共支出管理的其他目标，如财政纪律、优先性资源配置、营运绩效以及财政风险和财政可持续方面的表现均不令人满意。⑤ 基于此，自 20 世纪 90 年代以来，世界各国纷纷开展了中期预算改革，致力于建立中期预算框架，从跨年度视角重新审视公共预算。随着改革的深入，《中共中央关于全面深化改革若干重大问题的决定》、《预算法》修正案、《国务院关于深化预算管理制度改革的决定》、《国务院关于实行中期财政规划管理的意见》等均强调建立跨年度预算平衡机制，实行中期财政规划管理。我国的预算制度已经逐渐具有某些中期性特征，在由年度

---

① 上海闵行模式，即包含预算项目前期评审（前评价）、中期过程评估（中评价）和后期结果评价及结果运用（后评价）的全过程绩效管理模式。

② 广东南海模式，即将 50 万元以上专项资金纳入预算绩效评价范围，进行"竞争分配、制度分钱"的绩效管理模式。

③ 齐小乎：《财政部预算评审中心精于实践善于总结，深入开展预算评审业务为财政预算绩效管理提供有力支撑》，载于《中国财经报》2017 年 8 月 10 日。

④ 上海市青浦区财政局课题组：《加强预算绩效管理结果应用的实践与思考》，载于《预算管理与会计》2016 年第 6 期。

⑤ 王雍君：《中国公共预算改革：从年度到中期基础》，经济科学出版社 2011 年版，第 1~8 页。

性向中期性的转变过程中迈出了一大步。

这一转变过程呈现"由易到难、由点到面"的特点，早在 2008 年，财政部便选取河北省、河南省焦作市、安徽省芜湖县作为中期滚动预算的省级、市级和县级试点单位。世界银行（2013）将中期支出框架（MTEF）划分为三个发展阶段，即中期财政框架（MTFF）、中期预算框架（MTBF）、中期绩效框架（MTPF），而中期财政框架是中期支出框架的初级发展阶段。[①] 目前来看，我国采用三年滚动方式来编制中期财政规划[②]。正如 2015 年《国务院关于实行中期财政规划管理的意见》中所指出的"中期财政规划是中期预算的过渡形态"，目前仍属于中期支出框架的初级阶段。这是在综合考虑财政管理水平、信息化手段等因素的约束下，做出的由易到难、循序渐进的正确选择。2015 年，中央各部门和各地方政府开始编制 2016～2018 年度滚动财政规划，中期财政规划呈现出"由点到面"的发展路径。

3. 强化受托责任：阳光财政方兴未艾

我国的预算公开大体经历了"国家机密""向特定人群（即人大代表）公开""向社会公众公开"这样三个阶段。在早期预算公开探索的基础之上，党的十八届三中全会以来，预算公开不断深化，并进一步纳入法制化轨道。2015 年，新《预算法》正式实施，其中第十四条规定"经本级人民代表大会或者本级人民代表大会常务委员会批准的预算、预算调整、决算、预算执行情况的报告及报表，应当在批准后二十日内由本级政府财政部门向社会公开"。2016 年，《关于进一步推进预算公开工作的意见》对预算公开作了进一步的部署，要求扩大预算公开范围，公开预决算信息，细化公开内容，加快公开进度，规范公开方式。2017 年，公开部门预算的中央部门已由 2010 年的 75 个增加至105 个，并搭建了"中央预决算公开平台"，2017 年的中央预算及各部门预算在通过原渠道公开的同时，首次在该平台上集中亮相，大大提高了信息获取的便利性。此外，公开的内容由最初的《财政拨款支出预算表》和《部门预算收支总表》增加为包括收支总表、"三公"经费支出表等在内的 8 张报表。科

---

① World Bank. Beyond the Annual Budget：Global Experience with Medium-Term Expenditure Frameworks［R］. World Bank Publications，2013.

② 即第一年规划约束对应年度预算，后两年规划指引对应年度预算，年度预算执行结束后，对后两年规划及时调整，再添加一个年度规划，形成新一轮中期财政规划。详细参见：《国务院关于实行中期财政规划管理的意见》。

技部、教育部、环保部等 10 个部门首次公开了 10 个重点项目的预算，并同步公开了项目支出绩效目标。① 预算公开的内容更加细化，实现了由"大账"到"细账"的转变。特别地，这一时期地方政府的预算公开进程不断提速。据统计，地方 26.1 万家预算单位中，未公开部门预算和部门决算的单位大幅减少，由 2015 年的 3.7 万个和 5.6 万个，降至 2016 年的 737 个和 778 个，平均降幅为 98.3%，且地方预决算信息公开的完整性、规范性和及时性等指标的达标率均超过了 90%。② 近年来，我国财政透明度一直呈现小幅稳步攀升的趋势（见表 2-2），为提升资金使用效率和政府公信力奠定了基础。

表 2-2　　　　　　　2009～2016 年我国省级财政透明度得分情况

年份	2009	2010	2011	2012	2013	2014	2015	2016
得分均值	21.71	21.87	23.14	25.33	31.4	32.68	36.04	42.25

资料来源：上海财经大学公共政策研究中心：《中国财政透明度报告》，上海财经大学出版社 2017 年版。

预算公开的不断推进，还为参与式预算的兴起和发展提供了良好的契机。概括来说，参与式预算是一种允许公民直接或间接地参与公共资源分配使用决策的机制。参与式预算始于巴西的阿雷格里港市，随后在拉丁美洲传播，并逐渐扩展至全球，如今仍然充满活力。据统计，2010 年世界范围内有 795～1469 个地方实行了参与式预算，其中拉丁美洲是参与式预算最为活跃的地区，有 500～920 个参与式预算案例，巴西是实行参与式预算的主要国家。③ 但大部分地区提交参与式预算审议的部分占全部预算的比例不超过 10%，仅有少数地区（如蒙多诺沃、阿雷格里港市）以参与式预算的形式对全部预算进行讨论。④ 参与式预算在我国的实践始于浙江省温岭市的"民主恳谈"，后来河南省焦作市、安徽省淮南市、江苏省无锡市、黑龙江省哈尔滨市、上海市闵行区、云南省盐津县、四川省巴中市白庙乡等地的预算过程均出现了公众参与的

---

① 新华网：《10 部门首次公开 10 个重点项目预算，同步公开绩效目标》，http：//www. xinhuanet. com/fortune/2017－04/08/c_1120771750. htm。
② 财政部：《财政部发布 2016 年度地方预决算公开度排行榜》，http：//www. gov. cn/xinwen/2017－12/29/content_5251599. htm。
③ ［法］伊夫·辛多默、［德］鲁道夫·特劳普·梅茨、张俊华：《亚欧参与式预算——民主参与的核心挑战》，上海人民出版社 2012 年版，第 7 页。
④ 联合国人居署：《参与式预算 72 问》，中国社会出版社 2010 年版，第 30 页。

身影。从实践来看，各地的参与式预算虽遵从了类似的运作周期，但由于实际情况的差异，所选择的模式也不尽相同，主要包括巴西模式（如黑龙江省哈尔滨市）、"公共项目民众点菜"模式（如上海市惠南镇）、绩效参与式预算改革模式（如上海市闵行区）和本土创造模式（如浙江省温岭市）等类型。参与式预算这一星星之火，逐渐在政府财政管理中呈现燎原之势。

2.3.5　中国政府预算改革的内在演化逻辑

改革开放以来的 40 年间，中国的预算环境发生了巨大变化，预算管理制度也随之经历了深刻变革，由"小步慢跑"逐渐发展到"大步向前"，由适应市场经济体制转向匹配国家治理现代化的需要。纵观我国预算管理改革的演化历程，不难发现其在改革动力、改革主体、改革次序及改革道路方面均呈现出自身的内在演化逻辑。

1. 改革动力：内在需求和外在要求的共同推动

就改革的动力而言，我国预算制度的变迁始终是由内在需求和外在要求共同推动的，因此，预算改革既包含具有一定前瞻性的主动型改革，也不乏受制于预算环境的被动型改革。政府职能和执政理念的转变，使我国的预算管理制度由"统收统支"走向分级管理，由控制导向走向绩效导向，由年度预算走向中期预算，由绝密文件走向公开透明。此外，改革开放以来的三次财政困境①也倒逼了预算制度改革，社会主义市场经济体制的建立不断对预算制度提出更高的要求。特别地，适应国际交流的需要也是预算改革的外部动力之一。譬如，2002 年我国正式加入国际货币基金组织的数据公布通用系统（SDDS），不断改进统计数据编制和发布制度，进而于 2015 年正式采纳 SDDS 标准，并公布包括财政信息在内的统计数据。② 类似地，在改革的不断深化过程中，我国的国民经济核算体系及金融统计指标体系均按照国际通行标准进行了调整，但政府预算收支科目一度并未进行相应调整，因此，每年财政部门和统计部门要做大量的口径调整和数据转换工作，但还是无法保证数据的准确性及与其他

---

① 第一次财政困境发生在改革开放之初，第二次财政困境发生在 20 世纪 80 年代中期至 90 年代上半期，第三次财政困境发生在 2000 年前后，与之前两次不同，这次主要表现为县乡财政困难。

② 国家统计局，中国人民银行：《中国正式采纳国际货币基金组织数据公布特殊标准》，http：//www. stats. gov. cn/tjgz/tjdt/201510/t20151007_1252755. html。

国家的可比性，为此我国启动了政府收支分类改革。[①] 总的来看，内在需求和外在要求共同推动着我国预算制度向现代预算制度迈进。

2. 改革主体："中间扩散型"和"供给主导型"并存

改革开放的 40 年间，我国预算管理制度的变迁由中央和地方政府共同推动，呈现"供给主导型"和"中间扩散型"[②] 并存的特点。值得注意的是，在改革的不同阶段，改革的主体也有所不同。在预算改革的初期萌芽和后期深化阶段，"供给主导型"居于主体地位，即预算制度的变迁大多由中央政府推动。例如，初期阶段的预算法治化建设（《国家预算管理条例》和《预算法》）、复式预算的编制方式改革；后期深化阶段"三公"经费的公开、绩效管理的推行、中期财政规划的实施等。相反地，在预算改革的兴起阶段，"中间扩散型"的特征更为明显，地方政府在预算管理方面的创新实践颇有雨后春笋之感，成为预算制度变迁的推动者。譬如，海南、湖北、安徽等地的零基预算、浙江温岭的参与式预算、天津的标准周期预算。究其原因，在于我国采用多级预算体制，有一级政府就有一级预算，本级预算的审批和审查多由本级人大负责，这就为地方政府进行预算改革提供了可能性。[③] 在预算改革的兴起阶段，在多方力量的倡导和推动下，地方政府更容易聚焦于预算制度，及时发现问题解决问题，加之兴起阶段并没有形成既定的改革路径，地方政府更容易结合自身实际进行制度创新，出现"百花齐放"的局面。相较而言，预算改革的萌芽阶段需要指明方向和明确目标，深化阶段需要从整体出发寻找进一步的切入点，这些只有中央政府能够做到。因此，在不同时期，我国中央政府和地方政府分别承担起改革主体的重担，共同推动了向预算国家的演变。

---

① 中华人民共和国财政部：《实行政府收支分类改革的必要性》，http：// yss. mof. gov. cn/zhuanti-lanmu/yusuanguanligaige/zfszflgg/200806/t20080630_55273. html。

② 中间扩散型制度变迁方式，即当利益独立化的地方政府成为沟通权力中心的制度供给意愿与微观主体的制度创新需求的中介环节时，就有可能突破权力中心设置的制度创新进入壁垒，从而使权力中心的垄断租金最大化与保护有效率的产权结构之间达成一致，从而化解"诺斯悖论"。杨瑞龙（1998）认为，我国由中央集权型计划经济向市场经济渐进过渡的路径为：改革之初的供给主导型制度变迁方式逐步向中间扩散型制度变迁方式转变，并随着排他性产权的初步建立，最终过渡到与市场经济内在要求相一致的需求诱致型制度变迁方式。详细参见：杨瑞龙：《我国制度变迁方式转换的三阶段论——兼论地方政府的制度创新行为》，载于《经济研究》1998 年第 1 期。

③ 马蔡琛：《中国预算管理制度变迁的经济学分析》，载于《税务与经济》2002 年第 2 期。

3. 改革次序：渐进式和激进式变迁①的融合

综合来看，我国的预算改革既有较为温和的渐进式改革，也有即破即立的激进式改革。例如，我国的复式预算编制方式的变革便是渐进式的，从"经常性预算和建设性预算"到"政府公共预算、国有资本金预算、社会保障预算和其他预算"，再到"一般公共预算、政府性基金预算、国有资本经营预算、社会保险基金预算"，逐渐细化和完善。类似地，我国预算外资金管理方式的变革也是渐进式的。从 1986 年界定预算外资金的概念和范畴，到 1993 年将 83 项行政收费项目纳入预算管理，到 1996 年开始对预算外资金实行"收支两条线"管理，再到如今的全口径预算管理，预算外资金的使用渐趋规范，并逐步纳入预算的范畴。相反地，绩效预算打破了合规性控制，引导预算走上绩效导向的道路；权责发生制政府财务报告打破了收付实现制作为会计核算基础的局面，转而实行能够全面反映政府资产负债、收入费用、运行成本、现金流量等财务信息的权责发生制核算基础；中期财政规划打破了预算编制年度性的限制，开始了跨年度预算的编制，预算的中期性特征逐渐显现。这些改革均具有浓厚的激进式即破即立的色彩，推动了我国预算管理制度阶梯式的跳跃发展。渐进式和激进式的改革共同推动了建立现代预算制度的进程。

4. 改革路径：形成和突破路径依赖的交替

回顾预算改革的历程，我们发现预算管理制度变迁的道路并非预算制度的全新选择，也非单纯的历史沿袭，而是一种传统与革新并存，不断形成又不断突破路径依赖的演化趋势。在预算改革前期，改革者聚焦于给原先的预算制度"打补丁"，即针对问题启动改革，在解决某一时期的特定问题之后，再启动新一轮的改革来解决新问题，在表现形式上，往往仅是对原有路径的修正。如"统收统支"的预算管理体制限制了地方政府的积极性，为此启动了"划分收支，分级包干"的改革，而这一管理体制又导致了中央财政困难，宏观调控能力减弱，便又进行了分税分级的预算管理体制改革。21 世纪初，以部门预算为代表的预算改革突破了原有路径，开辟了以加强合规性控制为核心的预算

---

① 依据制度变迁的速度，制度变迁可分为激进式和渐进式两种形式。激进式，即"破"与"立"同时进行，在进行新制度安排的同时，否认现存的组织结构和信息存量。渐进式，即采取需求累增与阶段性突破的方式，逐步推动制度升级。详细参见：卢现祥：《新制度经济学》，武汉大学出版社 2011 年版，第 194 页。

管理模式。在之后较长的一段时期内，合规性控制都是我国预算改革的主线，进行了政府采购、国库集中支付、收支两条线等改革，不断加强在预算编制、执行、监督阶段的控制。绩效预算改革的兴起再次突破原有路径，逐渐放松控制，走上了强调绩效性的道路。现如今的预算改革试图从预算期间（年度向中期）、预算参与者（公民参与）等多方面突破路径依赖，重构适应经济社会发展、符合国家治理现代化要求的发展路径。

2.3.6　中国政府预算改革的未来展望

沿着时间轴回望，我国的预算改革已经走过了 40 个年头，在经历本轮财税体制改革之后，已然初步搭建起了现代预算制度的基本框架。特别地，预算管理也逐渐从一种国家体系内部的制度规范问题，发展成为社会各界关注的热点问题。[①] 站在改革开放 40 年的时间节点上展望未来，为了建立完善的现代预算管理制度，还需要从这样几个维度来加以谋划：提高预算资金的配置效率和支出效果，加强总额控制，强化预算监督，以实现财政可持续。

1. 提高配置效率和支出效果：绩效预算改革的深化

党的十九大提出"全面实施绩效管理"，并将其视为建立现代财政制度的关键一环。全面实施绩效管理将绩效理念和原则贯穿于政府各层级、各类型、各环节的工作之中，建立结果导向机制，最终形成可测量、可评价、可考核、可报告、可问责的现代化政府，从而推动国家治理体系和治理能力现代化的进程。[②] 绩效管理是绩效预算的前提和基础，没有绩效管理各种机制的支持，绩效预算很难成功，因此，现阶段我们需要全面实施绩效管理以夯实绩效预算的基础。[③] 一方面，要完善预算绩效管理的支撑条件，诸如提高预算信息获取及分析能力，提升预算透明度，建立科学合理的包含绩效目标、绩效指标、评价方式、奖惩机制等信息的绩效评价体系；另一方面，要宣传预算绩效管理理念，逐渐形成"花钱必问效，无效必问责"的良性机制，以逐渐对现有的财政管理进行脱胎换骨的改革。需要特别注意的是，政府会计改革的滞后已经大

---

① 杨志勇：《我国预算管理制度的演进轨迹：1979～2014 年》，载于《改革》2014 年第 10 期。
② 曹堂哲：《国家治理新形态：全面实施绩效管理》，载于《中国社会科学报》2017 年 11 月28 日。
③ 王雍君：《全面绩效管理需要"动真格"》，载于《新理财》2017 年第 11 期。

大影响了我国预算绩效管理改革的进程。除提供高质量的信息外，以权责发生制为基础的政府会计能够更好地反映政府运营的绩效结果和公共受托责任的履行情况。随着财政改革的深入，以权责发生制为基础的政府会计改革已然"箭在弦上"。在当今的世界，许多国家已经采用权责发生制作为公共部门的会计基础，如新西兰、澳大利亚、芬兰、瑞典。因此，我国在借鉴国际经验的基础上，必须加快推进建立以权责发生制为基础，以编制和报告政府资产负债表、收入费用表等报表为核心的政府综合财务报告制度，为预算绩效管理改革的进一步发展打下坚实基础。

2. 加强总额控制：中期财政规划的完善

引入中长期预算，加强总额控制，是实现财政可持续的重要途径之一。为实现财政可持续，我国的中期财政规划还需要进一步发展和完善。首先，我国中期财政规划编制存在较大的地区差异性，中央出台的政策并没有对其进行详细的规定，这虽然为地方政府的探索提供了弹性空间，但也存在着做表面文章、偏离政策目标等风险，这容易导致中期财政规划改革难以落地。因此，中央或各省级财政部门应尽快提供具有可操作性的编制指南，以指导中央各部门和地方政府中期财政规划的编制工作。其次，在中期预算编制方面，可考虑与国民经济和社会发展五年规划纲要相衔接，建立五年期的中期财政规划框架，采用"自上而下"为主、"自下而上"为辅的集中型预算决策模式，确保预算能够反映政策重点和优先次序。最后，提高经济收支预测的科学性和准确性，并在此基础上设定支出上限，建立财政风险披露制度，将财政风险评估数据和报告作为政府工作报告的一部分，以加强风险监控和管理。

3. 强化预算监督：预算公开的推进

根据近年来的相关研究显示，我国预算报表公布率仅为 24%，约 20% 的部门没有公布经济分类信息，近 30% 的部门没有对收入类和支出类专业术语进行解释，我国的预算公开在公开程度、公开形式、信息检索渠道等方面仍存在诸多问题。[①] 如何做到有效的预算公开呢？首先，有效的预算公开要细致且全面。我国预算科目的层级包括"类、款、项、目"四级，"细致"要求预算公开不仅局限于"类、款"，而是要逐渐公开至"项、目"。"全面"要求不仅

---

① 　郭俊华、朱符洁：《我国公共部门预算透明度研究——以中央部门预算公开数据为例》，载于《财政研究》2016 年第 1 期。

要公开全部的政府收支计划，还应该具有一定的动态性，例如，最初编制的预算是什么样的，立法部门如何进行审议，审议之后的预算有何变化，预算执行情况以及预算决算和审计情况都应该及时公开，从而使公众能够了解预算的全过程并对其进行有效的监督。其次，有效的预算公开要做到易懂且易得。各类支出项目要让大家看得清看得懂，而不是雾里看花，这就要求公开预算的同时要配有辅助性的解释说明材料。此外，预算公开的方式不应仅局限于政府门户网站上的一览表、明细表，还可以增加图表、漫画等形式，使枯燥的预算通俗易懂，吸引公众的关注和兴趣。易懂之后便是易得，当前，我国预算公开多体现于政府门户网站，且存在隐蔽性较强、零碎公开、信息更新较慢的问题，预算公开的效果大打折扣，这就要求各级政府开辟专门的预算信息平台，及时更新预算信息，并提供不同的检索方式以及 Word、Excel、PDF 等不同格式的预算文件，提高预算信息获取的便利性，建立用户友好型的预算信息平台。

展望未来，预算制度自身的发展完善固然重要，但其运行环境的变革（诸如财政体制、税收制度等）也是不容回避的，至少不应让其成为预算改革进一步深化的阻碍。长远来看，未来的预算改革不仅要完善现有的制度，还要满足现代财政制度建设的动态需求。纵观百年预算史，尽管各国的国情不尽相同，各国的改革各具特色，但在如何打理纳税人的钱财上仍旧是有规律可循的。因此，从这个意义上讲，作为国家治理现代化基础支撑的预算改革，将会伴随全面深化改革的整个过程，成为国家治理体系和治理能力现代化的关键一招。

2.4　《预算法》的修订历程与政府理财的未来挑战[①]

《预算法》往往也被称为"经济宪法"。2014 年 8 月，历经长达 10 年的修订过程，《预算法》修正案终于由全国人大常委会以高票通过，完成了 20 年来的首次大修，这标志着全面深化财税改革在预算领域的率先破冰。当然，在《预算法》修订后的 4 年时间，《预算法实施条例》的相应修订仍旧杳如黄鹤，这不能不说是一个遗憾。2014 年 9 月，国务院颁布了《关于深化预算管理制度改革的决定》，进一步明确了建设现代预算制度的政府理财改革方向。本节

---

①　马蔡琛：《论中国预算法的修订与政府理财的挑战》，载于《会计之友》2015 年第 9 期。

结合笔者个人的亲身经历，从《预算法》修订的由来和演进出发，进一步探讨今后中国政府理财方式变革中面临的挑战。

1.《预算法》修订的由来与演进

（1）预算法修订问题的由来。

尽管现代预算理念在中国的传播，可以上溯至戊戌变法前后，但新中国第一部《预算法》的颁布，已然是改革开放启动 10 多年后的 1994 年了（以下简称为"1994 年《预算法》"，此前为国家预算管理条例或预算决算暂行条例）。1994 年《预算法》颁布之际，我国尚处于市场化转型的早期阶段，故仍带有一定的计划经济痕迹，且与当年宏观调控的大背景相适应，在禁止地方政府举债等问题上，也带有较强的抑制投资冲动的色彩。这是当年的社会经济条件使然，世易时移，我们不能因后来《预算法》修订的需要，而对 1994 年《预算法》做过多的苛求与指责。从唯物史观的角度看，作为新中国第一部《预算法》，1994 年《预算法》在设置五级财政预算、采行复式预算制度等方面，其审慎立法与结合国情的制度设计思路，仍旧是颇具启迪性的。

万物恒流，无物常驻，自 1994 年以来的 20 多年间，中国社会经济运行的变化是举世瞩目的。1998 年以来启动的、以部门预算为代表的新一轮政府预算管理改革，其实践探索也往往突破了 1994 年《预算法》的边界。这种预算法律规定滞后于（甚至阻碍）预算改革实践的现实，也进一步凸显了《预算法》修订的必要性和紧迫性。2004 年 3 月，在 1994 年《预算法》颁布 10 年之际，启动了《预算法》的修订工作，将修改《预算法》列入全国人大的立法规划。

（2）《预算法》修订的早期探索。

2004 年 5 月 24～26 日，全国人大常委会预算工作委员会举办了"《预算法》国际研讨会"，来自德国、美国、法国、比利时和中国社科院、国家发改委、财政部等单位的预算研究者与实践者云集四川成都金牛宾馆①，商谈《预算法》修订问题。这应该是《预算法》修订启动以来的第一次大型系统性研讨活动。

2005 年 8 月，全国人大常委会预算工作委员会在北京召开了《预算法》修订专家咨询会，充分研究了《预算法》修订中的 17 个重要问题。其中，诸

---

① 陈东：《探索预算立法的"中国模式"》，载于《民主法制建设》2004 年第 7 期。

如"与其他法律中有关预算支出规定内容如何衔接的问题"，后来几经波折，最终在党的十八届三中全会决定中明确为"清理规范重点支出同财政收支增幅或生产总值挂钩事项，一般不采取挂钩方式"。又如，针对财政预算层级问题，在会议参考提纲中提出，"现行《预算法》规定，国家实行一级政府一级预算，设立中央、省、市、县、乡五级预算。根据近几年的改革实践，是否还有必要强调设立五级预算？不提一级政府一级预算，在理论上和实践上是否站得住？对一些地方已开始实行在财政上省直接管县和乡财县管的做法怎么看？"针对预算先期执行问题则指出，"我国预算年度实行公历制，但每年批准中央预算的全国人民代表大会在3月上旬召开，这意味着每年有一个季度的时间没有预算。地方各级也不同程度地存在这个问题。对这个问题如何解决，编制临时预算的做法是否可行？"本次会议中提出的这些命题，即使时至今日，也大多未能得到圆满的解答。

以上两次会议，笔者均应邀与会并发言，回忆当年的讨论情况，关于复式预算制度的存废、预算年度在历年制和跨年制之间的选择、五级财政是否层级过多、立法机构与财政部门间的预算管理权能划分等问题，各方之间还是存在一定分歧的。应该说，针对这些问题的纠结与取舍，贯穿了此后10年间的《预算法》修订过程。

2006年3~4月，全国人大有关部门完成了《预算法》（修订草案征求意见稿），并向相关部门和部分智库机构征求意见。后来人们常说《预算法》第几轮修订稿，应该说这或许就是"草案一次审议稿"了（至少是较早的一个版本）。就2006年的这一轮《预算法》修订稿而言，其中争议较大的问题主要聚焦于两个方面：一是五级财政的存废问题；二是地方政府的举债权问题。在这一稿中，取消了1994年《预算法》关于五级财政和"一级政府一级预算"的规定，仅规定"县级以上各级政府应当设立预算"（此处的"以上"是否包括"县级"自身，也表述得不够清晰）。同时规定，"中央预算中的非资本性支出一般不列赤字"，而地方是否可以列赤字，则又语焉不详。应该说，这些问题也始终是后来《预算法》修订中各方分歧较大之处。

当时，笔者还在中国社会科学院财政与贸易经济研究所工作（现更名为中国社会科学院财经战略研究院），得有机缘参加了这一征求意见工作。经集体讨论，我们提交了"关于《预算法》（修订草案征求意见稿）的若干调整建议"。其中，关于《预算法》修订需要处理好的四大基本关系，对于此后的《预算法》修订以及相关财税立法，应该说是具有中长期指导意义的。兹录其主要内容如下：

我们认为，《预算法》的修订需要处理好以下四大基本关系：第一，财政法与预算法的关系。《预算法》既可以只规定与政府预算有关的内容和要求，也可以表现为涵盖所有财政经济活动的财政基本法。从我国现实来看，后者较好。目前，我国尚无财政基本法，《预算法》有必要承担起财政基本法的职责，使所有的财政经济活动有法可依。第二，繁与简的关系。《预算法》虽承担财政法的基本职责，但对许多财政经济活动，不宜规定过于烦琐，应着眼于基本的财政经济活动，而非各项具体活动。第三，理想与现实的关系问题。《预算法》既要着眼于长远的、较为完善的市场经济背景，又要考虑现实的可行性。第四，各国的普遍做法与中国国情的关系。《预算法》牵涉众多预算技术，各国做法（特别是发达经济体的经验）值得我们借鉴，以避免走弯路。当中国国情与各国做法出现矛盾时，应该考虑的是如何更好地立足国情，让《预算法》更能体现中国财政制度的要求。

（3）《预算法》修订的徘徊与突破。

自 2006 年至 2012 年的将近 6 年时间，《预算法》的修订工作处于相对低潮，主要原因在于各利益相关主体的权责分布与利益纠葛，难以获得较具广泛性的共识。这一僵局在 2012 年出现了转机。

2012 年 7 月，经十一届全国人大常委会第二十七次会议审议的《中华人民共和国预算法修正案（草案二次审议稿）》，在中国人大网公布并面向社会公开征集意见。截至 8 月 5 日，征集的意见超过 33 万条，超过了 2011 年《中华人民共和国个人所得税法》修正案征求意见时收到的 23 万条意见①。然而，预算乃是政府理财的专门学问，在管理层面上具有较高的技术门槛，必须具备相当高的专业素养才可能真正言之有物。因此，采用这种面向全社会征求意见的"海选"方式，其实际效果到底如何，也是颇具疑问的。

按照媒体的说法，相比"一审稿"而言，"二审稿"体现了"一进一退"②。

① 新浪财经：《聚焦预算法修订》，http：//finance. sina. com. cn/focus/yusuanfa/。
② 凤凰网：《预算法修正案草案征求意见时间过半实质性意见不多》，http：//news. ifeng. com/mainland/detail_2012_07/23/16229157_0. shtml。

"进"是加大了预算公开的力度（这也是社会各界较为关注的内容）；"退"则是基于金融风险的考虑，重申了1994年《预算法》有关地方政府不得自行发债的规定，这也是基于地方政府债务风险日趋严重的一种审慎考虑（参见专栏2-1）。

专栏2-1 《预算法》修订二审稿守住"三底线"

2012年8月初，《中华人民共和国预算法修正案（草案二次审议稿）》结束了公开征求意见。多达32万条的意见收集反映出公众对此的高度关注，甚至盖过了个人所得税法去年征求意见时的风头。

"这个征求意见稿迟到很久了。从上一届人大启动这项工作起，至今已有8年的时间，可以说，预算法的修订迫在眉睫。"马蔡琛指出，修订之所以拖延了8年，几易其稿，确实是因为面临非常重大的挑战，其中最主要的，就是因为我们国家没有财政基本法。在现有的《中华人民共和国个人所得税法》《中华人民共和国企业所得税法》《中华人民共和国税收征收管理法》《中华人民共和国政府采购法》《预算法》这5部法律中，只有《预算法》是最接近于财政基本法的。因此，中国的《预算法》承载了更多财政基本法层面的问题，对它的修订就不仅仅是一个预算的收支范围、预算的编制流程、预算的执行、决算等这样一些单纯的技术性问题。当要涉及财政基本法层面的问题时，就要面临两难的选择。

在马蔡琛看来，此次二审稿值得关注之处，即是恪守了《预算法》的几条基本底线。

首先，是保留了5级政府预算层级，即中央、省、市、县、乡。"在中间的过程稿中，受到省管县和乡财县管的影响，曾经就考虑过要减少层级，但由于中国人口规模较大，乡镇一级政府作为一个独立的治理体还是有存在必要的，不能因为乡财县管的改革而忽视乡镇一级政府财政独立存在的价值。所以，《预算法》顶住了各种主张，比如从五级改为三级的这种说法等。"马蔡琛说。

其次，是关于预算年度仍然采用日历年度。据其介绍，此前，很多研究者曾经提出，每年3月召开全国两会，预算批复下去就4月了，而等资金到位就是 5 月以后的事情了，这样有小半年的预算是没有完成法定程序的，所以有人曾提出，能否把预算年度改成 4 月制或 7 月制，也就是所谓跨年制。

"但预算年度的调整牵一发而动全身，它涉及政府的会计年度、企业的纳税年度等多方面的因素。如果调整，甚至有可能导致某些财政秩序的混乱，因而，此次修订也顶住了这方面的压力。"马蔡琛告诉记者："对于我们曾经探讨的临时预算等，很可能也是因为尚未成熟，所以没有纳入《预算法》的修订。"

另一点最值得关注的，便是坚持了对于地方政府举债的限制性规定，这也是《预算法》修订意见中比较有分歧的争论焦点。

"现行的《预算法》是限制地方政府举债的，但地方政府因为发展的冲动、投资的冲动、政绩考核的压力、资金的捉襟见肘等，变相通过融资平台等工具举借了大量的政府性债务。从现实情况来看，1998 年的国债转贷资金、2009 年中央代地方发行的 2000 亿元地方债等，很少看到哪个地方政府提出对这些地方债务的偿还预案。因此，出于谨慎的考虑，为避免酿成进一步的财政风险，在地方政府缺乏债务风险约束和管理能力的条件下，坚持了禁止地方政府发债这一条，这也是一个很重要的起码的底线。但同时，'法律和国务院另有规定'则保留了法律的机动灵活性。"在马蔡琛看来，现行《预算法》征求意见稿虽然较之期望，改动未必算是很大，更多坚持了 1994 年《预算法》的很多基本思想和原则，但比起一些不成熟的改革方案，应该算是更负责任的法律修正态度。

"我一直把《预算法》的修订分成基本法层面和技术层面的问题两部分，我认为，之所以能拖 8 年，就是希望能在基本法层面的问题上寻求到一些突破。但现在看来，可能这些条件还是不成熟，所以又回到了原点，还是从技术上入手，先行把好改的技术上的问题在《预算法》修订中完成，那么剩下的问题不妨等到将来时机成熟的时候。"马蔡琛说。

资料来源：《预算法修订二审稿守住的"三底线"》，http://finance.sina.com.cn/roll/20120822/005912913053.shtml。

出乎意料的是，由于"代理国库"与"经理国库"的一字之差，央行与财政部门之间又起纷争①，这也是导致此后《预算法》修订再次陷于困境的原因之一。其实，国库业务并非央行的核心业务，其在央行中的地位也略嫌边缘化，这本是常识层面的问题。从这个意义上讲，单纯以国库管理的分权与制衡为由，并强调所谓国际经验，将国库业务滞留于央行管辖之下，是不利于现代财政制度建设的。但银监会、证监会和保监会的先后成立，已使得央行的管理职能半径大为收缩，故国库业务就成为央行绝难放手的领地。尤其对于基层的央行分支机构而言，如果将其国库业务剥离出去，恐怕也会因无事可做而面临机构裁撤的可能。2014年审议通过的《预算法》修正案，在国库管理体制问题上维持了原有的规定，尽管具有较多的妥协色彩，但应该说是一种顾全大局的处理方式。毕竟，国库问题将来还可以由专门的国库法来加以解决，《预算法》修订工作不能由此而因噎废食。

其实，中国的《预算法》之所以被称为"经济宪法"，《预算法》修订之所以屡经波折，非10年不足以收其功，就在于《预算法》代行了财政基本法的功能。在我国现有的财政相关立法中，只有《预算法》是最接近于财政基本法的。鉴于中国的《预算法》承载了更多财政基本法层面的职能，其修订就不仅仅是预算编制、执行、决算等单纯的技术性问题了。

不过，"草案二次审议稿"在总体上还是体现了"老成谋国"的思想，这是值得加以肯定的。正如2012年8月笔者接受《国际金融报》专访时所指出的，此次二审稿值得关注之处，即是恪守了《预算法》的几条基本底线②：首先是保留了五级政府预算层级（即中央、省、市、县、乡）；其次是预算年度仍然采用日历年度；最后是为避免酿成进一步的财政风险，在地方政府缺乏债务风险约束的条件下，坚持了禁止地方政府举债的规定（参见专栏2-1）。从2014年审议通过的新《预算法》来看，上述第一条和第二条均得到了体现，对于地方债问题尽管有所让步，但仍旧保留了较为严格的限制性条件。

---

① 中国经济周刊：《央行财政部谈不拢预算法修订大改可能性不大》，http：//news. hexun. com/2012 - 08 - 20/144952589. html。

② 人民网：《预算法修订二审稿守住"三底线"》，http：//finance. people. com. cn/n/2012/0822/c153180 - 18806141. html。

中国的《预算法》修订在屡经波折之后，终于在2014年8月经由全国人大常委会审议通过，完成了20年来的首次大修。应该说，回顾《预算法》修订的坎坷历程，也同样体现了中国这场改革运动的"不争论特征"①：每当某一重大改革被激烈争辩和强行推进的时候，往往成效甚微、陷于流产；而当所有争论者都已经精疲力竭的时候，改革却会在最不经意的时候取得突破。

2. 我们期待一部什么样的《预算法》

（1）谨慎乐观：期待一部辩证认识历史元素的《预算法》。

现代预算理念在中国的传播，即使上溯到戊戌变法的时代，也仅仅有100多年的历史，但现代预算理念在中国，从她产生的那一天起，就承载着一代国人追求法治国家和现代民主的理想与信念。

令人有些遗憾的是，回眸现代预算在中国走过的这100年艰辛历程，至少在不算很短的时间内，我们或多或少地偏离了这些颇具历史里程碑意义的目标。预算逐渐沦为一种单纯的财政管理技术手段、一系列简单意义上的收支表格、一套仅仅体现为预算流程的技术性程序；而忽视了预算过程中所内生的利益相关主体互动博弈和权利分布，淡漠了经由预算过程体现出的"为市场经济立宪"的时代主题。

从2004年启动《预算法》修订以来，其进程几起几落，主要原因就在于《预算法》作为公共经济领域中"为市场经济立宪"的基本道路规则，充满了各相关主体的利益格局调整，而这种利益调整，绝非是简单意义上的"帕累托改进"，必然会从根本上触动某些强势部门的既得利益。所谓"不破不立"，我们所期待的《预算法》，其原本意义上，本来应该是部门利益"伤筋动骨"式的"破除"，而非是一场"和谐庆功"式的盛宴。

但在经济体制改革进入攻坚阶段以来，这种触及深层既得利益调整的"深水区"改革往往难以得到实质性推进。这既是《预算法》修订几经波折的原因所在，也在相当程度上制约了《预算法》修订工作所可能达到的调整边界。

基于现代预算理念在中国100多年的漂泊与求索，以及《预算法》修订工作多年来走过的道路，尽管我们期待着《预算法》能够回归法治国家的原

---

① 吴晓波：《激荡三十年：中国企业1978～2008》（珍藏图文版），中信出版社2008年版，第130页。

初目标，但在当前拥有预算资金实质性配置权的部门利益已然高度固化，监督机构的监督能力也颇为值得质疑等诸多外部约束条件下，对于新《预算法》的未来虽然寄托了很多期待，却只能保持谨慎乐观。

（2）恶法亦法：期待一部辩证认识当前预算改革的《预算法》。

中国的新一轮预算改革启动于20世纪90年代末期，而1994年《预算法》则颁布于20多年前，那时的经济运行机制和预算管理模式还带有很多计划经济色彩，《预算法》在相当程度上也未能摆脱旧体制、旧模式的影响，但是这并不能成为"预算改革可以无视1994年《预算法》存在"的理由。

在法学领域里，有所谓"恶法亦法"之说，也就是法律生效后，非经法定的修订或废止程序则始终是有效的。恶法亦法理论在当代中国预算改革中的价值表现为，它有助于在建设法治国家的初期阶段，强化规则意识，有助于解决预算法律实施中的偏离度问题。这一点在1994年《预算法》以及修正后的新《预算法》的权威性问题上，也应该是适用的①。然而，当我们进一步考察中国预算管理现实的时候，却遗憾地发现，借口现行《预算法》存在缺陷，就凭借"改革"的旗号，突破《预算法》的原则约束，似乎已然成为一种趋势。

例如，1994年《预算法》及其实施条例规定，中央预算和地方各级政府预算按照复式预算编制，分为政府公共预算、国有资产经营预算、社会保障预算和其他预算。但在现实中，除部门预算可以大体勾勒出政府公共预算的总体轮廓外，国有资产经营预算（后来未经法律认可，更名为"国有资本经营预算"）和社会保障预算仅在近几年才提上试编的议程，"其他预算"到底为何物，更是语焉不详了。

又如，1994年《预算法》规定，除法律和国务院另有规定外，地方政府不得发行地方政府债券。但在现实中，以政府融资平台为集中表现形式的地方政府债务，早已渐成燎原之势。1994年《预算法》关于地方政府举债问题的禁止性条款，其约束性基本上荡然无存。

再如，1994年《预算法》规定，国家施行一级政府一级预算，设立中央、

---

① 马蔡琛：《论中国〈预算法〉的修订问题》，载于《云南社会科学》2009年第6期。

省（自治区、直辖市）、设区的市（自治州）、县（自治县）、乡镇五级预算。但在现实中，"乡财县管"和"省管县"的逐渐推进已然从根本上动摇了五级预算相互独立的基本制度构建，五级预算的构架渐成虚化之态。

以上言及的预算层级、预算组织结构、地方政府举债权等问题，均属于《预算法》中的基本原则性问题。在这些根本性问题上，尽管当时《预算法》的规定，或许存在某些缺失，但这些原则性规定没有能够受到起码的尊重，确是不争的事实。

如果这些现象在修订后的《预算法》中没有一个适当的解释，就难免造成"法律规定欠妥—不遵守法律—导致法律修改"的恶性循环，这也难免在相当程度上影响了修订后的《预算法》的权威性。

因此，我们期待着一部能够辩证认识当前预算改革的《预算法》，针对部门预算、国库集中收付制度、政府采购等改革实践，在就其加以追认的同时，更重要的是，需要就上述严重违反《预算法》严肃性的问题，预留追究事后责任的法律约定空间。

（3）从"控制"到"管理"：期待一部辩证认识未来发展方向的《预算法》。

近半个世纪以来的世界性预算改革，总体上呈现为关注预算产出与效率的管理取向。然而，在预算产生的早期阶段，为了限制封建皇室的财政权，提出了一系列立法机关控制政府财政活动的方法与原则，后世将其概括为古典预算原则。通过对古典预算原则的考察，其主要价值判断的形成，大体上是基于"控制取向"的。

预算史的研究也表明，在构建法治国家的进程中，现代预算治理结构确立的初期阶段，控制取向都是最为重要的预算原则。而实现预算控制最为重要的机制保障，就是建立并完善预算决策和运行过程中，各利益相关主体对于政府财政权力的有效监督与制衡机制。

政府预算在世界范围内经历了数百年的发展演进，在管理手段改进与治理经验积累的基础上，许多相对复杂且先进的管理控制技术（如目标管理、系统理论、预算绩效评价体系等），在预算管理领域的应用也日益推广。预算治理水平的提升使得政府部门具有相对较强的灵活管理能力，从而具备了实现从强调立法监督机构制约的古典预算原则，向侧重行政机构自由裁量权的现代预算原则转变的现实条件。

面对中国预算管理水平与技术手段相对较低的现实，《预算法》修订的总体未来取向自然不应脱离对现实国情的考量。在引进市场经济国家预算法律规范经验的过程中，一定不能强求管理手段的所谓"先进性"，更不应盲目地追求跨越中国预算治理结构走向成熟所不得不经历的必然阶段。

3. 《预算法》修订的冲突与协调①

（1）《预算法》中的技术性问题与财政基本法问题之间的协调。

《预算法》中既涉及预算流程管理中的技术性问题，又涉及诸多财政基本法层面的问题。概括起来，《预算法》中的技术性问题主要包括：预算收支范围与政府收支分类改革的关系，预算先期执行、临时预算与按上年拨款的既有规定之间的关系，预算编制与执行机构的分离和制衡问题，复式预算体系的存废问题等。《预算法》中涉及的财政基本法层面的问题主要包括：设置几个层级的政府财政预算问题，地方政府的举债权限问题，《预算法》与相关部门法的协调问题等。

其中，相关技术性问题尽管也同样面临着诸多备选方案之间斟酌取舍的困境，但毕竟其解决是相对容易的。而诸如设置几个层级的政府财政预算，是否允许地方政府拥有一定的举债权限，则因牵制的相关因素较多，在短期内难以寻求较为妥善的解决方案。因此，预算法律的修订，重点应放在解决预算流程管理中的技术问题上，对于财政基本法层面的问题，如果涉及因素较多，可以暂不纳入修订的范围。待今后时机进一步成熟的时候，或者配合《财政基本法》的出台而进行相应调整，或者在《预算法》再次修订的时候予以考虑。

（2）人大与财政部门之间如何协调。

《预算法》修订中的一个核心问题就是预算管理的核心权力在人大与财政部门之间的合理配置问题。应该说，始于 2004 年的上一轮《预算法》修订工作之所以一度"停摆"，在相当程度上也源于人大与财政部门在争做核心预算机构上存在较大分歧。

理论上，各级人大作为最高权力机关，代表着广大公民的利益，加强人

---

① 马蔡琛：《中国政府预算"爬山坳"》，载于《新理财》（政府理财）2010 年第 Z1 期。

大在预算管理中的权能配置，提升其管理权威，自然有助于推进预算管理的法治化和科学化水平。然而在现实中，由于各级人大全体会议的会期相对较短，会议期间审议的事项涉及社会民生的方方面面，导致人大全体会议对于政府预算草案的审议难免不够深入且细化。这种预算管理的现实进一步导致在具体操作层面上往往将加强各级人大的预算监督权，理解为加强各级人大常委会的预算监督权。但是，受人员编制、专业经验、年龄结构等多方面的局限，在预算管理专业程度上，各级人大常委会及其专门委员会较之同级财政部门具有较为明显的劣势。加之在相当程度上，各级人大常委会也具有相对典型的政府部门的运行色彩，这就使得这种加强人大常委会预算监督权的《预算法》修订取向，难以获得更加广泛的立法支持。而这种人大和财政部门在争取核心预算机构的权力之争，进一步导致了预算法律的修订陷入了某种僵局。

（3）《预算法》与部门法的冲突与协调问题。

《中华人民共和国农业法》《中华人民共和国教育法》等法律规定，本部门的财政投入应达到财政收入的某一比例标准。这种做法没有考虑到《预算法》的规定和财政的承受能力，影响了预算的整体性、统一性。尤为严重的是，某些部门法对于法定支出的规定采取了"一刀切"的方式，要求各级财政均应按照某种僵化固定的比例，保持法定支出的增长。

例如，2002 年修订的《中华人民共和国农业法》"农业投入与支持保护"一章中，进一步明确了中央和地方财政对农业总投入的增长幅度要求。将此前规定的"国家财政每年对农业总投入的增长幅度应当高于国家财政经常性收入的增长幅度"，更改为"中央和县级以上地方财政每年对农业总投入的增长幅度应当高于其财政经常性收入的增长幅度"。

应该说，这一调整对于保障国家逐步提高农业投入的总体水平是具有积极作用的。但是，该规定在细化各级政府财政支农责任的同时，也存在着某些过于片面之处。对于众多副省级以上城市的中心城区而言，其作为一级独立的县级以上地方财政，用于农业投入的增幅也同样需要高于其财政经常性收入的增长幅度，但是这些城市已然进入城市化的较高级阶段，在其中心城区已然没有相应的农业和农村，这些"依法"安排的农业支出难免造成某种不必要的浪费。

从合理性分析似乎有必要适当削减相关部门法中有关法定支出的规定，将其支出增长的规定纳入《预算法》的规范框架以增强预算管理的弹性。但是在我国社会转型时期，教育、农业、科技等确实属于需要优先发展的重要领域，也有必要通过单行法律的刚性界定保证上述支出的可持续增长。因此，如何处理《预算法》和相关部门法在法定支出问题上的冲突，也是未来预算法律修订中面临的较具中国特色的时代命题。

4. 展望未来：政府理财方式变革中的主要挑战

新《预算法》已于 2015 年 1 月 1 日开始实施，展望未来，变革中的政府理财方式至少需要在这样几个方面处理好可能面临的挑战。

（1）强化《预算法》的权威性与遵从度。

1994 年《预算法》存在的诸多问题不仅表现为其规定已滞后于预算改革的现实需要，更为严重的是，在实施以来的 20 年间，其权威性和遵从度始终存在较大问题。

以复式预算制度为例，1994 年《预算法》明确规定，各级政府实行复式预算制度。然而，自 2000 年以后的 10 多年间，每年提请全国人大审议的政府预算报告就不再按照复式预算汇报，也未解释变化的原因何在（参见专栏 2 - 2）。在地方财政层面上，除河南省焦作市等个别地区曾经继续坚持外，其他地方也基本放弃了复式预算的法定做法。从这个意义上讲，这 10 多年来各级政府预算的合法性也是值得存疑的。难怪有学者曾经戏言，1994 年《预算法》颁布以来，貌似没有任何个人或机构因违反《预算法》而受到惩处，这说明《预算法》"得到了全面贯彻执行，已然深入人心"，因而建议"废除《预算法》"①。

---

① 在 2013 年 9 月于浙江德清莫干山召开的中青年改革开放论坛（莫干山会议·2013）上，南开大学的马蔡琛同志作为莫干山夜话召集人，在 9 月 9 日上午的大会汇报中指出：1994 年《预算法》颁布以来的近 20 年间，貌似甚少有个人或机构因违反《预算法》而受到惩处，从形式上看，《预算法》在表面上或许得到了全面贯彻执行，已然没有了所谓违法行为，因而戏言可以考虑"废除《预算法》"。到后来，时任国家发展和改革委员会国际合作中心主任的曹文炼同志在大会总结时，在上述观点基础上，进一步指出："《预算法》制定 20 年了，也没有一个法理，是不是可以废除，重新制定《财政法》。根据我们的国情，当然可以作为一种声音反映上去，我们能不能重新制定一个《财政法》或者《财政责任法》，与下一步改革的思路和方案相配合。"资料来源：赵福昌等：《中青年改革开放论坛（莫干山会议·2013）会议纪要》，载于《财政研究》2014 年第 1 期；搜狐网：《曹文炼"七论"总结莫干山会议 呼吁重新制定〈财政法〉》，http：//roll. sohu. com/20130910/n386308113. shtml。

专栏 2 - 2 38 亿元经常性预算结余哪里去了？

在 "关于 1999 年中央和地方预算执行情况及 2000 年中央和地方预算草案的报告" 中，就 2000 年我国中央财政预算按复式预算编制的情况，进行了相对详尽的说明：中央财政经常性预算收入 6942 亿元，支出 6415 亿元，收支相抵，结余 527 亿元，转入建设性预算；中央财政建设性预算收入 489 亿元，支出 2788 亿元，收支相抵，支出大于收入 2299 亿元。

由于经常性预算的结余转入建设性预算的收入，因而，在正常情况下，建设性预算的收入要大于经常性预算的结余。但是，通过分析 2000 年复式预算的有关数据却发现：中央建设性预算收入 489 亿元，中央经常性预算的结余却为 527 亿元，后者比前者多出 38 亿元。

这种表述歧义的可能解释似乎是：生产性企业亏损补贴数额大于专项建设性收入，在冲减专项建设性收入后进一步冲减经常性预算结余，造成建设性预算收入小于经常性预算结余 38 亿元。由此可见，中国的复式预算管理模式仍旧存在着某些问题，至少在表述方式上，与通常市场经济国家的复式预算内涵存在着一定差异。

资料来源：马蔡琛：《政府预算（第二版）》，东北财经大学出版社 2018 年版，第 148 ~ 149 页；马蔡琛：《如何解读政府预算报告》，中国财政经济出版社 2002 年版，第 94 ~ 96 页。

在现时的中国，《预算法》的遵从呈现这样一个有趣的循环：认为 1994 年《预算法》中复式预算的规定欠妥（其实到底何处不妥，直至废止该规定也始终没有做出正面解释）→导致长期不遵从复式预算的法律规定（自 2000 年以来，竟然达 10 多年之久）→最后在 2014 年《预算法》修正中取消了这一规定。另外，关于地方政府举债权的问题也是同样的情形。

此外，令人颇为困惑的是，我们好不容易盼来了 2014 年《预算法》修订的收官，可是自那时起的 4 年时间，《预算法实施条例》的修订又陷入了困局。在依法治国和依法理财的大背景下，这种 2015 年实施的新《预算法》依托于 1995 年《预算法实施条例》作为支撑的尴尬局面，在丰富了世界预算史个案样本的同时，也进一步凸显了这样一个事实：那就是，《预算法》修正的完成确实是中国预算发展史上的一件大事，但如何确保新《预算法》的权威性，仍旧需要为之付出长期的艰苦努力。

（2）辩证研究跨年度预算平衡机制的作用机理。

在党的十八届三中全会通过的《中共中央关于全面深化改革若干重大问题的决定》中，第一次明确提出"建立跨年度预算平衡机制"的改革方向。新《预算法》第十二条第二款规定，"各级政府应当建立跨年度预算平衡机制"。第三十二条规定，"各级预算应当根据年度经济社会发展目标、国家宏观调控总体要求和跨年度预算平衡的需要，参考上一年预算执行情况、有关支出绩效评价结果和本年度收支预测，按照规定程序征求各方面意见后，进行编制"。

2014年9月，国务院颁布了《关于深化预算管理制度改革的决定》（以下简称《决定》）中，强调了根据经济形势发展变化和财政政策逆周期调节的需要，建立跨年度预算平衡机制。以中央预算的跨年度预算平衡为例，其具体阐释如下："中央一般公共预算执行中如出现超收，超收收入用于冲减赤字、补充预算稳定调节基金；如出现短收，通过调入预算稳定调节基金、削减支出或增列赤字并在经全国人大或其常委会批准的国债余额限额内发债平衡。"

然而，通观《决定》中对于该问题的具体阐释，仍旧未能说清楚到底什么是"跨年度预算平衡机制"。上述规定中仅有一处出现"平衡"字样，那就是"增列赤字并在经全国人大或其常委会批准的国债余额限额内发债平衡"。既然最后的落脚点是发债平衡，那就谈不上跨年度与否的问题了。国债余额限额或举债额度是一次审批一年，还是一次审批多年，对于中期财政规划是有意义的，但就跨年度预算平衡而言，其实并无多大关联。因为如果发债平衡也能够算作预算平衡的话，那么就不存在所谓赤字财政问题了，这本是一个常识层面的问题。因此，在对跨年度预算平衡机制的作用机理妥为参通解透之前，年度预算平衡准则仍旧不能轻言放弃，否则就容易陷于赤字财政的窘境。

（3）妥善处理全口径预算体系中各子预算的有序衔接。

新《预算法》强调了全部政府收支纳入预算，而未采用曾经广泛使用过的、表述更为含混的"纳入预算管理"①，同时还明确了全口径预算管理体系

---

① "纳入预算管理"不等于"纳入预算"，这是一个中国特有的现象。"纳入预算"是在预算收支表中列出该项目，接受人大监督；而"纳入预算管理"仅是将这笔资金纳入财政专门账户管理，即"收支两条线"，但在预算表中未必显示。资料来源：http：//www.china.com.cn/policy/txt/2009-04/18/content_17627794.htm。

的构成，这是一个显著的进步。新《预算法》第四条第二款和第五条第一款规定，"政府的全部收入和支出都应当纳入预算。预算包括一般公共预算、政府性基金预算、国有资本经营预算、社会保险基金预算。"同时还规定，"政府性基金预算、国有资本经营预算、社会保险基金预算应当与一般公共预算相衔接。"

在这种多元复合预算体系中，如欲实现各子预算有序衔接的目标，就需要确保各子预算的核算口径一致性以及报表的可合并性。换而言之，各子预算之间是否应该像合并会计报表那样，可以在剔除内部交易等重叠部分之后而实现汇总？是否有必要计算出一个全口径财政收支的总数？如果有必要的话，这个全口径财政收支的总数是否可以通过上述四本预算的数据合并计算而来？在今后实行权责发生制政府综合财务报告的条件下，这四本预算是否也要以权责发生制报告的形式来加以体现？这些问题到底如何解释或解决，恐怕一时也难以有一个较具共识性的答案。从这个意义上讲，对于全口径预算管理改革目标的全面实现尽管是值得期待的，但也只能保持谨慎乐观。

第 3 章

政府预算管理的心理学分析

——基于行为经济学视角的考察

公共预算系统中各利益主体的群体决策行为作为不确定条件下判断与决策的综合体现，不仅受到利益驱动和法律约束，还受到各参与主体行为心理因素的影响。20 世纪后半叶以来，行为经济学通过引入更为现实的心理认知基础和学习反应机制，强化了对社会制度的现实解释能力。本章运用行为经济学（尤其是前景理论）对于预算管理过程的心理学分析将有助于切实提升我国预算管理的现实绩效。

回顾现代预算理论的发展，应该说在 20 世纪 60 年代以前是缺乏相对系统的预算理论的。在威尔达夫斯基（Wildavsky, 1964）[①] 和芬诺（Fenno, 1966）[②] 等的不懈努力下，逐步形成了"渐进主义"预算理论，到后来，科林奇（Clynch, 1998）[③]、鲁宾（Rubin, 1988）[④] 和希克（Schick, 1986）[⑤] 等分别从多元需求和预算支出基线等角度提出质疑，进而提出了公共预算的政策过程模型和宏观预测模型，但均未能取代渐进预算理论的主流地位。正如巴特尔（Bartle, 2001）[⑥] 指出的，我们有许多预算理论，只是没有一种是最合适的。就学科跨度而言，预

---

① Wildavsky, A., The Politics of the Budgetary Process [M]. Boston: Little Brown , 1964.

② Richard F. Jr. , The Power of the Purse: Appropriations politics in Congress [M]. Boston: Little, Brown. 1966.

③ Edward, C. Budget Theory [A]. Jay M. Shafritz. International Encyclopedia of Public Policy and Administration [C]. Colorado: Westview Press, 1998.

④ Rubin, I. S. , New Directions in Budget History [C]. New York: State University of New York Press , 1988.

⑤ Schick, A., Macro-Budgetary Adaptations to Fiscal Stress in Industrialized Democracies [J]. Public Administration Review, 1986, 46 (2): 124 – 134.

⑥ Bartle, J. R, Jun Ma, Applying Transaction Cost Theory to Public Budgeting and Finance. In Bartle. J. Eds Evolving Theory of Public Budgeting [M]. New York: JAI Press. 2001.

算研究也逐渐超出了传统财政经济学的范畴，呈现出与其他学科（如公共管理学、社会学、法学等）交叉渗透的整合趋势，更多体现了细分化研究的发展态势（Rubin&Bartle，2005）[1]。

　　行为经济学的基础是心理学理论（尤其是实验心理学和认知心理学）在经济学中的应用。行为经济学从人类自身的心理特质和行为特征出发，揭示了影响行为选择的非理性心理因素，其分析方法比较契合实际生活中的决策状况，增强了理论的可信度。其实，早在亚当·斯密、马歇尔、凯恩斯的时代，就开始关注人类行为的经济分析。20 世纪 70 年代，卡尼曼（Kahneman）和特沃斯基（Tversky）创造性地实现了心理学和经济学的融合，奠定了以"前景理论"（prospect theory）为核心的行为经济学分析框架[2]。理查德·泰勒（Richard Thaler，1999）[3] 提出"心理账户"（mental account）概念和"行为生命周期假说"（behavioral life-cycle hypothesis），在经济分析中引入了行为心理因素，从而拓展了行为经济学的研究领域。

　　就现实应用而言，行为经济学主要应用于微观经济领域；对于宏观层面的问题，尤其是制度运行中群体心理与个体心理的反应机制差异，则因小样本实验扩大至海量宏观范围后，其结论的可拓展性受到局限。在公共经济学领域，行为经济学仅在公共产品供给、税收遵从等有限主题有所应用，但鉴于其充分考虑了心理因素对行为主体决策的影响，对经济行为的分析更具解释性，自 20 世纪 80 年代以来，各国政府预算研究的重点也开始转向各利益主体的行为选择问题。2004 年，美国南加州大学法学院的麦卡弗里（McCafery）与密歇根大学税收政策研究中心的斯莱姆罗德（Slemrod）首次提出行为财政学（behavioral public finance）的学科概念以来，逐渐形成了行为财政学这一新兴的经济学分支[4]。行为财政学借助行为经济学的心理分析理论和实验研究方法[5]对财税问题进行了重新解构，以使财政学对现实问题更具解释性和科学性。

---

① Rubin M. , Bartle J. R. Integrating Gender into Government Budgets: A New Perspective ［J］. Public Administration Review, 2005, 65（2）: 259 – 272.

② Kahneman D. , Tversky A. , Loss Aversion in Riskless Choice: a Reference-Dependent Model, Quarterly Journal of Economics, 1991, 106（4）: 1039 – 1061.

③ Thaler R. , Mental Accounting Matters ［J］. Journal of Behavioral Decision Making, 1999（12）: 183 – 206.

④ 刘蓉、黄洪：《行为财政学研究评述》，载于《经济学动态》2010 年第 5 期。

⑤ 刘华、周琦深、王婷：《实验研究方法在行为财政学中的应用》，载于《经济学动态》2013 年第 3 期。

3.1 公共预算遵从的行为经济学分析：基于前景理论[①]

1. 预算行为与预算遵从的总体考察

20 世纪 60 年代，著名预算专家威尔达夫斯基（Wildavsky）就曾指出，"从某种角度看，预算可以被视为一种契约"。针对这一契约的遵从与否以及程度如何，也就是评价现实预算绩效的重要依据。行为经济学认为，在风险不确定的条件下，个人的行为决策不仅受利益驱动，还受道德、心理和体制惯性等因素的影响约束。公共预算决策作为一种群体行为，也是由群体内的个体意见不断博弈妥协、相互制约而形成，也呈现有限理性和部分利他性的特点。

在现时的中国，预算的编制、审议、执行、监督诸环节均不同程度地存在着不遵从行为。特别值得关注的是预决算收支的耦合程度，即"超收"与"超支"问题。自 1994 年分税制改革到经济运行进入"新常态"的这段时间，我国预算超收的平均比例为 7.98%（其中 6 年甚至超过 10%），预算超支的平均比例为 5.28%（见图 3-1）。1994~2012 年这是一个预算偏离度相对较大的时期，预算超收累计 55310.96 亿元，超支累计 31867.13 亿元。只有在经济低迷时期的 2009 年和 2012 年，财政收支的预算数和执行数才比较吻合，而正常年景的预算执行数通常远高于预算数。

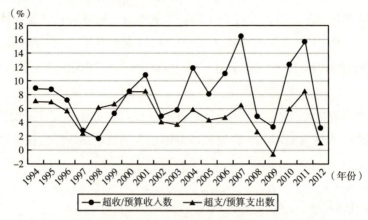

图 3-1 1994~2012 年我国财政超收、超支情况

资料来源：根据历年政府预算报告整理。

[①] 马蔡琛、赵灿：《公共预算遵从的行为经济学分析——基于前景理论的考察》，载于《河北学刊》2013 年第 4 期。

追溯现代预算发展史，在各国预算实践的早期，预算偏离度也是相对较大的。例如，美国在1922～1930年，预算收入金额的估计，往往比实际收入少2%～16%，其中4年的实际偏差约为8%。而在此后的经济萧条期间，1930～1931年的预算收入估计则比实际收入要高24%，1931～1932年的预算收入偏离度竟然高达47%。与之相较，作为现代预算制度摇篮的英国，同样在这一时期，其预算收入预测则要精确得多。尽管同样面临着经济形势不稳定的局面，但英国预算收入估计总数和实际总数之间的变动，从未超过2.5%①。就现实而言，在2005～2011年，英国财政收支的预算偏离度大体不超过2.16%②。而同为"金砖国家"的南非和俄罗斯的预算超收与超支问题则相当严重。例如，2009～2011年，南非中央政府的平均预算收支偏离度分别为11.34%和7.54%，而俄罗斯中央政府的平均预算收支偏离度甚至高达34.48%和32.98%③。因此，预算偏离度较高，可能是新兴经济体面临的共性问题。对于中国政府预算遵从度不高、预算偏离度较大的现实，似乎也不应过于苛责，需要理性地分析其成因与机理。

2. 前景理论视野中的预算偏离成因

前景理论（prospect theory）认为，行为人的决策是由主观价值函数和权重函数的乘积决定的④。相对于财富的绝对值，相对值更加受到关注（即损失或获得是相对于参照点而言的）。面对损失时，行为者往往是风险偏好的；面对获得时，行为者则是风险规避的。一定量财富增加带来的心理幸福感，远低于同等财富减少带来的痛苦感。前期决策的实际结果将会影响下一期的风险态度和决策⑤。与之相应，前景理论的三条重要性质为参照依赖、损失厌恶和敏感度递减。

（1）参照依赖。

根据参照依赖（reference dependence）理论，价值的载体是以某一参照点为中心而定义的"损失"或"获得"，和实际的绝对值相比，实际情况和参照

①　［美］巴克：《各国预算制度》，商务印书馆1936年版，第161～162页。
②　资料来源：英国历年政府预算报告。唯一例外的年份是2008财年，为应对全球金融危机的冲击，英国当年财政支出的预算偏离度达到了12.24%。
③　资料来源：IMF Government Finance Statistics（2013）。
④　其中，主观价值函数为损失或获得（相对值）对人的心理效用的影响；权重函数为事件发生的概率对总体效用的影响，为概率的增函数，且具有亚确定性。
⑤　董志勇：《行为经济学原理》，北京大学出版社2006年版，第65页。

水平之间的相对差异更加重要①。卡尼曼和特沃斯基（Kahneman and Tversky）认为，在决策过程中，当事人运用不同决策启发程序，对前景进行"编辑"，以确定合适的参照点；进而通过偏好函数（即价值函数）对被编辑的前景加以编码和选择，将低于参照点的视为损失，超过的视为获得。编辑之后是当事人对精炼的前景进行评价②。而心理学研究表明，参照标准在影响偏好的诸因素中，具有非常重要的作用。

政府财政部门作为预算资金的供给方，并非是完全忠诚地进行预算编制、执行和决算等职能的"中性"组织，而是一个具有某些自身利益取向的、追求本部门效用最大化的利益集团。因此，政府财政部门的活动通常具有双重目标：一是通过对预算资金的合理配置实现财政资源的优化使用，这是其存在的合法性基础；二是争取扩大预算资金规模，并且力争扩大超收收入配置的自由裁量权③。

根据参照依赖理论，在实际预算执行中，财政部门首先对预算收入规模这一问题进行"编辑"，选取年度预算法案中的财政收入水平作为参照点；然后展开"编码"：相对于参照点的增量，超收收入即体现为"获得"。之后进入评价阶段，即这一"获得"给财政部门显然带来了正效用。因为超收收入的自由裁量权不仅可以显示财政部门的权威性，更可能游离于立法机关的监督之外。由此可见，财政部门的决策者在进行决策分析时，并非单纯关注绝对收入数额，而是以心理参照点为基准，将决策结果抽象为最终收入额相对于参照点的偏离方向和程度。

财政部门在编制年度预算时往往有意低估收入，从而为预算超收留出足够的空间。显然，这不仅有违《预算法》的宗旨和原则，还可能加重纳税人的负担。更有甚者，某些地方政府还对超收收入制定了不同程度的纵容性鼓励措施。例如，某省的奖励办法规定，"部门超额完成全州财政收入任务，在州政府下达全州收入工作目标以内的部分，在剔除州级超收金额后，以县市超收金额按1%加奖"。中国的预算超收现象，早已不是预算执行中客观环境变化而引致的正常偏离，而是各级预算决策者与执行者主观上刻意追求的一种常态心理预期。

---

① 董志勇：《行为经济学原理》，北京大学出版社 2006 年版，第 15 页。
② 刘凤良等：《行为经济学：理论与扩展》，中国经济出版社 2008 年版，第 47 页。
③ 马蔡琛：《政府预算部门的行为特征及其治理结构》，载于《经济问题》2008 年第 10 期。

（2）损失厌恶。

损失厌恶（lose aversion）作为前景理论的核心内容，认为行为人对财富水平的减少（损失）较之同等财富的增加（获得）更为敏感①。在金钱和其他可以被衡量的方面，根据行为经济学的经验估计，放弃某种物品带来的心理负效用大约是得到同等物品的心理正效用的 2 倍（即损失厌恶系数约为 2）②。相应的心理效用和实际损益之关系如图 3 - 2 所示，负数区域的函数曲线要比正数区域的更加陡峭，表示等量的损失要比等量的获得带来更大的心理冲击③。

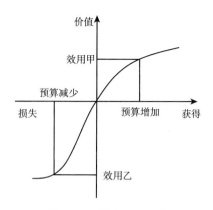

图 3 - 2　损失厌恶理论

在现实预算管理中，尤其是财力紧张时，经常发生各资金使用者竞争有限预算资源的情况。然而，在预算规模既定的情况下，某一部门预算规模的扩张往往会导致其他部门预算规模的削减。假定资金使用者共有甲、乙两个部门，如果甲部门的预算规模增加一定额度，如图 3 - 2 所示，则其效用增加值为"效用甲"；相应地，乙部门的预算资金减少相同额度，其效用减少值为"效用乙"的绝对值。根据损失厌恶理论，"效用甲"小于"效用乙"的绝对值，即甲部门的预算增加带来的幸福感远远小于乙部门预算减少的痛苦。因此，乙部门为争夺预算资源投入的资源和精力，势必远高于甲部门，以保证其预算规模不致被削减。这一博弈的最终结果将导致原先的预算基数被突破，总预算规

① Tversky, Amos, Kahneman, Daniel. loss Aversion in Riskless Choice：a Reference-Dependent Model [J]. The Quarterly Journal of Economics, 1991, Vol. 106, No. 4.

② 例如，意外中奖 200 元的收入带来的幸福感，要远远低于意外丢失 200 元带来的痛苦感。

③ 需要注意的是，个人对实际损益的评价以选定的参照点为中心，其决策取决于财富相对于参照点的变化值，而非实际经济成果的绝对值。

模不断扩大。

损失厌恶的另一重要表现是现状偏见（status quo bias），即行为人对属于现状的事件较之不属于现状的事件具有更高的评价①。因此，当面临当前确定性的收益和未来可能的不确定性时，行为人往往倾向于保持既有行为习惯不变，以规避未来可能的不确定性。根据预算决策的渐进主义规则，如果资金使用者厉行节约，缩减预算开支规模，在所有权缺位和不能分享预算节余②的情况下，剩余的预算资金可能被收回；而且，其下一年的预算额度也可能被削减。依照损失厌恶理论，明智的资金使用者会选择维持原有的预算开支规模，而不采取任何节省开支的行动以规避可能面临的预算资金损失。更有甚者，还会突破预算限额实现"超支"，这样才能保证下一年度的预算拨款额不被削减甚或增加。这在一定程度上诠释了资金使用者年终突击花钱和财政支出"粘滞性"的成因③。这种行为不断被学习和内部化，形成了自我羊群效应④。

（3）敏感度递减。

敏感度递减（diminishing sensitivity）是指不论损失还是获得，其边际心理效用均随数值的不断增加而变小⑤。从图 3 - 2 中也可显示，在获得区域内，函数曲线是下凹的；而在损失区域内，函数曲线是上凹的。这种敏感度减少的状况，广泛存在于行为人的认知领域。例如，当某人的债务从 1 万元增至 2 万元时，其心理的忧虑感可能会大幅上升；而当债务从 100 万元增至 101 万元时，则不会有较为明显的感受。这也符合心理物理学原理中的"韦伯—费希纳定律"（Weber-Fechner Law），即感觉强度与刺激强度的对数呈正相关关系⑥。因此，当外界刺激强度呈几何级数增减时，行为人的内心感觉强度仅呈

---

① 董志勇：《行为经济学原理》，北京大学出版社 2006 年版，第 18 页。

② 这里所说的"预算节余"（budgetary saving）是指资金使用者通过提高预算资金使用效率的主观努力，而产生的预算资金节约数额，并非是通常意义上作为预算收支平衡结果的、与预算赤字相对应的"预算结余"（budgetary surplus）的概念。资料来源：马蔡琛：《变革世界中的政府预算管理——一种利益相关方视角的考察》，中国社会科学出版社 2010 年版，第 76 页。

③ 粘滞性（viscosity），即财政支出增加时比较容易，削减时却十分困难的一种现象。"粘滞性"使得预算资金往往难以有效配置，造成资源的浪费。

④ 自我羊群效应（self-herding），通过自己之前行为的"损失"或"获得"对心理效用的影响，形成对某一事物的心理认知和价值判断，并进而不断重复之前行为的现象。可参阅：［美］丹·艾瑞里：《怪诞行为学》，中信出版社 2008 年版，第 37～39 页。

⑤ 董志勇：《生活中的行为经济学》，北京大学出版社 2010 年版，第 17 页。

⑥ 进一步论述，可以参阅：http://courseware.eduwest.com/courseware/0111/content/0007_7/030001.htm。

算术级数增减。

预算管理中的超收和超支现象随着其资金数额的不断增加，利益相关主体心理效用的敏感度会逐渐下降，也就更难产生遵循年度预算法案的动机。在监督机构对年度预算的审议中，敏感度递减表现得尤为明显。在年度预算报告中，人大代表看到的只是本年度财政收支比上年增长的百分比，而非绝对值。而且，在缺乏预算专业素养和审议预算积极性的背景下，人大代表往往不会关注上年度的收支数目是多少，本年度实际增长值又是多少。因此，正如敏感度递减原理所揭示的，审议者的心理效用取决于预算收支增减的百分比，而非其绝对数值。但是，我国预算规模极其庞大，微小的百分比变化都会对应于数额极其巨大的公共收支规模变动①。现实中，即使是上万亿元的预算规模增加也会较容易地获得通过，这不可避免地带来立法机关预决算审议的粗放性，而其对公共支出部门预算遵从行为的约束也就微乎其微了。这也可以在一定程度上解释预算资金的监督制衡方与资金供给方之间的权力失衡局面。

3. 提升中国政府预算遵从度的路径选择

（1）引入总额预算控制方法，避免平衡预算规则的顺周期财政政策效应。

控制支出总额是每一个预算体系的基本目标，总额预算控制的核心思想就是将开支总额的制定相对独立于每年的预算要求之外。而在现实的预算平衡规则之下，增加财政收入要比减少公共支出更加容易。目前，我国基于预算平衡状态的审议规则隐含着顺周期的财政政策机理②。在经济萧条年份，容易加剧紧缩；在经济过热年份，往往加剧过热，这种倾向在省以下政府更为显著。通过引入总额预算控制方法，将有助于避免当前预算管理所内生的顺周期财政政策效应，有助于提升预算遵从的实际效果。

（2）构建中期预算框架体系，强化预算运行的稳定预期。

根据参照依赖理论，预算部门更加关注预算规模相对于年度预算法案的增量，存在追求预算超收的内在冲动。结合各国预算管理的成功经验来看，中期预算框架（MTBF）不失为一个可行的选择。MTBF 以基线筹划为技术基础，

---

① 例如，在《关于 2012 年中央和地方预算执行情况与 2013 年中央和地方预算草案的报告》中，2013 财年全国财政收入预算为 126630 亿元，比 2012 年执行数增长 8%；全国财政支出 138246 亿元，比 2012 年执行数增长 10%。

② 楼继伟：《中国政府间财政关系再思考》，中国财政经济出版社 2013 年版，第 46 页。

涵盖包括当前财政年度在内的未来 3～5 年的具有约束力的、导向性的预算总量规划。这样就推翻了各支出部门寻求"超支"资金的合理性，约束了其预算资金的使用行为。同时，也可以从根本上切断财政部门寻求预算超收资金自由裁量权的路径支持，使其着眼点回归预算总额的合理配置和效用最大化。

从这个意义上讲，中期预算框架对于提高各利益相关主体的预算遵从程度，保证预算体系的稳定预期具有重要的意义①。需要注意的是，中期预算框架的制定需要以对中长期宏观经济及财政形势的准确预测为基础，及时更新中期项目库，以实现公共资源的优化配置。

（3）关注年度预算间的异常变化，建立预算超收与转移支付削减的激励相容机制。

根据损失厌恶理论，各预算资金使用者竞争公共资源的结果难免导致预算基数增加，总预算规模不断扩张。在难以削减各资金使用者的预算规模以实现预算平衡时，根据渐进主义预算理论，控制年度预算的边际变化值可以有效控制财政支出的超常增长。

在我国，人员经费和公用经费等消耗性支出的占比较高②，需要重点评价这部分财政支出的使用效率，控制其预算增加并削减低效的部分。另外，财政预算部门也应严格细化预算编制流程，积极掌握预算资金使用者的成本信息，避免年度预算规模的无限制扩张。例如，我国香港特区政府在预算编制时，就要求各部门提供"过去两年的拨款及来年拨款需求的宗旨、简介、服务表现目标及指标、来年需要特别留意的事项"等资料③，以充分体现各部门绩效目标的量化与细化。

另外，还可考虑通过激励兼容机制和竞争机制促使各级政府财政部门节约预算资金，约束其超收的动机。例如，针对大规模预算超收（如预算执行偏离度超过 10%），可以相应扣减上级政府的税收返还或均衡性转移支付数额。

---

① 例如，对于资本性支出、公民权益性支出和或有事项支出等内容，中期预算框架能够更完整地反映其未来的支出成本、需求和财政风险的动态变动，从而有利于调整优化各利益相关方的预算遵从行为，促使预算运行系统健康发展。进一步论述可以参阅：马蔡琛：《公共财政安全预警机制的波段框架设计——基于短波、中波和长波预警的考察》，载于《经济纵横》2012 年第 11 期。

② 例如，据报道，2011 年仅中央行政单位的行政经费就达到 899.7 亿元，过半部门的行政经费超过 1 亿元，部分部门的行政经费占财政支出的比重甚至超过 50%。资料来源：http：//politics. people. com. cn/n/2012/0720/c70731－18556418. html。

③ 袁星侯：《政府预算渐进主义及其改革评述》，载于《经济学家》2003 年第 6 期。

3.2　中期财政规划的预算决策行为分析[①]

在 20 世纪的现代预算发展史中，由于年度预算难以满足跨年度的资本性支出需要，也不利于增进预算安排与发展规划之间的联系，故而日益受到质疑[②]。从传统的年度平衡走向跨年度的中期预算平衡，体现了未来中国预算治理结构的发展趋势。在当前的全面深化财税改革中，明确提出引入中期财政规划的改革方向，试图在中长期时间跨度上构建跨年度预算平衡机制，必将有助于预算政策、经济政策和公共政策的有序衔接，有效推进现代财政制度的建设。

预算决策作为一种不确定条件下的集体选择行为，对参与主体而言，未来的宏观经济态势和财政政策变动等因素，都充满了不确定性，决策主体之间的动态反应也是难以预测的。而中期财政规划所内生的决策覆盖时间延展，进一步加剧了预算决策的不确定性。本节尝试运用行为经济学的前景理论来探讨中期财政规划的决策过程，考察预算决策中的制度因素对决策者行为的约束以及对预算绩效结果的影响。

1. 中期财政规划下的预算决策行为模型

（1）前景理论视野中的预算决策过程。

前景理论认为，不确定条件下的决策中，决策者受主观心理作用的影响会呈现某些特定的行为心理特征[③]。卡尼曼和特沃斯基（Kahneman and Tverskey，1979）将这一类决策过程区分为编辑（editing）和评价（evaluating）两个先后继起的阶段[④]。

在"编辑"阶段，决策者需要搜集和处理包括宏观经济变量等环境参数以及公共收支信息，以确定预算决策中的参照"基线"（baseline）[⑤]。在"评

---

① 马蔡琛、郭小瑞：《中期财政规划的预算决策行为分析——基于前景理论的考察》，载于《云南财经大学学报》2015 年第 1 期。

② 马蔡琛：《现代预算制度的演化特征与路径选择》，载于《中国人民大学学报》2014 年第 5 期。

③ ［美］露西·F. 阿科特、［加］理查德·迪弗斯：《行为金融：心理、决策和市场》，机械工业出版社 2012 年版，第 36～37 页。

④ Kahneman D, Tversky A. Prospect Theory: An Analysis of Decision under Risk ［J］. Econometrica: Journal of the Econometric Society, 1979, 47（2）: 263-291.

⑤ 预算基线（budget baseline）是指现行政策不变的情况下，仅考虑环境参数和预算进度变化在内的收入预测和支出估计，它表示现行政策和活动的未来年度成本，是中期财政规划中利益相关主体之间互动博弈的基础。

价"阶段，预算决策者针对编辑阶段的编码结果进行量化测度，并选择决策前景值最高的方案。决策者在评价阶段主要受两方面的影响：一是个体的主观价值判断，前景理论采用价值函数对其进行刻画；二是决策者对预算提案通过审批的概率感知，前景理论将其表述为权重函数。价值函数和权重函数共同决定的前景值，显示了决策者对预算方案的综合评价，并作为最终决策的依据。

前景理论中的价值函数包含了参照依赖、损失厌恶和敏感度递减三个重要特性，具体表现为价值函数以相对于参照点的变化作为自变量，且呈"S"形的函数形式①。由于决策者在概率感知上的偏差②，故以权重函数表示决策权重与客观概率之间的关系③。

而中期财政规划体现为一个颇为复杂的动态预算决策过程，而不单纯是预算决策覆盖时间段的简单延伸。中期财政规划至少从两个方面影响着决策者的行为选择：一是预算平衡机制从年度平衡走向跨年度平衡，将强化针对跨年度的资本性支出决策的审慎判断，同时更多强调预算安排与发展规划之间的有机联系④；二是在总额预算约束条件下，立法机关、政府财政部门以及支出机构等多重决策参与者的权利和责任变化，在中期跨度的不同时段也存在较大差异。

与之相应，可以将中期预算决策过程视为某种双元决策系统。一是立法监督机构对中期财政规划的审查批准；二是以政府财政部门为代表的预算决策者，在各支出部门之间的预算资源分配。在现时的中国，尽管立法机关拥有最终决策权，但政府财政部门作为核心预算机构，在预算博弈过程中，往往具有更为实质性的资源配置权能。出于模型简化的需要，本节将重点考察以政府财政部门为代表的决策者行为模式。

（2）决策模型的假设条件。

假设预算决策者面对着科技、教育、文化、卫生、生态环境等 N 个领域的预算支出决策，预算数额分别记作 X_{it}，$1 \leqslant i \leqslant N$，$t$ 表示中期财政规划下的第 t 个预算年度。模型的假设约束条件如下：

第一，预算资源是有限的。假设政府财政部门面临着总量为 X_t 的中期预算

---

① Tversky A, Kahneman D. Advances in Prospect Theory：Cumulative Representation of Uncertainty［J］. Journal of Risk and Uncertainty, 1992, 5（4）：297 – 323.

② 倾向于赋予概率较大的事件较低权重，而赋予概率较小的事件较高权重。

③ 董志勇：《行为经济学原理》，北京大学出版社 2006 年版，第 65 页。

④ 马蔡琛：《现代预算制度的演化特征与路径选择》，载于《中国人民大学学报》2014 年第 5 期。

限额①。中期财政规划在强化财政纪律和财政总额控制方面的功能，主要通过建立和实施强有力的中期预算限额来实现的。

第二，预算资源管理者是有限理性的。在现实中，政府部门往往同时面对自身利益与社会利益的双重目标，当自身偏好与社会目标发生冲突时，这些部门可能更加注重自身的目标取向，将自身偏好以社会偏好的名义实现②。在中期财政规划约束下，预算决策者运用基线筹划技术，估算维持现行政策和预算活动所需成本，在此基础上争取更多的资源配置自由支配权。

第三，预算决策者在不确定条件下的决策中，追求决策前景值的最优化。在预算决策中除考虑宏观经济变动等不确定性因素外，还要考虑其他不确定性（如预算提案通过审批的概率）。决策者据此对不同预算方案做出评判，在主观价值和概率感知的综合作用下，选择决策前景值最高的预算方案。

（3）决策模型的构建。

不确定条件下的决策前景是由价值函数和权重函数共同决定的，决策者的价值感知取决于财富规模较之参照点的相对变化，而不单是财富数量的绝对规模。在中期财政规划的决策过程中，决策者以预算基线在第 t 个年度的截点 l_{it}（$1 \leqslant i \leqslant N$）作为决策参照点。将预算数额超过基线的部分视作"获得"，即 $\delta_{it} = x_{it} - l_{it} > 0$；低于基线的部分视作"损失"，即 $\delta_{it} = x_{it} - l_{it} < 0$。相应的价值函数定义为 $v(\delta_{it})$，该函数所体现的决策者行为特征，符合前景理论提出的参照依赖、损失厌恶和敏感度递减等认知规律。

首先，决策者是"参照依赖"的③。$\delta_{it} > 0$ 表示决策者在第 i 个领域拥有较大的预算规模，对政策变动及新项目立项具有更大的支配权力，此时 $v(\delta_{it}) > 0$，即决策者面临"获得"。$\delta_{it} < 0$ 表示预算资金不足以维持现行政策和活动，也即第 i 个领域面临资金短缺，部分项目将被迫停止或依靠举债维持，决策者面对来自资金使用部门的巨大压力，此时 $v(\delta_{it}) < 0$，即面临"损失"。$\delta_{it} = 0$ 表示预算资金恰好足以维持现行政策和活动，该点对于决策者而言是中性的，此时 $v(\delta_{it}) = 0$。

---

① 中期预算限额是根据预算收入预测、宏观经济估计以及政策变化预期等因素，测算的未来各年度预算限额，一般在预算编制开始之前，随中期支出框架（MTEF）予以公布，是预算决策中必须面临的"硬约束"。

② 马蔡琛：《政府预算部门的行为特征及其治理结构》，载于《经济问题》2008 年第 10 期。

③ 卡尼曼和特沃斯基（Kahneman and Tverskey）在 1979 年指出，可以通过改变参照点的方法来操纵人们的决策，这就是参照点在价值函数中的地位。

其次，决策者是"损失厌恶"的。在实践中，当预算资金匮乏时，决策者面临的资金需求压力远较资金充裕带来的满足感强烈得多，反映在价值函数上就是：

$$\frac{\partial v}{\partial \delta_{it}}\bigg|_{\delta_{it}=-\delta_0} > \frac{\partial v}{\partial \delta_{it}}\bigg|_{\delta_{it}=\delta_0}$$

最后，决策者是"敏感度递减"的[1]。当预算数额超过预算基线时，每增加一单位资金的满足感，会呈现边际效用递减的趋势。这反映在价值函数上就是，当 $\delta_{it}>0$ 时，价值函数 $v(\delta_{it})$ 的一阶导数 $\frac{\partial v}{\partial \delta_{it}}>0$，二阶导数 $\frac{\partial^2 v}{\partial \delta_{it}^2}<0$；当 $\delta_{it}<0$ 时，价值函数 $v(\delta_{it})$ 的一阶导数 $\frac{\partial v}{\partial \delta_{it}}>0$，二阶导数 $\frac{\partial^2 v}{\partial \delta_{it}^2}>0$。

中期财政规划的决策结果还需完成必要的立法审议过程才具有法定约束力。假设每一单项预算申请获准通过的概率为 p_{it}（$1\leqslant i \leqslant N$，t 表示中期规划中的第 t 个年度），$0\leqslant p_{it}\leqslant 1$。预算决策者作为追求效用最大化的行为主体，在向立法机关提出一项预算申请之前，会对该申请通过审批的概率进行揣测和估计，这就涉及权重函数的确定问题。

行为经济学认为，行为人在不确定条件下的决策是不符合"贝叶斯法则"的[2]，当面对复杂而笼统的问题时，人们往往会"走捷径"，根据对事件发生可能性的主观判断（而非概率本身）来进行决策[3]。假设决策者赋予预算数额 x_{it} 的权重函数为 $\pi(p_{it})$，表示其对客观概率 p_{it} 的感知。该权重函数具有以下特性：

第一，权重函数 $\pi(p_{it})$ 是概率 p_{it} 的增函数，即 $\frac{\partial \pi}{\partial p_{it}}>0$（$0<p_{it}<1$）。也就是说，随着预算数额 δ_{it} 通过审批的概率越高，决策者赋予该预算越高的权重。

第二，当 p_{it} 较小时，$\pi(p_{it})>p_{it}$，即决策者倾向于赋予小概率值以较大的权重；当 p_{it} 较大时，$\pi(p_{it})<p_{it}$，即决策者倾向于赋予大概率值以较小的权重；而在中间阶段，决策者对概率 p_{it} 的反应不敏感。

---

[1] 卡尼曼和特沃斯基（Kahneman and Tverskey）在 *Prospect theory：An analysis of decision under risk* 中指出"敏感度减少的状况在人的认知领域无处不在"。

[2] 贝叶斯法则是指当分析样本大到接近总体数时，样本中事件发生的概率接近于总体中事件发生的概率。

[3] 饶育蕾、张伦：《行为金融学》，复旦大学出版社 2005 年版，第 136 页。

中期财政规划下的价值函数 $v(\delta_{it})$ 和权重函数 $\pi(p_{it})$ 共同决定了不确定条件下的决策前景，综合上述分析和假设条件，建立决策模型如下：

$$\max \cup_t (x_{1t}, x_{2t}, \cdots, x_{Nt}) = \sum_{i=1}^{N} v(\delta_{it}) \pi(p_{it}) = \sum_{i=1}^{N} v(x_{it} - l_{it}) \pi(p_{it}) \quad (3.1)$$

约束条件为 $x_{1t} + x_{2t} + \cdots + x_{Nt} \leqslant X_t$。$X_t$ 表示中期预算限额，这是决策者在中期规划中必须面临的"硬预算约束"。

2. 决策模型的均衡解及政策建议

（1）预算决策前景值最大化的均衡解。

为进一步求得决策前景值最大化时的均衡解，本节引入特沃斯基和卡尼曼（Tverskey and Kahneman，1992）的经典价值函数表达式[①]：

$$v(x) = \begin{cases} x^{\alpha}, x \geqslant 0 \\ -\mu(-x)^{\beta}, x < 0 \end{cases} \quad 0 < \alpha, \beta < 1, \mu > 1 \quad (3.2)$$

在公式（3.2）中，α 和 β 分别表示决策者的价值函数在"获得"区域和"损失"区域的凹凸程度，即敏感度递减的速度，μ 表示价值函数在"损失"区域比"获得"区域更加陡峭的特征，以此来反映损失厌恶的程度。

替换公式（3.1）中决策者的价值函数得到：

$$v(x_{it} - l_{it}) = \begin{cases} (x_{it} - l_{it})^{\alpha}, x_{it} - l_{it} \geqslant 0 \\ -\mu(l_{it} - x_{it})^{\beta}, x_{it} - l_{it} < 0 \end{cases} \quad (3.3)$$

下面分别探讨"财政吃紧"和"财政宽裕"两种情况下的均衡解。在"财政吃紧"状态下，决策者可得的预算资源不足以维持现行政策和预算活动的开支，即 $\sum_{i=1}^{N} l_{it} > X_t$，出于简化求解过程的需要，假设在这种状态下，决策者会削减各支出领域的预算开支，即对于每一个 $1 \leqslant i \leqslant N$ 而言，$x_{it} - l_{it} < 0$。在"财政宽裕"状态下，预算基线小于决策者可得的预算资源 $\sum_{i=1}^{N} l_{it} < X_t$，除能维持现行政策和预算活动之外，还拥有支持新政策提议的财政空间。在这种状态下，针对各支出领域提出的预算申请额，至少可以满足预算基线，即对于每

---

① Tversky A, Kahneman D. Advances in Prospect Theory：Cumulative Representation of Uncertainty［J］. Journal of Risk and Uncertainty，1992，5（4）：297 – 323.

一个 $1 \leqslant i \leqslant N$ 而言，$x_{it} - l_{it} > 0$。

下面利用拉格朗日方法对模型进行求解：

在"财政紧缩"状态下，即当对于每一个 $1 \leqslant i \leqslant N$，$x_{it} - l_{it} < 0$ 时，建立拉格朗日函数：

$$L(x_{1t}, x_{2t}, \cdots, x_{Nt}, \rho) = \sum_{i=1}^{N} \left[-\mu(l_{it} - x_{it})^{\beta} \pi(p_{it}) \right] + \rho \left(X_t - \sum_{i=1}^{N} x_{it} \right) \quad (3.4)$$

求解该模型得到：

$$
\begin{cases}
\dfrac{\partial L}{\partial x_{1t}} = \mu\beta(l_{1t} - x_{1t})^{\beta-1}\pi(p_{1t}) - \rho = 0 \\[2mm]
\dfrac{\partial L}{\partial x_{2t}} = \mu\beta(l_{2t} - x_{2t})^{\beta-1}\pi(p_{2t}) - \rho = 0 \\[2mm]
\qquad\vdots \\[2mm]
\dfrac{\partial L}{\partial x_{Nt}} = \mu\beta(l_{Nt} - x_{Nt})^{\beta-1}\pi(p_{Nt}) - \rho = 0 \\[2mm]
\dfrac{\partial L}{\partial \rho} = X_t - \sum_{i=1}^{N} x_{it} = 0
\end{cases}
\rightarrow
\begin{cases}
x_{1t}^* = l_{1t} - \dfrac{\sum\limits_{i=1}^{N} l_{it} - X_t}{1 + \sum\limits_{i=2}^{N} \left[\mu\beta\pi(p_{it}) \right]^{\frac{-1}{(\beta-1)}}} \\[6mm]
x_{1t}^* = l_{2t} - \dfrac{\sum\limits_{i=1}^{N} l_{it} - X_t}{1 + \sum\limits_{i\neq 2} \left[\mu\beta\pi(p_{it}) \right]^{\frac{-1}{(\beta-1)}}} \\[6mm]
\qquad\vdots \\[6mm]
x_{Nt}^* = l_{Nt} - \dfrac{\sum\limits_{i=1}^{N} l_{it} - X_t}{1 + \sum\limits_{i=1}^{N-1} \left[\mu\beta\pi(p_{it}) \right]^{\frac{-1}{(\beta-1)}}} \\[6mm]
\rho^* = \dfrac{\left(\sum\limits_{i=1}^{N} l_{it} - X_t \right)^{\beta-1}}{\left\{ \sum\limits_{i=1}^{N} \left[\mu\beta\pi(p_{it}) \right]^{\frac{-1}{(\beta-1)}} \right\}^{\beta-1}}
\end{cases}
$$

$$(3.5)$$

在公式（3.5）中，令 $\omega_{it} = \dfrac{1}{1 + \sum\limits_{j\neq i} \left[\mu\beta\pi(p_{it}) \right]^{\frac{-1}{(\beta-1)}}}$，则 $0 < \omega_{it} < 1$，并且 ω_{it} 与 $\pi(p_{it})$ 无关，于是可以将模型的均衡解表示成相对简单的形式：

$$x_{it}^* = l_{it-} \omega_{it} \left(\sum_{j=1}^{N} l_{jt} - X_t \right) \quad (3.6)$$

可见，在"财政吃紧"的情况下，决策者追求决策前景值最大化时的预

算决策数额 x_{it}^* 是在预算基线 l_{it} 的基础上再下调一个幅度，而该下调幅度与财政紧缩程度 $\sum\limits_{j=1}^{N} l_{jt} - X_t$ 呈正相关。需要注意的是，决策者在第 i 个支出领域的预算决策数额，与此前对该预算数额能否通过立法机关审批的概率揣测 $\pi(p_{it})$ 是没有直接关系的。也就是说，决策者在编制预算草案的过程中，出于对立法机关审查的顾忌而产生的任何策略性动机——比如某类支出通过立法机关审批的概率高，就相应提出更高的预算数额申请——并不会对最终决策的预算数额产生实质性影响。

在"财政宽裕"的状态下，即当对于每一个 $1 \leqslant i \leqslant N$，$x_{it} - l_{it} > 0$ 时，建立拉格朗日函数：

$$L(x_{1t}, x_{2t}, \cdots, x_{Nt}, \rho) = \sum_{i=1}^{N} \left[(x_{it} - l_{it})^{\alpha} \pi(p_{it}) \right] + \rho \left(X_t - \sum_{i=1}^{N} x_{it} \right) \quad (3.7)$$

求解该模型得到：

$$
\begin{cases}
\dfrac{\partial L}{\partial x_{1t}} = \alpha (x_{1t} - l_{1t})^{\alpha-1} \pi(p_{1t}) - \rho = 0 \\[2mm]
\dfrac{\partial L}{\partial x_{2t}} = \alpha (x_{2t} - l_{2t})^{\alpha-1} \pi(p_{2t}) - \rho = 0 \\[2mm]
\qquad\qquad \vdots \\[2mm]
\dfrac{\partial L}{\partial x_{Nt}} = \alpha (x_{Nt} - l_{Nt})^{\alpha-1} \pi(p_{Nt}) - \rho = 0 \\[2mm]
\dfrac{\partial L}{\partial \rho} = X_t - \sum_{i=1}^{N} x_{it} = 0
\end{cases}
\rightarrow
\begin{cases}
x_{1t}^* = l_{1t} + \dfrac{X_t - \sum\limits_{i=1}^{N} l_{it}}{1 + \sum\limits_{i=2}^{N} \left[\alpha\pi(p_{it}) \right]^{\frac{-1}{(\alpha-1)}}} \\[5mm]
x_{2t}^* = l_{2t} + \dfrac{X_t - \sum\limits_{i=1}^{N} l_{it}}{1 + \sum\limits_{i \neq 2} \left[\alpha\pi(p_{it}) \right]^{\frac{-1}{(\alpha-1)}}} \\[5mm]
\qquad\qquad \vdots \\[5mm]
x_{Nt}^* = l_{Nt} + \dfrac{X_t - \sum\limits_{i=1}^{N} l_{it}}{1 + \sum\limits_{i=1}^{N-1} \left[\alpha\pi(p_{it}) \right]^{\frac{-1}{(\alpha-1)}}} \\[5mm]
\rho^* = \dfrac{\left(X_t - \sum\limits_{i=1}^{N} l_{it} \right)^{\alpha-1}}{\left\{ \sum\limits_{i=1}^{N} \left[\alpha\pi(p_{it}) \right]^{\frac{-1}{(\alpha-1)}} \right\}^{\alpha-1}}
\end{cases}
$$

$$(3.8)$$

在此这需对模型的均衡解进行简化处理，令 $\theta_{it} = \dfrac{1}{1 + \sum\limits_{j \neq i} \left[\alpha \pi(p_{jt}) \right]^{-1/(\alpha-1)}}$，

则 $\theta_{it} > 0$，并且 θ_{it} 与 $\pi(p_{it})$ 无关，可以得到：

$$x_{it}^* = l_{it} + \theta_{it} \left(X_t - \sum_{j=1}^{N} l_{jt} \right) \qquad (3.9)$$

因此，在"财政宽裕"的状态下，决策者在追求决策前景值最大化的过程中，提出的预算数额 x_{it}^* 是在预算基线 l_{it} 的基础上再上调一个幅度，而该上调幅度也与财政宽裕程度 $X_t - \sum\limits_{j=1}^{N} l_{jt}$ 正相关。同样，由于达到均衡时最终的预算决策数额 x_{it}^* 与 $\pi(p_{it})$ 无关，故在"财政宽裕"状态下，决策者提出第 i 个支出领域的预算数额 x_{it} 时，出于对立法机关审查的顾忌而产生的任何策略性的心理动机，对预算决策结果并无直接影响。

（2）相关政策建议。

第一，强化中期预算限额，有助于实现财政总额控制。模型分析显示，无论是在"财政紧缩"还是"财政宽裕"状态下，预算规模都被严格地限制在中期预算限额之下，并在预算基线的基础上根据财政紧缩或宽裕程度下调或者上调相应的幅度。在预算决策过程中，政府部门出于对立法机关审查的顾忌而产生的策略性心理动机，并不会对最终决策的预算数额产生实质性影响。

这是一种比较好的预算决策结果，因为通过基线筹划方法得到的预算基线（或基数），相对真实地反映了现行政策和活动的维持成本。以预算基线为基准，根据财政松紧状况做出适当变动的预算决策数额是相对科学合理的。

当然，上述状态的实现同样需要相应的约束条件。首先，中期预算限额对于政府部门必须是一种硬约束。其次，基线筹划作为一种技术和方法必须足够成熟，能够准确地评估现行政策和活动在未来年度的成本，并且能够对新政策提议的成本及有效性进行严格的分析和估计。最后，立法机关作为预算决策的监督者必须具有绝对的权威地位，能够保证与政府部门之间的预算谈判，以预算基线为基础，并对突破中期预算限额的行为进行有效的披露与制裁。

第二，在中期时间尺度上，各支出部门之间的预算竞争只有在预算规模不断膨胀的情况下才更有可能付诸实施。由于各类预算决策参与者均是"损失厌恶"的，资金匮乏的压力较之资金充裕的满足感更为强烈。因此，如果财

政总额控制能够真正实现，预算总规模的刚性得到有效维护，那么各支出部门争夺更多预算资源的竞争就只能是一种"此消彼长"的关系。由于损失厌恶的存在，各支出部门通过削减其他部门的预算来增加本部门预算的努力往往会归于失败。

同时，在中期时间尺度上，由于敏感度递减的存在，获得增量预算资金的边际效用递减。在动态预算周期中，各资金使用部门不断竞争预算资源的动力也会逐渐削弱。因此，只要有效控制预算总规模，就可以在相当程度上约束各支出部门之间的无序预算竞争。

第三，由于参照依赖的作用机制，预算决策难以普遍采用零基预算的方式，基数法在预算决策中仍旧具有一定的应用价值。鉴于预算资源管理者是有限理性的，预算决策的时间是有限的，各类预算决策者难免会受到参照依赖的影响。其预算决策往往以上期作为基础，在增量上略做增减。而在中期财政规划中，由于预算的预测区间适当延展，采用零基预算决策方法因缺少参照水平，而在多期决策框架中变得更为不可行。因此，在中期财政规划中，基数法的应用将更显重要。在实践中，既要体现零基预算对于决策理性的追求，又要兼顾预算基数等历史参照系对于现实预算决策的惯性影响。

3.3　公共预算决策及时性的动态均衡分析[①]

公共预算是政府的血液和生命，而预算决策则是其中枢神经。预算决策之所以重要，不仅因其决定了政府的收支计划，还因其强调了政府治理的两个核心命题：一是政府应该做什么？二是政府应该怎样做？

公共预算涉及诸多利益相关群体，其决策行为实质上是决策者之间讨价还价、互动妥协的博弈过程，预算决策的达成标志着各种利益冲突呈现某种暂时性的均衡状态。预算决策并非个体决策的简单加总，而是决策群体内部以及决策者间意志的妥协与整合，从而形成具有优劣次序的决策束。因此，预算决策行为必须考虑决策者作为不同利益群体的心理差异问题。

就现实而言，预算过程实质上就是一种决策过程，其目的在于对有限预算

---

　　① 马蔡琛、袁娇：《公共预算决策及时性的动态均衡分析——基于前景理论的考察》，载于《经济与管理研究》2017 年第 6 期。

资源进行有效配置。预算决策的及时性是政府善治的主要表现，是衡量财政治理绩效的重要指标。而决策者的有限理性、心理认知差异以及信息的不完全性，使得预算决策行为往往偏离预期，导致预算偏差的出现。此外，财政环境和政策的冲突可能会导致预算决策的延迟甚至中断，由此引发严重的财政后果。因此，如何形成及时有效的预算决策以提升政府治理能力是当前亟待解决的问题。本节从前景理论的视野出发，通过构建博弈模型，分别从静态和动态两个维度，对公共预算决策行为进行剖析。

3.3.1　文献回顾与述评

随着政府活动的范围不断拓展，预算决策行为逐渐引起了研究者的普遍关注。就国内外现有文献来看，相关研究主要围绕以下几个维度展开：

第一，从政府治理的视角对预算决策行为的研究。一国的治理水平很大程度上取决于其预算能力，取决于现代预算制度的成熟程度（邓研华，2011）[①]。对此，著名的预算政治学创始人阿伦·威尔达夫斯基（Aaron Wildavsky，2010）也曾提出"如果你不能预算，你怎能治理"的重要论断[②]。从更深层次来看，预算决策过程实际上是一个全面而具体的政治过程（Wildavsky，1961）[③]，而非简单的技术层面上的资源配置优化问题（鲁宾，2001；Oyakojo，2015）[④][⑤]，面对公开的预算决策环境，所有参与者在预算过程中都试图去改变结果（Rubin，1990）[⑥]。

鉴于预算在本质上是政治性的，预算决策不得不考虑政治周期。对此，帕茨（Patz，2015）认为，欧盟当前的周期性预算可以为今后的政治预算周期奠

---

① 邓研华：《公共预算研究述评：基于政治学的视角》，载于《武汉大学学报》（哲学社会科学版）2011年第5期。

② ［美］阿伦·威尔达夫斯基、布莱登·斯瓦德洛等：《预算与治理》，上海财经大学出版社2010年版，第302页。

③ Wildavsky A. Political Implications of Budgetary Reform ［J］. Public Administration Review, 1961, 21（4）：183.

④ ［美］爱伦·鲁宾：《公共预算中的政治：收入与支出，借贷与平衡》，中国人民大学出版社2001年版，第91页。

⑤ Oyakojo M. The Political Dynamics Behind Government Budgeting Process ［EB/OL］. February 17, 2015. http：//patimes. org/political-dynamics-government-budgeting-process/.

⑥ Rubin I. The Politics of the Budgeting: Getting and Spending, Borrowing and Balancing ［M］. Chatham, New Jersey：Chatham House Publishers, Inc. , 1990.

定基础，欧盟多年期预算周期必须与其为期 5 年的选举周期同步，并减少预先分配资金的程度，以便为年度预算程序提供足够的变革空间[①]。对政治预算周期的研究表明，在大选之前公共支出往往会有所增加（Shi et al.，2006）[②]，不过经验丰富的选民很可能惩罚那些在选举前为了权力而明显操纵公共开支的政客（Brender et al.，2005）[③]。

此外，一些研究者认为，预算行为的中心倾向取决于相应的真实社会背景，主流的社会文化对预算分配的结果具有决定性影响（Wildavsky，2006）[④]。并且预算决策很大程度上取决于领导的风格和部门的性质。因此，在描述和解释预算决策的影响与行为选择模式时，必须充分考虑政治权力结构和预算环境等因素（Gosling，2009）[⑤]。对此，阿科斯塔等（Acosta et al.，2008）实证分析了政治制度及预算程序对接受援助和资源依赖国家预算治理的影响。研究表明，较大的行政权力与资源依赖国家的财政绩效改善之间呈正相关关系，但这也与其政党竞争和民主水平相对较低有关，反之，更高水平的援助依赖则与行政权力和财政绩效负相关[⑥]。

第二，从利益博弈视角对预算决策行为的研究。就现实而言，预算过程也体现为一个利益博弈的治理过程，在预算的"铁三角"决策模型（iron triangle policymaking model）[⑦] 中，利益集团是强有力的利益相关主体，各利益相关方经过复杂的讨价还价形成集体偏好，当其相互作用达到新的均衡时，最终的预算方案也就形成了（苟燕楠、董静，2004）[⑧]。在预算决策的博弈中，决策者会评估各种策略行为，刻意选择那些他们认为会产生预期效果的行为策略（栾晓峰，2015）[⑨]，博弈各方自身的行为成本会影响他人的行为选择（江钰辉

[①]　Patz R. From Politicised Budgeting to Political Budgets in the EU?［C］. International Conference on Public Policy，Milan，1 – 4 July 2015.

[②]　Shi M. S. Vensson J. Political budget cycles：Do they differ across countries and why?［J］. Journal of Public Economics，2006，90（8 – 9）：1367 – 1389.

[③]　Brender A.，D Razen A. Political budget cycles in new versus established democracies［J］. Journal of Monetary Economics，2005，52（7）：1271 – 1295.

[④]　Wildavsky A. B. The new politics of the budgetary process［M］. Peking University Press，2006.

[⑤]　Gosling J. J. Budgetary Politics in American Governments［J］. Taylor & Francis Ltd，2009.

[⑥]　Acosta A. M.，Renzio P. D. Aid，rents，and the politics of the budget process［J］. Institute of Development Studies，2008.

[⑦]　此处铁三角是指政客（特定的公职人员）、官僚（公共行政人员和公务员）和公众（包括利益集团）。

[⑧]　苟燕楠、董静：《公共预算决策——现代观点》，中国财政经济出版社 2004 年版，第 15、69 页。

[⑨]　栾晓峰：《公共预算权利、体制与文化》，社会科学文献出版社 2015 年版，第 42 页。

等，2015)①。就公共资源的分配而言，"行政—立法"关系并非是简单意义上的零和博弈（Limongi et al.，2005)②。

针对预算决策的博弈模型，威尔达夫斯基构建了"守护人—花费者"（guardian-spender）的行为框架，通过关注参与者间策略行为的相互作用来解构预算结果。事实证明，这种行为框架能够灵活解释不同政治制度之间的预算绩效差异（Savoie，1990)③，以及预算改革和经济环境差异对预算过程的影响（Caiden et al.，1974)④。此后，凯利等（Kelly et al.，2000）重新审视了预算政治模型的核心要素，重点考察了"守护人—花费者"二分法、"预算博弈"策略，以及新公共预算改革对预算政治的影响⑤。

值得注意的是，公共预算除受决策者间策略行为博弈的影响外，还与决策的时间成本有关。就预算决策的时效性而言，强制性（自上而下）的预算编制方式缩短了决策的时间（Anwar，2007)⑥，也相对更有效率，而参与式（自下而上）和协商式预算尽管可以为预算审议赢得更多的支持（Robinson，2007)⑦，但往往以决策时间的拖延为代价。将太多的时间花在预算讨论和繁文缛节上，使得员工很难做好自己的本职工作（Raghunandan et al.，2012)⑧，难以实现既定的绩效目标。此外，布兰德等（Brender et al.，2013）考察了选举与预算的变动关系，发现政府的换届很有可能拖延预算变更的进度，⑨ 也就

---

① 江钰辉、吴金光：《财政监督嵌入预算编制的三方博弈分析与制度优化》，载于《湖南财政经济学院学报》2015年第31卷第1期，第37～44页。

② Limong F.，Figueiredo A. The budget process and Legislative behavior：individual amendments，support for the Executive branch，and government programs［J］. Dados，2005，48（3）：737－776.

③ Savoie D. J. The Politics of Budgeting in Canada［M］. Toronto：University of Toronto Press，1990.

④ Caiden N.，Wildavsky A. B. Planning and Budgeting in Poor Countries［M］. New York：Wiley and Sons，1974.

⑤ Kelly J.，Wanna J.，Bank W. New Public Management and the Politics of Government Budgeting［J］. International Public Management Review，2000.

⑥ Anwar S. Public Sector Governance and Accountability Series：Participatory Budgeting［R］. The International Bank for Reconstruction and Development/The World Bank，Washington，2007.

⑦ Robinson M. Performance Budgeting：Linking Funding and Results［J］. Palgrave Macmillan，New York，2007.

⑧ Raghunandan M.，Fyfe D.，Kistow B. Examining the Behavioural Aspects of Budgeting with particular emphasis on Public Sector/Service Budgets［J］. International Journal of Business & Social Science，2012.

⑨ Brender A.，Drazen A. Elections，leaders，and the composition of government spending［J］. Journal of Public Economics，2013，97（1）：18－31.

是说，选举的预算效应可能存在时间滞后性（Monge，1990）①。

第三，从行为认知视角对预算决策行为的研究。现实中，预算决策过程涉及诸多不确定因素（Berry，1990）②，预算不可避免地会产生偏差（Auerbach，2014）③，因此，完全理性的预算决策是不现实的，这会给决策者施加难以承受的压力（董静等，2004）④。巴蒂等（Bhatti et al.，2015）认为，近三年来的美国联邦预算偏差源于随机财政冲击以及认知偏差。在过去 40 年中，预算偏差已然增加了 25%，相应增加了 3 万亿美元的公共债务，以致限制了政府应对财政冲击和经济结构变化的能力⑤。洛普等（Leloup et al.，1988）认为，美国国会两党对政府预算认知上的差异及冲突影响了预算决策及其结果，曾数度造成联邦政府的"预算僵局"⑥。对此，赫恩等（Hearn et al.，2016）基于行为研究的视角，指出应在预算决策中增加一个长期预算约束，并提高预算决策中绩效信息的使用频率⑦。

就预算决策行为的动机而言，尼斯坎南（Niskanen）认为，官员的预算决策行为倾向于预算最大化，其论述主要基于官僚机构与其出资者（政客或议员）之间的双边垄断（bilateral monopoly）关系（李允杰等，2003）⑧。然而，一些学者对此持反对观点，认为典型的职业技术官僚具有极深的专业认同，其行为以所认知的公共利益作为出发点，同时，为避免受政治不确定性的影响，较为注重追求行政上的自由裁量权，即设法极大化自由裁量的预算，而非预算

---

① Monge P. R. Theoretical and Analytical Issues in Studying Organizational Processes [J]. Organization Science, 1990, 1 (4): 406 – 430.

② Berry, W. D. The Confusing Case of Budgetary Incrementalism: Too Many Meanings for a Single Concept [J]. The Journal of Politics, 1990, 52 (Volume 52, Number 1): 167 – 196.

③ Auerbach A. J. Fiscal Uncertainty and How to Deal with it [C]. Hutchins Center on Fiscal and Monetary Policy at the Brookings Institution Conference, The Long-Run Outlook for the Federal Budget: Do We Know Enough to Worry? Washington. D. C. December 15, 2014.

④ 董静、苟燕楠：《公共预算决策分析框架与中国预算管理制度改革》，载于《财贸经济》2004 年第 11 期。

⑤ Bhatti I., Phaup M. Budgeting for Fiscal Uncertainty and Bias: A Federal Process Proposal [J]. Public Budgeting & Finance, 2015, 35 (2 (Summer)): 89 – 105.

⑥ Leloup L. T. From Micro budgeting to Macro budgeting: Evolution in Theory and Practice in Irene Rubin, ed., New Directions in Budget Theory [M]. State University of New York Press, Albany, 1988.

⑦ Hearn J. J., Phaup M. Making Better Budget Decisions Easier: Some Changes Suggested by Behavioral Research [R]. A Series of Discussion Papers on Re-Imagining the Federal Budget Process, 2016.

⑧ 李允杰、孙克难、李显峰、林博文：《政府财务与预算》，国立空中大学 2003 年版，第 150 页。

总额的增加（Meo, 1984）①。

第四，从决策时限视角对预算决策行为的研究。乔伊斯等（Joyce et al., 2012）指出，在过去 37 年中，美国只有 4 个州在新财年开始之前，按时通过了预算拨款法案②。大多数研究者认为，政府分立、多数投票规则、税收政策、波动的收入结构、选举周期以及总统和国会之间的政策差异等，都是影响预算决策延迟的潜在因素（David et al., 2016；Brass, 2014；Meyers, 1988, 1997）③④⑤⑥。党派间意识形态的差异加剧了预算冲突（Clarke, 1998）⑦，党派纷争是造成预算僵局的主要因素之一（Binder, 1999；Masket, 2007）⑧⑨。州立法机构全国会议（NCSL, 2010）认为，极端的财政状况（包括正面和负面）增加了预算决策及时性的难度，不利的经济环境增加了财政的不确定性以及达成一致预算的交易成本，并相应提高了预算延迟的风险⑩。然而，更多的财政资源也可能引发更为激烈的资金竞争，且当预算规模增加时，预算分配中涉及的计算量也相应增加，以至难以及时做出决策（Andersen et al., 2010）⑪。

就预算延迟的影响而言，康明斯（Cummins, 2012）的研究显示，预算延

---

① Meo T. M. The New Economics of Organization [J]. American Journal of Political Science, 1984, 28 (4): 739 - 777.

② Joyce P. The Costs of Budget Uncertainty: Analyzing the Impact of Late Appropriations [R]. IBM Center for the Business of Government, 2012: 7.

③ David I. F. S. The Causes of Budget Gridlock in California-Institutions, Parties, and Conflict [D]. University of California, Los Angeles, 2016.

④ Brass C. T. Shutdown of the Federal Government: Causes, Processes, and Effects [R]. Congressional Research Service, September 8, 2014.

⑤ Meyers R. T. Biennial Budgeting by the U. S. Congress [J]. Public Budgeting & Finance, 2009, 8 (2): 21 - 32.

⑥ Meyers R. T. Late Appropriations and Government Shutdowns: Frequency, Causes, Consequences, and Remedies [J]. Public Budgeting & Finance. Fall 1997 (3): 25 - 38.

⑦ Clarke W. Divided Government and Budget Conflict in the U. S. States [J]. Legislative Studies Quarterly, 1998, 23 (1): 5 - 22.

⑧ Binder S. A. The Dynamics of Legislative Gridlock, 1947 - 96 [J]. American Political Science Review, 1999, 93 (3): 519 - 533.

⑨ Masket S. It Takes an Outsider: Extralegislative Organization and Partisanship in the California Assembly, 1849 - 2006 [J]. American Journal of Political Science, 2007, 51 (3): 482 - 497.

⑩ Ncsl. Late State Budgets [EB/OL]. August 27, 2010. http://www.ncsl.org/research/fiscal-policy/late-state-budgets.aspx, 2010 - 08 - 27.

⑪ Andersena A. L., Lasse D. D, Nielsen L. H. W. The Impact of Fiscal Governance on Bond Markets: Evidence from Late Budgets and State Government Borrowing Costs [J]. Epru Working Paper, 2010, 109.

迟会导致严重的财政后果，譬如较低的信用评级以及较高的借款成本①。安德森等（Andersen et al.，2014）认为，预算延迟不仅会迫使部分公职人员休假、国家公园关闭以及暂停非必要服务等，还会导致大量的债券收益利差，使政府信誉受损②。此外，克拉尔纳等（Klarner et al.，2012）认为，预算延迟会产生政治和私人成本，其规模主要由制度和政治环境的特征决定。当公共和私人延迟成本较高时，预算决策及时的可能性就会有所提高，反之，预算延迟的频率和时间则会有所增加③。

在预算延迟的应对方面，穆迪（Moody，2012）指出，经济和收入增长有助于克服预算僵局，及时预算（timely budgets）的盛行反映了收入趋势的改善④。伊莱恩等（Elaine et al.，2016）研究发现，预算决策者（尤其是领导人）的特性对预算决策至关重要，明确的预算规则、谈判和妥协的意愿、更长的领导任期以及有效的领导能力，都有助于提高预算决策的及时性⑤。

综合而言，尽管学术界已分别从政府治理、利益博弈、行为认知以及决策时限等多重维度对预算决策行为进行了研究，但鲜少将上述维度相互结合展开分析，且此前的研究多从个体决策视角出发，较少考虑决策者行为的群体心理差异以及预算决策时效的动态博弈均衡问题。

3.3.2　前景理论视野中的预算决策行为

近年来，以卡尼曼和特沃斯基为代表的行为经济学，将"行为决策"引入传统经济决策的分析框架中，认为在有限理性和风险不确定的条件下，个体决策行为不仅受利益驱动，还受道德、心理及体制惯性的影响⑥。有限理性、特定的政治经济环境、权力结构等约束条件决定了决策参与者的角色、地位以

---

①　Cummins J. An Empirical Analysis of California Budget Gridlock [J]. State Politics & Policy Quarterly, 2012, 12 (12)：23 - 42.

②　Andersena A. L.，LASSE D. D，Nielsen L. H. W. The impact of late budgets on state government borrowing costs [J]. Journal of Public Economics, 2014, 109 (1)：27 - 35.

③　Klarner C. E.，Phillips J. H.，Muckler M. Overcoming Fiscal Gridlock：Institutions and Budget Bargaining [J]. The Journal of Politics, 2012, 74 (Volume 74, Number 4)：992 - 1009.

④　Moody. Trend of on Time State Budgets Continues as Revenues Improve [R]. Moody's Investor Service, 2012：4.

⑤　Lu E. Y.，Chen G. A Day Late and A Dollar Short? A Study of Budget Passage in New York State [J]. Public Budgeting & Finance, 2016, 36 (3)：3 - 21.

⑥　Kahneman D.，Tversky A. Prospect Theory：An Analysis of Decision under Risk [J]. Econometrica：Journal of the Econometric Society, 1979, 47 (2)：263 - 291.

及行动策略。

就现实而言，预算决策由行政预算编制和立法预算审批两个环节构成，其间存在诸多不确定性，而行为经济学中的"前景理论"正是用于描述不确定条件下决策行为的。与传统风险决策理论相比，前景理论更符合决策者的实际心理状态，通过将决策者的性格特性量化，使决策过程更加符合有限理性人的行为模式。在实际预算过程中，不同决策者具有不同的性格特征，其在面对相同的预期目标时，往往会作出不同的策略选择。可见，在风险不确定条件下，预算决策者同样呈现前景理论所描述的参照依赖性、损失厌恶、敏感度递减以及过度自信等特点。

图 3 - 3 为预算决策者的前景理论价值函数图。其中，$V(\cdot)$ 表示预算决策者的价值或效用函数，E_0 和 R_0 分别为预算支出或收入的参照依赖点（或预算基线），E 和 E' 分别表示预算支出的增加或削减，而 R 和 R' 则分别表示预算收入的增加或减少。现实中，当财政状况良好时，支出部门可获得更多的预算资源，而当财政状况恶化时，某些支出部门可能会面临预算资金的削减。对于财政部门而言，若以"年度预算法案中的财政收入水平"为参照点（R_0），则将超收收入视为"获得"，对应正的效用 $V(R)$，相反"短收"则视为"损失"，对应负的效用 $V(R')$。而对支出部门而言，任何超过预算基线（E_0）的预算增加都被视为"获得"，对应正的效用 $V(E)$，反之，相对于预算基线（E_0）的预算削减则被视为"损失"，对应负的效用 $V(E')$。

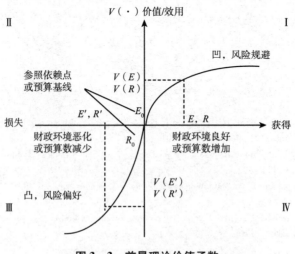

图 3 - 3　前景理论价值函数

在现实预算过程中，预算决策者具有不同的风险偏好①。根据前景理论可知，决策者的价值或效用函数呈"S"形曲线（见图 3 - 3），第 I 象限呈凹函数②和第Ⅲ象限呈凸函数③（或下凹函数）。第 I 象限的凹函数表示，当面临"获得"前景时，预算决策者具有"风险规避"的总体倾向，相对于追加预算资金可能带来的不确定性风险或"损失"，决策者更喜欢确定性的"获得"，他们只希望保持既有支出规模不变即可。第Ⅲ象限的凸函数表示，当面临"损失"前景时，预算决策者具有"风险偏好"的性质，相对于保持现有的确定性"损失"，决策者更偏好于付出努力以换取未来的不确定性"获得"，尽管这一过程可能面临更大的"损失"。

现实中，由于预算资源的有限性以及"以收定支"的财政管理原则，财政部门和各支出部门分别面临预算总额约束和部门支出限额的约束。财政部门只能在预算总额约束内，根据项目的优先次序，将预算资源分配给各支出部门。各支出部门也只能在部门限额范围内安排支出，且预算限额一经确定，便不得随意更改和突破④。然而，在缺乏预算约束刚性的情况下，现实中也不乏突破既有预算限额而导致"超支"的情况，各支出部门为争夺有限的预算资源，往往倾向于追加资金，以满足本部门的利益。

此外，值得注意的是，无论面临"获得"前景，还是"损失"前景，预算决策者对预算数额的敏感度均呈逐渐递减的趋势，即当预算偏离度越大时，决策者对预算偏离的感受程度越弱，甚至具有一定的免疫力。且与正的预算偏离相比，预算决策者对等量的负的预算偏离更为敏感，表明等量损失比等量获得对决策者的影响更大。在图 3 - 3 中具体表现为，第Ⅲ象限价值函数曲线比第 I 象限价值函数曲线更为陡峭，但陡峭程度均逐渐放缓。

总体而言，在预算决策过程中，决策者关注的重点不仅在于预算的绝对值，更在于预算数相对于某一参照点的变化量。参照点的不同使得决策者对等量预算偏差的心理感知也有所不同。而决策者对等量预算偏差的"心理贴现

①　Bartle J. R. , Jun M. Applying Transaction Cost Theory to Public Budgeting and Finance ［J］. In Evolving Theories of Public Budgeting, edited by John R. Bartle, 157 - 181. New York：JAI Press, 2001.

②　此处凹函数是指决策者的效用函数是预算数的增函数，当预算数增加时，决策者所获得的效用或满意度也相应增加，但随着预算数的逐渐增加，决策者对预算数额的敏感度呈递减趋势。

③　此处凸函数是指决策者的效用函数为预算数的减函数，当预算数减少时，决策者所获得的效用或满意度也逐渐下降，但随着预算数的削减，且决策者对预算缩减的敏感度也逐渐减弱。

④　马蔡琛、袁娇：《中期预算改革的国际经验与中国现实》，载于《经济纵横》2016 年第 4 期。

率"差别进一步拉大了预算前景值主观感受的差异性。在编制部门预算时，各支出部门通常以"上一年的预算支出水平"作为"预算基线"或参照点来确定当年的预算申请数额。财政部门针对部门预算支出请求，遂以"上一年的预算拨款数额和实际支出水平"作为参照点，并结合当年的财政预算收入情况来确定当年的预算拨款数额。"预算基线"一旦确定，由立法产生的预算偏差则作为政策变化来衡量①。

在现实预算决策中，财政环境的不确定性以及人们对未来前景的过度乐观都会产生预算偏差，因为决策者往往倾向于低估短收或超支的可能性。事实上，大多数计划（包括预算）均是试图逼近最佳状态，而非与预期完全重合。卡尼曼和特沃斯基将这种期望出现良好结果的倾向称为"规划谬误"（planning fallacy）。当然，他们也承认，并非所有过度乐观的规划都是无知的，这也可能是为拟议的计划赢得支持的一种手段②。但不容否认的是，现实中预算决策之所以产生不良的财政后果，很大程度上取决于预算决策者的有限理性及其认知差异。

3.3.3 公共预算决策行为的博弈分析

威尔达夫斯基1964年首次提出的传统"守护人—花费者"（guardian-spender）二分法行为决策模式，厘定了大多数政治学家对公共预算的思考方式③，该模式描述了简单的双玩家博弈，利用一个双玩家"囚徒困境"来分析预算政治，这与尼斯坎南的"官僚—出资者"模型（bureau-sponsor model）大体一致，这两个模型的主要区别在于各自的人设行为模型④。但有研究表明，传统的二分法模式已不适应更为复杂的预算关系，新公共管理（New Public Management，NPM）改革有可能改变预算参与者的行为，从而改变参与者间的预算冲突结果⑤。因此，本节试图构建预算决策群体的前景博弈模型，以期全面

---

① Schick A. The Federal Budget: Politics, Policy, Process [M]. Brookings Institution Press, 2008: 67.

② Kahneman D. Thinking, Fast and Slow [M]. New York: Farrar, Straus, and Giroux. [In Memory of Amos Tversky]. 2011: 242.

③ Green M., Thompson F. Organizational Process Models of Budgeting [R]. SSRN Electronic Journal, December 2002.

④ Wiladvsky A. The Politics of The Budgetary Process [M]. 2 edition, Boston: Little, Brown & Co, 1974: 189 – 194.

⑤ Kelly J., Wanna J., Bank W. New Public Management and the Politics of Government Budgeting [J]. International Public Management Review, 2000.

透析和模拟预算决策的真实世界。

1. 双群体静态前景博弈模型的构建

在公共预算决策博弈中，存在两种截然不同的逻辑：在立法审议阶段，立法机构的博弈逻辑占主导地位，迫使预算编制者和执行者就其希望被批准的预算法案进行协商。然而，在预算执行阶段，行政机构的博弈逻辑则占主导地位，其自由裁量权容易得到扩张[①]。为更加贴近现实的预算决策过程，在此将模拟两类决策群体、两类支出项目的"双群体—双项目"博弈情形。假设存在两类预算决策群体：保守派 A 和激进派 B，以及两类公共支出项目：民生类项目 1 和政绩类项目 2，保守派倾向于将预算资源分配给低风险但短期低回报的民生类项目，譬如教育、医疗、就业、治安等项目，而激进派则倾向于将有限预算资源分配给高风险但未必高回报的政绩类项目，譬如建造奢华办公楼、"短命建筑"、"空城"、"豪楼"、贫困县斥巨资"追星"及举办奢华演出等政绩工程，博弈双方均试图最大化其自身的效用。博弈双方根据"多数投票"规则，在同一时点就如何在两类支出项目上分配预算资金进行投票，得票多的一方赢得胜利，可自由选择其偏好的支出项目或支出组合（为简化起见，假设不存在弃权的情形）。

由前述前景理论可知，博弈双方具有参照依赖的偏好，预算支出决策 (E_1, E_2) 根据预算基线 (E_1^b, E_2^b) 来确定，则保守派 A 和激进派 B 在民生类与政绩类公共项目上的预算支出偏好，可用如下效用函数表示：

$$U_{i=A,B}^{m=1,2}(E_m \mid E_m^b) = \sum_{\substack{i=A,B \\ m=1,2}} \delta_m V(\Delta E_m) \tag{3.10}$$

分别展开可得各自的效用函数：

$$\begin{cases} U_A(E_1, E_2 \mid E_1^b, E_2^b) = \delta_1 V(E_1 - E_1^b) + V(E_2 - E_2^b) \\ U_B(E_1, E_2 \mid E_1^b, E_2^b) = V(E_1 - E_1^b) + \delta_2 V(E_2 - E_2^b) \end{cases} \tag{3.11}$$

其中，

① Santos, Maria H. D. C., Machado, Erica M., Rocha, Paulo E. N. D. M. O Jogo Orçamentário da União: Relações Executivo-Legislativo na Terra do Pork-Barrel [R]. In E. Diniz and S. Azevedo eds. Reforma do Estado e Democracia no Brasil, 1997. Brasília: Editora da UnB/ENAP, 1997: 83 – 124.

$$V(\Delta E_m) = \begin{cases} \Delta E_m, \Delta E_m \geqslant 0 \\ \partial \Delta E_m, \Delta E_m < 0 \end{cases}, \partial > \delta_m > 1 \tag{3.12}$$

效用函数必须满足以下平衡预算约束：

$$\begin{cases} \sum E_m = E_1 + E_2 = R \\ \sum E_m^b = E_1^b + E_2^b = R^b \end{cases} \tag{3.13}$$

其中，δ_m 表示其他条件不变时，预算决策群体对某类项目的支出偏好，也即决策群体对某类支出项目赋予的权重，∂ 表示损失的厌恶程度，ΔE_m 表示预算偏差。E_1、E_2 分别表示民生类项目、政绩类项目的实际预算支出，E_1^b、E_2^b 分别表示民生类项目、政绩类项目的预算支出基线，R、R^b 分别表示可用于分配的实际预算收入和预算收入基线。

式（3.10）、式（3.11）表明博弈双方进行预算决策时，重点比较的是预算支出效用的前景值，而非简单意义上的效用绝对值。决策群体支出效用的前景值由预算偏差的价值函数 $V(\Delta E_m)$ 和权重函数 δ_m 共同确定。在现实预算过程中，价值函数 $V(\Delta E_m)$ 体现为增加或减少某一类项目的预算支出给决策群体所带来的主观价值感受，在此直接量化为该类项目的预算偏差额度；而权重函数 δ_m 则体现为决策者对某一类项目的支出偏好程度，且 $\partial > \delta_m > 1$[①]。由于预算决策群体具有参照依赖性，往往依据预算"偏离程度"而非"绝对数"对预算结果所带来的效用进行评价。由式（3.12）可知，由于存在损失厌恶，决策群体对负的预算偏差的厌恶程度超过对正的预算偏差的喜好程度，决策群体对负的预算偏差更为敏感，因此有 $\partial > 1$。

一般而言，当预算收入增加时，保守派 A 和激进派 B 在两类支出项目上均是"风险规避"的，对应第 I 象限的凹函数。由于损失厌恶的存在，两类决策群体均倾向于将增加的收入用于各自最偏好的项目，而相应保持其他项目的支出水平不变，以此最大化其效用的前景值。反之，当预算收入减少时，保

---

① 值得注意的是，$\partial > \delta_m$ 这一假设对结论是至关重要的。如果没有 $\partial > \delta_m$ 这一假设，不论预算收入增加或减少，决策双方都极有可能将所有变化的预算收入分配给其最偏好的项目。倘若假设 $\partial < \delta_1$，则对保守派 A 而言，这意味着可能会出现 $E_2 < E_2^b$ 的情况，此时无论 $E_1 < E_1^b$ 或 $E_1 \geqslant E_1^b$，A 都更偏好于预算支出束（$E_1^b + R - R^b$，E_2^b）。

守派 A 和激进派 B 在两类支出项目上均是"风险偏好"的，对应第Ⅲ象限的凸函数。此时，对两类决策群体而言，较为明智的选择是保持各自最偏好项目的支出不变，而相应削减其最不偏好项目的支出。由此可得，保守派 A 和激进派 B 偏好的预算支出束分别为：

$$\begin{cases} (E_1^b + R - R^b, E_2^b), R \geqslant R^b \\ (E_1^b, E_2^b + R - R^b), R < R^b \end{cases} 和 \begin{cases} (E_1^b, E_2^b + R - R^b), R \geqslant R^b \\ (E_1^b + R - R^b, E_2^b), R < R^b \end{cases} \quad (3.14)$$

将保守派 A 和激进派 B 偏好的预算支出束与式（3.11）、式（3.12）结合，可得预算决策群体效用前景模型的一般形式为：

$$U_{i=A,B}^{m=1,2}(E_m | E_m^b) = U_{i=A,B}^{m=1,2}(R | R^b) = \begin{cases} \delta_m(R - R^b), R \geqslant R^b \\ R - R^b, R < R^b \end{cases} \quad (3.15)$$

当考虑博弈双方输赢后，预算决策群体的效用前景模型转化为：

$$U_{i=A,B}^{k=w,l} = \begin{cases} u_i^w = \delta_m(R - R^b), w:win \\ u_i^l = R - R^b, \quad\quad l:lose \end{cases}, R \geqslant R^b \quad (3.16)$$

$$U_{i=A,B}^{k=w,l} = \begin{cases} u_i^w = \partial(R - R^b), w:win \\ u_i^l = \partial\delta_m(R - R^b), l:lose \end{cases}, R < R^b \quad (3.17)$$

在预算决策"双群体—双项目"单次静态博弈中，决策双方以获得票数的多寡评判输赢，票数较多的一方赢得胜利，获得所有收益（即 $u_i^w = \overline{U}$），而输的一方收益为零（即 $u_i^l = 0$），在此暂不考虑决策的时间成本。当博弈双方及时做出预算决策实现"双赢"时，二者按协商的比例 α 分配收益，且 $0 < \alpha < 1$。由此，可得预算决策双群体静态博弈收益矩阵，如图 3-4 所示。

激进派 B

		win（政绩类项目 2）	lose（民生类项目 1）
保守派 A	win（民生类项目 1）	$\alpha\overline{U}$，$(1-\alpha)\overline{U}$	$\overline{U}$，0
	lose（政绩类项目 2）	0，$\overline{U}$	0，0

图 3-4　预算决策双群体静态博弈收益矩阵

由以上收益矩阵可知，在不考虑时间因素以及时间成本的单次静态博弈中，博弈双方最终结果只有"赢"或"输"，双方根据自身的偏好和财政收入状况选择支出项目。但现实预算决策过程并非是简单的单次博弈，也并非在特定时限内均能达成一致预算决策①。因此，有必要引入时间因素对预算决策的时效性进行分析。

2. 不完全信息下双群体动态博弈均衡分析

就现实而言，无论是跨期或跨年度预算决策均是一个复杂的动态过程，往往是决策者之间多年期或多年度内多次重复博弈的结果，而非简单的单次博弈所能实现。在这一动态博弈过程中，保守派 *A* 或激进派 *B* 都期待对方能够在某一时刻妥协，以达成新的预算决策。倘若双方均不妥协，则会陷入预算僵局（见专栏 3-1）。任何一方的妥协都会达成一个新的决策均衡，但关键问题是：何时才能达到这一新的均衡呢？对此，本节将在静态前景博弈模型的基础上，引入"时间"维度，以寻求决策均衡解。

专栏 3-1　预算僵局与政府关门的技术流程——美国的案例

当新的财政年度已经开始，而当年的政府机构拨款法案尚未通过时，"持续决议"（continuing resolution）能够确保政府机构得以正常运转。这一决议——是国会两院的立法协议——授权政府机构继续运转。决议的资金水平可能与上一财政年度持平，或略有增长，也可能包含来自两院中任一院通过的拨款法案。该决议可以用于财政年度全年，或只用于财政年度中的一定时期。然而，如果没有这种立法行动，没有获得拨款的政府机构将无法支出，也难以提供公共服务。有时候这种僵局会阻止持续决议被及时通过，也就产生了几天的拨款间隙。在 1977 财政年度、1978 财政年度、1980 财政年度、1982 财政年度、1983 财政年度、1984 财政年度、1985 财政年度、1988 财政年度、1991 财政年度和 1996 财政年度中都产生了这种拨款间隙，联邦政府的一些非必要部门也因此关停。1996 年的拨款间隙持续了 21 天。

---

① 在美国预算史上，预算决策延迟现象屡见不鲜。相关研究显示，自 2002 年以来，美国至少有 19 个州在新财年开始时仍未通过最终预算，5 个州甚至经历了政府关门的情形。资料来源：Late State Budgets [EB/OL]. August 27, 2010. http://www.ncsl.org/research/fiscal-policy/late-state-budgets.aspx。

国会预算程序建立了拨款时间表，本可以不需要持续决议的，但是截止日期并不总是得到遵守。那么，迫不得已通过持续决议的频率如何呢？在 1948~2012 年的财政年度中，在新财政年度开始的第一天之前，所有拨款法案都被签署成为法律的年份只有 1989 年、1995 年和 1997 年，其中只有 1997 财政年度将 6 个拨款法案（包括国防；商业、司法和州事务；外交；内务；劳动力、卫生和人力资源服务、教育；财政部）合并成为一个综合拨款法案，并于 1996 年 9 月 30 日获得通过，这一天恰好是新财政年度开始的前一天。2012 财政年度，在统一拨款法案通过前，使用了 5 项持续决议，而 2001 财政年度的情况更为极端，使用了 21 项持续决议。在 1987 财政年度和 1988 财政年度，所有政府活动都由综合持续决议提供资金。在 2003 财政年度、2004 财政年度和 2005 财政年度，一些拨款法案被归并到一个统一的拨款法案，因为国会无法就单一拨款法案达成一致，拨款法案最终在新财政年度开始之后才得到通过。在 2003 财政年度，综合拨款法案包括 11 项单独的法案（除国防和军事设施之外的其他拨款法案）；到了 2004 财政年度，综合拨款法案包括 7 项单独的法案（除国防、能源和水资源、国土安全、内务、立法分支和军事设施之外的其他拨款法案）；在 2005 财政年度，综合拨款法案包括了 9 项单独的法案（不包括军事、哥伦比亚特区事务、国土安全和军事设施的其他拨款法案）。自 1996 财政年度开始，这种综合拨款法案已经成为一种惯例，而非例外。持续决议成为政府在 2007 财政年度和 2008 财政年度全年运作的主要资金来源（然而，2006 财政年度却通过了全部 11 项拨款法案）。

在 20 世纪 80 年代初和自 1996 财政年度开始的近期大部分财政年度，许多政府部门就因为既无拨款也无持续决议，而被迫关门了。在新的预算年度来临之际，精心设计的拨款时间表常常是不能按照预期实现的。

通过持续决议可以获得许多拨款，但如果长期使用这种拨款方式也会带来三个特别的问题。第一，从理论上讲，如果有新项目的话，持续决议对于这些新项目爱莫能助。这种融资方式会阻碍机构项目的发展，并且削弱政府对于服务环境变化的反应能力。并且，一些已经被安排终止的项目，即使总统和国会已经达成了终止协议，在持续决议下还会继续进行。第二，连续使用综合决议可能会在一定程度上削弱总统的否决权。否决"一揽子"综合持续决议会影响整个政府的服务流程,即使有些拨款法案本来可以被单独否决,总统也会试图避免这种结果。第三,"一揽子"综合决议可能诱使国会成员向自己选区的选民大献殷勤,导致宠物工程(pet projects)泛滥,而在数额相对较小的拨款提案中,这种情况是很容易被审查和剔除的。持续决议注定会带来麻烦。许多国家都有自动的持续决议系统,以确保政府不至于关门。有人也向联邦政府提出了类似的程序,但对于使用什么样的测算公式,人们则莫衷一是。

资料来源:Mikesell, J. L. *Fiscal Administration:Analysis and Applications for the Public Sector.* 9th ed, Boston:Wadsworth, Cengage Learning, 2014:121 – 123。

对于理性决策者来说,及时做出预算决策实现"双赢"局面是风险最小的策略,但现实中,由于有限理性的存在,"及时预算"并不常见,反倒是预算决策延迟的情况较为多见。当保守派和激进派由于不理性因素而相互较劲、不顾时间成本而无限期拖延决策时,结局或许是"两败俱伤"。当然,现实中这种无限期拖延决策的极端情况并不多见,因为两类决策群体都面临一个决策时间上限,决策群体必须承担决策延迟可能导致的未来预算削减的风险。在此,引入"时间"维度,则预算决策群体总效用函数变为:

$$TU_{i=A,B}^{k=w,l}(T) = U_{i=A,B}^{k=w,l}(T) - L_i = \begin{cases} u_i^w - \vartheta_i T, w:win \\ u_i^l - \vartheta_i T, l:lose \end{cases} \quad (3.18)$$

其中,L_i 表示预算僵持或拖延产生的效用损失(Utility Loss),主要指决策延迟给决策者带来的自身效用损失,比如,决策者可能面临未来预算削减、晋升受挫、降职或换届落选等风险。T 表示妥协时间,且 $T \in [0, \overline{T}]$。ϑ_i 表示预算决策僵持的边际时间成本,用以表示博弈双方的类型,且 $\vartheta_i \sim [\underline{\vartheta}, \overline{\vartheta}]$,即 ϑ_i 在区间 $[\underline{\vartheta}, \overline{\vartheta}]$ 上是连续的、严格递增的、独立且服从均匀分布。ϑ_i 为决策双方的私人信息,且 $\vartheta_A \neq \vartheta_B$。

据此,结合式(3.16)、式(3.17)、式(3.18)可得,预算决策群体在这种动态重复博弈中赢得最终胜利的总收益为:

$$G_i^w(T) = TU_i^w(T) - TU_i^l(T) = u_i^w - u_i^l = \begin{cases} (\delta_m - 1)(R - R^b), R \geq R^b \\ \partial(\delta_m - 1)(R^b - R), R < R^b \end{cases} \quad (3.19)$$

由此看出，$G_i^w(T)$ 总是非负的，即 $G_i^w(T) \geqslant 0$，且独立于妥协时间 T，其由决策群体对某类支出项目的偏好程度 δ_m、损失厌恶程度 ∂，以及预算收入偏离度 $|R - R^b|$ 共同决定。当 $|R - R^b|$ 给定时，由 $\partial > \delta_m > 1$ 可知，$G_{i,R<R^b}^w > G_{i,R \geqslant R^b}^w(T)$。由图 3-3 不难看出，当 $R < R^b$ 时，价值函数对应于第Ⅲ象限，此时博弈方呈"风险偏好"型，在决策中倾向于拖延更长时间，以赢得博弈的胜利，从而选择自己偏好的支出政策以获得更大利益；而当 $R \geqslant R^b$ 时，价值函数对应于第Ⅰ象限，此时博弈方呈"风险规避"型，且相对更厌恶损失，倾向于先行暂时妥协，决策者因不能自由选择自己偏好的支出政策而获得较小的收益。

为寻求最优预算决策的均衡解，在此令 $T_i(\vartheta_i)$ 为博弈各方预算决策的最优妥协时间，$F(T_i(\vartheta_i))$ 为对手最优妥协时间的累积分布函数，$f(T_i(\vartheta_i))$ 为相应的联合密度函数。且 $T_i(\vartheta_i) \geqslant 0$，$T_i$ 对其类型 ϑ_i 可导。由于决策双方具有损失厌恶的特点，预算决策僵持的边际成本 ϑ_i 越高，决策者越倾向于迅速做出决策，以避免更大的效用损失。由此可知，最优妥协时间 T_i 是关于预算决策僵持边际成本 ϑ_i 的严格递减的函数，$T_i(\vartheta_i) \in [T(\overline{\vartheta})\,;\,\lim_{\vartheta \to \underline{\vartheta}} T(\vartheta)]$。决策者选择一个最优妥协时间 T_i 以最大化其期望效用。对于每一类型 ϑ_i，$T_i(\vartheta_i)$ 必须满足：

$$T_i(\vartheta_i) \in \arg\max_{T_i} \left\{ (1 - F(T_i(\vartheta_i)))\, U_i^l + \int_0^{T_i(\vartheta_i)} U_i^w(T) f(t)\, \mathrm{d}t \right\}$$

由此可得，决策双方各自的最优妥协时间为：

$$T_i(\vartheta_i) = (u_i^w - u_i^l) \left\{ \ln[\vartheta_i(\overline{\vartheta} - \underline{\vartheta}) / \overline{\vartheta}(\vartheta_i - \underline{\vartheta})] \right\} / \underline{\vartheta} \qquad (3.20)$$

在预算决策"双群体—双项目"动态重复博弈过程中，只要一方妥协，则意味着预算决策达成一致。因此可知，实现预算决策均衡的时间为：$T^{DE} = \min[T_i(\vartheta_i)]$。

联合式（3.19）、式（3.20），可得预期实现预算决策均衡的时间为：

$$ET^{DE} = \begin{cases} (\delta_m - 1)(R - R^b)[(\overline{\vartheta} - \underline{\vartheta}) - (\ln\overline{\vartheta} - \ln\underline{\vartheta})\underline{\vartheta}] / (\overline{\vartheta} - \underline{\vartheta})^{-2}, R \geqslant R^b \\ \partial(\delta_m - 1)(R^b - R)[(\overline{\vartheta} - \underline{\vartheta}) - (\ln\overline{\vartheta} - \ln\underline{\vartheta})\underline{\vartheta}] / (\overline{\vartheta} - \underline{\vartheta})^{-2}, R < R^b \end{cases}$$

$$(3.21)$$

通过模拟预算决策过程可知，当其他条件保持不变时，预期达成预算决策均衡的时间 ET^{DE} 分别与预算决策者对某一预算支出的偏好程度 δ_m、损失厌恶程度 ∂、预算收入偏离度 $|R - R^b|$ 成正比，而与预算决策拖延的边际时间成本

ϑ 成反比。由此看出，在预算决策的动态重复博弈过程中，决策者的支出偏好、损失厌恶程度、财政环境的不确定性以及决策延迟成本，均是影响公共预算决策及时与否的重要因素。然而，由于决策者的支出偏好以及损失厌恶程度等性格特征往往难以在短期内改变，因此，就现实而言，应主要从财政环境以及决策延迟成本两方面入手，以提高预算决策的时效性。

3.3.4 结论与启示

总体而言，预算决策过程本质上是一个高度争议的公共政策领域，参与各方趋向于通过制度化和往复互动来解决预算分配的冲突。在各参与者间讨价还价、妥协让步等互动过程中，预算决策逐渐达成利益均衡状态。预算决策行为很大程度上取决于决策者的有限理性以及认知差异，决策者具有参照依赖性、损失厌恶、敏感度递减以及过度自信等心理特性。通过前述分析，对于现实预算过程而言，以下几个方面的研究发现应该是具有一定启示价值的。

第一，公共预算支出需要适应收入的相对变化而非收入的绝对变化，当其他条件不变时，预算偏离度 $|R - R^b|$ 越大，预期达成决策均衡的时间 ET^{DE} 越长。值得注意的是，无论是正的还是负的预算偏离，都会延长决策时间，但由于损失厌恶 ∂ 的存在，当决策者面临负的预算偏离（$R < R^b$）时，所需的决策时间相对更长。这再次验证了财政政策的一个重要特征，即预算支出削减给公众或决策者带来的心理感受远比预算支出增加更为强烈，预算决策者往往不惜以高昂的机会成本为代价，来避免支出的削减。

由此不难看出，稳定的财政环境是确保"及时预算"的重要前提条件。当财政状况稳定或预算收入稳定时，参照依赖和损失厌恶意味着决策者更偏好于保持既有支出水平不变。此时，尽管决策者间内在偏好的不一致性仍然存在，但也不会有太大的预算冲突，且为避免因拖延引致的效用损失，双方倾向于迅速妥协以达成一致的预算决策。反之，当财政状况或财政环境存在很大变数时，预算决策者对财政政策内在偏好的不一致，使得其相互之间难以就如何适应这一变化或应对不确定性达成一致意见，进而产生严重的预算冲突，双方为得到更合意的结果，往往不自觉地处于观望状态，从而陷入预算决策僵局。由于决策者存在损失厌恶的特点，使得这一现象在财政状况恶化时更为突出。

因此，在预算决策过程中，有必要对财政不确定性以及预算偏差进行相对详尽的预测，以便决策者做出更为明智的选择。为避免预算僵局的出现，还应积极营造一个稳定的财政环境，制定有利于平滑收入波动的预算制度，如完善预算稳定调节基金，建立跨年度预算平衡机制，充分发挥财政政策自动稳定器的作用，以抑制收入波动对预算决策的影响。此外，还应重点强化财政收入下降年份的预算管理与控制，以防止该时期的预算决策延迟更久。

第二，当预算决策者面临不同的支出偏好（$\delta_1 \neq \delta_2$）时，保守派和激进派在如何应对预算偏离上的分歧越深，在规定时限内达成一致决策的难度就越大，越容易陷入预算僵局。而当决策者面临一致的预算支出偏好（$\delta_1 = \delta_2$）时，双方的利益趋同，要么实现"共赢"，要么"两败俱伤"，且由于损失厌恶的存在，双方容易做出及时预算决策的选择。由此可见，引导决策者形成一致的支出偏好，对提高预算决策时效性是至关重要的。因此，在预算决策过程中，应努力引导决策者形成一致支出偏好，并适当延长领导者的任职周期。实践表明，拥有较长任期的领导能更好地理解预算过程以及彼此的需求，更愿意承担风险，在处理预算问题上也更加自信，有助于提高预算决策的及时性[①]。

在现实中，由于损失厌恶和特定支出偏好的存在，当预算收入增加时，决策者会保持其他项目或活动的预算支出不变，而相应增加其最偏好、最为重视的优先项目或活动的预算支出；而当面临预算削减时，则倾向于保持其最偏好的项目或活动的预算支出不变，相应削减那些可有可无的、最不重要的项目或活动。因此，完善项目库建设，对项目或活动事先进行优先排序也是非常重要的。决策者的首要任务是在完善项目库的基础上，根据国家战略目标及经济政策，对支出项目进行优先排序，以此减少因项目库不完善或项目排序混乱而引发的预算决策延迟。

第三，决策者的拖延成本 ϑ 越高，越容易在短时间内达成一致的预算决策。持续的长期预算拖延是财政纪律缺乏的标志。因此，在现实预算管理中，应建立相应的奖惩激励机制，将预算决策及时与否，作为评估决策者绩效的重要标准。对由于拖延决策而绩效不达标者，作为惩罚，可酌情削减其未来的预算拨款，并相应降低其支出项目在项目库中的评级。为避免因个别部门或单位的预算资金削减，而导致向纳税人提供公共服务水平的降低，还应在公共服务

---

① Lu E. Y. , Chen G. A Day Late and A Dollar Short? A Study of Budget Passage in New York State [J]. Public Budgeting & Finance, 2016, 36（3）：3 – 21.

供给中引入"货比三家"的竞争机制。而对及时决策者则应给予相应的鼓励，提高其支出项目在项目库中的评级，并在未来预算安排中给予优先考虑。这种决策与绩效挂钩的做法，提高了拖延决策的成本，有助于及时做出预算决策。

此外，公共预算决策过程中，代表不同利益集团的决策者所追求的目标难免存在差异，这导致预算决策过程充满冲突和妥协，信息的不完全性和不对称性加剧了决策者间的摩擦。因此，可通过构建预算决策信息网络共享平台，加强预算管理系统与财政基础数据库和各业务部门基础数据库的链接，以缩短决策者间信息的传导时间。现实中，通过该平台决策者可就预算决策问题进行及时沟通协调，并根据不断更新的政策信息适时调整预算，从而实现真正意义上的"实时预算决策"（real-time budget decision）。

3.4 政府预算执行偏差的行为经济学分析[①]

如果将政府预算从方案形态转化为现实形态看作一个动态演进过程的话，预算执行偏差就体现为实际数据与评估参数之间的差异，也可理解为因各种主客观因素的影响，决算数与当初设定的预算数之间出现了偏离，故也称为预决算偏离度（或预算偏离度）。近 20 年来，我国预算偏离度呈日渐加大的趋势，1994～2013 年，全国财政超收总体处于快速增长区间，尽管 2006 年引入预算稳定调节基金机制后，略有缓解，但很快重拾大规模超收态势。在 20 年间，财政超收率在 5% 以上的有 13 年，10% 以上的 5 年，年均超收率高达 7.8%，其中 2007 年达到峰值（为 16.47%）。在那段岁月中，财政收入超预算增长已成为一种常态，超收与超支之间存在着某种"直通车效应"。而预算管理相对成熟的美国，其政府预决算收支的偏差则得到了良好控制，除 2009 年因"救市"措施引发的预算数据较为反常外，其余年份的预决算偏差基本控制在 3% 以内[②]。

1. 理论框架：预算执行偏差的前景理论模型

（1）模型假设。

本节以预算资金使用部门（资金需求方）作为考察对象，尽管其损益包

含物质和精神两个方面，不仅有现时影响还有未来潜在的影响，但从模型简化出发，我们仅考虑现时物质性的收益和损失。

　　假设该部门可以选择维持既有预算规模（方案一），也可以选择花费代价换取预算规模的扩张（方案二）[①]，且预算增加额大于成本支付。就监督机制而言，审计部门对资金使用者的绩效审计为概率性事件（可能"认真审计"，也可能"走过场"）。假设在"认真审计"的情况下，超额预算部分将被全部没收（在此假定审计部门是理性人，超额预算系寻租获得的非正当预算增长，而非公共服务之需要），是否进一步处罚（如削减下期预算规模或处以罚款等）也非必然性事件。

　　（2）模型构建。

　　根据上述假设，确定指代变量关系如下（各变量均大于 0）：P_1 为资金需求部门追求超额预算，但被认真审计的概率；P_2 为审计部门没收超额预算后，实施进一步处罚的概率；a 为资金需求部门追求超额预算需要投入的成本；b 为超额预算带来的收益；c 为审计部门进一步处罚的罚款额。其中，P_1、$P_2 \in [0,1]$，$b>a>0$，$c>0$。其行为决策过程如图 3-5 所示。

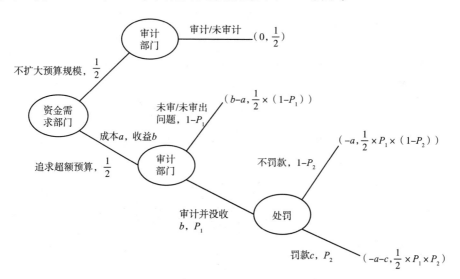

图 3-5　预算资金使用部门的行为决策过程

　　从上述决策树可以看出，"方案一"遵循既往的预算，其期望值和前景价值均

[①]　在新争取的预算规模中，实际上包含了一定比例的自由裁量资金，以下简称"超额预算"。

为零，而决策者在对"方案二"进行考察时，会不自觉地以"方案一"作为参考点，故"方案二"可能出现 $\left(b-a, \frac{1}{2} \times (1-P_1)\right)$、$\left(-a, \frac{1}{2} \times P_1 \times (1-P_2)\right)$、$\left(-a-c, \frac{1}{2} \times P_1 \times P_2\right)$ 三种情况。

根据期望值模型：

$$E_1 = 0$$

$$E_2 = \sum_{i=1}^{2} P_i x_i$$

$$= (b-a) \times \frac{1}{2} \times (1-P_1) - a \times \frac{1}{2} \times P_1 \times (1-P_2)$$

$$- (a+c) \times \frac{1}{2} \times P_1 \times P_2$$

根据累计前景理论，计算前景价值如下：

$$V_1 = 0$$

$$V_2 = \sum_{i=-m}^{0} \pi_i^- v(x_i) + \sum_{i=0}^{n} \pi_i^+ v(x_i)$$

$$= v^-(-a-c)\omega^-\left(\frac{1}{2} \times P_1 \times P_2\right)$$

$$+ v^-(-a)\left[\omega^-\left(\frac{1}{2} \times P_1\right) - \omega^-\left(\frac{1}{2} \times P_1 \times P_2\right)\right]$$

$$+ v^+(b-a)\omega^+\left(\frac{1}{2} \times (1-P_1)\right)$$

假定数据：$a = 0.1b$，$c = b$，$P_1 = 0.6$，$P_2 = 0.1$，则"方案二"的三种情况分别为 $(0.9b, 0.2)$、$(-0.1b, 0.27)$、$(-1.1b, 0.03)$。

计算：

$$E_2 = 0.12b > 0$$

期望值模型下，选择"方案二"。

参照卡尼曼和特沃斯基（Kahneman and Tversky）对价值函数和决策权重函数的定义：

价值函数：

$$V(x) = \begin{cases} x^{\alpha}, x \geq 0 \\ -\lambda\ (-x)^{\beta}, x < 0 \end{cases}$$

决策权重函数：

$$\omega^{+}(P) = \frac{P^{\gamma}}{[P^{\gamma} + (1-P)^{\gamma}]^{\frac{1}{\gamma}}}, \quad \omega^{-}(P) = \frac{P^{\delta}}{[P^{\delta} + (1-P)^{\delta}]^{\frac{1}{\delta}}}$$

其中，参数 α、β 分别表示收益和损失区域价值幂函数的凹凸程度；P 为概率，λ、γ、δ 为参数。

$x \geq 0$ 和 $x < 0$ 时，γ、δ 分别取 0.61 和 0.69，α、β 都取 0.88，λ 取 2.25。

$$V_2 = b^{0.88} \left\{ 0.9^{0.88} \times \frac{0.2^{0.61}}{(0.2^{0.61} + 0.8^{0.61})^{\frac{1}{0.61}}} - 2.25 \times 1.1^{0.88} \right.$$

$$\times \frac{0.03^{0.69}}{(0.03^{0.69} + 0.97^{0.69})^{\frac{1}{0.69}}} - 2.25 \times 0.1^{0.88}$$

$$\left. \times \left[\frac{0.2^{0.69}}{(0.2^{0.69} + 0.8^{0.69})^{\frac{1}{0.69}}} - \frac{0.03^{0.69}}{(0.03^{0.69} + 0.97^{0.69})^{\frac{1}{0.69}}} \right] \right\}$$

$$= b^{0.88} [0.9^{0.88} \times 0.2608 - 2.25 \times 1.1^{0.88} \times 0.0809 - 2.25 \times 0.1^{0.88}$$

$$\times (0.2570 - 0.0809)]$$

$$= b^{0.88} (0.9115 \times 0.2608 - 2.4469 \times 0.0809 - 0.2966 \times 0.1761)$$

$$= -0.0125\ b^{0.88} < 0$$

故在前景理论模型下，将会选择"方案一"。

在不同的决策行为模型中，决策者的偏好往往会发生逆转。基于传统的期望理论模型，决策者倾向于追求"超额预算"。而前景理论模型囊括了决策者心理活动的影响，故更为接近真实的预算决策过程。在该过程中，对于大概率得失（$-0.1b$，0.27）往往赋予一个较小的概率（0.1761 < 0.27），表现出风险偏好；对于小概率事件（$-1.1b$，0.03），却赋予比较高的概率（0.0809 > 0.03）。这样就很好地论证了"小概率事件"理论，也即权重函数的亚确定性——p 较小时，$\pi(p) > p$；p 居中或较大时，$\pi(p) < p$，更切合实际感受。

同时，该案例也提供了减少或解决预算执行偏差的思路。例如，增加资金使用者追求超额预算的成本代价 a、强化了审计部门查处违规预算的处罚力度

c 和处罚的概率 P_2、增加审计部门有效查处的概率 P_1。

2. 预算执行偏差的行为响应机制

（1）参照依赖。

无论是价值函数中"收益"与"损失"的衡量，还是决策权重的确定，都具有一定的相对性。利益相关主体在决策过程中，往往以既有信息或某种心理参照点作为基准。预算执行偏差的分析中，其"收益"与"损失"如表 3 – 1 所示，但需考虑行为主体内心的"参考点"，且损益确定是经验型的，会随行为主体的经验积累而不断进化或修正。

表 3 – 1 预算执行中的"收益"与"损失"

预算执行中的收益	
收益分类	具体内容
当前能获得的物质收益	现金、财产（比如无偿使用公共资产）等
将来可能获得的物质收益	职务晋升带来的薪酬或其他收益，完成政绩目标获得的奖励等
当前能获得的精神收益	获得金钱等财富而产生的心理满足感，掌握资金分配权而产生的成就感等
将来可能获得的精神收益	偏差未被处罚使得声誉得以保持，持续获得的心理满足感等
预算执行中的损失	
损失分类	具体内容
当前需要付出的物质成本	为偏差而投入的物质资源等
将来可能付出的物质成本	偏差被发现而被处以惩罚，后续偏差保持还需投入的物力财力等
当前需要付出的精神成本	由于担心偏差被发现并被惩处而承受的心理压力、内心的愧疚感等
将来可能付出的精神成本	名誉损失和个人职业生涯损失的心理负担等

同样，行为主体对于决策权重的决定也往往参照记忆或经验，由于人对特殊事件的记忆较为深刻、一般性事件则往往视而不见，这就容易造成过低地估计大、中概率事件，却过高地估计小概率事件。根据卡尼曼和特沃斯基（1979）的研究结论，决策者通常对低于 0.3 的概率赋予较大权重，对高于 0.3 的概率赋予较低权重[①]。在预算决策中，典型的"低估大概率事件案例"包括：在预算监管较好的决策环境中（即预算偏差被发现的概率较高），偏好

---

① Kahneman D., A. Tversky. Prospect Theory: an Analysis of Decisions under Risk [J]. Econometrica, 1979, 47 (2).

风险的行为主体却往往将"被发现的概率"赋予较低的权重，从而扩大了追求超额预算的可能性①。

（2）损失厌恶。

预算管理者对于预测误差的损失函数②，其信息是不对称的，由此导致了相对保守或悲观的预测③。也就是说，在价值函数中，决策者预测过于乐观而产生的预算收入不足的代价，较之因预测保守而形成预算超收的代价要高得多④。预算管理者因损失厌恶、追求稳健的管理以及超收资金的自由裁量权，往往具有主动追求预算执行偏差的动机。

2012 年以来，我国预算超收的增速降低甚至负增长，表面上看，这似乎与决策者的"损失厌恶"心理相悖，但鉴于我国经济增长进入"新常态"、预算硬约束不断强化、预算透明度逐步提升，这些新情况在无形中改变了决策者内心的"参照点"。鉴于决策者价值函数和决策权重函数的参考点均系经验值，会随其经验积累而不断修正，故而这种超收增幅的变化也体现了决策者适应新环境的一种策略调整。

在广义政府层面，损失厌恶心理会导致财政资金的低效率或总预算规模的非帕累托改进。假定预算资源总量固定，而任何资源配置效率的改进，均只能通过各支出部门预算的此消彼长来实现。研究显示，资源削减方因"损失"而减少的心理效用，大约是资源增加方因"收益"而增加的心理效用的 2 倍（即损失厌恶系数为 2）⑤。资源削减方必然要投入比资源增加方更多的成本（资源、精力等交易费用）来争夺有限的预算资源，从而导致公共资源的非理性耗损和非帕累托配置。

（3）敏感度递减。

在价值函数中，敏感度递减表现为边际心理效用随损失或收益的数值增加

①　陆成良：《基于行为经济学的职务舞弊行为倾向实验研究》，东北财经大学硕士论文，2012 年，第 21 页。

②　损失函数是统计决策理论的基本概念，用以衡量预测误差（ei）对决策者造成损失的大小。

③　Bretschneider S. , Schroeder L. Evaluation of Commercial Economic Forecasts for Use in Local Government［J］. International Journal of Forecasting , 1988 , 4 , 33 – 43.

④　马蔡琛：《市场经济国家的预算超收形成机理及其对中国的启示》，载于《财政研究》2008 年第 11 期。

⑤　Kahneman D. , Tversky A. , Loss Aversion in Riskless Choice：a Reference-Dependent Model, Quarterly Journal of Economics, 1991, 106 (4)：1039 – 1061.

而变小。也就是说，实际情况与参照水平之间的相对差异比实际的绝对差异更为重要①。在现实预算管理中，立法机构对年度预算的审批过程，就是敏感度递减的典型例证。例如，立法机构在审核某部门的支出预算时，如项目支出 A 从上年的 20 万元增至 24 万元，而项目支出 B 则由 200 万元增至 204 万元，尽管二者的净变动额相同，但引起的心理反应却是不一样的，因 A 项目的变动幅度更大，故立法机构将会更为关注其变化。反之，如果变动比率相同且均较小时，立法机构就容易忽视变动规模总量上的变化。

3. 治理政府预算执行偏差的路径选择

（1）利用"可得性偏差"，构建预算执行偏差的奖惩机制。

"可得性偏差"（availability fallacy）是指人们会根据最容易成功的个案，判断潜在结果出现的可能性，并据此结论做出更具普遍性的选择②。可得性偏差表明，决策者在判断中容易受记忆效应的影响，在实践中不仅存在"羊群效应"，还存在"自我羊群效应"。例如，针对 80 多个中央部门公开的决算数据分析，2012 年决算总额达 9200 多亿元，超出预算 2200 多亿元，只有不到 10 个部门的决算支出低于预算③。这反映出各部门之间存在着某种彼此观望、互相攀比的"羊群效应"，而一旦这种预决算偏离成为常态现象，则会进一步引发"自我羊群效应"。

如欲扭转各地区、各部门之间在预算执行偏差问题上相互观望、跟风盲从的"羊群效应"，仍旧可以适当利用决策者行为中的"可得性偏差"。通过强化对于典型预算执行偏差行为的惩处力度，建立正向激励兼容机制，促使各级政府部门有效节约预算资金，各级财政部门逐步约束预算超收行为。例如，针对大规模的预算超收（如预算执行偏离度超过 10%），可以相应扣减上级政府的税收返还或一般性转移支付数额④。通过这种惩戒响应机制，警示其他利益相关主体进一步提升预算执行精度，减少预算执行偏差。

---

① Kahneman D., Tversky A., Loss Aversion in Riskless Choice: a Reference-Dependent Model, Quarterly Journal of Economics, 1991, 106 (4): 1039 – 1061.

② ［美］迈克尔·舍默：《当经济学遇上生物学和心理学》，中国人民大学出版社 2009 年版，第 73 页。

③ 腾讯新闻：《80 余部门决算总额 9200 多亿元超预算 2200 亿》，http://news.qq.com/a/20130719/001652.htm，2013 年 7 月 19 日。

④ 马蔡琛、赵灿：《公共预算遵从的行为经济学分析——基于前景理论的考察》，载于《河北学刊》2013 年第 4 期。

（2）取消法定支出挂钩的做法，突破"沉锚效应"的路径依赖。

锚定效应（或称沉锚效应，anchoring）是指某些特定现象类似于"锚"一样，始终影响着决策主体对某类事务的定量估测。在预算管理实践中，各资金使用者在上报年度预算草案时，经常参考既往经验或进行横向类比，而难以真正施行"零基预算"（zero-based budget）的决策方法。

其中最为典型的"沉锚"效应，就是那些已滞后于现实需要的制度规章。例如，多年前发布的《关于编制 2001 年中央预算和地方预算的通知》中曾经指出，"财政收入的增幅略高于国内生产总值的增幅，继续提高财政收入占国内生产总值的比重。"在这一"沉锚效应"的引导下，各级政府部门及税收征管当局就会不断提升财政收入的占比水平。

与之类似的还有法定支出问题。据统计，我国现行部门法的规定中，共有教育、"三农"、科技等 7 项财政支出，与国内生产总值或财政经常性收入挂钩，占全国财政支出的比重高达 48%[①]，这导致预算管理陷于碎片化的窘境。因此，在《中共中央关于全面深化改革若干重大问题的决定》中明确规定，清理规范重点支出同财政收支增幅或生产总值挂钩事项，一般不采取挂钩方式。这涉及《中华人民共和国教育法》《中华人民共和国农业法》《中华人民共和国科技进步法》等相关法律法规，同深化改革决定之间的冲突及协调问题。因此，可以将这几部法律法规的修订作为打破沉锚僵局的突破口，尽快优化其中有关法定支出的规定，有效改善预算管理碎片化的现状，切实推进全口径预算体系的建设。

（3）突出框架效应的正面导向，提升财政资金使用绩效。

各类预算问题以何种方式呈现出来，也会影响行为主体对于预算执行偏差的态度。例如，在预算监督与绩效评价过程中，从项目遴选到绩效监督的全过程（诸如项目指标的选取和权重、指标表达方式等）均显示出强烈的框架效应（framing effect）。这种框架效应之于政府预算绩效管理，体现为正反两方面的作用效果。

就预算资金使用部门而言，如何构造显示项目绩效的指标，也面临着不同的框架选择。如果迎合核心预算机构（如美国的 OMB、我国中央层面的财政

[①] 凤凰资讯：《财政部部长楼继伟就预算法修改答记者问》，http：//news. ifeng. com/a/20140901/41811006_0. shtml，2014 年 9 月 1 日。

部预算司、地方层面的预算编审中心）的兴趣和偏好，选择符合监管者认知习惯的指标，就有利于借助框架效应的心理暗示作用，达到诱导或操纵预算监管者的目的。

当然，也存在着有效利用框架效应，提升预算资金使用绩效的正向路径选择。例如，在预算绩效评价中，各利益主体的集体行动与个体理性决策不同，将受到集体行动中群体心理因素的影响，会出现各种决策行为偏差（decision and behavior biases）。由于模仿和传染机制的作用，这种行为偏差在个体和群体之间可能呈现较大差异，并进一步影响未来预算循环中的利益主体决策行为及其绩效结果。因此，需要在不同绩效评价指标框架之间斟酌权衡，通过比较不同利益群体对于预算绩效指标约束框架的"理性"或"非理性"行为反应，分析如何通过激励兼容和彼此制衡的机制设计，提升财政资金使用绩效。

3.5　基于角色压力理论的政府预算监督成本及其优化①

预算监督作为约束政府"钱袋子"的中坚力量一直受到极大的关注，却鲜有论及监督背后的成本问题。其实，预算监督过度与监督缺位同样会造成公共资源的损失和浪费。譬如，美国议会具有较强的预算监督能力和权力，但自1976 年以来的 40 年间，联邦政府因议会未通过预算共停摆过 18 次②，对经济增长、居民消费、社会信心均产生了极大冲击。③ 美国联邦政府的最近一次停摆发生在 2013 年，据标准普尔公司测算，此次停摆至少造成 240 亿美元的损失，同时将美国该年第四季度的经济增长率由预测的 3% 下调至 2%；密歇根大学 2013 年 10 月公布的消费者信心指数也降至 75.2，表明居民不信任经济发

---

① 马蔡琛、苗珊：《基于角色压力理论的政府预算监督成本及其优化》，载于《河北学刊》2017年第 2 期。
② 喻一文、王晓丹：《政府治理框架下看美国联邦预算僵局——表现形式、制度成因及启示》，载于《南京审计学院学报》2014 年第 4 期。
③ 最具代表性的是 1995 ~ 1996 年底联邦政府接连两次的停摆。在这一过程中仅没有及时受理的护照申请就达 20 万件。第一次关门，约 80 万非至关重要的联邦工作人员回家待业，联邦政府在 6 天内经济损失达 7 亿美元；第二次关门波及 9 个部门，长达 21 天，约 28 万非至关重要的联邦工作人员回家待业，带来的经济损失更是无法估量。进一步论述可以参阅：蒋劲松：《论 1995 年美国预算大战》，载于《美国研究》1996 年第 4 期。

展状况而不愿增加消费①。因此，对预算监督成本进行界定和研究是非常有必要的：第一，通过减少预算审批过程中的机会主义成本，有利于控制政府支出，预防腐败现象，降低公共赤字和债务风险；第二，减少预算调整和监督过程中的运行效率成本，有利于提升财政资金的使用效率，避免资金的闲置和浪费；第三，降低审计监督过程中的负荷成本，有助于审计效率的不断提升。

近年来，心理学的分析方法被广泛地运用于分析个体行为的动机和影响。源于心理学的角色压力理论，通过分析跨界工作者的角色模糊、角色冲突和角色负荷的特征及其对工作绩效的影响，为研究预算监督中个体行为所导致的监督成本及其优化路径提供了新的视角。

3.5.1　相关文献述评

预算监督的实质在于控制财政收支，并代表公众对政府行为进行问责②。IBP③（2010，2012）的报告指出，拥有强有力监督机构的预算体制，有利于提高公共资金的配置效率，④ 而那些缺乏有效监督和透明度的预算体系，在面对强大的外部性冲击时，巨量的预算赤字和公共债务会使其变得不堪一击，这也是经济危机发生的重要诱因⑤。但随着预算监督机制的不断强化，一些研究者也逐渐意识到因之而出现的一系列监督成本问题。

在预算审议过程中，立法机构拥有预算修正权，倾向于增加公共支出，易导致财政赤字和公共债务的增加。由于政府超支的成本由纳税人群体共同承担，收益却由特定的利益群体享有，这种成本和收益的不对称，促使政策制定者增加公共支出以实现其自身收益⑥，且决策者的数量越多，政府超支的程度

---

① 新京报：《240 亿美元打水漂》，http：//epaper. bjnews. com. cn/html/2013 - 10/18/content_471831. htm?div = -1。

② Hudson. A，C. Wren，Parliamentary Strengthening in developing countries［J］. Final report for DFID，2007.

③ IBP 即国际预算合作组织（International Budget Partnership），是唯一的独立自主比较衡量各国预算透明情况的研究组织，以调查问卷方式对各国进行预算透明度调查，并据此得出量化的预算公开指数。

④ International Budget Partnership，Open Budgets. Transform Lives. The Open Budger Survey 2012. Washington，2012.

⑤ International Budget Partnership，Open Budgets. Transform Lives. The Open Budger Survey 2010. Washington，2010.

⑥ Weingast. B. R，K. A. Sheosle，C. Johnsen. The Political Economy of Benefits and Costs：A Neoclassical Approach to Distributive Politics［J］. Journal of Political Economy，1981.

越大①。冯·哈根（Von Hagen, 1992）运用20世纪80年代欧共体国家的数据进行了分析，发现议会的预算修正权是财政赤字的一个重要诱因。随后，其他研究者运用拉丁美洲国家②、中东欧国家③、欧盟④、OECD国家⑤的数据进行了检验，均验证了这一结论。魏纳（Wehner, 2007）根据议会是否拥有无约束预算修正权⑥对80个国家进行了划分，发现议会拥有无约束预算修正权的国家赤字占GDP的比例为3.1%，而议会没有无约束预算修正权的国家这一比例仅为1.9%，因此，魏纳认为过强的监督会弱化财政纪律，造成不必要的效率损失。⑦ 这一问题的讨论一直延续至今，安娜玛丽亚·里奥斯等（Ana-Maria Rios et al., 2015）对世界上75个国家2009年的财政数据进行了计量分析，发现由于公共池塘资源（commom pool resource）⑧问题的存在，预算监督越严格的国家，赤字越高（或盈余越少），若议会拥有无约束的预算修正权，议会将具有更强的超支动机，进而使政府面临着高预算赤字和高公共债务的风险⑨。

在针对预算调整的监督中，发达经济体的立法机构试图通过预算监督来约束政府行为，而政府则试图通过各种所谓的改革，变相增强自身在预算过程中

---

① Velasco A. Debts and Deficits with Fragmented Fiscal Policymaking [J]. Journal of Public Economics, 2000.

② Alesina A., R. Hauamann, R. Hommes, E. stein. Budget Institutions and Fiscal Performance in Latin America [J]. NBER Working Paper, 1996.

③ Gleich. H. Budget Institutions and Fiscal Performance in Central and Eastern European Countries [J]. European Central Bank Working Paper, 2003.

④ Hallerberg M. Domestic Budgets in a United Europe: Fiscal Governance from the End of Bretton Woods to EMU [J]. Ithaca, Cornell Uneversity Press, 2004.

⑤ Wehner J. Legislative Institutions and Fiscal Policy [R]. LSE PSPE Working Paper, 2006.

⑥ 无约束的预算修正权系指议会可以向任何方向（增加或减少）改变收入和支出而不需要政府的同意，但通常会受到行政否决权的制约。绝大部分总统制国家的议会拥有无约束的预算修正权，如美国国会能够在法律规定的限定内对政府预算提出修正和建议。而有约束的预算修正权系指，议会仅能在某些限定内修改预算，通常这些限定是与增加或减少支出（收入）相联系的。譬如，在德国，减少收入或增加支出的修改需要征得政府同意，反之则无须政府同意。

⑦ Wehner J. Strengthening Legislative Financial Scrutiny in Developing Countries. 2007.

⑧ 公共池塘资源系指一个自然或人造的资源系统，在这个系统中，排斥因使用资源而获益的潜在受益者的成本很高（但并不是不可能排除）。这一特性使得在涉及公共池塘资源时，永远存在搭便车的诱惑。参见：[美] 奥斯特罗姆：《公共事物的治理之道：集体行动制度的演进》，上海译文出版社2012年版，第35～39页。

⑨ Rios A, F. Bastida, B. Benito. Risks and Benefits of Legislative Budgetary Oversight [J]. Administration & Society, 2015.

的话语权，这种博弈关系在一定程度上会降低财政的运行效率①。针对我国早期预算监督的研究也显示，对部门预算的监督多采用秘密监督②的方式，这可能会导致监督主体的自由裁量权过大，诱发监督环节的寻租行为③。例如，在科研经费领域，未下放审批权的预算内容无法进行调整，致使部分科研人员不得不降低研究目标④。为此，中办、国办印发了《关于进一步完善中央财政科研项目资金管理等政策的若干意见》，旨在通过一系列"松绑 + 激励"措施激发科研人员的创造性，但具体如何贯彻落实仍处于积极探索之中⑤。

在预算审议监督的过程中，由于政府和议会间的信息不对称，议会往往缺乏相应的专业知识，难以掌握日趋复杂的现代预算管理技术⑥。而"公安巡逻艇"式监督（police-patrol oversight）⑦在收集信息时需要较大的成本，这种对事后监督的侧重也增加了交易成本⑧。此外，在审计监督领域还存在着监督交叉的现象，目前至少在财政部门的绩效评价与审计部门的绩效审计之间，存在监督重叠与错位的现象，二者在指标设计、方法选择、理论应用等方面缺乏必要的合理接口⑨。

3.5.2　预算监督的成本分析：基于角色压力视角

"角色"一词是社会学家米德从戏剧中借鉴而来的，用以描述个体在社会关系中处于特定的社会地位并符合社会期待的一套行为模式⑩。早在 20 世纪

---

①　Posner P，C. Park. Role of the Legislature in the Budget Process：Recent Trends and Innovations ［J］. OECD Journal on Budgeting. 2007.

②　秘密监督系指有关监督主体未公开监督依据、监督对象、监督过程以及监督结果等相关信息。

③　王淑杰：《建立我国完善的部门预算监督》，载于《中央财经大学学报》2006 年第 2 期。

④　黄永林、李茂峰：《我国高校科研经费管理政策与制度存在的主要问题及其对策建议》，载于《教育与经济》2013 年第 3 期。

⑤　新浪财经：《中央两年下六道文，科研经费"松绑"仍然落地难》，http：//finance. sina. com. cn/roll/2016 - 08 - 16/doc-ifxuxnah3603142. shtml。

⑥　Schick A. Can National Legislatures Regain an Effective Voice in Budget Policy ［J］. OECD Journal on Budgeting，2002.

⑦　公安巡逻艇式监督系指议会运用多种方法，通过检查政府活动来防止政府违背议会目标的一种监督方式。

⑧　Thomas S. Members of Parliament and Government in Western Europe：Agency Relations and Problems of Oversight ［J］. Europe Journal of Political Research，2000.

⑨　马蔡琛：《现代预算制度的演化特征与路径选择》，载于《中国人民大学学报》2014 年第 5 期。

⑩　奚从清：《角色论——个人与社会的互动》，浙江大学出版社 2010 年版，第 3 页。

60 年代，卡恩等（Kahn et al.，1964）学者在研究角色互动模型时就曾指出，跨界工作者若面临角色期望不清、角色冲突等情况，会产生角色压力问题，进而影响到个体的角色反应①。常见的角色压力包括角色模糊、角色冲突和角色负荷，这三种情形均与工作绩效存在显著的负相关关系。在预算监督中，这种角色压力主要表现为角色模糊导致的预算审批中的机会主义成本、角色冲突导致的预算调整中的运行效率成本、角色负荷导致的审计监督中的负荷成本。

1. 预算审批中的机会主义成本

根据委托—代理理论，预算审批中的机会主义成本是指，因立法机构在预算决策中的机会主义行为，而导致的公共支出总量膨胀和结构异化②。在预算审批过程中，立法机构被赋予掌控部门支出总量与结构的角色期望。但在发达经济体的公共治理实践中，追求选票最大化的冲动激发了议员为其所代表的利益集团谋取利益的动机③，使议员忽略了对本身角色的正确认识。且大多数国家的立法机构往往拥有不同程度的预算修正权（见表 3 - 2）。这种内在需要和外在条件的交织，诱发了立法机构的机会主义行为，议员们更加关心为自己选民服务的项目和工程，容易引发公共支出的膨胀和支出结构的异化④。例如，美国在 19 世纪末 20 世纪初，因为各部门和议会的讨价还价，政府的支出增加了一倍多⑤。波斯纳和罗斯坦（Posner and Rothstein，1994）也曾指出："预算是把绩效责任制引入组织的最有力的方式……现在存在着一个浪费金钱的内部激励制度……（我建议）大幅度削减部门预算中的项目数量，并允许部门保留任何财政年度没有花费掉的金额的一半。"⑥ 可见，这种角色模糊行为确实导致了预算审批中的机会主义成本。

---

① Kahn R. L. et al. Organizational Stress：Studies on Role Conflict and Ambiguity ［J］. New York：John Wiley，1964.

② 曾军平：《人大预算决策、机会主义行为与宪法性约束》，载于《上海财经大学学报》2009 年第 1 期。

③ Hallerberg M.，P. Marier. Executive Authority，the Personal Vote，and Budget Discipline in Latin American and Caribbean Countries ［J］. American Journal of Political Science，2004.

④ ［美］约翰·L·米克赛尔：《公共财政管理：分析与应用（第六版）》，中国人民大学出版社 2005 年版，第 63 页。

⑤ 马骏、赵早早：《公共预算：比较研究》，中央编译出版社 2011 年版，第 167 页。

⑥ Posner B. G，L. R. Rothstein. Reinventing the Business of Government：An Interview with Change Catalyst David Osborne ［J］. Harvard Business Review，1994 May-June.

表 3 – 2　　　　　　　　　　　各国议会的预算修正权

预算修正权的具体规定	国家数	代表国家
可以削减或增加收入和支出	32	瑞典
可以削减但不能增加支出	17	英国、澳大利亚
可以削减支出，但增加支出需要政府同意	4	德国
若有替代性措施，可以削减或增加支出	13	美国
无具体规定（或不适用）	16	

　　资料来源：Inter-parliamentary Union. Parliaments of The World：A Comparative Reference Compendium (2ndEdition). Aldershot（Gower）. table 38A, 1986；马骏、赵早早：《公共预算：比较研究》，中央编译出版社 2011 年版，第 174～175 页。

　　预算审批中的机会主义成本在不同国家的表现也有所不同，这主要取决于议会在预算过程中的话语权，即议会有多大的权力对支出部门提交的预算进行修改。根据议会对预算的影响，诺顿（Norton，1993）将议会区分为三种类型：制定预算的议会、影响预算的议会和批准预算的议会①。这三种类型中机会主义成本的大小呈如下关系：制定预算的议会 > 影响预算的议会 > 批准预算的议会。在各国实践中，美国议会的权力是公认最强的，有时能够像"制定预算的议会"那样行使职权。在拨款和通过法案的过程中，美国议会通常会对总统提出的预算进行上百项更改，因此，许多预算专家认为总统预算的分量很轻，在制定预算决策的过程中容易被议会忽略，并将之戏称为"到达即死去（dead on arrival）"②。相应地，该模式因角色模糊导致的机会主义成本也最大。据统计，美国 91% 的国会选举系由获得资金最多的候选人赢得，其后果便是相关政策过多维护资金提供者的利益，而难免忽视公众的诉求③。相对而言，许多发展中国家的议会类似于"批准预算的议会"，缺乏必要的预算修正权。桑蒂索（Santiso，2008）在研究拉丁美洲的议会预算时就曾指出，在拉丁美洲，议会名义上拥有广泛的预算权力，却不能够有效、负责地行使这些权力④。

---

　　①　Norton, Philip. Does Parliament Matter？［M］. London：Harvester Wheatsheaf, 1993.

　　②　［美］艾伦·希克：《联邦预算——政治、政策、过程》，中国财政经济出版社 2011 年版，第 70～75 页。

　　③　央广网：《美国总统大选宣传花费已达十几亿美金》，http：//china. cnr. cn/qqhygbw/20160425/t20160425_521975606. shtml。

　　④　Santiso C. Keeping a Watchful Eye? Parliaments and the Politics of Budgeting in Latin America, in Stapenhurst, R. & et al. Legislative Oversight and Budgeting：A World Perspective ［C］. Washington, D. C. The World Bank, 2008.

同样，在俄罗斯由于受到时间限制等因素的影响，杜马也难以充分行使预算修正权①。在这种情况下，议会的机会主义成本较小，却带来了另外一个问题，即立法机构对政府收支的监督效果甚微。例如，目前我国的预算审批方式多为一次性总体表决，而不是分部门预算的逐一表决。人大代表往往会考虑整体预算一旦未获通过而造成的损失，更倾向于通过预算审批，这就为政府编制预算时的"搭便车"行为创造了条件。

2. 预算调整中的运行效率成本

就政府预算的全周期管理而言，预算调整中的运行效率成本是指，立法机构对支出部门预算调整的监督过严，降低了资金利用效率。支出部门在预算调整中，同时扮演着被监督者和管理者的角色。作为被监督者，支出部门被赋予严格按照早先预算申请中提出的支出项目来执行预算的功能定位。但在制定预算时，无论是立法机构还是支出部门都难以精确预测未来的经济发展走向，故而作为管理者的支出部门被赋予了根据经济形势和环境变化而适时调整预算的角色期望。被监督者和管理者这两个角色对支出部门提出了履行职能的不同要求，这就难免形成角色冲突。利德尔和斯洛克姆（Liddell and Slocum，1976）的早期研究就曾指出，角色冲突会降低团队的工作效率②。在某种程度上，这种低效率成本的大小受到立法机构预算监督导向（控制导向和绩效导向）的影响。

目前，我国的预算监督更多呈现控制导向的特点，即将支出控制视作提升预算绩效的一种途径，这也是符合现阶段预算法治化进程的适宜选择，但同样需要引起重视的是，过于严格的监督控制也容易挫伤地方财政部门和支出部门（尤其是一线管理者）的工作积极性，反而会降低资金的使用效率。秦启文等（2011）对角色管理的研究发现，当个体面对角色冲突时（如个体的工作有时间限制或存在来自其他角色的干扰），个体会倾向于选择完成那些强制性的工作，而不是主动进行工作谋划③。在我国，由于预算决策和公共政策分离的现状，现实中的预算往往可操作性较差，但预算执行却具有刚性约束的特

---

① Diamond J. . The New Russian Budget System：A Critical Assessment and Future Reform Agenda［J］. OECD Journal on Budget. 2002. Vol. 2，No. 3.

② Liddell W. W，J. W. Slocum. The Effects of Individual Role Compatibility Upon Group Performance：An Extension of Schutz's FIRO Theory［J］. Academy of Management Journal，1976.

③ 秦启文等：《角色学导论》，中国社会科学出版社 2011 年版，第 114～118 页。

征，特别是某些法定支出项目①。这对于政府而言是强制性的工作，为避免监督的惩罚，支出部门会选择严格执行。2012 年 6 月，审计署发布了对 54 个县财政性资金的审计结果，政策达标性支出②占其当年公共财政支出的 77.23%，地方政府的收入大部分用于满足上级对支出的要求③。在这种情况下，地方财政难以根据实际需要对支出项目进行统筹安排，基层财政预算往往形同虚设。

在一些发达经济体在预算调整实践中逐渐发现，过于严格的支出控制会制约各部门的创新性和灵活性，于是在 20 世纪 50 年代前后，强调政府在预算问题上的主动性的思潮开始兴起。④ 较为典型的是瑞典预算改革中提出的口号："各部的部长就是自己的财政部长。" 近半个多世纪以来，绩效导向的预算监督逐渐得到认可，政府财政部门和支出部门拥有更多的自由裁量权。梅可斯和威洛比（Melkers and Willoughby，2001）对美国 47 个推行绩效预算的州开展了问卷调查，要求支出部门对引入绩效预算的原因依重要性（非常重要、重要、比较重要、一点也不重要）进行排序，发现超过 90% 的支出部门认为，提高机构项目的效率和改善政府决策是引入绩效预算的主要原因⑤。OECD 的一项调查显示，近 50% 的成员方允许财政部门批准项目间的资金转移⑥，也从侧面反映了发达经济体大多将预算调整权赋予财政部门等核心预算机构。例如，意大利允许地方政府依据提供的公共服务增收地方税费⑦。而在绩效导向更为彻底的国家（如澳大利亚、新西兰），支出部门拥有更大的自由裁量

---

① 在《中共中央关于全面深化改革若干重大问题的决定》中明确指出："清理规范重点支出同财政收支增幅或生产总值挂钩事项，一般不采取挂钩方式。"但由于其涉及民生问题，支出刚性较强，隐性的法定支出仍然存在。进一步论述可以参阅：卢大芳：《法定支出下县级财政之困及纾困思考》，载于《经济研究参考》2016 年第 23 期。

② 政策达标性支出是指为满足国家有关农业、教育、科技等法定支出的增长要求和有关部门出台的达标增支政策而安排的支出。

③ 中华人民共和国审计署：《2012 年第 26 号公告：54 个县财政性资金审计调查结果》，http://www.audit.gov.cn/n5/n25/c63597/content.html。

④ 马蔡琛：《现代预算制度的演化特征与路径选择》，载于《中国人民大学学报》2014 年第 5 期，第 27 ~ 34 页。

⑤ Melkers J. E, K. G. Willoughby. Budgeters' Views of State Performance-Budgeting Systems：Distinctions across Branches [J]. Public Administration Review，2001.

⑥ Aidan R. Results-Orientated Budget Practice in OECD Countries [R]. Overseas Development Institute，Working Paper 209，London，2003.

⑦ Anessi-Pessina E，M. Sicilia. Budgeting and rebudgeting in local governments：siamese twins？ [J]. Public Administration Review，2012.

权。新西兰颁布的《国家部门法》中规定，内阁部长向各部门的行政首长提出应达到的绩效目标，而如何达到绩效目标的决策权则完全归属于部门的行政首长；此外，《公共财政法》还将财务管理的权力和责任赋予了行政首长①。

3. 审计监督中的负荷成本

审计监督中的负荷成本是指，审计部门因角色负荷而引起的审计绩效相对较差的现象。在审计监督过程中，审计部门被赋予了对政府收支进行审计和问责的角色期望，但也相应存在两方面的角色负荷：一是数量层面的超负荷，即现有的审计资源难以满足众多的审计需求；二是质量层面的超负荷，即在财政透明度相对较低的现实约束下，审计机构难以高质量地完成审计任务。通过对图 3 - 6 的趋势分析可以发现，我国审计机关的可货币计量工作成果越来越高，这一方面说明审计绩效有所提升，另一方面也说明预算违规行为未能得到根本缓解，"屡审屡犯"的现象仍旧存在。

图 3 - 6 审计署的审计绩效（2010 ~ 2015 年）

资料来源：根据审计署历年审计绩效报告整理，http：//www. audit. gov. cn/n5/n27/index. html。

与越来越复杂的审计任务相比，审计资源的短缺严重制约了审计监督的全面性，这是各国审计机关面临的共性难题。澳大利亚审计署 2015 ~ 2016 年度报告指出，澳大利亚审计署约有 350 名职员，需要完成 255 项财务报表审计项目，如果采用全面审计的方法这是很难实现的②。据 2004 年披露的信息显示，

① 张光：《预算制度改革与财政的可持续性：新西兰的经验》，载于《公共行政评论》2014 年第 3 期。

② Hehir G. The Auditor-General Annual Report 2015 – 16 ［R］. Australian National Audit Office. 2016.

我国审计署及其派出机构所审计的单位还不到全国被审计单位的 4%[①]。在抽样选取审计重点时，审计部门还面临着不合理的采样方法导致的审计风险，特别是在一些审计范围广、时间短的大型专项审计项目中，一线审计人员任务繁重，往往难以进行科学计划和规范抽样，这容易造成审计结论与客观事实出现偏差[②]。在基层审计机关这一问题更为严重，例如，湖北省通山县 2013 年共完成审计项目 48 个，而一线审计人员还不到 15 人，平均一人需完成三到四个项目，审计人员长期处于超负荷状态[③]。此外，我国基层审计机关主要由财会管理类人员组成（例如，甘肃省陇南市审计局有 38 名职工，其中财会管理类专业 28 人，占到总人数的 70% 以上），[④] 审计队伍中缺乏金融、法律、计算机、工程学等领域的人才，难以应对绩效审计、经济责任审计等高层次的审计工作。

在财政透明度相对较低的现实约束下，支出部门具有较强的信息优势，审计机构缺乏提供高质量审计报告的条件和能力，导致角色扮演中质量层面上的超负荷。在 IBP 发布的预算公开排行榜中，2015 年我国预算透明综合指标以 14 分在参评的 102 个国家中居第 92 位[⑤]。在这种状况下，审计机构和社会公众难以全面掌握支出部门的财政性资金信息，全口径审计监督体系的构建仍旧任重道远。据统计，截至 2013 年底，我国 110 多家中央企业境外资产总额超过 4.3 万亿元，对于这部分境外资产，审计署相关人士表示"基本没有进行审计"[⑥]。

---

① 人民网：《力量有限审计面不足 4%，财政审计急速升温》，http：//www. people. com. cn/GB/jingji/1037/2635348. html。

② 孙颖、张强：《大力推进抽样审计努力实现全覆盖》，载于《审计与理财》2014 年第 10 期。

③ 邓坤水、夏俊：《基层审计机关队伍建设存在的问题及建议》，http：//www. hbaudit. gov. cn/html/2014/1111/35468. shtml。

④ 陇南市审计局：《基层审计机关队伍建设中存在的问题及建议》，http：//www. gsaudit. gov. cn/articles/2013/03/22/article_88_74214_1. html。

⑤ 根据 IBP 组织的规定，预算透明得分 81～100 分表示该国在预算文件中提供广泛信息，61～80 分表示提供大量信息，41～60 分表示提供部分信息，21～40 分表示提供少量信息，而 0～20 分表示提供极少信息或根本不提供信息。资料来源：http：//www. internationalbudget. org。

⑥ 新华网：《超四万亿央企境外资产游离于国家审计之外》，http：//news. xinhuanet. com/politics/2015－03/02/c_1114492938. htm。

3.5.3 优化预算监督的路径选择与制度安排

1. 在市、县、乡三级的预算管理中，逐步引入参与式预算的审议模式，试行分部门预算票决

参与式预算赋予了普通民众参与政府预算决策的机会[①]。在人大预算审议中引入参与式预算管理，能够更广泛地吸收民意，也可以弥补预算辩论机制缺失的问题。但是，劳伦斯等（Lawrence et al.，2001）指出，公民参与公共决策需要更多的时间成本[②]，而欧文等（Irvin et al.，2004）发现除时间成本之外，公民参与公共决策还可能造成政府面临丧失决策权的风险[③]。因此，我国在引入参与式预算管理时，要注意在给予民众充分表达渠道的同时，还要尽可能降低公众参与的成本。可以从提高公众的参与意识、推动信息公开、完善参与机制等方面着手。

在预算审议过程中，对于一些重点支出领域可以尝试推行分部门逐一票决部门预算。在地方试点层面上，2013 年，浙江省温岭市首开了票决部门预算的先河。一个部门预算的通过需要"征询预算—审议预算—修编预算—票决预算"四个阶段。在征询阶段，支出部门根据公众代表的要求对预算进行第一次修改；在审议和修编阶段，支出部门根据人大代表的意见和建议进行再次修改；票决阶段实现对部门预算的分部门逐一表决，最终形成公共政策[④]。票决部门预算改变了目前某些地方在人大预算审议中"只决不议"的局面，有利于降低目前一次性总体表决方式下政府支出的"搭便车"成本，这是一种值得推广的改革方向。

---

① 参与式预算是一种公民直接参与预算决策过程，决定部分或全部公共资源配置结果的预算管理模式。兴起于 20 世纪 60 年代的发达经济体，80 年代扩展至巴西等发展中国家。就国际经验来看，参与式预算可以分为四种模式：预算制定阶段（如巴西）、预算分析审查阶段（如印度）、预算执行跟踪（如乌干达）、预算绩效监控（如印度"公民报告卡"）。在我国，参与式预算始于浙江温岭，随后逐步推广，分为三种模式：参与预算全过程（如无锡的城市社区试验）、参与预算编制和审议（如温岭的乡镇试验）、参与预算审查（如焦作的市本级试验）。

② Rick L. L，D. A. Deagen. Choosing Public Participation Methods for Natural Resource：A Context-Specific Guide [J]. Society and Natural Resources，2001.

③ Irvin R. A，J. Stansbury. Citizen Participation in Decision Making：Is It Worth the Effort？[J]. Public Administration Review，2004.

④ 朱圣明、徐枫：《地方人大"票决部门预算"与治理现代化》，载于《重庆社会科学》2014 年第 5 期。

2. 合理下放预算调整权，加快推进预算绩效管理

在多数情况下，运行效率成本是由政府部门的工作受限而导致的。若想提高运行效率，就需要适当下放预算调整权，赋予支出部门根据实际情况合理分配资金的自主权。当然这种权力下放并不意味着对部门支出的监督弱化，只是不再固化地强调支出合规性控制。对于支出部门而言，获得自由裁量权的同时必须接受财政问责和支出绩效的考核。适应时代发展的需要，在进行预算绩效管理时可以引入信息化技术，建立一个融合财政收支数据、宏观经济数据、绩效评价指标库、专家库、政策法规库等信息的预算绩效管理信息系统。如德国北莱茵—威斯特法伦州（Nordrhein-Westfalen）针对公共事务类项目就开发了Wibezoll 绩效评估软件，按照设定的量化模型进行测算，对于可量化的项目指标采取货币化方法进行量化，对于无法量化的项目指标进行社会价值分析[①]。从发达经济体的实践来看，预算改革与政府会计改革往往是相伴生的。例如，1998 年德国 16 个州联合实施的"地方政府预算与会计改革"中，就涉及采用权责发生制会计，将预算管理权下放，实施以结果为导向的权责发生制预算[②]。澳大利亚的权责发生制政府会计报告，也充分披露了政府提供服务的成本，为评价其绩效水平提供了信息[③]。我国在完善预算绩效管理的过程中，也需要加快推进相应的政府会计改革，加快财政内部控制系统的建设，逐步引入权责发生制核算原则，使预算管理更加偏重于绩效结果导向。

3. 创新审计监督模式，提高财政透明度

当前的审计监督面临着有限的审计资源和不断加重的审计任务之间的矛盾。因此，在提升审计机关和审计人员业务水平的同时，更重要的是创新审计监督的方式，使有限的监督资源发挥最大的效用。首先，运用科学合理的方法遴选审计对象进行抽样审计。例如，利用数据包络分析法（Data Envelopment Analysis，DEA）、层次分析法、SBM-Undesirable 模型和信息熵等现代方法对审计对象进行选择。此外，还可以探索政府审计外包的市场化运作机制。从世界

---

① 中华人民共和国财政部国际财金合作司：《德国财政预算控制与风险防范管理情况介绍》，http：//gjs. mof. gov. cn/pindaoliebiao/cjgj/201305/t20130523_884087. html。

② 陆阳春：《中国政府会计体系构建研究——基于中国预算管理改革视角分析》，财政部科学研究所 2013 年，第 38 页。

③ 财政部预算司：《澳大利亚、新西兰政府预算与会计权责发生制》，http：//yss. mof. gov. cn/zhengwuxinxi/guojijiejian/200810/t20081016_82398. html。

各国的情况来看，政府审计外包在美国、德国、澳大利亚等发达经济体中已然较为普遍。如澳大利亚 2011~2012 年度的 261 项财务报表审计中，169 项审计项目实现了外包，占到审计项目数的 1/2 以上[①]。审计部门可以将一些非核心业务（如内部控制风险较低的政府部门及事业单位）的决算审计进行整体外包，而一些具有重要性和敏感性的项目可以采取与专职人员合作的外包模式。

除审计监督外，社会监督也是预算监督的主要力量，其主要通过第三方评价来实现。针对社会中介鉴证类组织的客观公正性相对较低、考评专家的独立性相对不高的现实，应将降低第三方评价的成本重点放在两方面：一是如何有效防范乃至杜绝第三方评价的机会主义行为，真正实现社会监督的客观公正；二是根据发达国家早期的经验来看，项目评估的费用较为高昂，通常能够占到单个项目总资金的 0.5%~5%[②]。因此，如何利用大数据技术等现代化信息手段，有效降低第三方评价的监督成本也是应该引起重视的。

3.6　政府预算绩效评价中专家评价的行为经济学分析[③]

根据我国预算绩效管理的发展规划，截至 2015 年底，各支出部门开展绩效评价的资金总量占本部门公共财政支出的比例达到 10%，各地开展绩效评价的资金总量占本级公共财政支出的比例达到 20%。在预算绩效评价中，具有相关专业知识与技能的专家发挥着十分重要的作用。在现时的中国，某些地方政府的预算绩效评价早期试点，也是由相关领域的专家学者主导进行的[④]。这些专家的行为选择，不仅受到货币支付、声誉、社会价值体

---

① Wilson G. Quality Control Around Financial Statements Audits [R]. Australian National Audit Office. 2013.

② Hatry H. P., R. E. Winnie, D. M. Fisk. Practical Program Evaluation for State and Local Governments [M]. Urban Institute Press, 1981.

③ 马蔡琛、冯振：《政府预算绩效评价中专家评价的行为经济学分析》，载于《经济纵横》2014年第 1 期。

④ 如 2004 年，兰州大学中国地方政府绩效评价中心负责组织与实施了对市、州政府及其省属职能部门的绩效评价工作；华南理工大学课题组于 2007 年对广东省市、县两级政府整体绩效进行评价。这两个较早开展的绩效评价试点，均是由高校中的专家学者组成评价小组进行，可见在绩效评价的起步阶段，专家发挥了重要作用。进一步论述可以参阅：包国宪等：《绩效评价：推动地方政府职能转变的科学工具——甘肃省政府绩效评价活动的实践与理论思考》，载于《中国行政管理》2005 年第 7 期，第 86~91 页；郑方辉等：《中国地方政府整体绩效评价：理论方法与"广东试验"》，中国经济出版社2008 年版。

现等多重利益的驱动，还受到各种行为心理因素的影响。本节的研究重点在于分析绩效评价中的专家行为，解读影响专家决策偏好与选择的行为动机和心理过程，这对于进一步深化政府预算绩效管理改革，具有重要的理论价值和现实意义。

1. 预算绩效评价过程中的三方序贯博弈

在当前的公共部门治理结构下，政绩突出的官员往往能够得到更多的升迁机会。随着财政改革的重点开始从收入管理转向支出管理，预算资金的使用绩效日益成为评判官员政绩的重要标准。另外，较高的预算资金使用效率，也是下一财政年度各支出部门向预算部门申请更高预算资金规模的重要依据。因此，某些支出部门难免存在强烈的动机寻求评审专家的合作①。对于评审专家来说，既可以做出公允的绩效评价，也可能因某些支出部门的利益诱导而对低绩效的预算支出项目给予高评价，但此时专家面临被监督机构查处并惩罚的风险。出于分析简化的考虑，本节假定专家具有足够的能力区分"低绩效"和"高绩效"的预算支出项目（也就是说，如果专家对低绩效项目给予高评价，则可以认定为存在合作行为）。监督机构选择是否对专家评审结果实施再监督并加以惩处的同时，也面临着监督成本的约束，且监督成功与否也存在某种概率分布。

在预算绩效评价过程中，各支出部门首先行动，选择提供低绩效预算项目并寻求合作，或提供高绩效预算项目而不寻求合作。专家在支出部门做出选择后行动，在支出部门寻求合作的情况下可以选择接受合作以迎合各部门或者不接受合作据实评价，在支出部门不寻求合作时专家会选择据实评价。立法监督机构则居于最后行动方的地位，在每种情况下均有监督和不监督两种选择。

因此，可以将这一过程视为有三个参与方（支出部门、专家以及监督机构），且各参与方的行动呈先后之分的动态序贯博弈，其博弈树展开如图3-7所示。

①　这里所说的合作，是指某些支出部门利用物质或者其他便利等利益诱导，引导专家给出本部门期待的评价结果。所以，这并不是一种正常的工作合作，而是一种非正当合作。现实中也有许多官员致力于提高本部门的预算资金使用绩效，而将专家的评审意见作为提高绩效的重要参考。本节主要关注支出部门寻求与专家非正当合作时的情况。

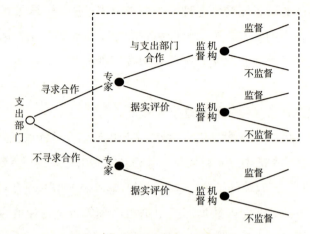

图 3 – 7　预算绩效评价序贯博弈

　　鉴于本书分析的重点在于专家的行为选择，故以下仅讨论矩形框中的博弈过程。即考察在支出部门寻求合作的情况下，专家个人与监督机构的动态博弈行为。在分析过程中，引入行为经济学的分析范式，分析专家如何在"非理性"因素影响下做出"理性"的选择（即西蒙所言之"有限理性"）。对专家个体的分析旨在判别其可能的选择，以及影响行为选择的因素。从专家群体的角度来看，尽管每个专家都可能经历前述博弈过程，但因"羊群效应"引致的"从众"行为，可能使选择合作的专家比例高于个体行为选择下的分析结果，从而扭曲预算绩效评价的客观性。

2. 个体非理性因素影响下的专家行为选择：猫鼠合谋

　　在考察专家行为取向的博弈过程时，我们将专家视为仅具有限理性的经济个体，以影响专家行为的心理因素等非理性因素作为影响变量，且不单纯以货币支付作为专家的收益，而以专家所获得的效用来加以替代①。就监督机构而言，本节则采用多数研究中使用的货币支付作为收益的方式，监督机构同样会选择给其带来更高期望收益的策略。

　　在这一序贯博弈模型中，评审专家的纯策略选择是"合作"或"不合作"，监督机构的纯策略选择是"监督"或"不监督"。假定专家从事预算绩

---

　　① 以效用作为专家的收益有两方面原因：一是影响博弈支付的除货币外，还包括精神层面的因素，如对公平的偏好将影响专家获得的效用；二是等量货币带来的感受可能不同，单纯用货币所得作为博弈支付易产生偏差。

效评价可以获得的正常报酬是 A，如与支出部门"猫鼠合谋"，则可得到额外的货币收益 B。基于行为经济学的损失厌恶理论[①]，评审专家面对获得与损失[②]的心理感受不同。用 $E_1(\cdot)$ 代表专家获得收入时的效用，用 $E_2(\cdot)$ 表示专家被惩罚而产生损失时的效用［为清楚表达博弈时的效用变化，这里设 $E_2(\cdot) > 0$，即 $E_2(\cdot)$ 表示面对损失时产生的负效用的绝对值］。另外，当专家接受合作时，由于不公平厌恶会损失一部分效用（非货币性质的）[③]，以 $-u(u > 0)$ 表示。监督机构对专家的评审结果进行监督的成本为 C，监督的成功率为 t，如果查实专家接受合作，则进行 F 的货币惩罚（包括接受合作的额外收入 B 以及罚款）。监督机构也会对接受合作的评审专家进行非物质性的惩罚（如通过网络等途径进行公开曝光，将"不良记录"录入相应的专家库等），假设这些非物质惩罚使专家的效用产生 $-\delta(\delta > 0)$ 的改变量。专家接受合作的概率为 α，监督机构进行监督的概率为 β。这一混合策略博弈模型如图 3 - 8 所示。

评审专家

			合作(α)	不合作($1-\alpha$)
监督机构	监督 (β)	成功(t)	$-C+F; E_1(A+B) - E_2(F) - u - \delta$	$-C; E_1(A)$
		不成功($1-t$)	$-C; E_1(A+B) - u$	
	不监督($1-\beta$)		$0; E_1(A+B) - u$	$0; E_1(A)$

图 3 - 8 评审专家与监督机构博弈的支付矩阵

① 损失厌恶是前景理论的基石之一，它刻画了行为人的心理感受，行为人对财富水平的减少（损失），较之同等财富的增加（获得）更为敏感，并且人们通常需要相当于损失两倍的收益，才能弥补损失所带来的效用减少。进一步论述，可以参阅 Tversky, Amos , Kahneman, Daniel. Loss Aversion in Riskless Choice：A Reference-Dependent Model ［J］. The Quarterly Journal of Economics, 1991, Vol. 106, No. 4. 以及 A Tversky , D Kahneman. Advances in prospect theory：Cumulative representation of uncertainty ［J］. Journal of Risk and Uncertainty, Volume 5, Issue 4, 1992：297 - 323.

② 这里的获得主要指专家的货币收入，包括评价报酬以及参与合作后支出部门从其所掌握的公共资源中支付给专家的额外好处。同样，这里的损失只考虑货币惩罚，包括监督机构没收的合作所得，以及对专家的罚款。

③ 许多经济学家认为人们有"利他"的动机，个体具有社会性，他们往往表现出对公平的关注。例如，福赛斯等（Forsythe et al. , 1994）提出的公平假说就认为，人们的行为与其关于公平分配的信念有关，这实际上涉及了个体的社会性问题。同时，还有学者指出，人们追求的效用最大化本身就包括了金钱得益和社会得益这两个方面（Timothy & Mui, 1998）。进一步论述，可以参阅：R Forsythe. , JL Horowitz, NE Savin, M Sefton. Fairness in Simple Bargaining Experiments ［J］. Games and Economic Behavior, Vol. 6, Issue 3, 1994：347 - 369, Timothy N. Cason, Vai-Lam Mui. Social Influence in the Sequential Dictator Game ［J］. Journal of Mathematical Psychology, Volume 42, Issues 2 - 3, 1998：248 - 265.

模型中每行第一个数字代表监督机构的对应收益，第二个数字代表评审专家的对应收益（以效用表示）。需要说明的是，作为一个序贯博弈过程，专家的选择在前，监督机构的行动在后，但为表述方便我们仍采用支付矩阵的形式。故监督机构如果成功查出专家有参与合作的行为，专家因为已获取了支出部门的好处而得到效用 $E_1(A+B) - u$，之后由于被处罚效用改变 $-E_2(F) - \delta$。

根据图 3 - 8 的支付矩阵可得，评审专家的期望收益（效用）U_1 为：$U_1 = \alpha\{\beta[t(E_1(A+B) - E_2(F) - u - \delta) + (1-t)(E_1(A+B) - u)] + (1-\beta)(E_1(A+B) - u)\} + (1-\alpha)E_1(A)$，其一阶最优条件为：$\partial U_1/\partial\alpha = \beta[t(E_1(A+B) - E_2(F) - u - \delta) + (1-t)(E_1(A+B) - u)] + (1-\beta)(E_1(A+B) - u) - E_1(A) = 0$，解得：$\beta^* = \dfrac{E_1(A+B) - E_1(A) - u}{t[E_2(F) + \delta]}$；监督机构的期望收益 U_2 为：$U_2 = \beta\{\alpha[t(-C+F) + (1-t)(-C)] + (1-\alpha)(-C)\}$，一阶最优条件为：$\partial U_2/\partial\beta = \alpha[t(-C+F) + (1-t)(-C)] + (1-\alpha)(-C) = 0$，解得：$\alpha^* = \dfrac{C}{tF}$。

故这一博弈的混合均衡解为：$\alpha^* = \dfrac{C}{tF}$，$\beta^* = \dfrac{E_1(A+B) - E_1(A) - u}{t[E_2(F) + \delta]}$。即评审专家有 $\dfrac{C}{tF}$ 的可能性选择与支出部门合作，也可解释为当评审专家均面临这一博弈过程时，有可能选择与支出部门合作的专家比例为 $\dfrac{C}{tF}$；监督机构则以 $\dfrac{E_1(A+B) - E_1(A) - u}{t[E_2(F) + \delta]}$ 的概率实施监督（比如，监督机构面对 N 个待监督项目，将对其中的 $\beta^* N$ 个项目实施监督）。这一均衡解为监督机构防范"猫鼠合谋"的行为，提供了某种政策启示。在预算绩效评价中，如欲降低专家与支出部门合谋的可能性，则应从以下三方面着手：降低监督机构的监督成本，提高监督成功率，加大惩处力度。若要降低监督机构的监督频率（既能对合作行为产生威慑作用，又相应节省总监督成本），则应提高监督成功率并加大惩处力度（包括物质与精神两方面）。

3. 基于"羊群效应"的专家群体行为分析

目前，一些地方政府聘请相关专家参与的预算支出项目绩效评价活动，其组织形式大致包括重点评价和大规模评价两种。前者是给出若干待评项目，每个专家负责一个或几个项目的绩效评价；而后者是由若干专家组成专家组，共同评审预算支出项目。后者在绩效评价实践中较为多见，在大规模评价的情况下，评审专家之间的相互影响及其引致的群体行为结构，就成为一个不容忽视的因素。

在现实中，专家们对支出部门的目标难以做到完全掌握，且因个人价值取向的差异对支出部门绩效目标的认知也会不同。因此，不同专家对同一预算项目的绩效评价可能存在较大的差异。但从绩效评价实践来看，许多专家提交的评估报告相差无几，特别是同一评价小组的专家时而会给出近乎一致的结论。这表明专家个人作出的决策并不是孤立的，个体决策之间存在相互影响。进一步而言，某些专家在预算绩效评价中呈现一定程度的"羊群行为"①，这是一种个体理性模仿导致群体非理性模仿的情况。一些专家在发现其他专家（特别是地位较高、影响较大的专家）与支出部门合作，便也做出了同意合作的决策（也许出于不愿得罪各支出部门，也许出于法不责众的考虑），还有一些专家则仅是"随大流"地跟从其他专家的评价意见。在这种情况下，与支出部门合作从而"对低绩效项目给予高评价"的专家比例，可能会高于前述分析结果。在绩效评价实践中，评审专家的"羊群行为"，可能基于以下三方面的原因。

（1）信息学习效应。

"羊群行为"较为常见的解释是信息学习模型，韦尔奇（Welch）② 最早提出了这一问题。信息学习模型强调，后行动者在获取先行动者的行动信息之后，往往倾向于忽略自身的私人信息，而采取相同的行动。当存在信息学习的情形时，行为主体更多受到其他人行动的影响，而并非主要依据其个人所拥有的信息。

在预算绩效评价中，部分专家跟随其他人（特别是地位高、影响大的专家）的行为而行动，如果他人选择合作自己也参与合作。这种模仿可能源于认为其他专家拥有更多的信息，从而忽视了自身掌握的信息以及对合作风险的

---

① 班纳吉（Banerjee, 1992）认为"羊群行为"是一种"人们去做别人正在做的事的行为，即使其私有信息表明不应该采取该行为"，也就是个体采取与他人相同的行动，而不顾自己的私有信息。Shiller（1995）则定义"羊群行为"的表现是"社会群体中相互作用的人们趋向于相似的思考和行为方式"。进一步论述可以参阅：Abhijit V., Banerjee. a Simple Model of Herd Behavior [J]. The Quarterly Journal of Economics, 1992, 107（3）：797 – 817；Robert J. Shiller. Conversation, Information, and Herd Behavior [J]. The American Economic Review, 1995, 85（2）：181 – 185.

② Welch I. Sequential Sales, Learning, and Cascades [J]. Journal of Finance, 1992, 47（2）：695 – 732.

判断。另外，由于许多预算项目的绩效目标并不十分明确，每位专家对目标的认识也不尽相同，且在成本约束条件下，专家们大多依据项目的书面材料做出判断，而现场实地考察的范围与深度则受到诸多局限。因此，当有少数专家选择合作时，部分专家也可能会采取同样的策略，或者给出与合作者相近的评审结果。

（2）报酬激励机制。

人们在做出行为决策时，报酬是不可忽略的影响因素。以往对报酬如何导致"羊群行为"的分析，多见于行为金融领域的研究。如莫格和纳克（Maug and Naik）[1] 认为，如果投资经理人的报酬取决于其他经理人的相对业绩，这些经理人的激励会被扭曲，导致无效的投资组合，引发"羊群行为"。

大多数的预算绩效评价活动，评审专家的选择方式有以下三种：一是委托某一研究机构或中介机构，由部门负责人在部门内部选择参评专家；二是由考评组织者选定某一专家作为评价小组组长，由其确定小组成员；三是在已有的各类专家库中挑选评审专家组成评价小组。前两种方式有些相似，且均可能存在由报酬因素引致的"羊群行为"。由于与支出部门合作，专家可以得到可观的额外收益，而如拒绝合作，支出部门在下期可能推荐其他专家担任评价小组的组长，或者委托其他机构进行绩效评价，因此担任组长的专家，就有较大的激励参与合作。在组长或负责人选择合作的情况下，其他专家也会做此选择，因若选择据实评价各支出部门的预算绩效，很可能在以后的类似评审专家遴选中会被"淘汰出局"。出于长期回报的考虑，选择模仿这种合作行为是符合自身利益的。阿希（Asch）的经典实验结果表明[2]，即使在问题情境非常明确时，个体仍会因群体压力而产生从众行为。因此，即使各评审专家具有较为充分的信息，但出于长期回报因素的考虑，也可能集体做出对支出部门有利的评

---

[1] Maug E., Naik N. Herding and Delegated Portfolio Management ［C］. Working Paper of London Business School, 1996.

[2] 阿希（Asch）将 7~8 名被试者组成一个小群体，要求他们比较实验者手中的两张卡片。一张卡片上有 1 条直线，另一张卡片上有 3 条直线，3 条直线的长度不同。这 3 条直线中有 1 条线和第一张卡片上的直线长度相同。线段的长度差异是非常明显的，在通常条件下，被试者判断错误的概率小于1%，被试者只要大声说出第一张卡片上的那条直线与另一张卡片上 3 条直线中的哪一条长度相同就可以了。但是当 Asch 安排的其他群体成员都故意做出了错误的回答时，大约有 35% 的被试者选择了与群体中其他成员的回答保持一致。这充分说明了，群体规范能够给群体成员形成压力，迫使他们的反应趋向一致。转引自：杨忠等：《组织行为学：中国文化视角》，南京大学出版社 2006 年版，第 152 页。

价（即使其预算资源使用绩效相对低下）。

（3）声誉影响机制。

沙尔夫斯泰因和斯泰因（Scharfstein and Stein，1990）建立了声誉羊群行为模型①，在该模型中有 A 和 B 两个决策者，依次做出决策。他们可能是聪明的，也可能是愚鲁的。聪明的决策者可以接受有用的信息，而愚鲁的决策者只能接受毫无价值的噪音。委托人（包括决策者自身）并不知道 A、B 的类型，但在 A、B 做出决策后，委托人可以根据结果修正自己的选择。模型的研究结论是，后行动的决策者 B 模仿了 A 的行动，两人的声誉都得以维护。

在预算绩效评价中，出于声誉影响的考虑，如果评审专家的评价方案可以通过某种渠道为公众知晓，且评价结果将作为公众与政府判断其业务能力的参考，那么其最佳选择就是和其他人的行动保持一致。因此，当某些专家接受了支出部门的合作要求，对低绩效预算项目给予高评价时，其他专家也可能做出类似选择，即使这些选择模仿的专家们并没有接到支出部门的合作请求，因为这样不会使其他人对其专业能力产生怀疑。同时，专家们也会考虑到，与其他人的行动一致还可共担风险。这也是评审专家对同一预算项目的评价结果相近的一种模仿经济学解释。

塔尔德（Tarde）给出了关于模仿的三条定律，其中一条是几何级数律，即在没有其他因素干扰的情况下，模仿以几何级数的速度增长②。由于模仿会产生正反两方面的经济扩散效应，根据塔尔德的模仿几何级数定律，当先行动者采取一种正向经济行为后③，这种模仿行为会产生累积效应，使先行动者的正向行为得以迅速传播扩散。而当先行动者采取"对低绩效项目给予高评价"的逆向经济行为时，如果后行动者仿效先行动者采取相同的行为（无论是否接受了合作的提议），其模仿行为会产生逆向扩散累积效应，提高采取这种行为的专家比例。因此，监督机构应从影响专家合作选择的因素入手，来降低评审专家选择合作的可能性，继而通过模仿的正向扩散效应促使其他专家共同努力，以实现预算绩效评价"奖优惩劣"的目标。

---

① David S. Scharfstein , Jeremy C. Stein. Herd Behavior and Investment ［J］. The American Economic Review，1990（3）：465 – 479.

② 任寿根：《模仿经济学》，中国财政经济出版社 2003 年版，第 8 页。

③ 就预算绩效评价而言，正向经济行为是指，评审专家不与支出部门合作，对预算项目的绩效给予中肯且科学的评价。

4. 优化绩效评价中专家行为的路径选择

在政府预算绩效评价中，评审专家个体受到理性与非理性的影响，有可能谋求与公共支出部门合作，而受到"羊群效用"的影响，这种合作策略甚至可能演变为群体行为。为了充分发挥专家在预算绩效评价中的核心作用，提升有限预算资金的使用绩效，可从以下四个方面来加以谋划。

第一，由上级政府部门配合财政预算部门开展绩效评价工作，并逐步健全专家信息库。自 2005 年起，财政部预算司先后下发了三个与绩效评价相关的规范文件①。值得注意的是，2011 年的文件规定，各级财政部门和各预算部门（单位）是绩效评价的主体。这在一定程度上降低了专家与支出部门合谋的可能，提高了评审结果的客观公正性。然而，考虑到各支出部门对自身具体工作情况更为了解，可由资金使用部门的上级单位配合各级财政部门开展绩效评价活动，对具体项目的性质及操作流程进行说明，并协助遴选专家小组。同时，为了便于选择称职的专家，应逐步健全专家信息库。将评审专家的评价意见及专家在绩效评价中的表现（包括与支出部门合作的行为记录）录入专家库，并定期实施绩效评价报告质量的评审、考核和通报。按照评审专家实际参与绩效评价工作的态度、能力、道德水平及民主评议结果，实行科学分类，动态管理，优胜劣汰。

第二，加大违规惩处力度。前文通过对专家与监督机构的博弈分析得到的均衡解为：$\alpha^* = \dfrac{C}{tF}$，$\beta^* = \dfrac{E_1(A+B) - E_1(A) - u}{t[E_2(F) + \delta]}$。也就是说，专家选择合作的概率及监督机构的监督频率与违规惩处的力度相关。因此，提高对合作行为的惩罚力度，可以降低专家选择参与合作的可能，同时也可降低监督机构的监督频率，节约总监督成本。当提高物质惩罚 F 的力度时，损失厌恶的存在可能会使 $E_2(F)$ 很大，处罚对专家效用有极大影响，即使监督机构进行监督的频率不高，专家也不会轻易选择与支出部门合作。然而，敏感度递减的心理特质②，又使得过高的物质惩罚对专家行为选择的边际影响很小。此时，需同时

---

① 这三个规范文件分别是：《中央部门预算支出绩效考评管理办法（试行）》《财政支出绩效评价管理暂行办法》《财政支出绩效评价管理暂行办法》。

② 敏感度递减是前景理论的核心结论之一，是指无论获得还是损失，其给决策者带来的效用变化是随着获得/损失数量的增加而减小的。也就是说，如果 $E(\cdot)$ 是专家的效用函数，F 代表罚款的数额，则 $E'(F) > 0$，$E''(F) < 0$。

采取非物质性的惩罚措施（提高 δ），以达到约束专家行为的作用。在具体操作时，可将对专家的惩罚与专家获得的合作收益（包括资金和其他便利）以及被评价预算项目涉及金额相联系。当合作收益较低，且预算金额不大时，对专家处以较低数额罚款并予以口头警告。随着合作收益与预算金额的提高，不断加大罚款金额并将合作行为录入专家信息库，视严重程度禁止专家一定时期内再次参与绩效评价活动。

第三，提高绩效评价的信息化程度。从博弈分析的均衡解可以看出，专家选择合作的概率与监督部门的监督成本 C 正相关，与监督成功率 t 负相关。提高绩效评价的信息化程度，通过公众传媒将各支出部门的预算信息以及专家评价结果全面公开，可显著提高监督成功率。当然，在信息公开的同时，还应当重视公开信息的真实性以及评审专家个人隐私权的保护①。另外，当公众利用信息公开机制与监督机构共同监督专家的行为时，其监督成本也会相应下降。因此，可以达到降低专家参与合作的概率、规范专家行为的目的。

第四，为专家进行实地考察提供便利，建立科学的预算绩效评价激励机制。一方面，各支出部门应为评审专家实地考察预算资金使用情况提供便利，使专家对相关信息充分掌握，有效避免羊群行为的出现；另一方面，在评审专家独立进行初评的基础上，由预算部门组织专家会商，增加专家之间的交流与沟通，营造相互学习的机制。通过专家之间的协商讨论形成更为科学的评价结论，并对在初评中给出与这一结论最相近意见的专家额外奖励（包括奖金及在专家库中进行记录）。借此鼓励专家们各抒己见，而不轻易盲从，从而减少因报酬和声誉等原因而导致羊群行为的可能。

---

① 张云霞：《我国信息公开存在的问题与解决之策》，载于《理论探索》2011 年第 5 期。

第4章

政府预算绩效管理：现代财政
制度建设的必由之路

追求效率是人类生活的永恒主题，自公共财政诞生以来，公共资源的使用效率始终是一个常话常新的命题。尽管对于政府预算的绩效是否可以通过指标系统来加以测评，在预算发展史上，也曾存在某些分歧，但随着政府会计和财务报告系统的改进，现代信息与通讯技术在预算和财政管理系统中的良好应用，"预算绩效是可以量化测度的"，已日益成为广泛的共识。如果用一句话概括20年来中国公共财政建设最为值得铭记的事件，那就是我们找到了一条走向现代财政治理的必由之路，在这虽阳光普照但并非坦途的征程上，最为醒目的路标就是公共预算绩效管理。

自20世纪中后期以来，源自发达经济体的公共管理革命，所倡导的建设"高绩效政府"的现代公共治理理念逐渐深入人心。在现代预算制度中，应融合更多的政策分析和管理方法，采用信息化分析手段，更好地体现公共服务的公众满意度水平，有效推动政府预算的各利益主体更加关注预算决策过程、运行秩序和绩效结果。

新一轮中国预算改革启动的20年来，预算绩效评价与绩效管理改革可谓"风生水起"。进入21世纪以来，中国政府预算收支规模不断迈上新台阶，2011年全国财政收支突破10万亿元大关，2018年全国一般公共预算支出已突破20万亿元大关，面对如此规模庞大的公共预算资金，如何才能"好钢用在刀刃上"？如何有效避免预算执行中的"跑冒滴漏"现象？如何最大限度地提升公共资源的边际配置效率和实现政府行政成本的有效约束？预算绩效考评系统发挥预期作用的资源限制条件是什么？需要投入多大的努力来支持绩效考评系统？这些颇难回答却必须正面回应的现实问题，已成为中国现代财政制度建设和政府治理转型的重要核心命题。

4.1 政府预算博弈：零和游戏还是正向激励

4.1.1 预算绩效管理：走向现代公共财政的必由之路[①]

从早期项目支出绩效评价的星星之火，到而今预算绩效管理已呈燎原之势，概括起来，当代中国的公共预算绩效管理，呈现出四个显著的特点。

（1）整合多方资源聚焦公共预算绩效问题，为构建中国公共财政的共同治理结构搭建了基础性的运作平台。

长期以来，受传统财政理论的惯性影响，公共财政和预算管理似乎变成了"政府自己的财政预算"，成为"束之庙堂高阁"且无人问津的艰涩文献。随着公共财政关注社会民生的政府理财观念转型，社会各界对于公共支出的绩效日益关注。预算绩效改革的风生水起，通过对公共支出现实效果的评价，对公共财政满足民生需求和社会发展的状况，提供了可以相对精确测度的详细刻画，这必将推动公共财政的各利益相关主体更加关注预算决策过程、运行秩序和绩效结果。从这个意义上讲，公共预算绩效管理为整合多方资源、聚焦公共财政问题，构建包括政府财政部门、各资金使用部门、立法监督机构、社会中介组织、项目专家、新闻媒体和社会公众等众多利益相关主体普遍参与的共同治理结构，从而为最终实现"依法用好百姓钱"的政府理财目标，提供了一个具有可操作性的基础性运行平台。

（2）通过绩效预算的精细化管理，为中国公共预算治理结构从传统的控制取向走向现代治理视野中的管理取向，提供了现实的发展路径与操作范式。

20 世纪下半叶以来，现代预算体系的变迁，呈现出从传统的强调合规性监督的控制取向，走向突出资源配置效率的管理取向，这也是市场化进程中的中国预算改革所应体现的总体方向。财政精细化管理作为当代政府理财的目标选择，需要在现实预算过程中，细化分析并客观评价预算资源配置结构的经济社会影响及差异，并通过敏感性分析与回应，提升预算资源的配置效率。公共

---

① 马蔡琛：《预算绩效管理：现代公共财政的必由之路》，载于《中国财政》2011 年第 5 期。

预算绩效管理在促进微观层面的具体支出项目效率提升的同时，通过绩效理念在各级政府部门的日臻成熟，还将有助于从宏观层面上推进中国预算治理结构从控制取向到管理取向的整体转型。

（3）绩效预算管理所体现的阳光财政理念和问责机制，有助于完善反腐倡廉的财政制度基础。

现代政府预算的产生与发展是与法治国家和政治文明同步成长的，在各国公共治理实践中，预算管理体系的构建和完善也始终是实现反腐倡廉和建设责任政府的利器。通过预算科学化、规范化、公开化、法治化等一系列制度建设，最终打造一个推进反腐倡廉、实现责任政府的现代财政制度基础，也大体勾勒出了一条重塑中国预算治理结构的路线图。通过绩效预算管理的动态反馈和追踪问效机制，将规范预算管理、完善预算编制、加强部门管理与提升财政资金使用效益有机衔接起来。通过绩效结果与预算资源配置结构的正向激励机制和反向惩戒机制，在进一步提升公共资源使用效果的同时，探索建立绩效评价结果公开机制和有效的问责机制，将有助于推进中国阳光财政体系的建设和完善。

（4）地方政府对于预算绩效管理的多元化改革探索，将进一步丰富中国公共财政体系建设的生态多样性，有助于实现整体综合推进与地方多元探索的良性互动。

改革开放以来，我国财经改革的诸多成就中，有许多源自地方政府开拓性的探索。但迄今为止，国外对于地方预算管理的研究，比较成熟的多是实行联邦制的大国，其地方预算受具体国情的影响，在职能与体制特点等方面都不可能与我国相同。我国作为一个幅员辽阔的单一制大国，地方政府预算改革显得尤为重要，地方预算管理制度也需要在公共财政理论指导下完成自我创新的过程。

与部门预算、国库集中收付、政府收支分类等传统预算改革不同，综观当前各级地方政府推进的各具特色的预算绩效管理改革，大多很好地体现了在财政支出绩效评价基本规范指引下的地方自主创新色彩。在预算绩效管理的制度框架设计、绩效评价覆盖面的遴选标准、参与主体的互动结构、相关社会资源的整合利用、绩效评价结果的动态反馈与应用等诸多方面，各级地方政府都因地制宜地实行了各具特色的制度创新。这种颇具生态多样性的地方财政管理改革，对于进一步提升地方政府的治理水平和执政能力、丰富中国公共财政建设的制度内涵、充分整合调动公共预算利益相关主体的改革积极性，都将产生不可限量的推动作用。

4.1.2　公共预算中的博弈过程：零和游戏还是正向激励①

2012 年诺贝尔经济学奖授予了美国哈佛大学的埃尔文·罗斯教授和加州大学洛杉矶分校的罗伊德·沙普利教授，两位经济学家的研究领域皆与博弈论相关，而这已是诺贝尔经济学奖第六次钟情博弈论。博弈论之所以受到如此重视，是由于其为分析经济运行提供了更广阔的视野和更科学的方法，从经济主体的主观能动性出发，往往能够得到合理而准确的结果。经济活动中的许多角落充斥着博弈的过程，预算活动作为政府调节社会经济与公共资源配置手段的同时，也体现为预算各参与主体的互动博弈过程。

1. 公共预算中的博弈：参与主体的行为特征

预算作为处理公共资源配置的再分配范畴，预算的总体规模和具体分配体现出一种利益交换的交易倾向。其主要利益相关主体包括预算资金供给者（政府财政预算部门）、预算资金需求者（使用预算资金的各政府部门）以及立法监督机构。基于经济学分析的基本研究假设，预算参与各方在一定程度上呈现为具有利己动机的"经济人"，也就是说，参与主体以追求自身效益最大化为起点。由于在公共预算的过程中所处的地位各异，博弈各方具有不同的目标函数及行为特征。

预算资金供给者的行为特征。典型意义上的预算资金供给方是政府预算部门。在预算规模既定的条件下，资金供给者往往具有在各使用者之间结构性配置预算资源的自由裁量权。随着绩效预算理念在世界范围内的兴起，许多国家已将预算调整的决策权授予政府财政部门或其他预算行政管理机构。尽管在理论上，政府预算部门将会关注公共资源的配置是否合理，关注公众的利益，但应该承认，政府官员也有自身的利益动机，具有以掌握的公共权力换取自身利益的内在冲动。另外，政府预算部门作为供给方，也是联系其他参与主体的中

---

① 马蔡琛、冯振：《公共预算博弈：零和游戏还是正向激励》，载于《人民论坛》2012 年第11 期。

间桥梁，其在与监督机构及资金需求方的关系上，具有相对典型的双重委托—代理关系。预算部门对财政资金的运用效果向立法机构负责，在二者的关系上，立法监督机构是委托方，预算部门是代理方；就预算部门与资金需求者的关系而言，前者将资金的使用权利委托给后者具体执行。因此，预算部门是委托方，资金的需求方是代理方。相较于委托方，代理方具有比较信息优势。

预算资金需求者的行为特征。虽然资金使用者之间的组织结构存在较大差异，但作为统一的预算资金需求方，其共同目标都是通过各种方式（或者是提供公共产品或服务作为交换，或采取寻租手段）来获取尽可能多的预算资金。同时，公共产品所具有的非竞争性和非排他性的特征使得资金需求方的成本—收益比较具有一定的模糊性，加之需求方的集团个人利益与公共利益混合交错，预算资金使用绩效的考评较为困难。

立法监督机构的行为特征。立法监督机构作为预算博弈的第三个参与方，其主要职责是监督预算资金供给者的资金配给是否合理合法合规，在资金配置过程中是否存在徇私舞弊现象，目标是实现资源的有效配置和社会福利的最大化，但在运行过程中也存在监督的成本。监督收益具有明显的外部性特征，监督机构无法直接从监督行为中获益，这种收益与成本的非对称性很可能弱化其监督动机与实际监督效果。

2. 预算对决中的博弈：博弈过程的互动结构

现实中的公共预算过程体现为多数人的长远利益与少数人的既得利益之间的博弈过程。博弈各方在做出自身的最优决策时，都要考虑其他利益相关主体可能采取的行动策略，一方的策略选择将对其他各方产生影响。预算过程是一个各主体共同参与的博弈，但为了对这一过程做一个更为清晰的剖析，本节将分别考察每两个参与方之间的博弈，也就是分析预算博弈中的每一个子博弈。同时也将表明，在预算制度透明、绩效指标完备情况下的博弈结果，将比预算制度不完善、监督弱化时的均衡更有效率。

立法监督机构与资金供给者之间的博弈。在这一博弈中，监督机构可以对预算部门的行为进行监督或者不进行监督，而资金供给者则可选择玩忽职守、接受寻租，或者遵守法纪、秉公办理。当监督机构选择"监督"时，得到的收益是资源的节约，成本是付出的监督成本，由于收益的外部性，对于监督部门来说净收益可能为负。在"不监督"成为选择时，监督机构的净收益为零。

为了直观地显示这一博弈过程，我们借助显示博弈方在不同策略组合下收益情况的支付矩阵（payoff matrix）来表达（见图 4-1）：图中的左方是政府预算部门，也就是资金供给者，其可选策略是"接受寻租"和"拒绝寻租"；图 4-1 上方是监督机构，他的可选策略包括"监督"和"不监督"。图中的每一个方框代表博弈各方均做出选择后得到的相应收益，左下方的是预算部门的收益，右上方的是监督机构的收益。假设当预算部门选择"接受寻租"，监督机构选择"监督"时，就如同左上方的方框所显示的结果，预算部门得到收益 -6，监督机构得到 -2。在这里先对表中的数字做一个解释：正数代表收益，负数代表成本或者支出，这些数字并没有具体的含义，比如第一个方框中的" -2"，可以代表支出的货币，比如 20 万元，也可以代表花费的时间，比如两周，也可以代表其他含义。监督机构进行监督，需付出 2 个单位的成本，不监督则没有任何成本。政府预算部门接受寻租则可以获得相应收益，设其为3，如被查处则没收非法所得并加以罚款，则预算部门的收益是 -6。假设如果政府预算部门不接受寻租，资源的配置将会更加合理，监督机构将获得收益1，由于政府预算部门也是关注公众利益的，故也获得相应收益1。

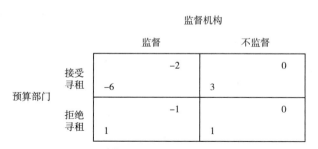

图 4-1　监督机构与预算部门的收益矩阵

在预算不够透明、绩效指标欠缺的情况下，监督的成本往往会很高，从图 4-1 中可以看出，此时，"不监督"是监督机构的合理选择。反观政府预算部门，其作为资金的供给者在关注公众利益的同时也更加关注自身利益，预算部门了解监督机构的行为模式，预测到"不监督"情况的出现，根据他自身的收益情况，接受寻租是"理所当然"的。即使政府预算部门不能完全掌握监督部门的行为，他也可以知道在监督成本如此之高的情况下，监督方不太可能会对自身的行为进行监督，加之接受寻租的诱惑如此之大，"接受寻租"仍会被选择。因此，理论上的分析能够预测，在预算制度不完善的情况下，

"不监督"和"接受寻租"是近乎唯一的纳什均衡。虽然从博弈双方的角度看，这一博弈呈现"正和"的结果（供给者获得了寻租的收益），但对整个社会来说却是不具有效率的。

再来看看预算透明度高、绩效指标完备时的情况。此时，监督机构的监督成本，以及政府预算部门的评价成本都会降低。随着监督成本的降低，监督部门采取"监督"策略的概率就会提高。然而，如果寻租的诱惑足够大，供给方仍有可能"铤而走险"接受寻租。在这种情况下，可以将适当的奖惩机制引入博弈过程。当预算部门被查出存在舞弊行为时，将受到严厉的惩罚，则会降低其接受寻租的可能性，预算部门合理的配置公共资金有利于社会大众，这样博弈过程就会被引导向有利于社会公共利益的结果发展。

预算资金供给者与需求者之间的博弈。资金供给者与需求者之间的博弈是一个动态的序贯博弈①，需求者行动在前，供给者选择在后。在这一博弈中，需求方的策略是"实报绩效""虚报绩效"与"寻租""不寻租"中两个的组合，而供给方则可在"认真审核""疏忽大意"与"接受寻租""拒绝寻租"中选择。图4-2以博弈树的形式对这一过程进行简单说明。为便于分析，假设当需求方实报绩效时不进行寻租，供给方可能认真审核予以批准或疏忽大意任其通过；当需求方虚报绩效时会同时进行寻租，供给方会选择拒绝寻租拒绝拨付资金，或者接受寻租同意需求方的要求。进一步假设，当需求方进行寻租

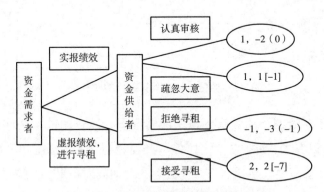

图4-2　资金需求者与供给者之间的博弈

---

① 序贯博弈作为一种博弈结构，就公共预算决策过程而言，系指预算资金需求者先行动，向预算资金供给者上报绩效水平，作为资金供给者的财政预算部门再根据其绩效水平，决定是批准还是拒绝该预算项目。

时，无论供给方是否接受，寻租成本都无法收回。圆括号内的数值代表在绩效指标完备、审核成本降低的情况下政府预算部门的收益，方括号内的数值表示资金供给者有违规行为被查处并惩罚时的收益（对疏忽大意的惩罚远小于接受寻租而舞弊的额度）。

　　分别考虑"预算制度不透明、绩效指标缺乏"与"预算制度透明、绩效指标完备"两种情况。在前一种情况下，预算部门审核评价资金使用绩效的成本较高，资金供给者可能不会进行审核（至少不会认真审核）。同时，预算制度的不完善，使得监督部门难于对预算部门接受寻租的行为，进行有效的监督，供给方愿意接受寻租的倾向，也使得需求方偏好进行寻租。供求双方共同作用的结果，将使均衡出现在双方收益为（2，2）的最下方的情况，是一种博弈双方得益，社会福利受到损失的无效率均衡。在后一种情况下，政府预算部门具有较为完备的绩效评价指标体系，审核成本降低，同时，监督机构的监督力度加大，也提高了预算部门接受寻租的成本。这也同样会提高需求方寻租的成本，当寻租变得不再有利可图时，需求方也就不愿再进行寻租，博弈的均衡将会是资金使用者实报绩效，预算部门认真审核，相信这是大多数人希望的结果。

　　预算资金需求者之间的博弈。将要讨论的第三类博弈是在预算资金需求者之间进行的。首先分析提供不同公共产品的资金需求者之间的博弈。根据渐进主义的预算原理①，预算资金需求方的努力重点是获得尽可能多的预算增量配置，而对基数部分的获取视为理所当然。在预算规模既定的情况下，各资金需求方之间的利益是彼此对立的，而财政资金也不是在各个需求方之间平均分配的，总有处于相对劣势的一方。劣势方不仅拿不到更多的预算增量，很可能连原本的预算基数也会因其他资金需求者的竞争而受到损失。为避免这种情况，他们会更加努力地竞争预算资金。劣势方的"努力"使得原本不必付出相应代价的优势方也要付出相对的努力程度来维护自身利益。这一过程体现在

――――――――――

　　① 渐进主义也称为"增量主义"或"渐增预算"（incremental budgeting）是一种关于预算过程的理论。根据其提出者威尔达夫斯基（1964）的描述，预算过程是逐渐发展演变而成的，而这种逐渐发展演变的特征不仅蕴涵在政府预算的决策"过程"中，同时也表现为预算决策的"结果"上。其基本含义是：预算规模相对于人的智力与时间而言，过于庞大，预算决策主要是比较相临年度间的异同，某一年度预算过程的变化相对有限。进一步论述可以参阅：马蔡琛：《变革世界中的政府预算管理——一种利益相关方视角的考察》，中国社会科学出版社2010年版。

图4-3中。对于劣势方来说，竞争是一个占优策略。当劣势方选择竞争时，优势方只能选择竞争，因为竞争可以得到收益6，而不竞争只能得到4。显然这是一个"负和"博弈过程，如果双方都不竞争，则都可以得到更多的收益，大量的资源在竞争过程中被无意义地浪费了。接着讨论提供相同公共产品的资金需求者之间的博弈。这与上一种情况有所不同，由于提供的是同一种产品，竞争者之间的成本—收益比较更加直观，可以相对容易地分辨出哪方更加具有效率。资金需求方为获得更多预算资金的竞争将主要体现为改进生产与降低成本，与此同时，预算资金的使用效率也会得到相应提高。

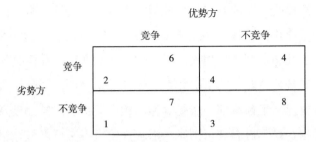

图4-3 提供不同公共产品的预算资金"优势方"与"劣势方"的博弈

单纯考察以上三个博弈过程，均衡的结果也许呈现"零和""正和""负和"中的一种，但分别考察只是为了更加清晰地展现预算博弈过程。现实中的预算博弈需要将上述过程综合考虑，并将社会公众纳入博弈格局之中。基本结论是：凡是有利于社会公众的博弈均衡才可能是有效率的，任何有损公众利益的结果都不可能是一个"正和博弈"。

3. 提高预算资金配置效率的路径选择：构建预算博弈中的正向激励机制

提升预算透明度，建立有效的绩效评价体系。从前述博弈过程的分析可以看出，是否具备完善的预算制度和绩效指标体系对于博弈结果具有决定性的影响。完善的预算制度、透明的预算程序可以降低监督机构对政府预算部门的监督成本，从而能够对预算部门实行更为有效的监督；完备的绩效指标评价体系则能帮助预算部门以较低成本对预算资金的使用绩效进行审核，防止资金使用者出于利益动机虚报绩效造成的资源浪费。从信息经济学的角度看，预算制度的完善和透明度的提高，以及绩效评价体系的建立，都提高了信息的可获得性，降低了委托方与代理方之间因信息不对称而引发道德风险的可能，有利于社会资源的合理有效配置。

引入适当的激励机制的同时，加大相应的惩戒力度。在预算监督方与资金供给方的互动博弈中，供给方受个人利益驱使，即使在明知监督方会对其行为进行监督的情况下，仍可能接受需求方的寻租而徇私舞弊。此时，如果结合经济和行政上的奖惩措施对预算部门的徇私行为给予严惩，而对其拒绝寻租、秉公行事的行为加以褒奖（比如奖金、表彰或者职位的晋升），则即使不进行监督，预算部门也可能会理性地做出有利于社会公众的选择。另外，在资金供给者与需求者的博弈中也可引入激励机制。例如，对于将资源浪费于寻租活动中的资金使用者，资金供给者将减少其在下一预算年度可获得的预算资金增量，而对致力于提高产出效率的资金需求者加以奖励，将可能杜绝或减少寻租行为的发生。也就是说，经济上的物质利益引导，而不是法律或行政命令的强制，能够使参与人循着效益最大化的路径实现机制设计者的目标。

尝试推进公共服务“外包”，在资金需求者之间引入内部市场竞争。在分析预算资金需求者之间的博弈时曾言及，提供相同公共产品的资金需求者之间的竞争，会提高预算资金的使用效率。而在现实中，预算资金的使用者大多是某些具有垄断地位的公共部门，即使政府预算部门察觉公共资金的使用效率低下，由于缺少可替代的公共服务生产者，很难减少预算资金的拨付。经济学的基本原理告诉我们，市场中的竞争性企业越多，市场的运作就越有效率。因此，推行公共服务外包等竞争性资源配置方式，在预算资金使用者之间引入竞争机制，将会逐步改变预算资金供求双边垄断的博弈结构，促使资金需求方关注公共产品的产出效率，减少公共资源寻租过程的浪费行为，逐步优化政府预算的治理结构。

4.2　从传统绩效预算走向新绩效预算①

在党的十九大报告中明确指出：“建立全面规范、标准科学、约束有力的预算制度，全面实施绩效管理。”从这个意义上讲，如何将全面实施预算绩效管理落到实处，无疑是今后一个时期中国预算管理改革的重中之重。回顾现代预算发展史，就绩效预算改革而言，存在着 20 世纪 50~60 年代的传统绩效预

---

① 本节由马蔡琛和朱旭阳合作完成。

算（traditional performance budgeting）与 90 年代以来的新绩效预算（new performance budgeting）之区别。就前者而言，最终归于失败；就后者而言，目前看来则有望获得成功。然而，在现时的中国预算研究与实践中，往往未能充分注意到两种绩效预算的差异，甚至将二者混为一谈，① 以致某些预算改革举措存在着重蹈传统绩效预算覆辙的风险。本节从传统绩效预算与新绩效预算的比较分析入手，针对全面实施预算绩效管理的辩证思考，对于推进国家治理体系和治理能力的现代化具有十分重要的理论价值和现实意义。

4.2.1 全球绩效预算改革的最新进展

截至目前，OECD 成员方中有 26 个国家推行了绩效预算。② 关于绩效预算的定义有很多，但被普遍认同的并不多。20 世纪 50 年代初，也就是所谓"传统绩效预算时代"，美国总统预算办公室做了如下定义：绩效预算是这样一种预算，它阐述拨款请求是为了达成哪些目标，为实现这些目标而拟定的计划需要花费多少钱，以及用哪些量化的指标来衡量在实施每项计划的过程中取得的成绩和完成工作的情况。③ 罗纳德·麦吉尔（Ronald McGill，2001）认为，20世纪 50 年代胡佛委员会以来的各国预算改革均贯彻了强调绩效的思想，故而将其统称为绩效预算改革。④ 卢浩然（Haoran Lu H.，1998）将绩效预算分为两个阶段：胡佛委员会时期的绩效预算（即传统绩效预算）和 1993 年《政府绩效与结果法案》以来的绩效预算（即新绩效预算）。⑤ 20 世纪 80 年代以来，新公共管理运动日益兴起，特别是 90 年代以来，大多数 OECD 国家相继实施了绩效预算改革，研究者往往将这一时期之后的预算改革称为"新绩效预算"。特丽莎·克里斯汀等（Teresa Curristine et al.，2007）认为，新绩效预算

---

① 马蔡琛、童晓晴：《公共支出绩效管理的国际比较与借鉴》，载于《广东社会科学》2006 年第 2 期。

② OECD. 2016 OECD Performance Budgeting Survey：Integrating Performance and Results in Budgeting [R]. 2016.

③ K. Carter. The Performance Budget Revisited：A Report on State Budget Reform [M]. Denver：National Conference of State Legislatures，1994：2 - 3.

④ Ronald McGill. Performance budgeting [J]. International Journal of Public Sector Management，2001，14 (5)：376 - 390.

⑤ Lu H. Performance Budgeting Resuscitated：Why Is It Still Inviable? [J]. American Journal of Hospital Pharmacy，1998，50 (11)：161 - 162.

不仅包含绩效信息的发展，还涉及绩效信息在预算过程和资源分配中的应用，进而将新绩效预算定义为一种将可测量的结果与资金分配相联系的预算模式。[①]

关于两类绩效预算的对比分析以及新绩效预算的最新进展，近年来国内外研究者的关注开始日渐增多。在绩效预算的对比分析上，卢浩然（Haoran Lu，1998）认为，绩效预算分为新旧两种形式，二者之间的相似之处在于，都试图根据绩效指标来分配资源，而主要区别在于各自强调不同类型的绩效指标：传统绩效预算侧重于使用投入指标和产出指标，新绩效预算则致力于将效率指标、有效性指标和成果指标（即所谓"3E"标准）与预算决策挂钩。[②] 王（Wang，1999）探究了绩效预算的实施条件，认为新绩效预算在对立法部门的重视程度上、对机构的权利下放上、对各类型绩效指标的使用上，均优于传统的绩效预算。[③] 琼斯（Jones，2010）回顾了绩效预算的历史，认为早期的绩效预算注重工作量的测量，这些指标关注于机构的内部世界，而新绩效预算尝试使用有效性指标和成果指标，关注了机构的客户及其他利益相关者，试图评估客户满意度等互动性效果。[④] 新绩效预算实施以来，美国已经历经了多届政府，每届政府均致力于促进绩效信息在预算决策中的使用。莫伊尼汉（Moynihan，2012）分析了《政府绩效与结果法案》（GPRA）的实施效果以及项目等级评价工具（PART[⑤]）的优点和缺陷，而《政府绩效与结果现代化法案》（GPRMA）则是对前两届政府绩效预算改革的继承与改进。[⑥] 乔伊斯（Joyce，2011）比较了小布什与奥巴马政府的绩效预算改革，考察了后者对前者的继承

[①]　Teresa Curristine, Zsuzsanna Lonti, Isabelle Joumard. Improving Public Sector Efficiency: Challenges and Opportunities [J]. OECD Journal on Budgeting, 2007, 7 (1).

[②]　Lu H. Performance Budgeting Resuscitated: Why Is It Still Inviable? [J]. American Journal of Hospital Pharmacy, 1998, 50 (11): 161-162.

[③]　Wang X. H. Conditions to Implement Outcome-oriented Performance Budgeting: Some Empirical Evidence [J]. Journal of Public Budgeting Accounting & Financial Management, 1999, Vol. 11 (4).

[④]　Jones L. R., Mccaffery J. L. Performance Budgeting in the U. S. Federal Government: History, Status and Future Implications [J]. Public Finance & Management, 2010, 10.

[⑤]　PART 由一系列精心设计的问题组成，分为四个评估方面：项目的目标和设计（权重 20%）、战略计划（权重 10%）、项目管理（权重 20%）、项目结果（权重 50%），对于一些特殊的项目，如直接联邦项目、整体拨款项目、竞争许可项目等，还可以根据项目本身的特点另外增加变量。评估等级分为"有效""基本有效""一般""无效""无结果显示"（或"未提供足够的信息"）这五个等级。

[⑥]　Moynihan D. P., Kamensky J. M. Does Involvement in Performance Management Routines Encourage Performance Information Use? Evaluating GPRA and PART [J]. Public Administration Review, 2012, 72 (4): 592-602.

以及否定 PART 的原因。① 特雷弗·肖（Trevor Shaw，2016）选择了加拿大、爱尔兰、荷兰、英国和美国作为样本，对其财政状况、立法情况、支出审查、绩效评价等方面进行分析，认为这些国家近年的绩效预算改革渐趋完善。②

然而，美国审计署（GAO，2002）的报告仍旧认为：绩效预算并没有像我们所预期的那样解决资源分配的问题。③ 此外，还有很多研究者对绩效预算提出了质疑。康奈尔和汤普金斯（Connell and Tompkins，1989）通过对美国州政府 1980～1985 年的数据进行分析，认为由于预算进程中的政治因素、绩效指标的来源以及工作量指标的主导地位，绩效指标对于预算决策并不重要。④ 这也从一个侧面证实了早期的传统绩效预算并不成功。吉尔莫和路易斯（Gilmour and Lewis，2006）认为，尽管绩效预算在美国联邦、州、地方政府的实施热情很高，但仍存在一个巨大的挑战，那就是缺乏一个自动或者公平的方式，直接将绩效信息与预算分配联系起来。⑤

4.2.2 传统绩效预算的兴衰及成因

1. 绩效预算的缘起

在"二战"期间以及"二战"之后的数年间，各国政府的规模大幅扩张，强调资金使用的合规性以及防止资金滥用的分行列支预算（line–item budgeting）显然不足以支撑政府的高效运转。预算改革者们认为，公共部门应借鉴企业的运行模式，更加强调管理效率。分行列支模式主导的传统预算无法帮助公共部门提高效率，而强调以产出或结果为导向的绩效预算可以较好地实现这一目标。1949 年，胡佛委员会第一次提出绩效预算的概念，认为绩效预算可以回答预算过程中涉及的一系列重要问题，诸如要完成什么样的工作或服务、应该如何进行工作以及资金如何支出等。许多州政府也相继采用了绩效预算，

① Joyce P. G. The Obama Administration and PBB: Building on the Legacy of Federal Performance-informed Budgeting? [J]. Public Administration Review, 2011, 71 (3): 368–369.

② Trevor Shaw. Performance Budgeting Practices and Procedures [J]. OECD Journal on Budgeting. 2016, 15 (3).

③ GAO. Performance Budgeting: Opportunities and Challenges [R]. GAO. 2002.

④ Michael Connelly and Gary L. Tompkins. Does Performance Matter? A Study of State Budgeting [J]. Policy Studies Review, 1989, Vol. 8 (2): 288–299.

⑤ John B. Gilmour, David E. Lewis. Does Performance Budgeting Work? An Examination of the Office of Management and Budget's PART Scores [J]. Public Administration Review, 2006, 66 (5): 742–752.

建立了自己的"小胡佛委员会"。到 20 世纪 60 年代初期，受访的 48 个州中，有 33 个在州长的预算案中包括了某些类型的绩效指标。①

2. 传统绩效预算失败的原因

在公共部门中推行绩效预算本来是一个很好的倡议，然而早期的传统绩效预算在实施过程中却遇到了各种各样的问题：政治上的阻力、相关技术的缺乏、绩效结果难以与资金分配决策挂钩等。艾伦·希克（Allen Schick，1971）对美国 48 个州从 1961～1965 年预算实践的调查显示，州预算官员和立法者并未对绩效预算给予高度评价。他们认为编制预算是一回事，而如何实施又是另一回事，故许多州都采用"旧酒装新瓶"的方式来实施绩效预算。他们致力于在预算编制领域展示绩效预算，然而预算决策本身并没有受到绩效指标和绩效评估的影响。由于绩效预算并未能真正影响预算决策，许多州后来放弃或修改了其绩效预算。② 概括而言，可以将传统绩效预算的失败归因于以下三个方面。

（1）缺乏广泛的立法机构支持。

在现代财政制度下，立法机构在预算决策中扮演着重要的角色。1993 年，美国政府审计总署（GAO）在回应绩效预算时就曾指出，组织目标与相关的绩效指标在立法和行政上都能得到确定，这是绩效预算有效实施的必要条件。然而，在 1950 年的《预算和会计程序法》（Budget and Accounting Procedures Act）中，对绩效预算尚没有明确的定义，因为国会认为绩效预算的表述过于死板和严苛，对未来的预算改进缺少帮助。从这个意义上讲，传统绩效预算在当时并没有得到立法部门的支持与认可。

胡佛委员会倡导的绩效预算是以提高行政部门的管理效率为动机，这项预算改革被视为行政部门的内部管理举措，而忽略了立法部门的介入。在预算方面，立法机构关注的是其监督角色，强调的是项目的短期绩效、信息前后的一致性以及政府的问责制，而行政部门则关注长期目标、需求转变的可适应性以及执行的灵活性。③ 也就是说，传统的绩效预算缺乏调节立法机构和行政部门

---

① Wang X. H. Conditions to Implement Outcome-oriented Performance Budgeting：Some Empirical Evidence ［J］. Journal of Public Budgeting Accounting & Financial Management，1999，11（4）.

② Schick A. Budget Innovation in the States ［M］. Washington，DC：The Brookings Institution，1971：66－67.

③ GAO. Performance Budgeting：Past Initiatives Offer Insights for GPRA ［R］. GAO，1997.

的机制。这一问题在中国当代绩效预算管理改革中，也是同样需要加以高度重视的。

立法监督机构致力于控制公共资源和相关支出，更关注诸如平衡预算、控制政府支出等问题，更乐意使用以控制为导向的预算模式，这样他们可以逐项操作并对预算收入与支出进行监控。绩效预算改变了预算的组织模式，从投入预算转为产出预算，这一改变未必符合立法机构的利益取向。行政部门未能就绩效预算问题与立法部门进行相应的讨论和谈判，也没有采取措施以加深立法部门对绩效预算的理解。缺乏立法机构的支持是胡佛委员会倡导的绩效预算失败的一个重要原因。

（2）政府会计改革的滞后。

绩效预算的推行需要有适当的政府会计制度。绩效预算要求机构制定各项绩效指标，以此衡量其项目目标的完成情况，并运用绩效指标来决定资金的分配。如果想要将结果与资源分配结合起来，那么在各个项目之间以统一的成本核算方式来核算绩效目标的相关成本是非常重要的。将可靠的成本会计信息整合纳入预算程序中是绩效预算的关键环节。[1] 绩效指标的制定以及项目完成情况的衡量均需要大量的数据支撑，政府会计体系关于资产、负债、成本、现金流等信息的披露，对绩效预算的推行尤为重要。权责发生制会计可提供更多及时且不易受年末现金操纵的信息，对于跨期成本分摊而言更是如此。当公共管理从注重合规性目标扩展到更高层次的绩效目标时，收付实现制核算基础的局限性便愈益明显。

1949 年和 1956 年的第一、第二届胡佛委员会以及 1967 年成立的总统预算概念委员会（PBCC）都曾建议美国联邦政府运用权责发生制会计，但均未被采纳。[2] 美国联邦政府会计和州及地方政府会计的发展较为滞后，也一定程度上阻碍了绩效预算的发展，这是 20 世纪 50 年代绩效预算失败的另一个原因。

（3）绩效指标的设计不合理。

绩效指标的设计是绩效预算的关键。绩效预算主要包括五种绩效指标：投入（input）指标、产出或工作量（output or workload）指标、效率（efficiency）指标、有效性（effectiveness）指标、成果（outcome）指标。20 世纪 50

---

[1]　GAO. Performance Budgeting: Opportunities and Challenges [R]. GAO, 2002.

[2]　谢莉莉：《美国政府会计准则制定机构的发展综述》，载于《财务与会计》2013 年第 1 期。

年代的绩效预算关注的是投入指标、产出指标以及效率指标，忽略了成果指标的使用。[①]王晓虎（Xiaohu Wang，1999）曾对佛罗里达州的 5 个城市的 178 名公职人员进行调查询问，78% 的受访者表示，其管辖区使用的是产出指标，而非成果指标。[②] 与成果和有效性指标相比，传统的投入和产出指标相对容易量化、收集和理解，它们通常不需要复杂的成本会计系统，不需要花费大量资源来收集，并且可控性较大。然而，投入、产出以及效率指标关注的是机构本身，反映的是机构内部的运行及其成本。产出指标并不能反映项目目标的完成情况，它与项目的目标不一定存在因果关系。

绩效预算是以结果为导向的预算，虽然包含各类指标，但应该以成果指标为主导。政府应该将更多注意力放在项目或服务的效果上，关注公共服务的质量。传统绩效预算的失败有一部分要归因于政府机构对成果指标的忽略。例如，对于警察局来说，其目标是减少犯罪的发生，而产出指标（如逮捕人数、巡逻情况等）都不能全面反映机构目标的实现情况。

4.2.3　新绩效预算的复兴

20 世纪 80 年代以来，世界范围内掀起了新公共管理改革的浪潮，强调以企业家精神改造政府，以减轻财政压力、提高政府的效率和服务水平，从而推动了很多国家的财政管理改革，绩效预算得到复兴。20 世纪 90 年代以来，以美国、澳大利亚、新西兰等为代表的 OECD 国家，不论是中央政府还是地方政府，纷纷开始了以绩效为基础的预算改革。与传统绩效预算相比，新绩效预算在实施基础、配套改革、绩效评价、信息应用等方面有了很大的改变。

1. 新绩效预算的主要特点

（1）更加重视立法机关的参与。

绩效预算的成功实施，不仅要靠行政机关的推行，还需要其他利益相关主体的配合。OECD 在各国绩效预算的实践和进程报告中指出，行政部门通常是绩效预算的发起部门，可以推动绩效预算的具体实施，然而，具体推行还会受

---

① Ronald McGill. Performance Budgeting [J]. International Journal of Public Sector Management, 2001, 14（5）：376－390.

② Wang X. H. Conditions to Implement Outcome-oriented Performance Budgeting：Some Empirical Evidence [J]. Journal of Public Budgeting Accounting & Financial Management, 1999, 11（4）.

到外部压力的影响。① 缺少立法机关的支持和参与是传统绩效预算失败的原因之一，所以各国实施新绩效预算时不约而同地注意到了这一因素。

首先，立法机关在绩效信息方面发挥了至关重要的作用。例如在加拿大，国会对于更多信息的需求，反过来促进了行政部门监督结构的改善。同样地，美国国会对于绩效目标设定的更多参与，促进了 2010 年《政府绩效与结果现代化法案》的出台。② 因而，立法机关对绩效信息需求的压力会在一定程度上推动绩效预算的实施。

其次，在实施新绩效预算的过程中，大多数国家日益重视加强绩效预算和绩效评价的立法工作。美国 1993 年通过的《政府绩效与结果法案》（GPRA）是全球第一部关于政府绩效管理的法案，使得政府绩效管理首次在法律层面上得以确立，并强制要求联邦机构根据部门使命呈报战略规划、编制年度绩效计划、提交绩效报告。2010 年，美国国会通过了《政府绩效与结果现代化法案》（GPRAMA），对 GPRA 框架做出进一步的补充与完善。绩效预算改革以法律的形式确立下来，使其不会因为行政首脑的换届而停滞，有效保障了绩效预算的实施。法国于 2001 年颁布了新《财政组织法》，提出了以结果为导向的预算模式，并规定从 2006 年开始全面实施。③ 波兰绩效预算的法律基础是由 2009 年的《公共财政法案》奠定的，该法案要求审查机构监督绩效计划的实施情况，并规定内阁在提交年度绩效报告的同时，还要引入三年期财政框架。④

成功实施新绩效预算的国家几乎都有相应的法律基础。新西兰的预算绩效改革始于 20 世纪 80 年代末，一个突出特点就是通过一系列立法来推动改革的进程，如《国家部门法案》《公共财政法案》《财政责任法案》。⑤ 澳大利亚通过《预算诚实宪章》《财政管理及问责法案》等法律法规，规范了支出机构的

---

① Trevor Shaw. Performance Budgeting Practices and Procedures［J］. OECD Journal on Budgeting. 2016，15（3）.

② Joyce P. G. The Obama Administration and PBB：Building on the Legacy of Federal Performance-informed Budgeting？［J］. Public Administration Review，2011，71（3）：368 – 369.

③ Performance Forum. The Genesis of the LOLF［EB/OL］. https：//www. performance-publique. budget. gouv. fr/performance-gestion-publiques/gestion-publique-axee-performance/essentiel/fondamentaux/genese-lolf#. WnMcs3aWaUk.

④ World Bank Group. Toward Next-generation Performance Budgeting［R］. World Bank Group，2016.

⑤ 苟燕楠：《绩效预算：模式与路径》，中国财政经济出版社 2011 年版，第 73 ~ 75 页。

预算管理。① 土耳其 2003 年颁布了《公共财政管理与控制法》，标志着其绩效预算的引入。② 此外，丹麦政府绩效管理的实践也证明，必须得到法律的支持，绩效管理和绩效预算才能取得实效。③

最后，各国立法机构在预算过程中的积极参与，进一步推动了绩效预算的实施。美国审计总署的审计和评估，促进了行政机构和立法部门在预算发展上的对话与协商。④ 英国的审计署每年进行货币价值审计（Monetary Value Audit），以检查政府支出的主要领域，进而促进政府部门改善服务，实现资源的节约和效率的提高。⑤

（2）更加注重政府成本会计改革。

对成本的精确核算是开展预算绩效管理的前提。如前所述，收付实现制会计并不能准确计量政府活动的成本。政府会计改革的滞后是传统绩效预算失败的重要原因。在推进新绩效预算改革中，大部分国家进行了与之匹配的政府会计改革，从而将权责发生制原则引入政府会计。权责发生制会计更为关注成本分摊和资源的使用，由此可以得到应用于绩效预算的信息。

由于美国实行三权分立，联邦政府会计准则应该由哪个部门主导的争论一直不断，行政部门和立法部门都不愿妥协。后经多方协调，1990 年由美国财政部、预算管理办公室（OMB）、政府审计署（GAO）共同组建了联邦会计准则咨询委员会（FASAB），FASAB 在对政府会计信息和财务报告的使用进行研究之后，主张实行权责发生制。⑥ 新西兰的政府会计在 20 世纪 90 年代快速变革。从 1989 年的《公共财政法案》要求政府部门实施权责发生制的政府会计，到 1994 年的《财政责任法案》，政府已全面构建了基于权责发生制的财务系统和预算系统。⑦ 为了准确地测量成本，进而提供绩效信息，英国

① Lewis Hawke. Performance Budgeting in Australia [J]. OECD Journal on Budgeting, 2008, 7 (3).

② OECD. Performance Budgeting in Turkey [R]. OECD. 2010.

③ Rikke Ginnerup, Niels Refslund. Performance Budgeting in Denmark [J]. OECD Journal on Budgeting, 2008, 7 (4).

④ GAO. Performance Budgeting：Current Developments and Future Prospects [R]. GAO, 2003.

⑤ United Kingdom Comptroller and Auditor General. Progress with VFM Savings and Lessons for Cost Reduction Programs [R]. NAO, London, 2010.

⑥ AccountingEdu. org. Government Accounting [EB/OL]. https：//www. accountingedu. org/government. html.

⑦ Susan Newberry, Sonja Pont-Newby. Whole of Government Accounting in New Zealand：the Ownership Form of Control [J]. Public Money & Management, 2009, 29 (4).

政府于 2000 年颁布了《政府资源和会计法案》，在政府会计领域全面引入权责发生制。① 此外，丹麦政府于 2004 年决定在中央和地方政府层面实行权责发生制会计，同时在预算方面也采用权责发生制。② 法国于 2006 年开始以权责发生制为基础编制政府财务报表③。总的来说，政府会计的改革保障了新绩效预算的实施。

（3）促进绩效评价体系的完善。

科学合理的评价体系是有效实施预算绩效管理的前提。传统绩效预算提供的绩效信息主要是单位成本和工作量分析，政府各机构倾向于使用投入指标和产出指标进行绩效评估。产出是定量指标，并不能说明政府活动（提供公共产品或服务）的影响是好还是坏，并且受技术的限制，产出指标和成果指标不能得到很好的测量；而新绩效预算更重视结果，强调以结果为导向，反映了政府机构对目标的完成情况，说明了政府活动产生的各种影响。例如，法国中央政府在 2005 年公布了绩效指标，包括三类：一是对公众的社会影响（更加重视效果而不仅是产出），二是对使用者的服务质量，三是对纳税人的效率。④

指标的设计是绩效评估的重点。澳大利亚以绩效管理循环（Performance management cycle）和绩效改善循环（Performance improvement cycle）为基础框架，将目标和产出框架、战略规划和平衡计分卡结合起来，其中指标设计方面分为结果指标、产出指标和管理项目指标三类。⑤ 波兰的财政部在咨询了预算领域的专家后，建立绩效指标库以提升绩效指标的质量。⑥ 荷兰强调其绩效指标的有用性和有效性，注重对外部问责性有用或者能确定资金分配水平的指标。⑦ 部门的绩效评估指标必须得到各部门的认可，这样才能降低绩效预算的执行难度。在英国的绩效预算改革中，绩效目标、评价指标都是以部门为主，财政部

---

① David Heald. The Implementation of Resource Accounting in UK Central Government [J]. Financial Accountability & Management, 2005, 21 (2).

② Rikke Ginnerup, Niels Refslund. Performance Budgeting in Denmark [J]. OECD Journal on Budgeting, 2008, 7 (4).

③ OECD. Overview of the French Accounting Reform [R]. OECD, 2013.

④⑦ World Bank Group. Toward Next-generation Performance Budgeting [R]. World Bank Group, 2016.

⑤ Lewis Hawke. Performance Budgeting in Australia [J]. OECD Journal on Budgeting, 2008, 7 (3).

⑥ OECD. Performance Budgeting in Poland [R]. OECD. 2011.

等预算管理机构进行指导，并向其他绩效管理者、技术专家等征求意见。①

（4）致力于绩效信息的提供和使用。

海量的绩效指标和绩效信息并不是绩效预算改革的终点，绩效预算的核心是要将绩效和预算联系起来，利用绩效信息实现资源的有效配置，并运用评价结果进行决策。如果在预算决策时不使用绩效信息，那么绩效预算的实施也就难以获得成功。因而实施新绩效预算的国家，在促进绩效信息的使用方面更是竭尽全力。

一是以中期预算框架突出资源的战略性配置。促进绩效信息的使用，首先体现在提倡将绩效信息贯穿于预算的全过程。穆罕默德·伊默尔（Mohammed Yimer，2015）认为，通过在中期预算框架中引入绩效信息，可以建立一套公共财政的绩效评估框架。② 首先将绩效信息和部门的战略决策联系起来，然后通过确定政策目标及实现目标所需要的资源，使得资源配置与部门使命和战略目标相适应。

从实践上看，许多国家建立了中期预算框架。例如，无论是 1993 年的 GPRA，还是 2010 年的 GPRAMA，都要求美国联邦机构向 OMB 和国会提供不少于 5 年的战略规划。澳大利亚政府每届任期 3 年，政府各部门都要制定相应期限的中长期财政计划；爱沙尼亚国家预算局需要提交 4 年期的财政计划；英国政府每隔 5 年会对政府政策和支出进行全面审查，确定未来 5 年的政策和支出重点，并在此基础上制定部门战略规划和目标。

二是建立综合绩效信息与预算分配的联系。随着绩效预算的实施，绩效信息得以不断丰富，然而庞杂的绩效信息又对行政人员和立法人员的信息使用提出了挑战。立法机构的相关人员往往没有足够的时间和精力去分析绩效信息。为了促进国会对绩效信息的使用，法国预算部门一直在致力于减少指标的数量，促进效率指标的使用，试图将结果与资源分配联系起来，2015～2017 年，绩效指标减少了 24%，已降至 118 个项目、635 个指标。③ 波兰将其绩效预算

① Zafar Noman. Performance Budgeting in the United Kingdom［J］. OECD Journal on Budgeting, 2008, 8（1）.

② Mohammed Yimer. Medium Term Expenditure and Budgetary Practices in Ethiopia［J］. International Journal of Economic and Business Management , 2015, 3（4）: 23 - 38.

③ Performance Forum. Mission, Programs, Objectives, Indicators, https：//www. performance-publique. budget. gouv. fr/sites/performance_publique/files/farandole/ressources/2017/DOFP/DOFP_2017_Tome_02. pdf.

子任务的数量从 698 个减少到 353 个；荷兰将其绩效指标减少了 30% ~ 50%。① 缩减绩效指标的数量，提高绩效信息的质量和有用性，使其在预算协商和预算分配时能被充分考虑。

为了探求绩效信息与预算分配的结合，美国小布什政府开发了 PART 系统试图将绩效评估和预算决策整合起来，削减或重组不太有效的项目。比如，在 2006 年度的财政预算中，共对 154 个项目进行资金调整，其中 55 个项目资金被大幅度削减，99 个项目被终止。② 至少在目前，特朗普政府仍旧沿用了奥巴马政府的循证预算（evidence-based budget）（见专栏 4 - 1），2018 年的总统预算中削减了低效项目或无结果显示项目的预算。例如，由于没有证据证明医疗人员及护士的培训项目能提升国家人力健康水平，该项目 2018 年的总统预算被削减了 4.03 亿美元。③ 韩国利用预算项目自评机构对项目进行评级，企划财政部根据项目评级来减少无效项目的预算，例如 2005 年，企划财政部减少了无效项目预算的 10%。④ 新西兰为了将结果纳入预算决策，开展了三个方面的改革：改进结果信息质量、要求在决策过程中使用结果信息、进行影响评估。具体来说，新西兰推行了"政策建议过程"（policy advice process）的制度，在这一过程中运用了三个指标，即状态指标、效果指标、风险指标，这些指标可以帮助政策制定者明确什么领域是政府应该关注和干预的，同时也可以测量出干预的效果如何。⑤

专栏 4 - 1　循证预算（evidence-based budgeting）

在奥巴马执政时期，美国管理和预算办公室（OMB）要求联邦机构以循证（evidence based）结构来编制 2014 年的预算申请。这是为了使联邦机

---

① World Bank Group. Toward next-generation performance budgeting [R]. World Bank Group, 2016.

② OMB. Fiscal Year 2006：program assessment pating tool [EB/OL]. https：//www. gpo. gov/fdsys/browse/collection. action？collectionCode = BUDGET&browsePath = Fiscal + Year + 2006&searchPath = Fiscal + Year + 2006&leafLevelBrowse = false&isCollapsed = false&isOpen = true&packageid = BUDGET - 2006 - PART&ycord =456.

③ OMB. America First：A budget blueprint to make America great again [R]. OMB, 2017.

④ OECD. Performance Budgeting in Korea：Overview and Assessment [R]. OECD, 2015.

⑤ 孟岩：《新西兰的新绩效预算改革及对我国的启示》，载于《湖南财经高等专科学校学报》2010 年第 3 期。

构更加关注预算进程中的项目评估。OMB 文件指出，提交的方案应该"包括单独一节来说明机构最具创新性的证据及其评价"。我们发现 OMB 文件的提出，意味着政府机构应该引入项目绩效评估，并将其作为预算编制的一个部分来严格执行。这一要求是与将自由裁量预算申请降低 5%（相比于 2013 财年）的指标联系在一起的。

该指令要求政府利用行政数据或新技术来发展新的项目评估，并将其与规划的自动放弃和绩效伙伴关系（program waivers and performance partnerships）联系起来，扩大对现有项目的评估，并提供关于总成本和单位产出成本的系统性指标。OMB 鼓励机构使用证据来对资金如何使用进行成本效益分析的比较，包括跨机构以及内部的资金。我们希望机构可以在授权的各类项目中引入绩效证据（performance evidence）。例如，司法劳工部的计划只有成功后才能得到支付（"pay for success"）。随着机构依据项目证据进行资源的初次分配和再分配，我们希望证据可以成为犯罪执法、环境和工作场所安全保护法的基础。最后，我们希望政府机构可以提高自身进行评估调查的能力。

虽然这个指导性文件有新的关注点，但是把项目效率证据引入预算编制过程中（幸运的话引入预算审议过程中）的工作并不是什么新鲜事，或者说并没有创新。它是 20 世纪 60 年代的计划—规划—预算、20 世纪 70 年代的零基预算和 21 世纪布什总统的 PART 体系的一部分。这个文件值得注意的是，即使各机构面临总资金减少的情况下，它也鼓励各机构将资源用于评价（编制证据）。但是，证据本身并不能做任何决定。艰难的政策抉择，而不仅是有用信息的收集，依旧是有效预算的核心。

资料来源：Mikesell, J. L. Fiscal Administration: Analysis and Applications for the Public Sector. Boston: Wadsworth, Cengage Learning, 2014 (9): 283 – 289。

2. 新绩效预算面临的挑战

威洛比等（Willoughby et al. , 2000）对一些美国预算官员展开过调查，在绩效预算的效果表现方面，某些预算编制者认为，绩效预算在安抚公众、改善拨款数额方面并"没有效果"。[①] 将绩效信息与预算决策联系起来，既是绩

① K. G. Willoughby, J. E. Melkers. Implementing PBB: Conflicting Views of Success [J]. Public Budgeting and Finance 20 (1): 105 – 120, 2000.

效预算的重点，又是难点。沈春丽（2007）就曾指出，绩效和预算分配之间建立逐一对应的直接联系既不可能，也无必要，基于预算决策的政治属性，决策者不可能只采用理性数据来分配预算。① 因而，在新绩效预算的全面实施中仍然面临着一系列挑战。

（1）绩效信息与预算决策的关联度不高。

将绩效信息与预算决策联系起来是 OECD 对新绩效预算模式的定义，各国在实践中也致力于将两者挂钩，然而，尽管近些年绩效信息日益增多，但对预算分配决策的影响依旧是有限的。② 绩效信息与资金分配并不存在自动的或公平的挂钩方式。

如果一个项目的绩效不好，我们是应该因为这个项目浪费资金而将其削减呢？还是需要加大资金投入使其更好呢？这确实是一个两难的选择。由于存在许多情况，讨论出一种将绩效与预算决策联系在一起的机械的方式往往是非常困难的。法国就曾经出现了一个非常有趣的情况：警方和军方使用同一指标——筛选司机酒驾的比例——来说明道路安全问题，警方以高比例来说明其控制是有效的，而军方则以低比例说明其预防是有效的。然而，警方多是在白天工作，军方则经常在晚上工作，且其工作地点临近夜总会。③ 在这一案例中，道路安全项目若以绩效指标来衡量，并以此决定项目资金的拨付，似乎并不可行。

此外，许多项目存在多重目标，而单一维度的项目评分或绩效评级有时会误导政策制定者。较低的评分结果可能会导致预算的缩减，甚至在某些情况下还会引导政策制定者取消该项目，但如果这个项目是很重要的，较低的评估结果其实意味着需要在该项目上投入更多的人力资本、技术支持以及高效的管理。④ 绩效信息和预算决策未必存在强烈的因果关系，如果仅以绩效评价结果来决定预算分配似乎也并不科学。

（2）影响资源分配的政治因素难以消除。

即使是新绩效预算也难以完全消除资源分配中政治因素的内在冲突。行政部门与立法部门可能在推行绩效预算时带有明显的政治目的，将其偏好的项目

① 沈春丽：《绩效预算》，http://siteresources.worldbank.org/PSGLP/Resources/Shenpaper.pdf.

② OECD. 2016 OECD Performance Budgeting Survey：Integrating Performance and Results in Budgeting [R]. 2016.

③ World Bank Group. Toward Next-generation Performance Budgeting [R]. World Bank Group, 2016.

④ GAO. Performance Budgeting：Opportunities and Challenges [R]. GAO, 2002.

与高绩效联系在一起，并且将其支持项目的消极影响掩盖起来，而对其不热衷的项目在"无法显示结果"时削减其预算。① 阿希姆（Askim，2008）认为，当选政治家的个人偏好对绩效信息的使用具有很大的影响，并且有经验的政治家可能会更依赖自己的经验判断，而不是绩效信息。②

实施新绩效预算时，有些绩效指标的设置也难免会带有政治色彩。绩效指标和评价体系本身不应受官员政治偏好的影响，但这种影响却是经常存在的。以美国为例，在实施 PART 的时期，民主党总统制定的项目一般会有较低的 PART 评分，大概比共和党总统发起的项目低 5.5 分，这显示了 PART 评分对某些项目是存在政治支持因素的。③ 此外，奥巴马政府要求机构 2 年内完成"高优先排序绩效目标"，这很可能是为了及时取得成绩以寻求连任。④ 荷兰财政部曾于 2009 年对中小学教育支出进行评估，利用充分的绩效信息给出了 5 种选择，本来可以节省 6 亿 ~41 亿欧元的教育支出，然而却没有被采纳。⑤ 这说明重视教育的政治偏好，要比绩效评估结果对预算分配的影响更大。目前，大多数国家的做法是将绩效结果应用于预算协商过程，或仅将其作为影响预算资源分配的因素之一。

4.2.4　我国绩效预算改革的路径选择

21 世纪初，我国开始进行财政支出绩效评价的探索和试点。2013 年，财政部出台了《预算绩效评价共性指标体系框架》，标志着我国预算绩效管理制度的进一步完善。近年来，各级财政部门积极推进预算绩效管理，如广东省财政厅重点实施预算绩效管理的"四三二"建设⑥；河北省从 2014 年开始率先

---

① GAO. Performance Budgeting：Past Initiatives Offer Insights for GPRA ［R］. GAO，1997.

② Askim. Performance Information in the Public Sector ［M］. 2008：125 – 139.

③ John B. Gilmour and David E. Lewis. Does Performance Budgeting Work? An Examination of the Office of Management and Budget's PART Scores ［J］. Public Administration Review，2006，66（5）：742 – 752.

④ 任晓辉：《美国联邦政府的绩效预算改革历程及启示》，载于《财政监督》2012 年第19 期，第 27 ~32 页。

⑤ World Bank Group. Toward next-generation performance budgeting ［R］. World Bank Group，2016.

⑥ "四三二"建设主要指四个环节、三大体系和两个要点。四个环节，即在推动预算绩效全过程管理时，要抓好预算绩效管理中目标管理、绩效监控、绩效评价、结果应用四个重点环节；三大体系，是指要构建规范的预算绩效管理制度体系、科学的第三方管理体系、完备的绩效评价指标体系；两个要件，是指要完善预算绩效信息化管理、建立专业的绩效管理机构和队伍。资料来源：财政部预算司：《广东省财政加强创新完善管理，推动预算绩效管理工作再上新台阶》，http：//www. mof. gov. cn/xin-wenlianbo/guangdongcaizhengxinxilianbo/201704/t20170414_2580603. htm。

在省级全面推行绩效管理改革，后又进一步推广至各市县。① 概括而言，我国近十多年来的预算绩效管理改革取得了长足的进步，未来的预算管理改革还应从这样四个方面来加以完善。

1. 绩效预算的改革需要由政府高层推动，进而取得立法机关的支持

绩效预算改革是政府治理的根本性变革，从各国实施新绩效预算的经验来看，这些改革都是由政府部门强力推动的，并且大多数国家预算绩效信息的提供和运用，都经过法律框架固定下来。

我国各级政府对于绩效预算改革还是非常重视的。党的十六届三中全会通过的《中共中央关于完善社会主义市场经济体制若干问题的决定》中，明确提出了"建立预算绩效评价体系"，随后又先后发布了《中央级行政经费项目支出绩效考评管理办法（试行）》（2003 年）、《中央部门预算支出绩效考评管理办法（试行）》（2005 年）、《财政支出绩效评价管理暂行办法》（2011 年）、《中央部门财政支出绩效评价工作规程（试行）》（2011 年）等多项规章，充分彰显了对绩效管理与预算改革的重视。同时，在 2014 年修订后的《预算法》中，进一步强调了"绩效原则""绩效评价结果""绩效目标管理"等内容。② 虽然我国的绩效管理和预算改革在法制化进程中取得了一定的成效，但迄今为止，并未出台一部完整、系统和权威的法律来规范预算绩效管理的改革。中央与地方、地方与地方之间，存在着某些规定不一致的现象，并无法做到相互协调。③ 因此，在条件成熟的情况下，出台一部权威的《财政责任与绩效评价法》，并做到各项规定的相互协调，是我国预算绩效管理法制化的必由之路。

2. 健全政府会计系统

健全的政府会计系统，特别是政府成本会计，是有效实施绩效预算的基础。20 世纪 50 年代，美国政府会计系统的不健全也是传统绩效预算失败的原因之一。新绩效预算以成本作为预算分配、预算考核的基础，而成本信息大多

---

① 财政部预算司：《预算绩效管理工作要报》，http://yss.mof.gov.cn/zhuantilanmu/ysjxgl/201611/t20161115_2458666.html。

② 中国人大网：《全国人民代表大会常务委员会关于修改〈中华人民共和国预算法〉的决定》，http://www.npc.gov.cn/npc/xinwen/2014-09/01/content_1877061.htm。

③ 胡伟：《我国财政支出绩效管理法制化的反思与完善》，载于《河北经贸大学学报》2017 年第 3 期，第 22~27 页。

为权责发生制下政府会计系统所生成的信息，故推行新绩效预算需要进行政府会计的配套改革，尤其是引入权责发生制的政府成本会计核算系统。在美国、澳大利亚、法国等推行新绩效预算的国家，都将权责发生制引入了政府会计。因此，我国政府会计的改革需走在实施绩效预算之前，至少也要与之齐头并进，从而为全面实施预算绩效管理提供技术支撑。

目前，我国政府会计系统的改革正在推进，已采用修正后的权责发生制，但关于政府成本会计的改革还相对滞后。政府成本会计中相关概念的界定可以考虑以绩效评价为导向，综合测度受托责任的履行情况，使其能更有效地促进绩效评价。

3. 完善绩效评价指标的设计

科学合理的绩效评价指标是财政支出绩效管理的关键内容。传统绩效预算的失败以及新绩效预算的经验，无不证明了绩效指标设计的重要性。绩效指标的设置一定要兼顾投入指标、产出指标、效率指标、有效性指标和成果指标。鉴于绩效预算是以结果为导向的，成果指标的设置一定要格外重视。此外，要充分考虑各类指标的权重，各项目的指标权重不应采用"一刀切"的模式，即所有的项目均使用一个固定的权重比例。

现阶段，我国的绩效评价指标还不尽合理，绩效指标偏重于反应预算编制和执行情况、财务管理状况以及经济效益等，而反应社会效益、环境效益等的指标相对缺乏。对成果指标的设置还不够完善，在共性指标体系中有所体现，但在个性指标方面，反应社会效益和环境效益的指标设计难度较大，指标体现得较少。此外，在进行指标设计时要避免一般共性与特殊个性，即设计出所有项目普遍使用的共性指标，再考察各个项目在不同功能及类别下的特殊性指标。虽然一般共性和特殊个性的分类体系便于操作，但这种做法只能满足单一评价主体的需要（如财政部门中的预算管理机构），满足不了其他各支出部门的需求。① 在绩效指标设计方面，可以借鉴英国的经验，以部门为主，其他预算管理机构和专家进行指导，因为各部门最了解本部门的情况，在制定绩效指标方面拥有信息优势，而其他预算管理机构和专家的参与会使得绩效指标更加科学且全面。

---

① 马蔡琛、朱旭阳：《21 世纪公共预算绩效管理方向探究》，载于《财政监督》2017 年第 11 期。

4. 实现政府支出绩效评价体系与预算过程的整合

绩效预算改革不仅是对政府支出进行绩效评价，更要对绩效评价结果加以应用。在美国新绩效预算改革的历程中，尽管每届政府都致力于促进绩效信息的使用，但大量绩效信息还是未被有效使用，这也是改革遭到各界批评的主要原因。英国、澳大利亚、新西兰等国也都在努力将绩效信息和预算整合起来，然而绩效信息与资源分配进行整合的效果并不尽如人意。

我国推行绩效预算时，要尤其注重绩效评价结果与预算分配的整合。若是将每个项目均按照完整的评价体系进行评价，工作量非常大，会出现人力资本和评价资源的浪费。因此，可以对金额较大的项目进行综合性全面绩效评价，而对于金额较小的项目可以考虑简洁性评价，进而根据评价结果，并结合具体政策，适度削减低效率或无效的项目。

事实上，预算决策是一个政治性的过程，理性分析和量化数据并不足以代替决策者的政治权衡和价值判断。我国在进行预算绩效管理的改革时，不能完全机械地使用绩效信息，而应注意理性分析和政治考虑之间的权衡，强调绩效数据在预算过程每一个环节的有效使用。通过评价结果发现预算执行中存在的问题，并作为下一年度预算安排的主要依据，逐步将评价结果与预算编制、部门资金分配有机结合起来，从而推进绩效预算的实施，理性、审慎且和谐地配置公共财政资源。

4.3　利益相关方视野中的预算绩效提升

4.3.1　基于评价主体视角的政府预算绩效管理改革[①]

现代公共部门绩效管理日益体现出考评主体多元化的趋势，结合中国预算绩效管理改革的现实，可以将绩效考评主体划分为内部和外部两个维度来加以考察。其原因在于，从主观方面来分析，内部考评主体与外部考评主体具有不同的利益诉求；从客观方面来判断，内部考评主体（政府财政部门和各资金使用者）和外部考评主体（立法监督机构与社会公众）之间，也或多或少地存在着信息不对称。

---

① 马蔡琛：《基于评价主体视角的政府预算绩效管理改革》，载于《中国财政》2013 年第 18 期。

从内部考评主体角度，需要充分考虑决策权、执行权和监督权（内部控制系统）的三权分立，也就是说应该按照这一要求进一步细分预算绩效管理方式。同样，对外部考评主体而言，立法监督、社会监督、公众监督也是三个不可或缺的方面，在设计预算绩效管理框架时，也应该兼顾各方的利益诉求。

1. 预算绩效管理的内部评价主体：宏观、中观、微观层次的考察

在宏观层面上，主要探求适用于财政预算管理机构（就中央财政而言，对应财政部预算司）的预算绩效管理框架。就宏观层面而言，其主要解决的问题是绩效目标体系的构建，主要技术支撑为目标管理理论和目标基础预算（target-based budgeting）。当前中国绩效预算改革面临的主要挑战在于，在缺乏明确绩效目标的情况下，试图构建可以提升预算绩效的指标体系与考评方法。其实，先有目标，后有指标，才是所谓"纲举目张"。因此，需要将绩效指标问题与绩效目标问题结合起来，在预算决策与宏观政策指导的顶层设计层面，首先解决绩效目标体系的确立问题，在此基础上构建的绩效指标框架才有望实现预算绩效水平的提升。

就中观层面而言，主要探求适用于财政各业务管理机构（就中央财政而言，对应财政部各业务司）的预算绩效管理框架，建立财政各业务部门针对各预算资金使用者的内部控制和成本控制系统，其主要技术支撑为作业成本法（activity-based costing）和平衡计分法（balanced scorecard）。

作业成本法作为传统成本会计体系所产生的一种解决方法，强调政府提供各种公共产品和服务的质量，并不是推动预算支出成本的直接原因，而是生产过程中涉及的各种政府行为构成推动成本。作业成本法在预算绩效管理中的主要作用在于，有助于强化对政府支出的全面认识，突出财政各业务部门对于预算资金使用者的成本控制。平衡计分法的主要作用在于，将不同层次的公共支出项目置于绩效管理的四个主要方面（财务角度、顾客角度、内部市场角度、创新和学习角度）。

以微观层面而论，主要探求适用于各预算资金使用者（就中央财政而言，对应各中央政府部门）的预算绩效管理框架，构建针对不同预算资金使用者的标杆管理标准，从而进一步准确刻画政府行政成本。其主要技术支撑为标杆管理方法（benchmarking）和政府管理会计（government management accounting）。具体而言，需要通过纵向标杆指标和横向标杆指标的对比，实现预算绩效提升与政府行政成本控制。就纵向标杆指标而言，以宏观层面确立的预算绩效目标作为预算绩效的考核标杆，运用政府管理会计和政府成本会计的计量核算技术，构建对预算资金使用者的内部行政成本控制系统，进而作为改进后续预算周期之绩效水平的评价标准。就横向标杆指标而言，主要通过海量绩效数据的归集统计进行绩效指标的可比性技术处理，确立同类型公共服务供给中的最优水平（外部标杆激励系统）作为预算资金使用者绩效改进的目标基础。

2. 预算绩效管理的外部评价主体：立法监督、社会监督、公众监督的视角

就政府预算绩效管理的外部评价主体而言，主要是循着立法监督机构、社会监督主体、公众监督主体三个层面加以逻辑展开，进而实现三者之间的指标衔接与系统共享。

（1）立法监督机构的绩效管理框架：基于政府财务会计与财务报告的考察。

在立法监督机构层面上，主要探求适用于立法监督机构外部绩效评价的管理模式，其主要技术支撑为政府财务会计与政府财务报告系统。

当前我国的政府预算公开与加强人大预算监督的各种路径选择中，往往更加倾向于构造某种不同于政府部门预算决策过程的外部监督体系。其实，无论是从外部监督的成本—效益考虑，还是从各国议会预算监督实践来看，充分发挥政府财务会计的计量核算与监督控制功能、构建公民友好型的政府财务报告体系，都是更为现实且有效的途径。其核心问题在于，通过政府会计核算系统的信息集成、指标汇总与风险预警，以及政府财务报表体系对外报告功能的完善，有效实现立法监督机构外部绩效评价的效果。

（2）社会监督的绩效管理框架：基于第三方评价的考察。

就社会监督而言，主要通过第三方评价方法来体现。第三方评价方法是由社会中介组织实施的政府绩效评价模式。当前很多地方试点将各业务主管部门作为绩效评价的实施主体，但由于业务主管部门与具体的预算单位之间存在着千丝万缕的关系，有可能导致二者合谋博弈财政资金的结局。故而，在外部考评主体的绩效管理模式设计中，重点关注第三方评价问题是非常必要的。

针对当前社会中介鉴证类组织的客观公正性相对较低、考评专家的独立性较差的现实，在第三方评价问题上，需要关注两个方面：第一，如何通过预算绩效管理机制设计，有效防范乃至杜绝第三方评价中的机会主义行为，真正实现社会监督的客观公正。第二，如何利用现代化信息处理手段，有效降低第三方评价的监督成本。根据发达国家预算绩效评价的早期经验，其项目评价的费用是非常高昂的，甚至占到单个项目总资金的 0.5% ~ 5% 。当然，随着统计技术和计算机信息处理技术的进步，评价成本应该会逐步减少。但如何有效降低第三方评价的监督成本，仍旧是需要在预算绩效评价管理改革中，加以审慎对待的重要问题。

（3）公众监督的绩效管理框架：基于公众满意度调查的考察。

在公众监督方面，主要是通过对政府服务对象（公众）的满意度调查来构建相应的预算绩效管理框架。其主要技术支撑为公众满意度模型（Customer Satisfaction Index，CSI）。公众满意度调查脱胎于企业管理中的顾客满意度，随着新公共管理运动的兴起，逐步被引入政府预算和绩效评价之中。因此，在预算绩效管理指标体系设计中，就公众满意度指标赋予相对较高的影响权重，也是合理且必要的。目前，我国各地针对政府部门开展的"满意不满意"测评已然具备了某些公众满意度调查的雏形。

此外，面对庞大的预算资金，对公共资金的使用绩效如何加以评判，预算听证和预算对话也将发挥重大作用。预算听证和预算对话作为加强公民参与预算过程的方法，可以使公民偏好在预算绩效管理框架中得到充分体现。

3. 全过程预算绩效管理中的内外部评价主体整合

（1）预算决策过程中的绩效管理。

根据实时预算模型（real-time budgeting model）的动态预算管理理念，当预算过程中的其他组成部分或者环境发生改变时，决策的每一组成部分均应做出相应调整。然而，在经典的实时预算模型中，并未涉及预算决策改变的依据（也就是为什么要做出调整）。而绩效目标的实现程度将成为动态预算决策过程中预算资源配置结构调整的重要依据。

预算决策中的绩效管理需要按照三个逻辑层次加以展开：第一，以绩效目标为归集标准，运用统计分析技术将绩效指标的完成情况整合为绩效目标的实现情况；第二，根据绩效目标的完成情况，在引入内部市场检验（internal market test）和公共服务外包（public service outsourcing）的前提下，就预算资源配置进行"奖优惩劣"的结构性动态调整；第三，结合外部评价主体的第三方评价和公众满意度调查，对预算资源配置结构加以进一步优化调整。

（2）预算执行过程中的动态监控。

在预算执行过程中，需要关注两个方面的绩效动态监控问题：一是根据预算执行中的绩效完成情况，实时、动态地判断预算资金的使用，与既定的绩效目标之间是否发生了偏离。当这种偏离达到某种程度后，应及时启动相应的纠偏救济机制。二是针对当前管理相对不够规范的预算追加等调整过程、预算超收资金使用等难点问题，尝试通过绩效指标的动态监控纳入相对理性且客观的测度评价体系之中加以解决。

（3）决算过程中的指标修正与绩效反馈。

在决算过程中，需要结合政府财务会计、成本会计和财务报告体系等技术支撑手段所提供的效果信息、成本信息、合规性信息等测度结果，就预算资金的使用状况提供真实客观的结果反馈。

针对内外部评价主体的绩效指标测评差异，以及绩效结果与原定绩效目标的偏离等问题，从多重维度探究其原因（政策性因素、管理性因素、绩效指标设计、统计技术因素）。对于其中的管理性因素，引入相应的财政问责奖惩机制；对于政策性因素，应致力于稳定各利益主体预期的长效机制建设；对于绩效指标设计因素，则进一步进行指标的修正和完善；对于统计技术因素，则需要优化相关统计技术方法。

4.3.2 公共预算绩效提升的博弈分析——基于利益相关方互动影响的考察[①]

公共预算作为一个集体选择问题，不论是预算总体规模，还是预算资金的结构性配置，都不同程度地体现了一种利益交换的交易倾向[②]。在这种利益交换的分析范式下，公共预算的各利益相关主体作为相对理性的经济人将展开彼此间复杂的互动博弈过程。也正是这些或者富于效率或者有所缺憾的预算博弈过程，导致了公共财政资源配置的不同绩效结果。

---

① 马蔡琛、沈雁寒：《公共预算绩效提升的博弈分析——基于利益相关方互动影响的考察》，载于《云南财经大学学报》2012 年第 6 期。
② 马蔡琛：《初论公共预算的交易特征》，载于《河北学刊》2006 年第 5 期。

　　本节尝试构建预算监督制衡方（经由公共选择机制形成的立法监督机构）、资金供给方（政府财政预算部门）以及资金需求方（预算资金使用者）三者之间的不完全信息静态博弈模型和动态序贯博弈模型[1]，通过对预算博弈过程的深入分析，探求提升有限预算资源配置和使用绩效的制度选择集合。

1. 不完全信息下的三方静态博弈分析

（1）研究假设。

　　根据渐进主义预算理论，预算资金需求方为了在上一年度预算规模基础上获取更多的增量预算资金配给，使其项目申报在互动博弈中脱颖而出，通常倾向于向预算资金供给方进行游说或寻租活动。由于预算过程中信息不对称的存在，进一步加剧寻租行为的可能[2]。资金供给方在面对寻租行为的时候，如果选择接受寻租并获得相应租金收益，则会面临被发现并受到处罚的风险，所以会衡量可能受到惩罚与收受好处之间的差距，决定是否接受寻租行为。与其他财务审计类似，对公共资金的监督审计也是要耗费成本的，财政资金使用的公开性欠佳与法律约束不健全导致的信息不对称使得预算监督成本较高，所以监督制衡方也要根据监督收益与成本之间的差异选择是否要进行监督。

　　预算过程作为相关利益主体表达不同愿望和做出不同判断的过程[3]，在各方博弈过程中，博弈参与人包括以公众为代表的监督制衡方，预算资金供给方以及资金需求方。监督制衡方对资金供给方和需求方的徇私舞弊行为进行惩罚，但也会产生相应的监督成本。资金供给方会选择是否"接受寻租"，资金需求方会选择是否"进行寻租"。以下分别对参与各方的行为策略选择的概率进行假定，分析哪些因素会影响其概率值。博弈模型中的参数设定如表 4 - 1 所示。

---

　　① 关于公共预算利益相关主体的行为特征与基本影响结构的论述，可以参阅：马蔡琛：《变革世界中的政府预算管理——一种利益相关方视角的考察》，中国社会科学出版社 2010 年版。

　　② 本节讨论的预算寻租问题，不能简单地将其等同于腐败，腐败与寻租之间存在诸多区别，在预算寻租行为分析时，还要考虑合法性的寻租活动。进一步论述可以参阅：马蔡琛：《政府预算管理中的"寻租"活动分析》，载于《财贸经济》2004 年第 11 期；张军：《走近现代经济学》，生活·读书·新知三联书店 2001 年版，第 74～80 页。

　　③ ［美］阿伦·威尔达夫斯基、内奥米·凯顿：《预算过程中的新政治学》（第四版），上海财经大学出版社 2006 年版，第 3 页。

表 4 – 1   参数设定

参数符号	代表的含意
C	某一预算项目的市场价值
G	该预算项目的政府支出
Δc	政府溢价
P	资金需求方的寻租支出，即资金供给方接受寻租的收益
α	对行贿受贿资金的罚款倍数
M	监督制衡方的监管成本
R	资金供给方被发现接受寻租行为，受到的非货币惩罚，或者因拒绝寻租行为，而获得的非货币奖励
X	进行监督的概率
Y	资金供给方拒绝寻租行为的概率
Z	资金需求方不进行寻租的概率

第一，在市场经济条件下，某预算项目所需要的实际资金为其市场价值 c，而由于公共产品的性质，其供给通常不足，需要以政府补贴的方式介入公共产品的私人生产，因此政府对该预算项目的支出 g 要大于其市场价值，以鼓励私人供给，即 $g > c$，两者之差记为 Δc。因政府干预产生的垄断行为也会使资金需求方获得超额预算配给或价差收入，因此会产生一个 Δc，上述两种情况产生的 Δc 统称为政府溢价，有 $g = c + \Delta c$，Δc 通常由获得该预算资金的资金使用者获得。

第二，若资金供给方选择接受寻租，尽管可得到寻租者的好处费 p，但却要面临在监督中被发现的风险。若监督机构发现财政预算部门存在收受贿赂的倾向，无论受贿行为是否真正发生均要对其进行惩罚。假设对资金供给方的处罚金额为该项目政府溢价的一定倍数 α，也即罚金为 $\alpha\Delta c$；除了现金惩罚，还会采用行政处罚等非货币惩罚（假设其值为 r）。若在审计过程中，发现资金供给方拒绝了需求方的行贿行为，则会对其提供某种非货币奖励（也假设其值为 r）。

第三，若资金供给方接受寻租行为，则资金需求方的货币支出为 p；无论资金供给方是否接受寻租行为，只要需求方的行动策略是寻租，就会有 p 的寻租支出。假设若此时监督制衡方对资金供给方进行监督，则会针对因行贿所得净利润 $\Delta c - p$，而处以 α 倍的惩罚，则罚金为 $\alpha(\Delta c - p)$。

（2）构建博弈模型。

博弈三方的收益矩阵如表 4 - 2 所示。

表 4 - 2　　　　　　　　　　　　　　收益矩阵

策略			收益		
公众	审批机构	使用单位	公众	审批机构	使用单位
监督（x）	拒绝（y）	不寻租（z）	$-m$	0	0
监督（x）	拒绝（y）	寻租（$1-z$）	$-m$	r	$-p$
监督（x）	接受（$1-y$）	不寻租（z）	$\alpha\Delta c - m$	$-\alpha\Delta c - r$	0
监督（x）	接受（$1-y$）	寻租（$1-z$）	$\alpha\Delta c + \alpha(\Delta c - p)$ $-\Delta c - m$	$p - \alpha\Delta c - r$	$\Delta c - \alpha(\Delta c - p) - p$
不监督（$1-x$）	拒绝（y）	不寻租（z）	0	0	0
不监督（$1-x$）	拒绝（y）	寻租（$1-z$）	0	0	$-p$
不监督（$1-x$）	接受（$1-y$）	不寻租（z）	0	0	0
不监督（$1-x$）	接受（$1-y$）	寻租（$1-z$）	$-\Delta c$	p	$\Delta c - p$

第一，假设 y、z 既定时，对监督制衡方采取"监督"与"不监督"两种策略的期望收益进行分析，设其分别为 E_x^1 与 E_x^2，故有：

$$E_x^1 = yz(-m) + y(1-z)(-m) + (1-y)z(\alpha\Delta c - m)$$
$$+ (1-y)(1-z)[\alpha\Delta c + \alpha(\Delta c - p) - \Delta c - m]$$
$$E_x^2 = yz \times 0 + y(1-z) \times 0 + (1-y)z \times 0 + (1-y)(1-z)(-\Delta c)$$

当 E_x^1 与 E_x^2 相等时，求解可得：

资金供给方选择拒绝需求方寻租行为的概率为 $y = \dfrac{\alpha(1-z)(\Delta c - p) + \alpha\Delta c - m}{\alpha(1-z)(\Delta c - p) + \alpha\Delta c}$，

因此，当 $y = \dfrac{\alpha(1-z)(\Delta c - p) + \alpha\Delta c - m}{\alpha(1-z)(\Delta c - p) + \alpha\Delta c}$ 时，监督制衡方选择监督与否的收益均是相同的。而资金供给方选择拒绝寻租的可能性越小，监督的概率就会越大，资金需求方寻租的可能性也越大，也即当 $y < \dfrac{\alpha(1-z)(\Delta c - p) + \alpha\Delta c - m}{\alpha(1-z)(\Delta c - p) + \alpha\Delta c}$ 时，监督制衡方与资金需求方的最优策略分别为监督与寻租，当 $y > \dfrac{\alpha(1-z)(\Delta c - p) + \alpha\Delta c - m}{\alpha(1-z)(\Delta c - p) + \alpha\Delta c}$ 时，监督制衡方与预算资金需求方的最优策略分别为不监督与不寻租。

第二，假设 x、z 既定时，对资金供给方采取拒绝寻租与接受寻租两种策略的期望收益进行分析，设其分别为 E_y^1 与 E_y^2，因此有：

$$E_y^1 = xz \times 0 + x(1-z)r + (1-x)z \times 0 + (1-x)(1-z) \times 0$$

$$E_y^2 = xz(-\alpha\Delta c - r) + x(1-z)(p - \alpha\Delta c - r) + (1-x)z \times 0 + (1-x)(1-z)p$$

当 E_y^1 与 E_y^2 相等时，求解可以得到：

监督制衡方选择监督的概率为 $x = \dfrac{(1-z)p}{(1-z)r + r + \alpha\Delta c}$，因此，当 $x = \dfrac{(1-z)p}{(1-z)r + r + \alpha\Delta c}$ 时，无论资金供给方是否接受寻租行为，其期望收益都是相等的。监督的概率越大，资金供给方越不敢接受寻租行为，需求方也越不敢行贿。因此，当 $x > \dfrac{(1-z)p}{(1-z)r + r + \alpha\Delta c}$ 时，资金供给方与需求方的最优策略分别为拒绝寻租和不寻租；当 $x < \dfrac{(1-z)p}{(1-z)r + r + \alpha\Delta c}$ 时，资金供给方与需求方的最优策略分别为接受寻租和寻租。

第三，假设 x、y 既定时，我们对预算资金需求方是否进行寻租行为的两种策略的期望收益进行分析，设其分别为 E_z^1 与 E_z^2，因此有：

$$E_z^1 = xy \times 0 + x(1-y) \times 0 + (1-x)y \times 0 + (1-x)(1-y) \times 0$$

$$\begin{aligned} E_z^2 = {} & xy \times (-p) + x(1-y)[\Delta c - \alpha(\Delta c - p) - p] \\ & + (1-x)y \times (-p) + (1-x)(1-y)(\Delta c - p) \end{aligned}$$

当 E_z^1 与 E_z^2 相等时，求解可以得到：

监督制衡方选择监督的概率为 $x = \dfrac{p - (1-y)\Delta c}{\alpha(1-y)(p - \Delta c)}$，因此，当 $x = \dfrac{p - (1-y)\Delta c}{\alpha(1-y)(p - \Delta c)}$ 时，无论预算资金需求方选择不寻租还是寻租行为，其期望收益都是相等的。因而监督的可能性越大，预算资金供给方和需求方接受寻租与进行寻租的概率越小。因此，当 $x > \dfrac{p - (1-y)\Delta c}{\alpha(1-y)(p - \Delta c)}$ 时，资金供给方与需求方的最优策略分别为拒绝寻租和不寻租；当 $x < \dfrac{p - (1-y)\Delta c}{\alpha(1-y)(p - \Delta c)}$ 时，二者的最优策略分别为接受寻租和寻租。

（3）博弈均衡解分析。

通过对上述博弈过程的分析可得博弈的均衡解，也即各博弈参与者进行策略选择的概率[1]。现进一步分析其策略受哪些变量的影响，从而得到如何通过控制这些因素，使各博弈参与者的策略选择达到最优。

①监督制衡方：监督制衡方在博弈中选择监督的概率 $x = \dfrac{(1-z)p}{(1-z)r + r + \alpha\Delta c}$ 或者 $x = \dfrac{p - (1-y)\Delta c}{\alpha(1-y)(p-\Delta c)}$，因此其选择监督策略的可能性受到现金罚款倍数 α，政府溢价 Δc，对资金供给方的非货币惩罚 r，资金需求方的寻租支出 p 以及资金需求方不进行寻租的概率 z 等多种因素的影响。由此可以发现，x 主要受到现金罚款倍数 α 的影响，α 越大，监督制衡方进行监督的概率 x 越小。对资金供给方的非货币惩罚 r 越大，监督制衡方进行监督的概率 x 越小；资金需求方的寻租支出 p 越小，监督制衡方进行监督的概率 x 越小；预算资金需求方不进行寻租行为的概率 z 越大，也即寻租的概率 $1-z$ 越小，监督制衡方进行监督的概率 x 越小。

从监督制衡方的角度分析其策略选择，自然希望即使不进行监督，预算资金供给方与需求方也能自觉遵守规则，故欲降低监督概率 x，就要提高现金罚款倍数 α，加大对资金供给方的非货币惩罚 r，并通过完善立法监督手段降低资金需求方实施寻租行为的概率。当然资金需求方的寻租支出 p 以及该预算项目的政府溢价 Δc 也会影响 x，但这两个变量是监督制衡方难以控制的，故暂存而不论。

②预算资金供给方：供给方选择抵制寻租行为的概率 $y = \dfrac{\alpha(1-z)(\Delta c - p) + \alpha\Delta c - m}{\alpha(1-z)(\Delta c - p) + \alpha\Delta c}$，也即接受寻租行为的概率为 $1 - y = \dfrac{m}{\alpha(1-z)(\Delta c - p) + \alpha\Delta c}$，因此其策略选择受到现金罚款倍数 α，政府溢价 Δc，需求方的寻租支出 p，资金需求方进行寻租的概率 $1-z$ 以及监督制衡方的监管成本 m 的影响。资金供给方受到的现金罚款倍数 α 越大，可以收受的好处费 p 越小，监督制衡方的监管成本 m 越低，供给方接受寻租行为的概率 $1-y$ 越小。政府溢价 Δc 越大，该预算项目受到公众监督的可能性越大，因此，供给方越不敢接受寻租行为。需求方进行寻租的

---

① 程瑜：《政府预算执行过程中的博弈分析》，载于《财政研究》2006 年第 7 期。

概率 $1-z$ 较高的时候，监督机构就会提高其监督概率，这时资金供给方的最优策略选择必然是拒绝寻租行为，所以其接受寻租行为的概率 $1-y$ 越小。

从资金供给方的博弈主体分析，我们希望降低其接受寻租行为的概率 $1-y$，使博弈达到均衡解的时候，其策略选择为拒绝寻租，因此，监督主体应提高现金罚款倍数 α，以加大处罚力度，并尽量降低监管成本。通过加强惩戒警示手段，震慑资金需求方的寻租行为倾向（降低 $1-z$），也可实现降低资金供给方接受寻租行为概率之目标。

③预算资金需求方：将监督制衡方的监督概率 $x = \dfrac{(1-z)p}{(1-z)r + r + \alpha\Delta c}$ 或者 $x = \dfrac{p-(1-y)\Delta c}{\alpha(1-y)(p-\Delta c)}$ 联立，可得资金需求方选择进行寻租行为的概率 $1-z = \dfrac{\Delta c + r/\alpha}{\dfrac{p(1-y)(p-\Delta c)}{p-(1-y)\Delta c} - r/\alpha}$，因此其策略选择受政府溢价 Δc，需求方的寻租支出以及供给方被发现接受寻租行为，得到的非货币惩罚 r 与现金罚款倍数 α 之比的影响。该预算项目的政府溢价 Δc 越低，也即资金需求方通过寻租行为得到的利润越少，且寻租行为支付的好处费 p 越高，其进行寻租的概率 $1-z$ 越低；而监督机构对资金供给方的非货币惩罚 r 越低，现金罚款倍数 α 越高，也即其比例 r/α 越低，资金需求方寻租的概率 $1-z$ 越低。由此可见，为了减少资金需求方的寻租行为，监督机构要加大货币惩罚，使其惩罚程度尽可能大于非货币惩罚程度。此外，监督机构还要监控资金供给方对于每个预算项目的政府溢价 Δc，不可使政府购买价格与市场价格偏离太大，在合理范围内控制 Δc 的大小。

2. 完全信息条件下的双方序贯博弈分析

以上的不完全信息三方静态博弈模型是在当前预算制度有待完善、透明度较低、绩效指标欠缺、监督弱化的条件下形成的，其博弈均衡解并非理论上的预期状态。以下将通过序贯博弈分析，进一步考察推进预算法治建设、完善绩效考核体系的条件下，是否可以使预算博弈的均衡解实现帕累托效率最优。

（1）序贯博弈的前提假设。

在绩效预算构建过程中，通常采用生产函数作为衡量预算资金使用成果的标准[1]，也即 $X = AL^{\alpha}K^{\beta}U$，$X$ 表示预算资金使用绩效，L 表示劳动资源的投入

---

① 孔志峰：《绩效预算论》，经济科学出版社 2007 年版，第 71 页。

量，K 表示资本资源的投入量，U 为随机干扰项，A、α、β 为参数。

对于不同的资金需求方，劳动资源投入的产出量与资本投入的产出量是不同的，因此不同资金需求方的 α、β 值不同。A 表示预算绩效评价指数，是对于使用单位上一预算年度的产出量赋值，使其转化为可以用于评价的绩效水平指数，A 值根据不同的公共产品类型也有所不同。因此，资金需求方的绩效水平为 $X = AL^{\alpha}K^{\beta}U$，但为了在新年度获得更多的预算资金，有夸大其绩效水平的倾向，假设绩效夸大比例为 m，则其在虚报时，绩效水平为 $X' = A(1 + m)L^{\alpha}K^{\beta}U$。

B 表示对每单位绩效水平 X 所给予的预算金额，则当资金需求方的策略为实报绩效时，得到的预算金额为 $R = BAL^{\alpha}K^{\beta}U$，若其策略为虚报绩效时，得到的预算金额为 $R' = BA(1 + m)L^{\alpha}K^{\beta}U$。假设可供审批的预算资金总额为 π，对每个预算项目审核成本为 c，可能收受的好处费为 n。

假设通过完善立法以及奖惩制度，监督制衡方可以通过绩效评价体系切实准确地监督预算资金的配置及使用情况，因此会对资金供给方接受寻租的行为给予严厉的现金惩罚 p，而对其因工作疏忽或者接受寻租而产生的失职行为给予行政处罚 q（并假设行政处罚也十分严厉）。此外，还要对其拒绝寻租行为公正执法的行为给予 s 的奖励。

（2）构建博弈模型。

分析博弈双方的行动顺序，可以看出二者进行的是序贯博弈，即资金需求方先行行动向供给方上报绩效水平，作为资金供给方的财政预算部门再根据其绩效水平，决定是批准还是拒绝该预算项目。因此，可以将该博弈过程以博弈树的形式表示（见图 4 - 4）。

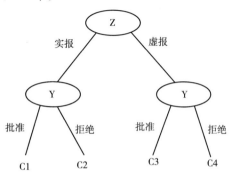

图 4 - 4　预算资金供给方与需求方的序贯博弈模型

Z 表示资金需求方，Y 表示资金供给方，C1 表示需求方与供给方的策略选择为（实报，批准）时，两者收益为（R, $\pi - R - c$），C2 表示二者的策略选择为（实报，拒绝）时，两者收益为（0, $\pi - c - q$），C3 表示二者的策略选择为（虚报，批准）时，两者收益为（$R' - n$, $\pi - R' + n - p - q$），C4 表示二者的策略选择为（虚报，拒绝）时，两者收益为（0, $\pi + s$）。

进行反转均衡分析该博弈过程，可以分两步进行：

首先分析第二个决策者（财政预算部门）的最优策略：当资金需求方选择实报其绩效水平时，财政预算部门会比较"认真审核并予以批准"或"疏忽大意失职"，这两种不同策略的收益 $\pi - R - c$ 与 $\pi - c - q$ 的大小。因为预算监督的不断完善，假设对其失职行为的行政处罚十分严厉，有 $q > R$，所以批准资金需求方的实报预算数的收益大于拒绝的收益，财政预算部门的最优策略为批准。

当资金需求方选择虚报其绩效水平时，财政预算部门会比较接受使用单位的寻租行为并予以批准，或公正执法拒绝其寻租行为并拒绝，这两种策略的收益 $\pi - R' + n - p - q$ 与 $\pi + s$ 的大小。因为绩效评价体系的逐步建立，监督制衡方可以对预算的申请与审批环节加以有效监督，因此，对徇私舞弊等违法行为也会给予严厉打击，我们假设监督制衡方对财政预算部门受贿行为的惩罚十分严厉，大于其可以从寻租者那里得到的好处费 n，此外，还有行政处罚 q。而若其铁面无私公正执法，就可以得到监督机构的物质或者精神奖励 s，虽然奖励 s 值可能微不足道，但综合比较仍有 $\pi + s$ 大于 $\pi - R' + n - p - q$。因此，资金供给方拒绝需求方的虚报预算数的收益大于接受的收益，故财政预算部门的最优策略为拒绝。

接下来分析在这两种情况下资金需求方的最优策略。在分析预算资金供给方的策略之后，应该在 C1（R, $\pi - R - c$）与 C4（0, $\pi + s$）两个策略空间中对资金需求方的收益予以分析，以确定其最优选择。显然当其实报预算数时的收益 R 大于虚报的收益 0，因此实报预算数是资金需求方的最优反应。

通过反转分析，可以得到该序贯博弈的反转均衡解为，资金需求方选择如实上报其上一预算年度的绩效水平，资金供给方公正执法批准其预算申请。

（3）博弈均衡解分析。

对预算资金需求方和供给方而言，前者有进行寻租的倾向，后者有接受寻租的倾向，在未建立相关绩效评价与惩戒体系的情况下，通常博弈结果是对预算资金分配产生扭曲效应的。然而，随着预算监督管理的加强，绩效评价体系的完善，促使资金供给方不敢轻易接受寻租行为，否则往往得不偿失，其所受到的行政处罚以及现金惩罚会大于寻租者的好处费。而寻租成本的加大也从侧面抑制了资金需求方的寻租行为，因为得到预算项目的政府溢价补偿不了其在寻租行为中的支出。这样，就使得博弈均衡解达到了期望的结果，实现了帕累托效率改进。

3. 结论和讨论

（1）辩证认识人大预算监督的真实效果，避免将预算监督神圣化。

随着近年来政治学研究对公共预算问题的关注，从预算民主化的视角出发，认为将核心预算资源的决策权和审批权置于人大的监督之下，就可以实现预算治理结构的优化。但这种片面强调人大预算监督的主观愿望与各级人大及常委会的现实预算治理能力相碰撞的时候，就需要辩证认识人大预算监督的真实效果到底怎样。

首先，如博弈模型分析显示，立法监督机构同样具有监督成本与相应资源节约收益的考量，单纯加强监督未必就会实现提升预算资源配置效率的目标。其次，作为公民代表的立法监督机构，同样代表了相应利益集团的自身利益，其组成人员同样存在着产生机会主义行为的可能。近年来，有关人大如何约束和监督政府预算行为的探索日益增多，但如何约束各级人大及其常委会的行为却未能引起足够的重视。最后，由于各级人大全体会议的会期相对较短且议题繁多，导致人大全体会议对于政府预算草案的审议难免不够深入且细化。这进一步导致在具体方案设计中，往往将加强各级人大的预算监督权，理解为加强各级人大常委会的预算监督权。但受人员编制、专业经验、年龄结构等多方局限，在预算管理专业程度上，各级人大常委会及其专门委员会，较之财政部门，具有相对明显的劣势。加之各级人大常委会也具有相对典型政府部门的运行色彩，这就使得这种加强人大常委会预算决策权力的预算监督取向的真实效果，更具疑问。

其实，预算监督的要义，并非在于立法监督机构在预算决策过程中实际上拥有多大的权力，哪些预算事项必须经由人大批准才可付诸施行。而是基于人大监督和奖惩机制的威慑力量的存在，诱使政府预算资金的供求双方从自身效益最大化的理性选择出发，自觉防范预算过程中的"设租"和"寻租"行为，通过构建政府预算的共同治理结构才有望实现预算资源高效配置的最优均衡解。

（2）辩证认识财政部门的自由裁量权，引入奖惩警示机制以提升预算绩效。

在中国公共预算改革的诸多议题中，政府财政部门拥有较多的决策自由裁量权及其引致的弊端始终是备受关注的焦点话题。本节前述的博弈分析结果也表明，在缺乏必要约束的情况下，政府财政部门的自由裁量权也确实存在着异化产生寻租空间的可能。但对于政府财政预算部门自由裁量权的由来演进及其存在的理由也同样需要辩证认识。

政府预算部门所拥有的资金结构性配给中的自由裁量权是随着预算管理原则由古典向现代的变迁与演进而逐渐确立的。自20世纪后半叶以来，随着国家干预经济活动从单一政策向社会普遍思潮的演化，在预算管理问题上，更加强调以政府预算部门为代表的行政机构在预算管理中的主动权，作为预算资金供给方的政府预算部门逐渐由单纯的被监督对象转变为拥有更多预算资金配给自由裁量权的利益相关主体[1]。根据世界银行对60多个国家预算实践的调查显示，随着绩效管理理念的日益兴起，目前大多数国家已然开始将预算调整等决策权授予政府财政部门或其他核心预算机构[2]。从这个意义上讲，赋予政府财政部门较多的自由裁量权体现了当代公共预算绩效管理的发展方向。

因此，在倡导预算监督的同时，也不应单纯强调监督和控制，以致片面地将政府财政部门进行预算决策的自由裁量权"妖魔化"，而需要通过合理地设计预算治理结构中的激励兼容机制，稳定资金供给方的理性预期。根据前述引入绩效评价系统的动态序贯博弈分析显示，在相应的奖惩制度激励下，资金供给方的自由裁量权仍旧存在着转化为抵制预算寻租动力的可能。

---

[1] 马蔡琛：《变革世界中的政府预算管理———一种利益相关方视角的考察》，中国社会科学出版社2010年版，第97页。

[2] 上海财经大学公共政策研究中心：《2010中国财政发展报告——国家预算的管理及法制化进程》，上海财经大学出版社2010年版，第258～259页。

4.4　预算管理视野中的年终突击花钱问题[①]

每逢年终岁尾，各级政府部门往往会上演一幕突击花钱的大戏，这已然成为当前各级财政管理中的一种潜规则，也是社会各界和新闻媒体广为关注的焦点话题。这种突击运动式的公共资源使用过程往往会导致资金使用效率低下和损失浪费，也容易成为滋生贪污腐败的温床。

然而，这一现象缘何屡禁不止，近年来甚或渐成愈演愈烈之势？导致这种怪相的原因主要是源于财政预算管理的技术性漏洞，还是有着更为深刻的体制性原因？其主要责任应归因于当下各种不甚合理的财政资金管理制度，抑或主要源自资金使用者出于私利的刻意为之？这仅仅是我国经济社会转轨时期的暂时性问题，还是各国预算管理制度演化中均曾经历的一个发展阶段？所有这些都是当前全面深化财税改革中必须加以破解的重要时代命题。在本节中，将尝试从改进预算管理制度的分析视角系统考察年终突击花钱怪相的主要类型、形成机理以及改革路径，以期对上述命题做出正面的回应。

1. 年终突击花钱行为的类型分布及其形成机理

尽管对于年终突击花钱的各种描述性研究已然相对丰富，但如欲更为深入地解构此种现象之深层动因，则需要针对纷繁复杂的突击花钱行为，进行必要的特征提炼与类型区分。之所以要从类型分布的视角，来考察年终突击花钱行为的主要表现，是因为"一个物体的意义及其名称，不仅由它的构成来决定，而更多是由其所隶属系列的相对位置来决定"[②]。也就是说，不同类型的年终突击花钱现象，可能存在着不同的行为诱因与具体表现，其治理对策与改革思路也需要采取更为对症下药的方式。年终突击花钱行为的主要类型及其形成机理，可以概括为如下三个方面。

（1）预算资金下达过迟而导致的年终突击花钱。

以近来被媒体反复炒作的高校科研经费为例，由于我国人代会的会期

①　马蔡琛：《预算管理视野中的年终突击花钱问题：年终突击花钱的类型分布、形成机理及改革路径》，载于《华中师范大学学报》（人文社会科学版）2014 年第 6 期。

②　恩格斯：《马克思恩格斯全集》（第 20 卷），引自《自然辩证法》，人民出版社 1956 年版，第638 页。

（通常为每年 3 月）晚于预算年度（因采用日历年度而称为历年制）的开始日期，而预算经人代会审议后，还需历经财政部门批复各部门、各部门批复下级预算单位等一系列法定程序。需要注意的是，这里批复的仅是预算指标而并非实际资金拨付。各级教育主管部门真正向各学校拨付科研项目经费的时候，往往已是临近暑假了。实际上，很多高校的年度科研项目经费有效使用时间段往往只有 9～12 月的 4 个月时间。如年底前经费不能使用完毕，不仅当年预算资金面临被收缴的可能，还会影响以后年度的预算拨款额度。应该说，预算资金到达基层用款单位的时间太晚（有时甚至已是年终岁尾）是导致"被动性"年终突击花钱的最主要原因。

在实际操作中，这种类型分布又可以具体区分为"人代会会期与预算年度错配"和"资金传递链条过长"两种情况。在解决此类问题的过程中，还需要避免"调整预算年度"和"层级扁平化"这两种简单化的处理倾向。

第一，关于预算年度与人代会会期的错配问题。近年来，由于"历年制"容易导致预算先期执行（将未经人代会审批的预算付诸执行）、预算资金下达过晚而引致突击花钱，不断有主张实施"跨年制"预算年度改革的动议（如改为 4 月制或 7 月制）。然而，调整预算年度"牵一发而动全身"，涉及政府的会计年度、企业的纳税年度等多方面因素，如果操作不当甚至可能引致财经秩序混乱[1]，因而，在我国社会经济转型时期，调整预算年度的可行性是值得审慎斟酌的[2]。

其实，改行跨年制的预算年度也不能从根本上解决预算先期执行问题。以美国为例，尽管采用了跨年制的预算年度（联邦政府为 10 月制，州和地方政府多为 7 月制），预算管理制度也堪称周密，然而，在 1948～2012 年的 60 多年间，在新预算年度开始之前，将全部 13 个拨款提案全部签署成预算法案的只有 1989 年、1995 年和 1997 年 3 个年份[3]。而我国台湾地区，近半个多世纪以来的预算年度几经变迁，始终在 7 月制与历年制间不断变更，最终于 1998 年综合考虑多种因素而将预算年度敲定为历年制[4]。因此，不能从调整预算年

① 黄晶华：《马蔡琛教授谈预算法修订的"三底线"》，载于《国际金融报》2012 年 8 月 26 日。
② 马蔡琛：《论中国〈预算法〉的修订问题》，载于《云南社会科学》2009 年第 6 期。
③ Mikesell, J. L. "Federal Budget Structures and Institutions." In *Fiscal Administration：Analysis and Applications for the Public Sector.* 9th ed, 122. Boston：Wadsworth, Cengage Learning, 2014.
④ 马蔡琛、张洺：《海峡两岸政府预算制度的比较研究》，载于《河北学刊》2014 年第 4 期。

度的简单化思维来处理年终突击花钱问题①，而应从预算运行机制重塑的更深层次来加以谋划。

从历史的视角来看，预算先期执行早已是困扰各国政府预算管理长达百年之话题，而不是什么新鲜事。早在近百年前，中国学者对此就曾有过精练的论述："预算议定之后，即当实行，然事实上各国之预算，往往因政治上之变动，而有未议定或不成立之事。预算未议定与预算不成立大不相同。不成立者，谓或由议会不成立，或由议会不一致，或由政府与议会关于预算之全部或一部生根本上之冲突，或由预算之议定，违背法规，致预算断无议定或确定之希望也。未议定者，谓或由新内阁初成立，其预算迟于提出，或由议会之议事，发生意外之停滞，致年度开始之时，预算尚未议决，必少假时日，始可议决也。预算之理想，在能议定于事前，显未议定及不成立，既为事实上所不可免，则不能不有一种便法以救济之。通常关于未议定时之处置法，各国现制上各不相同，约有三种：①法律上无办法者，如美国是也；②前预算延长制，如西班牙……是也；③临时预算制，如英法意比是也。第一制虽有自由处置之益，然同时又有破坏预算精神之害。第二制与第三制比较之，以第三制为优。一是社会万般情事，逐岁变迁，若袭用前年度之预算，事实上必有窒碍。例如前年度之预算中，有营建衙署或其他建筑物一项，其经费三百万，然其事已于前岁竣工，若施行前年度之预算，则此等经费之支出，宁非无意义。又如今岁发生丧乱、灾变之事，急需巨款以谋善后，若施行前年度之预算，则此等经费将何由筹措。反是，若采用临时预算制，其编制之大体，虽必以前年度之预算为基础，然可参酌本年度之情形而有所出入，则可期与事实相应，施行上不生障碍也。二是预算之内容为政府全年度政策之所寄，而世态万变，必须每年有所策划，始能与日进不已之大势相应，若沿用前年度之预算，则行政必蹈常袭旧，而违反时势之所趋。反是，若采用临时预算制，则可持进步的主义，以定行政之纲领，而不至牵拘于成法，而不能应时势之要求也。临时预算复为两种：①依一年十二月计算，以提出预算上经费之总额为被除数，以十二除之，其所得之数，即为一月之费额，故名之曰临时十二分预算，但一次施行之期限

---

① 在多方呼吁下，2014 年 8 月修改通过的《预算法》第十八条规定："预算年度自公历 1 月 1 日起，至 12 月 31 日止"，维持了 1994 年《预算法》关于预算年度的规定，从稳定大局出发，体现了全面深化财税改革的宗旨和原则。

得至两个月以上，不必仅限于一月，此法法国行之；②临时预算，在实际上以数月之收支为标准而论制之，但其施行之期，无明文之限制，此制英国行之。西法似以第二法为优，因其能察临时之需要，以为增减，不似第一法之固定也。"①

第二，关于资金传导路径与层级扁平化问题。在我国的政府间财政关系格局中，来自上级政府的专项转移支付资金已然成为下级财政的重要财力来源，而这类项目的多寡、拨付时间的早晚往往不是下级财政所能掌控的。这种多层级的大纵深治理结构导致财政转移支付资金"自上而下"逐级拨付至基层财政的传导时间表，往往呈现"八月十五放光明"的格局②，基层财政实际取得预算资金的时候往往已近年终岁尾，突击花钱实属无奈之举。

近年来，随着"省直管县"和"乡财县管"改革的推进，为缩短政策与资金的传递链条，适当精简政府层级的呼声也日益高涨。然而，在中国这样一个大国，采用以县为基本单元的"省县两级制"地方治理构架仍旧需要加以审慎考量③。纵观历史可以发现，在省与县之间设置一个行政层级，在某种程度上，或许是中国古代行政管理的一项宝贵经验④。回顾中国财政发展史，任何省县两级制的地方财政构造方式，最终总是回归为三级制⑤。中央与地方职能划分是一个国家治理问题，不是一个纯粹的财政问题⑥，建立事权与支出责任相适应的制度，需要量化指标并形成有共识的方案⑦。因此，通过政府财政

---

① 陈启修（陈豹隐）:《财政学总论》，商务印书馆 2015 年版，第 89~90 页（原书于 1924 年由商务印书馆出版）。

② 这是对于中国政府性资金纵向传导的一种形象比喻，往往在每年 9 月之后，也就是过了农历中秋节（八月十五），来自上级政府的转移支付资金开始呈现"井喷式增长"（放光明）。越是接近年底，资金的下达频度和规模越发可观。十多年前，笔者在某省级财政部门预算处工作时，甚至出现过这种有趣的现象。我们在 12 月 31 日上午收到来自上级财政的专项转移支付资金，限定在年底之前花完。于是省级财政当即将资金下拨给区县财政部门，同样要求于年底前花完，而这时距离预算年度的结束，也就仅有几个小时时间了。尽管时隔多年，但在各级财政部门中类似问题仍不同程度存在。

③ 马蔡琛：《"营改增"背景下的分税制财政体制改革》，载于《税务研究》2013 年第 7 期。

④ 田穗生等：《中国行政区划概论》，北京大学出版社 2005 年版，第 261~268 页。

⑤ 回顾近 600 年来，中国省制确立后的政府层级演变（暂不考虑乡镇财政问题），在明清和中华民国北京政府时期，省县之间一直存在着一个中间层级：明清的"州府"，中华民国北京政府时期的"道"。

⑥ 楼继伟：《中央与地方收入划分非纯财政问题，需立法解决》，http://news.cntv.cn/2014/03/06/ARTI1394071162023597.shtml。

⑦ 新华网：《一场关系国家治理现代化的深刻变革——财政部部长楼继伟详解深化财税体制改革总体方案》，http://www.mof.gov.cn/zhengwuxinxi/caizhengxinwen/201407/t20140704_1108534.html，2014 年 7 月 3 日。

层级扁平化的改革，来缩短财政资金纵向传导链条，进而化解年终突击花钱问题，至少在短期内难以一步到位。

（2）政策变动与预算执行偏离而诱发的年终突击花钱。

预算决策与公共政策过程的一致性、预算硬约束（预算刚性）是建立现代预算制度的两大基本前提。然而，这两个约束条件在一国处于经济转型的特殊阶段却往往难以得到完全满足。

就预算决策与公共政策过程的关系而言，年终突击花钱现象的日益严重，既有不可预见因素较多的客观影响[①]，也不乏预算决策过程与公共政策制定过程分离、预算编制精细化程度有待提升的管理因素[②]。发达经济体的预算改革之所以较为成功，主要得益于公共预算改革与行政管理体制改革得以大体同步推进[③]。但在现时的中国，预算支出管理模式的转换相对于行政管理体制改革而言，呈现某种程度的超前性[④]。也就是说，即使在年初预算已经确定并付诸实施之后，仍有可能出台新的公共政策，并需要在预算年度之内筹措相应的资金。这种年中政策变动的常态化导致各级预算决策者不得不在编制预算之初就预留某些"虚设"的预算项目，以满足此类临时性政策变动的资金需要[⑤]。然而，一旦在预算年度中没有发生预期的政策变动，那么在接近年底的时候，这类项目就会自动转化为年终突击花钱项目。在现实预算管理中，考虑经济形势

---

①　在导致年终突击花钱的诸因素中，仍旧存在着一些理性因素或合理成分。例如，一些预算支出项目往往需要在年底据实结算，会造成 12 月的支出较多；又如，上半年的时候大家花钱都比较谨慎，以备不时之需，预算支出进度在上半年和下半年之间会不均衡。进一步论述可以参阅：李燕：《"年终突击花钱"的原因分析及因应之策》，载于《中央财经大学学报》2012 年第 1 期。这些都是年度预算执行中的正常现象，也是非常理性的行为选择，而本节重点考察的是导致年终突击花钱的异常因素或非理性因素，故本节对于此类情形，暂存而不论。

②　马蔡琛、黄凤羽：《国家治理视野中的现代财政制度——解读十八届三中全会〈决定〉中的深化财税体制改革问题》，载于《理论与现代化》2014 年第 3 期。

③　马蔡琛：《现代预算制度的演化特征与路径选择》，载于《中国人民大学学报》2014 年第 5 期。

④　吕炜：《我们离公共财政有多远》，经济科学出版社 2005 年版，第 27 页。

⑤　20 世纪 90 年代中后期，笔者在某省级财政部门预算处工作期间，1998 年末编制 1999 年预算之时，财政厅领导就曾指出，预算中编列的一个金额达数千万的项目，系虚设的预留机动项目，主要是预计 1999 年为扩大国内消费需求、拉动经济增长，很可能出台公务员涨工资的政策，为避免届时无从筹措资金，特意虚列一个项目在预算中。如果到 1999 年底，没有出台涨工资政策，再将该项目改变为其他用途。到后来，1999 年 8 月底，果然发布了《关于调整机关事业单位工作人员工资标准和增加离退休人员离退休费三个实施方案的通知》，规定从 1999 年 7 月 1 日起调整机关、事业单位工作人员工资标准和相应增加离退休人员离退休费。可见，在各级预算管理中，作为"账房先生"的财政部门，为及时响应"东家"随机出台的各类增支政策，采用这种变通方式仍旧是有其合理性的。

变化、应急性现突发事件、官员任期及调任履新等多重因素的作用，这种"机制性"突击花钱往往成为难以避免的现象。

尽管预算执行偏离度的界定存在多种统计口径，但预算超收作为典型意义上的预算偏离现象，在现时的中国已然超出了一次性、政策性等常规超收因素的可解释范畴，而更具机制性超收的特点。到底会有多少预算超收资金，在年初预算经由立法机构审议时是难以预先估计的，只能等到预算年度临近终了时才能大体确定。而超收资金作为预算执行中的一笔"额外财"，在现行预算治理框架内处于一种"三不管"的境况①，往往成为地方政府部门拥有较多自由裁量权（discretionary power）的支出。这种超收转化为超支的"直通车"机制，进一步加剧了各级政府部门的突击还钱行为。

（3）控制取向与绩效导向冲突而引致的年终突击花钱。

纵观现代预算制度的演化进程，总体呈现从"控制取向"转向"绩效导向"的发展趋势②。在预算发展的早期阶段，强调议会对行政部门的控制、财政部门对各支出部门的控制。近半个多世纪以来，为更好地践行公共受托责任，开始转向赋予行政部门更多的管理灵活性，更加突出预算管理的绩效产出取向。就本质而言，控制与绩效之间存在着某种内在的冲突。也就是说，加强控制（尤其是合规性控制）往往是以一定程度的绩效损失为代价的，而强调绩效结果就不得不适当放松管制约束。

在不同国家的不同发展阶段，上述两种取向往往不得不有所取舍。就中国预算管理的现实而言，采用从"合规控制"逐步走向"绩效导向"的两阶段发展路径，应该说是一种更为务实的选择。这正如艾伦·希克对发展中国家推行绩效预算改革提出的忠告："发达国家只有在已经建立起可靠的控制制度之后（而不是之前），才赋予管理者运作的自由，将先后顺序颠倒就要冒这样的风险，即在有效的制度建立以前，就给予管理者随心所欲地支配财政资金的权力③。"

然而，在当代中国预算管理改革中，往往存在着这样一种认识误区，那就是，误以为通过一味地加强支出控制就可以实现提升预算绩效的目标。这导致

---

① 马蔡琛：《中国政府预算超收资金的形成机理与治理对策》，载于《财贸经济》2009 年第 4 期。
② 马蔡琛：《现代预算制度的演化特征与路径选择》，载于《中国人民大学学报》2014 年第 5 期。
③ ［美］艾伦·希克：《当代公共支出管理方法》，经济管理出版社 2000 年版，第 34 页。

基层预算单位在实践中的无所适从。在基层单位的日常预算管理中，往往要求从严控制项目资金拨付，必须严格按照早先预算申请中提出的支出明细项目来执行预算。但基于前述预算决策与公共政策分离的现状，现实中越是早编、细编的预算，往往越不具有现实的可实施性。当这些原本就缺乏可行性的预算突然被赋予了刚性约束职能的时候，相应的预算支出进度自然就变得缓慢异常了。但是，从避免年终突击花钱的角度，又会不断要求各级财政部门和预算单位加快预算支出进度，确保"时间过半、支出进度过半"①。这种两难困境下的权衡结果往往是，各基层单位在平时过度强调财经纪律，以免除自身的财务管理责任，导致预算支出进度过于缓慢；但在接近预算支出进度考核时间节点的时候，又不得不转而采用突击运动式的资金集中拨付。

2. 基于制度优化设计的治理路径

根据年终突击花钱行为的类型分布与生成机理分析，制度性因素应该是导致这种非理性支出行为的关键障碍。从这个意义上讲，需要从优化制度设计的治本之道，来谋划治理年终突击花钱的路径选择。

（1）实施中期财政规划，强化财政总额控制。

导致年终突击花钱行为的重要原因在于，资本性支出的跨期预算约束与预算年度的当期约束之间存在着内生性的冲突，致使利益相关主体难以形成中长期尺度上的长远考量，进而诱发预算行为短期化的倾向。从传统的年度平衡走向跨年度的中期预算平衡作为未来中国预算治理结构的重要变化之一，通过实施中期财政规划，将有望逐步稳定利益相关主体的决策预期，从而阻断年终突击花钱的根本性诱因。在实施中期财政规划的过程中，需要妥善解决三个方面的问题。

首先，强化中期财政规划的总额控制机制②，践行"以支定收"的预算管理原则。尽管在某些国家的中期滚动预算实践中，作为财政总额控制具体体现的中期预算限额，对于政府部门而言未必构成一种硬约束。然而，在中国社会转型期的预算改革实践中，出于稳定利益相关主体预期的考虑，仍旧有必要强

---

① 其实，由于前述人代会会期因素以及民工回家过年而导致的工程项目停工、北方地区的气候因素，在我国的现实环境中，总体上不具备在上半年实现预算支出任务过半的客观条件。

② 所谓财政总额控制，就是要求支出总额在对预算的各个不同部分作出决定之前就确定下来，并且不受其干扰，为保证预算总额不向不断扩张的资金需求妥协，支出总额必须强制执行。进一步论述可以参阅：艾伦·希克：《当代公共支出管理方法》，经济管理出版社 2000 年版，第 12～13 页。

化财政总额控制。落实到具体操作层面，就是走出传统的"量入为出"的政府理财思维，转而采用"以支定收"的财政规模确定原则。从界定政府职能的范围和边界入手，确定履行公共服务职能所需的预算资金规模（财政总额），进而严格限制政府财政收入的汲取机制，不得突破财政总额的上限约束。同时，加大对于各种预算超收行为的惩处力度，切实维护年度预算法案的权威性和严肃性。

其次，整合资本性支出的预算管理权能，破解预算碎片化的管理难题。在政府预算的基本支出（人员经费、公用经费）和项目支出中，项目支出构成了年终突击花钱的主体，而其"重灾区"就是项目支出中的资本性支出（如各类基本建设支出）。但在中国预算管理的权能分布中，基本建设支出是游离于政府财政部门管控之外的，其决策权归属于各级发展和改革委员会。这些规模庞大的"切块资金"被媒体戏称为"口袋预算"①，这也是很多发展中国家预算管理的通病。在一些发展中国家，名义上的核心预算机构（如财政部）主要负责经常性预算（operating budget）的分配，而资本预算（capital budget）通常是由一个计划部或发展部来分配的②。然而，政府预算管理的权能是不容肢解的，在实施中期财政规划的过程中，需要将具有跨年度特征的各类资本性支出的管理权能统一整合到政府财政部门（或专门组建国家预算管理局），循着建设全口径预算管理体系的思路，逐步推进项目支出突击花钱的根本性治理。

最后，关注中期财政规划的可持续性，避免预算合约在最后时间段重现短期行为。如何避免多期动态环境下，预算资金使用者本期努力所产生的预算节约会成为削减其下一期预算规模的标准和依据，始终是化解年终突击花钱的难题之一③。如果能够建立有效的长期性预算合约，则可以在一定程度上缓解这种负面影响，但长期合约在现实中仍具有某种不可持久性，其主要困难在于，当长期合约执行到后期阶段又将再次呈现短期合约的态势，各利益相关主体将面临重新签约的困扰。针对这种情况，可以考虑在长期预算合约推进至 2/3 ~

---

① 经济观察网：《3800 亿"口袋预算"：发改委编织的谜》，http：//finance. jrj. com. cn/2011/05/30091610082444. shtml，2011 年 5 月 30 日。

② Potter，Barry H. ，Jack Diamond. Guidelines for Public Expenditure Management. Washington，16. D. C. ：IMF，1999.

③ 马蔡琛：《变革世界中的政府预算管理——一种利益相关方视角的考察》，中国社会科学出版社 2010 年版，第 138 页。

3/4 的时间段，即行启动预算合约的重新确定，并按照合约期间的加权平均基数（而不是以合约最后时间段作为基础）来滚动推进中期财政规划。否则，在长期合约末端引发的短期行为，其所蕴含的年终突击花钱能量将呈现某种"高山滚石"效应，危害将更为严重。

（2）推进权责发生制政府会计改革，实现预算授权承诺与实际支用的适度分离。

规范意义上的预算支出周期（expenditure cycle），包括拨款（appropriation）、承诺（commitment）、核实（verification）和付款（payment）等相互继起的阶段①。现代政府会计的一个显著特征就是通过一系列预算账户来记录支出周期的执行情况，这些账户均在每个预算年度之初开启，并在年度结束时结账（因而年末不存在余额结转问题)②。但是，如此强大的政府会计核算功能只有在权责发生制计量基础之下才有望得以实现。我国现行收付实现制的政府会计核算基础难以全面反映公共支出过程中的各类债权债务关系及其隐含的财政风险。也就是说，在当前的预算核算体系之中，各支出部门经人大审批后的预算规模在会计核算上不能被确认为预算授权和支出承诺，只有待实际付款（国库拨款支付）之后，才能够计为预算支出。各级财政部门和用款单位为求得每年账面上的平衡与支出进度，往往只能采用突击花钱的方式。因此，实行权责发生制的政府会计改革将有望从根本上消解年终突击花钱的动因。

在《中共中央关于全面深化改革若干重大问题的决定》中首次提出，"建立权责发生制的政府综合财务报告制度。"2014 年 8 月修改通过的《预算法》也明确规定："各级政府财政部门应当按年度编制以权责发生制为基础的政府综合财务报告，报告政府整体财务状况、运行情况和财政中长期可持续性。"权责发生制政府会计改革历经千呼万唤终于尘埃落定。然而，在权责发生制政府会计改革的推进中，仍旧需要注意处理好以下问题。

首先，防止采用"土法炼钢"的方式来推进政府综合财务报告改革。目前我国已在 20 余省份试编了权责发生制政府财务报告，但不仅其编制结果未

---

① 王雍君：《支出周期：构造政府预算会计框架的逻辑起点——兼论我国政府会计改革的核心命题与战略次序》，载于《会计研究》2007 年第 5 期。

② 徐仁辉：《公共财务管理——公共预算与财务行政》，中国台北：智胜文化事业有限公司 2000 年版，第 429 页。

能公之于众，甚至编制方法也一度秘而不宣。从有限渠道获取的信息显示，目前试编的权责发生制政府综合财务报告，颇有某些"土法炼钢"的味道，未能构建适当的编制基础和操作规范，而是采用"年末硬性调账来生成报表"的非规范方式。作为小范围试点的摸索，这种做法尚无可厚非。但如误以为这样就可以生成确具价值的权责发生制政府综合财务报告，则难免有南辕北辙之嫌。会计作为一种"财务语言"不能过于强调国情特点，会计核算如果不采用国际通行的方法也难以得出具有广泛应用价值的结论。因此，政府会计准则的制定、财务报告的生成机制等方面仍需要从国际化的视野中来加以谋划。

其次，防止权责发生制核算的"蓄水池"效应。较之收付实现制核算基础，权责发生制会计原则体现了更多的职业判断色彩（尤其是对于债权债务关系的确认），这容易诱发行政事业单位财务核算中自由裁量权的非规范性扩张，成为人为调节的"蓄水池"。例如，在现行收付实现制下，预算安排的支出在年终必须拨付给用款单位，否则就难以完成支出进度，这也是导致年终突击花钱的重要催化剂。有些部门寄希望于权责发生制改革，规避审计部门对此类事项的审查监督。因为在权责发生制下，只要确认了针对相关单位的"预算授权"，就确定了相应的债权债务关系，至于在未来哪一个具体时点上发生实际资金拨付行为，仅仅是往来账目的调整[1]。从这个意义上讲，即便实行了权责发生制政府会计改革，也仍旧需要相关行为约束机制的配合，才有望杜绝年终突击花钱行为。

3. 基于行为约束机制的治理路径

在当下的中国，年终突击花钱行为的产生，尽管在相当程度上受制于转型期财政制度建设滞后的约束，但从国际比较的视野来看，年终突击花钱也并非中国特有的现象，不少发达国家也同样存在类似现象。日本将此类行为称作"年末突击工程"，韩国则无奈地将每年12月称为"预算开支高烧月"，将此种现象称为"日历牌现象"。即使像德国、加拿大等被认为财会预算制度非常成熟的国家，年底突击花钱的现象也并不鲜见[2]。年终突击花钱乱象的治理，

---

[1] 马蔡琛：《实行权责发生制政府会计改革的反思》，载于《会计之友》2006年第5期。

[2] 《全球难禁"年底突击花钱"》，载于《环球时报》，http://news.163.com/10/1212/09/6NMLUIMT0001 4JB6.html。

不能单纯强调制度设计层面的优化，因为单纯依靠良好的预算程序仍旧可能会产生不良的预算结果①。所谓"变制度易，变社会难"，还需要从利益相关主体的行为约束机制出发，进一步探寻年终突击花钱现象的治理路径。

（1）适当放宽支出项目跨年度结转的许可幅度，减缓年终突击花钱的制度压力。

这方面可以参考韩国的经验，2009 年 10 月，韩国企划财政部决定 2010 年起，将中央各部门基本经费的结转额度改为 10%，而此前的规定为年末预算超过 5% 的结转部分，均须交回国库②。在 2014 年 3 月发布的《国务院关于改进加强中央财政科研项目和资金管理的若干意见》中也明确规定："项目在研期间，年度剩余资金可以结转下一年度继续使用。"

（2）建立预算节余分享机制，化解官僚机构的预算最大化冲动。

由于资金使用者不能分享预算拨款扣除支出费用后的净节余，容易导致随意花费纳税人钱财的预算最大化行为（budget-maximizing）③。其最终结果或许正如米尔顿·弗里德曼的推断，公共预算规模可能是"最适当的"公共开支额的两倍④。根据米盖（Migue）和贝兰格（Belanger）20 世纪 70 年代中期的研究，资金使用者因节俭努力而实现的预算节余，如果有一定的份额可以作为"自由支配的预算"用于自身的消费，就可以有效抑制预算最大化的冲动⑤。因此，如果可以判断预算节余确系资金使用者努力节约所致，则应当给予其适当的奖励，从而化解各级政府部门追求预算最大化的内在冲动。

（3）承认研发性公共支出中的智力投入贡献，充分调动科研人员的研发积极性。

研发性公共支出作为一种较具特殊性的公共开支项目是实现科教兴国战略的重中之重。然而，按照早期的各类财务制度规定，通常的科研项目经费预算主要由材料费、调研差旅费、通讯费、印刷费、会议费等构成，其中劳务费的比例和支用方向往往限制较为严格，甚至规定只能支付给科研助手（如研究

---

① ［美］艾伦·希克：《当代公共支出管理方法》，经济管理出版社 2000 年版，第 7～8 页。

② 《全球难禁"年底突击花钱"》，载于《环球时报》，http：//news. 163. com/10/1212/09/6NMLUIMT00014JB6. html。

③ Niskanen，W. A. Jr. Bureaucracy and Representative Government. Chicago：Aldine-Atherton，1971.

④ ［美］米尔顿·弗里德曼：《美国新自由主义经济学》，北京大学出版社 1985 年版，第 146 页。

⑤ J. L. Migue，G. Belanger. Toward a General Theory of Managerial Discretion ［J］. Public Choice，1974，17（1）.

生等）。而项目负责人与骨干成员投入的大量精力和时间在经费预算中基本上不予承认，这种做法极度漠视了研发过程中智力投入的报酬。任何一项违背行为人本性的制度，其运行和维护成本都将是相当高昂的。因此，需要适当承认研发性公共支出中的智力投入贡献，在履行纳税义务的前提下，充分尊重多劳多得的社会主义分配原则。这样既可以激发科研人员的积极性和创造性，又可以避免每逢岁末年初"海量收集发票报销"的现象。

（4）稳定利益相关主体的改革预期，逐步克服突击文化的历史惯性影响。

由于历史惯性与现实国情的多元约束，突击文化在中国公共治理结构中具有根深蒂固的影响。大凡农业文明历史较长之社会，因农忙农闲的季节性很强，各种"抢收"行动构成了社会生活的重要背板底色。在建立现代民族国家的过程中，基于实现国家富强的焦虑心态、物质文化水平较为落后的现实约束，以及行政手段相对匮乏的时代局限，也往往容易产生对"突击"的心理依赖①。而社会转型期的相对过长也会导致中长期的稳定性预期难以形成，甚至寄希望于通过各类"大检查式"的突击运动来推进改革进程。然而，"飘风不终朝，骤雨不终日"，仅靠"运动式"的改革是无法正本清源的，也难以起到标本兼治的效果②。需要承认的是，从文化生态的意义上，逐步铲除突击文化的滋生土壤将会是一个漫长的过程。但不论是从遏制年终突击花钱的短期现象，还是从建设现代财政制度的长远发展而言，稳定利益相关主体的未来预期，逐步减少突击运动式的改革，构建社会运行的基本"道路规则"，仍旧是实现国家长治久安的必由之路。

---

① 张健、周维东：《"突击文化"的历史内涵及其对延安文学研究的意义》，载于《南开学报》（哲学社会科学版）2008 年第 3 期。

② 中国经济网：《杜绝"红顶商人"别搞运动式清理》，http：//views. ce. cn/view/ent/201409/28/t20140928_3616590. shtml。

第5章

全球视野中的当代政府预算改革

孔子曾经说过，"道不行，乘桴浮于海"。不过，很多研究洋为中用的学者专家，特别是研究有关软科技如经济和管理的，往往将研究范围放在"现在"：研究西方先进国家的现行政策、结构和模式去找其可用之处。其实，现行的政策、结构和模式的作用与影响通常要在将来才有分晓，因此不可能科学地研究，也就是说，只可以臆测，不能做因果分析。如果西方国家器物层面的先进不是出于意外或偶然，它们现在的成就只可能来自过往的耕耘。因此，值得研究和可以研究的是过往的政策、结构和模式及其演变。[①] 不过，政府预算和政府财务报告在某种程度上体现为政府的商务语言，从话语沟通的时代性与便利性而言，关注当代全球预算改革的最新演化趋势，仍旧是中国预算管理改革中不可或缺的一个重要环节。

5.1 全球预算改革的最新演化趋势：基于 21 世纪以来的考察[②]

公共预算制度并非一成不变，而是一个与特定时空环境相联系的历史现象，需要将其置于全球视野和历史演化中加以考察。现代预算的演进历史表明，公共预算有三个层次的基本目标：优化资源配置、加强总额控制、提高运作效率。进入 21 世纪以来，世界范围内的社会经济环境发生了巨大变化，预

---

① ［加］郭鹤年：《西方文明的文化基因》，生活·读书·新知三联书店 2014 年版，第 5 ~ 6 页。

② 马蔡琛、苗珊：《全球公共预算改革的最新演化趋势：基于 21 世纪以来的考察》，载于《财政研究》2018 年第 1 期。

算领域也随之掀起了管理变革的浪潮。在这十多年间，公共预算面临着诸多新的挑战，如预算项目和结构的复杂化与多样化、财政压力与日俱增、金融危机及经济全球化（抑或逆全球化）的影响、年度项目向多年期项目的转变等。①为了应对这些挑战，公共预算领域涌现出众多理念创新和相应的改革实践。譬如，为了将预算决策的重点由资金的多少转移至项目的效果上来，各国引入了绩效预算；为应对金融危机带来的财政不确定性，各国进一步将风险管理技术引入预算领域。总的来说，进入 21 世纪以来，预算制度更加侧重于管理和计划，加之受到金融危机的影响，财政的可持续性问题得到了重点关注。

这一时期的相关改革在公共预算的三大目标领域均有所突破，集中体现在以下三个方面：为优化资源配置而推进新绩效预算改革；为加强总额控制而强化财政风险管理；为提高运作效率而组建独立财政委员会。其中，新绩效预算改革在预算过程中注入了更多的理性因素，以期更加合理地解决资金分配问题，体现了预算决策机制科学化的内在要求。相对而言，强化财政风险管理和独立财政委员会的组建则受外部经济环境（特别是本轮全球金融危机）的影响较大，与经济形势的冲击性因素联系更为紧密。

5.1.1　优化资源配置，以结果为导向的绩效预算改革

20 世纪 90 年代以来，受新公共管理理论所倡导的政府再造运动影响，澳大利亚、新西兰、英国等发达经济体开展了以结果为导向的绩效预算改革（为了与 20 世纪 60 年代失败的绩效预算改革相区别，也称为新绩效预算改革②）。在过去的二十多年间，绩效预算在世界范围内不断拓展。以美国为例，自 1993 年颁布《政府绩效与结果法案》（GPRA）以来，40 个样本州中的 32

---

① Rubin I. Past and Future Budget Classics：A Research Agenda [J]. Public Administration Review，2015，75（1）：25 – 35.

② 绩效预算和新绩效预算均强调基于绩效手段来分配财政资源，但二者最大的区别在于使用的绩效手段不同。绩效预算更关注投入（input）和产出（output），而新绩效预算更加强调预算决策的效率和产出结果（outcome）的有效性。本节中的绩效预算均指新绩效预算。详细参见：Lu H. Performance Budgeting Resuscitated：Why Is It Still Inviable? [J]. American Journal of Hospital Pharmacy，1998，50（11）：161 – 162；马蔡琛、童晓晴：《公共支出绩效管理的国际比较与借鉴》，载于《广东社会科学》2006 年第 2 期。

个已经逐渐推行绩效预算。① 对于绩效预算的定义，研究者大多强调绩效信息和预算决策之间的关系。例如，OECD（2005）将其界定为一种将资金分配与可测量的结果相联系的预算模式。更有一些研究者直接将绩效预算表述为公共服务的绩效信息。例如，希克（Schick，2003）就认为，绩效预算体现为包含行政机构运用公共资金做了什么（或计划做什么）的信息的预算形态。根据发达经济体的实践，绩效预算大体可以划分为三类②：第一类仅在预算文件中体现绩效信息；第二类在预算编制过程中会考虑绩效信息，但并未将绩效信息与预算决策联系起来；第三类则依据绩效结果进行预算资金分配。

在各国实践中，绩效预算更多被视为一种行政手段，不仅会影响公共资源的分配，还对项目管理、预算的结构和进程、不同机构间以及行政机构与立法机构间的关系、政治结构和权力分布等造成影响。当然，绩效预算的施行效果会受到多重因素的影响，如测量系统（如何衡量项目结果、如何收集绩效信息、如何选择绩效手段等）、政治支持、政府推行绩效管理的能力（法律制度、员工能力、信息系统的构建等）。此外，城市（人口）规模也会显著影响绩效预算的施行效果，阿尔弗雷德（Alfred，2005）的研究发现，美国大城市在预算过程中更多地运用绩效手段，③ 而在一些小城市（特别是人口少于50000人的城市），其预算过程中很少采用绩效手段。④ 总体而言，绩效预算有效实施的条件主要包括：较小的预算执行偏差、有效的内部控制系统、高技能的员工、较强的公民参与意识等。这些条件比绩效预算的模式选择更为重要。这也解释了为什么高效率的政府更容易成功推行绩效预算。经过多年的发展，绩效预算逐渐走向成熟，但仍面临着许多挑战（如缺乏精确且及时的数据、尚未形成绩效文化、绩效信息或超载或低相关）。尽管各国绩效预算的实践不尽相同，但"确定支出优先顺序"和"有效使用绩效信息"则体现为颇具共性的重要核心环节。

---

① Lu Y, Willoughby K. Performance Budgeting in the States: An Assessment [Z]. IBM Center for the Business of Government, Fall/Winter 2012: 71-75.

② Curristine T. Performance Information in the Budget Process: Results of the OECD 2005 Questionnaire [J]. OECD Journal on Budgeting, 2005, 5 (2): 87-131.

③ Ho A. T., Ni A. Y. Have Cities Shifted to Outcome-Oriented Performance Reporting? —A Content Analysis of City Budgets [J]. Public Budgeting & Finance, 2005, 25 (2): 61-83.

④ Rivenbark W. C., Kelly J. M. Performance Budgeting in Municipal Government [J]. Public Performance & Management Review, 2006, 30 (1): 35-46.

1. 确定支出优先顺序

所谓确定支出优先顺序是指，依据政府的战略目标和政策重点，在预算编制之前确定支出次序，从而保证将资金配置到关键领域，提高资金的使用效率。在近二十年来的各国实践中，确定支出优先顺序的方法有很多种，其中较具代表性的当属中期支出框架和支出审查。

中期支出框架（MTEF）体现为将战略目标与预算资金联系起来的多年期预算规划，一般涵盖 3～5 个财政年度。中期支出框架采用一种前瞻性的战略方法来确立支出的优先次序并配置资源，从而保证公共支出水平和结构均由新的需求决定。中期支出框架发展至今，已然不仅局限于发达国家，在拉丁美洲、欧洲新兴经济体以及东部和南部非洲等地区均有应用，俨然成为一种世界性的发展潮流。研究表明，中期支出框架可以引导更多的资源投入优先序较高的支出项目中去。[①] 此外，该框架还有利于强化财政纪律，控制预算赤字和公共债务的非理性扩张。但与发达国家相比，一些发展中国家实行中期支出框架却很难达到预期的效果。其原因在于中期支出框架的有效实行受制于多重因素："被动型"改革导致的内生动力不足，例如非洲国家的中期预算改革便是由世界银行推动和支持的；缺乏健全有序的公共预算制度基础，特别是经济预测和成本核算制度，难以满足实施中期支出框架的要求，如莫桑比克和马拉维；与年度预算的关联不够紧密，仅仅是预算形式上的表面结合，如加纳和约旦；建立中期支出框架的进程过快，如爱沙尼亚。对于很多国家来说，建立中期支出框架是预算制度的极大挑战，如欲取得成功，政策制定者的支持、将中期支出框架融入预算进程的方式、相关主体的能力提升以及组织结构的优化都是至关重要的。

此外，支出审查（spending review）在确定支出优先次序方面的影响也不容小觑，特别是在本轮全球金融危机之后。IMF 和 OECD 则将其视为绩效预算的组成部分，用于对现有项目的有效性和适当性进行审查，并运用绩效信息鉴别应该削减哪些项目，以此来拓展财政空间。研究者发现，金融危机之前的支出审查大多适用于新扩展的财政空间，但由于金融危机的爆发，新的财政空间受限，为节约财政资金，提高资金使用效率，支出审查的目标逐渐转移至基线

---

① World Bank. Beyond the Annual Budget: Global Experience with Medium-Term Expenditure Frameworks [R]. World Bank Publications, 2013: 103 – 109.

支出（baseline expenditure），这也成为了"后金融危机"时代 OECD 各国预算改革的重要议程之一。① 2012 年 OECD 的调查显示，一半的成员国已经采用了支出审查。支出审查可细分为功能性审查和战略性审查，其中前者主要对现有项目的投入和执行进行审查，以运用最少的资源达到最好的效果（如韩国、芬兰）；而后者除了对项目的效率加以审查外，还依据政策目标和绩效信息对项目进行排序，以确定支出重点（如加拿大、澳大利亚）。② 可见，支出审查能够为削减支出提供依据，从而保证财政支出聚焦于重点领域，其功能的发挥依赖于审查人员的能力、绩效预算的支持、中期预算框架的构建等一系列先决条件。

2. 有效使用绩效信息

在 OECD 国家，发展绩效信息③已经成为一个普遍的趋势。有效使用绩效信息能够使公共预算事半功倍，主要体现在以下三个方面：一是帮助确定支出次序，提高资金的配置效率；二是督促各支出部门完善预算编制，改进预算项目；三是保证公共服务的数量和质量，提高财政资金的使用效率。④ 因此，各国均强调绩效信息在预算过程中的应用。譬如南非财政部就强调绩效信息在计划、预算和报告中的作用。乔伊斯（Joyce，2003）建立了如何在预算制定、批准、执行和审计过程中运用绩效信息的框架。除财务类绩效信息外，约 3/4 的 OECD 国家的预算文件中还包含非财务类绩效信息，但非财务类信息在预算谈判中的作用相对较小，主要提供给相关机构（如审计机构、立法机构、行政首脑办公室等）以供参考。⑤

从各国实践来看，绩效信息并未能真正应用于预算决策，特别是绩效预算起步较晚的国家更倾向于将绩效信息作为背景性信息，而非决定性信息。这也是绩效预算发展过程中遇到的极大挑战。这一共性问题在美国、智利等国均得

---

① Robinson M. Budget Reform Before and After the Global Financial Crisis［J］. OECD Journal on Budgeting，2016（1）.

② OECD. Achieving Public Sector Agility at Times of Fiscal Consolidation［M］. OECD，2015：44－46.

③ OECD 认为绩效信息包括"评估"和"绩效指标"，详细参见：OECD. Modernising Government：The Way Forward［R］. OECD，2005：58.

④ Robinson M. Connecting Evaluation and Budgeting［R］. Independent Evalution Group，The World Bank Group，Washington DC，2014.

⑤ OECD. Greening Public Budgets in Eastern Europe，Caucasus and Central Asia［R］. OECD，2011：75.

到了验证。其主要原因在于，缺乏合理有效的机制来说明怎样使用绩效信息。此外，绩效信息的质量、及时性、相关度欠佳也是制约其作用发挥的重要因素。

基于绩效信息，可以生成有效且可行的绩效目标，以衡量资金的使用情况。在理论研究与实践中，各国在绩效目标的选择上存在巨大差异，主要体现在绩效目标的数量上。例如，美国有 3700 个绩效目标，紧随其后的是斯洛伐克共和国（1641 个）和韩国（1033 个），法国、日本、新西兰的绩效目标个数在 500~600 个之间，而瑞典的绩效目标仅有 48 个。[①] 还有很多国家为防止信息超载而限制了绩效目标的数量，这一点是值得引起我们关注的。在绩效目标的设定上，目前存在两种主要模式：一是以美国为代表的通过制定年度绩效计划来体现绩效目标，二是以英国为代表的采用"公共服务合同"（public service agreement）的形式来明确绩效目标。比较而言，英国模式更加强调绩效目标与多年期预算的结合，较之美国模式，其与预算过程的联系更加紧密。

5.1.2 强调总额控制，强化财政风险的管理

根据 IMF 的界定，财政风险是指在短期到中期的时间跨度内，财政变量与政府预算或其他财政预测中，预测值相偏离的可能性。[②] 其成因包括偏离预期的经济增长、贸易冲击、自然灾害、政府担保等。

在本轮全球金融危机爆发之后不久，相关研究者就曾指出，为应对金融危机，各国不得不增加公共支出，一些国家的债务已然远超欧盟《稳定与发展条约》（SGP）规定的警戒线（即占 GDP 的 60%）。究其原因，一方面是长期性支出的压力，特别是养老金等公民权利性支出以及巨额债务的刚性利息支出；另一方面是金融危机后的税收增速放缓，使得控制财政赤字和减少债务负担变得更加困难。这并不是一个暂时现象，而是一个受经济下行影响将会长期存在的问题。因此，各国政府开始重视财政风险评估，并将其引入预算管理体系，其主要举措包括以下三个方面。

---

① OECD. Budgeting Practices and Procedures Database [EB/OL]. http：//www. oecd. org/governance/budgeting/internationalbudgetpracticesandproceduresdatabase. htm.

② IMF. Fiscal Risks：Sources, Disclosure, and Management [R]. 2008.

一是提高财政透明度，充分披露财政风险的相关信息。金融危机暴露了这样一种情况：即使在发达经济体中，政府对其当前财政状况的了解，也是不够充分且客观的，这表现为未能充分披露的财政赤字和政府债务，以及政府隐性债务向金融部门的转移。世界银行和 IMF（2001）认为，如果政策目标和工具能够被公众适当知晓，且政策部门能够做出可信的承诺来实现这一目标，财政风险管理的有效性便能够增强。① IMF（2016）进一步指出，现有的财政风险披露是不完整、碎片化和定性为主的，通过财政压力测试②的方式，对潜在风险进行综合评估，有助于准确预测外部冲击对偿付能力的影响。③

二是准确地识别并控制风险来源。阿尔珀等（Alper et al.，2012）将财政风险分为短期和中长期两类，短期压力来自总体融资需求、市场对违约风险的预期以及风险的外溢性；中长期压力则来自财政预算的调整需要，以及债务对增长与利率冲击的敏感性。④ 财政可持续性分析是识别财政风险的重要手段，包括动态模拟、敏感性分析等多种测度方法。在对风险进行有效识别的基础上，政府可以针对不同风险类型选择不同的管理方式。例如，通过限制个体和机构的市场活动来直接控制财政风险敞口；通过规制手段来减少市场实施冒险行为的激励；或通过避险工具、对冲工具等实现财政风险的转移。⑤

三是加强对政府或有债务的风险管理。或有债务是指当且仅当出现特殊事件时才需要偿付的义务。当宏观经济框架、金融部门、监管体系和市场信息披露弱化时，或有债务便会非正常增长。或有负债隐蔽性较强，很容易被忽略，OECD 成员国中仅有少数国家对或有债务进行报告。例如，新西兰要求中央政府在每一年（或每半年）报告或有负债的数据，主要包括：担保和补偿、未申请的资产、立法程序或抗辩导致的债务等。⑥ 在现实中，政府往往缺乏有效管理风险的能力和动力，故应当对担保设置上限，将部分风险转移至私人部门

---

① IMF. World Bank. Guidelines for Public Debt Management［R］. IMF Policy Paper, 2001：1 – 54.

② 财政压力测试有两个关键要素：一是宏观经济风险，主要通过建立详尽的财政模型，解释宏观经济波动作用于税收侧时带来的非线性影响，或预算刚性导致支出侧的财政调整减缓；二是或有负债，主要考虑显性或隐性或有负债的范围和可能性，以及其与经济波动之间的联系，可通过财政透明度报告、或有债权分析报告等获得相关信息。IMF. Analyzing and Managing Fiscal Risks Best Practice［R］. 2016：15 – 17.

③⑤ IMF. Analyzing and Managing Fiscal Risks Best Practice［R］. IMF Policy Paper, 2016：10 – 25.

④ Alper C. E.，Arbatli E. C.，Caceres C. et al. A Toolkit for Assessing Fiscal Vulnerabilities and Risks in Advanced Economies［J］. Applied Economics, 2012, 12（11）：650 – 660.

⑥ 马骏，赵早早：《公共预算：比较研究》，中央编译出版社 2011 年版，第 271 页。

承担。但由于大量刚性兑付的存在，对或有债务的监督和管理权限应当集中于财政政策的实施部门。此外，为有效降低或有债务转化为现实的概率，应该减少公共部门的直接风险敞口，并要求政府担保的受益者追加抵押物。

5.1.3 提高财政体系的运作效率，适时组建财政委员会

在各国实践中，财政委员会是一个具有行政或法定职权的常设机构，依据公共财政的长期可持续发展、短中期的宏观经济稳定以及其他官方目标，对政府的政策、计划及其执行进行公开而独立的评估。[①] 自荷兰 1945 年成立经济政策分析局（CPB）以来，各国开始关注财政委员会的建设。特别是在本轮金融危机以后，为了维持宏观经济稳定并重新恢复财政政策的可信性和可持续性，财政委员会的数量呈现爆发增长的态势，其数量较之危机前增加了两倍。[②] 特别是在欧洲，欧盟 2013 年开始执行的《欧洲财政协定》（European Fiscal Compact）要求各成员国建立财政委员会。据统计，截至 2016 年 12 月，IMF 成员国中共有 39 个国家建立了财政委员会或类似机构，其中金融危机后组建的就有 26 个。[③] 泽维尔等（Xavier et al.，2014）将各国的财政委员会分为四种类型：附属于议会（一般为议会预算办公室）、附属于行政机构、附属于审计机构以及独立机构（见表 5 - 1）。各国的财政委员会在规模大小、独立程度等方面不尽相同，如美国国会预算办公室员工（全职）超过 200 人，而爱尔兰的财政顾问委员会仅有 3 人。

表 5 -1   **财政委员会的类型**

类型	代表性国家
附属于议会	美国、澳大利亚、南非
附属于行政机构	英国、荷兰、比利时
附属于审计机构	法国、芬兰
独立部门	德国、匈牙利、爱尔兰

资料来源：IMF Fiscal Council Dataset，http：//www.imf.org/external/np/fad/council/。

[①]   IMF. The Functions and Impact of Fiscal Councils［R］. 2013：8 - 10.

[②]   Debrun X, Kinda T. Strengthening Post - Crisis Fiscal Credibility—Fiscal Councils on the Rise. A New Dataset［R］. IMF Working Papers, 2014, 14（58）.

[③]   IMF. The Fiscal Council Dataset：A Primer to The 2016 Vintage［R］. 2017（3）.

各国财政委员会的职责主要集中在以下两个方面。

一是预测分析职能。即通过对经济趋势与财政状况的预测和分析，就财政政策和计划提出建议，为政策制定者提供更多的信息，但并不影响政策的决定。进入 21 世纪以来，一些研究者指出，政府对经济形势的预测往往过于乐观，特别是在经济繁荣时期，欧洲国家的这一现象更为明显，而独立机构（如财政委员会）对真实产出的预测误差通常更小。① 例如，英国的预算责任办公室（OBR）每年对经济和财政形势进行两次为期 5 年的预测，有效降低了政府为预留财政空间而进行"乐观预测"的偏差。② 不过，当 GDP 或财政变量存在内生的不确定性时，财政委员会在预测误差上的优势便会减弱。

二是监督审查职能。即对财政计划和绩效情况进行审查，并对财政纪律的遵守情况以及预算执行的偏离度进行监督。基于数据优势，财政委员会能够对政策目标完成与否展开监督，这在施行中期预算框架的国家更为突出。③ 一些跨国证据也表明，财政委员会有助于营造一种政府能够维护财政纪律的正面形象。④ 哈格曼（Hagemann，2011）通过对比智利、比利时、匈牙利和英国建立财政委员会之前和之后的财政绩效，发现独立财政委员会对政府遵守财政规则确实具有促进作用。⑤ 对财政委员会在预测的准确性以及推动财政纪律遵守方面的贡献应该给予充分肯定，但也不应过分夸大，特别是对于那些财政改革路远且长、制度执行能力和人力资源相对有限的发展中国家而言，更是如此。

就未来发展而言，财政委员会或类似机构在全球范围的传播或许会呈现为一种潮流。但无论发达国家还是发展中国家，若想建立有效的财政委员会，都需要综合考虑本国的国情特征，如人力资源、财政资源、政治传统及财政赤字和债务成因等，勿要"盲目跟风"或"束之高阁"。

---

① Frankel J. A. , Schreger J. Over-optimistic Official Forecasts in the Eurozone and Fiscal Rules ［J］. Review of World Economics，2012，149（2）：247－272.

② Office for Budget Responsibility ［EB/OL］. http：//budgetresponsibility. org. uk/about-the-obr/what-we-do/.

③ 马蔡琛、李宛姝：《后金融危机时代的政府预算管理变革——基于 OECD 国家的考察》，载于《经济与管理研究》2016 年第 6 期。

④ Xavier Debrun, Manmohan Kumar. Fiscal Rules, Fiscal Councils and All that：Commitment Devices, Signaling Tools or Smokescreens？［J］. Social Science Electronic Publishing, 2007.

⑤ Hagemann R. How Can Fiscal Councils Strengthen Fiscal Performance？［J］. OECD Journal Economic Studies，2011.

5.1.4 新世纪公共预算管理变革的总体趋势与启示借鉴

1. 全球公共预算管理改革的总体趋势

（1）由"控制导向"转向"绩效导向"。

始于英国光荣革命以来的近代预算制度，强调通过严格控制政府收支以实现立法机构对行政部门的有效监督和控制。进入 21 世纪以来，尤其是金融危机对政府主动干预经济提出了新挑战，"控制导向"的预算限制了行政部门的灵活性和自主性。因此，现代预算管理进一步呈现由"控制导向"转向"绩效导向"的发展趋势。目前来看，世界各国针对将绩效信息融入预算过程这一点已然达成共识，只是如何更好地将二者有效融合，仍旧有待于进一步的多元探索与实践。

（2）强调财政的可持续性。

在应对本轮全球金融危机的过程中，许多国家选择打破数值型财政规则[①]的限制以寻求经济的恢复和发展，例如，以色列将 2009 年度和 2010 年度预算赤字占国内生产总值的比例放松至 6% 和 5.5%，智利将盈余占国内生产总值的比例由 1%（2001～2007 年）降至 0.5%（2008 年）。[②] 这进一步加剧了各国的财政风险，一些国家甚至出现了主权债务危机。仅有新西兰、澳大利亚等少数进行了针对财政可持续性和稳定性的预算改革的经济体，能够以较好的财政状况应对危机。因此，在后金融危机时代，各国政府的预算改革也更加强调财政的可持续性，以合理利用财政盈余资金，为应对危机的财政政策预留出财政空间。

（3）财政机构的新设。

财政委员会是复杂的政治和经济环境的产物，与中央银行不同，财政委员会的目标、职能、形式等在各国间具有较高的异质性。但其在完善财政政策和维持公共财政的可持续性方面确实具有重要作用，被视为 21 世纪公共财政管理领域的重大创新。确保独立性是财政委员会发挥作用的首要因素，建立一个成功的财政委员会的影响因素包括：高层决策的支持、恰当的财政框架、明确

---

① 数值型财政规则，即对预算总量的数值限制，形成对财政政策的持久性约束。

② Cangiano M., Curristine T., Lazare M. Public Financial Management and its Emerging Architecture [M]. International Monetary Fund, 2013：1–21, 107–137.

的分工授权和法律支持、高素质的工作人员、合理的问责机制等。

2. 中国新一轮公共预算改革的启示与反思

（1）突出预算绩效管理改革，提高公共财政资源配置效率。

近年来，预算绩效改革在中国从试点走向推广，在支出需求的控制、财政透明度的提升、预算监督的强化等方面均取得了显著进步，但距离真正的绩效预算还有较大差距，在奖惩机制设立、预算权力分配、公民参与等方面还存在一些问题。

就未来发展而言，要逐步建立规范意义上的中期支出框架，而不是目前"走过场"式的三年滚动预算，更为重要的是，在这一中期框架内对财政收支总额进行控制与约束。在时间跨度上，为解决三年滚动预算的周期错配问题，需要与国民经济和社会发展五年规划纲要衔接，可以考虑建立五年期非滚动的中期支出框架。在总额控制方面，可借鉴国际经验，重构"两上两下"的预算管理流程，采用"自上而下"为主、"自下而上"为辅的集中型预算决策模式，设定能够反映支出优先次序的支出限额，并给予基层部门适度的预算决策上的自由裁量权。[1] 此外，在保证绩效信息的准确性、及时性、有效性的基础上，建立并完善包含绩效目标、绩效指标、评价方式、奖惩机制等信息的绩效评价体系。其中，奖惩机制的建立是绩效预算执行过程中的重要环节。而我国目前的绩效奖惩机制多为"软约束"，例如通过公布部门排名迫使行政机构出于面子而重视预算绩效。这些"软约束"虽然可以在短期内影响政策制定者的行为，但在长期来看是不可持续的，这就要求我国尽快建立具有较强之制度刚性的预算绩效奖惩机制。

（2）加强财政风险预警机制的建设，确保财政在中长期意义上的可持续。

2016年我国一般公共预算收入增长了4.5%，而一般公共预算支出却增长了6.4%。[2] 2017年1~8月我国一般公共预算收入增速为7.2%，而一般公共预算支出增速却达到了13.1%，其中增幅最大的项目为债务付息支出以及社会保障和就业支出，分别为33.1%和21.5%。[3] 直观来看，在现时的中国，财

---

① 马蔡琛、袁娇：《中期预算改革的国际经验与中国现实》，载于《经济纵横》2016年第4期。

② 中华人民共和国财政部：《2016年财政收支情况》，http://www.mof.gov.cn/pub/guokusi/zhengfuxinxi/tongjishuju/201701/t20170123_2526014.html。

③ 中华人民共和国财政部：《2017年8月财政收支情况》，http://gks.mof.gov.cn/zhengfuxinxi/tongjishuju/201709/t20170911_2695830.html。

政收支矛盾渐趋严重①，如何管控财政风险，实现财政的可持续发展，已然迫在眉睫。

类似情况在 20 世纪 80 年代的智利也曾出现过。智利通过建立结构性预算平衡准则、科学管理主权财富基金和实施规模庞大的反周期财政政策，实现了财政的可持续发展。一方面，智利的结构性平衡准则②建立在结构性收入③之上，且设置了合理的结构性盈余目标④。结合我国实际来看，需要科学地估计财政收支，特别是可以尝试将跨年度支出估计引入预算编制环节，为跨年度预算平衡机制的建立提供有利的前提条件。另一方面，智利主权财富基金⑤的设立和管理具有长远的战略眼光，既考虑了长期的支出责任（养老储备金），又考虑了稳定经济的功能（经济与社会稳定基金）。我国目前已经设立的全国社会保障基金和预算稳定调节基金与之较为类似，可以借鉴主权财富基金的管理模式、绩效评价方式、问责机制等对这两类基金（或其他具有类似功能的基金）的计提及使用条件、保值增值措施、业绩评估等核心问题进行详细的规定，以确保其发挥预算稳定的功能。此外，还应建立财政风险披露制度，要求在政府预算报告中加入财政风险的数据和评估报告，并可考虑建立财政风险管理部门。例如，印度尼西亚 2006 年在财政部内部专门建立了风险管理部门，负责对国有企业、政府支持的基础设施建设以及全球经济的财政风险分析。

（3）组建财政政策的咨询议事机构，强化公共财政的受托责任。

当前，我国财政资金的筹集和分配使用权相对分散，财政性资金的筹集职能分散在税务、海关、财政部门等具有收税（费）职能的部门，而资金的分配权并不完全在财政部门，还分散在发展和改革委员会、科技部等具有预算资金二次分配权的部门（即俗称的"切块资金"）。在这种预算资源配置具有某

---

① 这一收支对比趋势自 2017 年第四季度至 2018 年第一季度发生了某种逆转，但其长期走向仍有待观察。

② 结构性平衡准则，即按照以下方式确定财政支出：$Gt = Rt - S^* t$，其中 G，R，S^* 分别表示财政支出、结构性收入以及结构性盈余目标在 t 年占 GDP 的比重。

③ 结构性收入，即剔除经济周期影响后政府可获得的净收入。

④ 在结构性平衡准则建立之初，智利政府便设立了结构性盈余指标，即 GDP 比重的 1%，但在本轮金融危机爆发后，智利政府在 2008 年将其调低至 0.5%，并在 2009 年、2010 年将其进一步调低至零。

⑤ 主权财富基金，即一国政府通过特定税收与预算分配、可再生自然资源收入和国际收支盈余等方式积累形成的，由政府控制与支配的，通常以外币形式持有的公共财富。

种"碎片化"色彩的格局下，由于部门沟通和利益分配等因素的阻碍，财政政策和预算决策的制定与执行变得更加困难，亟须组建一个财政政策咨询议事机构来协调部门间的关系，更好地实现公共财政的受托责任。至于财政政策咨询议事机构的具体设计方案，则可以参考货币政策委员会的经验，并结合财政预算涉及面更广的特点，本着独立性与专业性兼顾的原则来加以谋划。

5.2　财政总预备费管理的国内外比较与启示①

1. 财政预备费管理的由来、现状与挑战

财政预备费（也称财政总预备费）作为应急财政管理的重要内容，在各国预算管理中均具有重要的地位。就其内涵而言，财政预备费是指在预算筹编过程中，针对临时性或紧急性的资金支出需求而设置的、不预先确定具体用途的后备性基金，这是现代预算审慎管理原则的重要体现。

早在近代财政预算理念在中国传播之初，就有学者指出，预备费是为预算平衡的必要而设——于国家财政不敷开支时，经严密审查，认为必要者，得以预算中预备费酌量拨给②。在中国近代预算制度的草创时期，"新增费用"和"临时费用"两项便备受关注，且规定政府因特别事业，或为备预算不足或预算所未及，得于预算案内设预备费③。

在现代预算实践的演化过程中，也通常认为，预备费提供了一种为未来可能的资金用途而提前做好准备的合理机制，同时也可以促进经济波动时期的财政稳定④。在现时的中国，财政预备费管理的理论研究与改革实践均显得相对较为滞后。相关研究局限于提高预备费总量等总体性建议，鲜有较具可操作性的具体改革思路。

---

① 马蔡琛、隋宇彤：《预算制度建设中的财政预备费管理——基于国际比较的视角》，载于《探索与争鸣》2015 年第 10 期。

② 毛起：《经济宪法》，载于《东方杂志》1933 年第 14 期。

③ 中华民国宪法草案（天坛宪草，1913 年拟定）第九十九条规定，政府因特别事业，得于预算案内预定年限，设预备费。第一条规定，政府为备预算不足或预算所未及，得于预算案内设预备费。预备费之支出，须于次会期请求众议院追认。

④ Division of Local Government and School Accountability Office of the New York State Comptroller, Local Government Management Guide：Reserve Funds, www. osc. state. ny. us/localgov/pubs/lgmg/reservefunds. pdf, 2010.

在各国预算管理实践中，当遭遇各类突发事件之时，均需要坚固殷实的财力保障，以使政府能够有效应对。而财政预备费作为应急财政资金的主体，在应对突发事件中具有举足轻重的作用。近年来，随着各类突发事件的频繁发生，应急财政支出的规模不断增长。2008年的南方雪灾，仅中央财政就支出了27亿元①；汶川地震后，中央财政通过动支中央预备费和调整支出科目等途径，统筹安排抢险救灾资金250.92亿元②，后续的各级财政支出更是高达809.36亿元。2013年，我国多地出现"人感染H7N9禽流感"病例，中央财政专门拨付了逾3亿元的补助资金，各地方财政也加紧下拨专项资金③。（见专栏5-1）

专栏5-1　总理预备费

2017年3月9日，李克强总理在参加全国人代会陕西代表团的审议时表示，谁能提出治理雾霾良策，他愿拿出总理预备费给予重奖。到底什么是"总理预备费"？预备费都花在哪儿了？

李克强曾多次提到动用总理预备费

3月9日，李克强在陕西团参加审议时说，如果有科研团队能把雾霾的形成机理和危害真正研究透并提出更有效的应对良策，"我们愿意拿出总理预备费给予重奖！这是民生的当务之急，我们会不惜财力，一定要把这件事研究透。"

其实，这并不是李克强第一次对总理预备费的使用做出表态。

2016年4月15日，在北京大学召开的高等教育改革创新座谈会上，李克强提出，教育部要拿具体计划，支持100个世界一流学科建设。"今年的预算已做完了，不行的话就从总理预备费中出。舍不得金弹子，打不了金凤凰。"

---

① 冯俏彬：《我国应急财政资金管理的现状与改进对策》，载于《财政研究》2009年第6期。

② 谢旭人：《充分发挥稳健财政政策作用促进经济社会又好又快发展》，载于《经济日报》2008年8月16日。

③ 中国新闻网：《中国财政拨数亿元防控人感染H7N9禽流感》，http：//www.chinanews.com/gn/2013/04-24/4761308.shtml。

同年7月29日，李克强在国务院防汛工作专题会议上表示，有些地方汛期来得早，持续时间长，转移人口比较多，要强化转移群众的过渡安置。这主要由地方负责，中央要给支持，"中央财政要及时拨付救灾款项，该动用预备费就要动用。"

总理预备费有多少钱？占中央预算支出1%~3%

李克强提到的"总理预备费"，在中央决算中有个正式的名字，叫"中央预备费"。财政部一位专家介绍，中央财政总预算预备费只能在国务院常务会议通过的情况下，由总理亲自调拨。因此，经济界人士也称其为"总理基金"。

《预算法》规定，中央预备费按照中央全年一般公共预算支出额的1%~3%设置。这笔钱具体有多少？根据每年中央财政收入和预算支出的不同，从几亿元到几百亿元不等。

以1983年为例，当时《预算法》尚未出台，中央预备费应占预算多少比例并无明文规定，当年的中央预备费只有5亿元。为此，全国人大财政经济委员会在审查当年国家决算时指出，这一比例偏小，"从长远考虑，为了把国家预算建立在更加稳固可靠的基础上，今后国家总预备费应逐步有较多的增加。"之后，中央预备费金额逐步增多。

华商报记者查阅到的近年中央决算报告显示，2003年中央预备费已达100亿元，到2006年增至150亿元，2008年增至350亿元，2009增至400亿元，2011年起增至500亿元。

2017年3月5日，财政部提请十二届全国人大五次会议审查《关于2016年中央和地方预算执行情况与2017年中央和地方预算草案的报告》，其中提到了中央预备费为500亿元，占今年中央本级支出的1.69%。

预备费花在哪儿了？主要应对灾害等突发事件

根据《预算法》的相关规定，预备费用于当年预算执行中的自然灾害等突发事件处理增加的支出及其他难以预见的开支。

2000年，按预算编制改革要求，今后财政部不再保留预算机动指标，对预算中确需追加的支出，由各部门提出申请，财政部汇总审核后报国务院审定，通过动用预备费解决。

中央预备费具体花在哪儿？从历年中央决算报告中可一窥究竟。

在《中华人民共和国预算法》开始实施的 1995 年，中央预备费 21 亿元，其中一半用于防汛、救灾，其余用于外事、国防、社会治安和文教科学等临时性支出。

在 2008 年一系列自然灾害面前，中央预备费的拨付达到总预算的 2.65%，仅在汶川特大地震中的预备费拨付就达到 349.94 亿元，几乎用尽了当年的中央预备费。

2011 年，青海玉树地震灾后重建有 47.81 亿元来自中央预备费。

2013 年，四川芦山地震灾后重建资金有 89.83 亿元来自中央预备费。

2014 年，中央预备费中又拿出 99.2 亿元用于云南鲁甸地震灾后重建。

贫困生上学、非典防治……

是总理预备费重点支持对象

随着中央财政收入年年递增，预备费的使用项目也更丰富，除自然灾害与紧急公共事件上的支出，科教文卫等领域都成为总理预备费的重点支持对象。

1982 年，我国建立学位制度初期，由于研究生教育经费紧张，国务院专门从总理预备费中拨出 2000 万元给 88 所重点大学作科研经费；自 1994年起，每年都动用总理预备费 1 亿元，专项用于对中央部属高校中经济困难学生的资助；从 2002 年起，中央财政在总理预备费中每年再增加 1 亿元，设立国家奖学金，用于对全国普通高校中经济困难、品学兼优的学生进行资助；2003 年，中央财政又从总理预备费中增拨 4000 万元，将获得国家奖学金的贫困生增加了 1 万人。

我国目前唯一的极地科考船"雪龙号"的采购用的也是总理预备费。1992 年秋，乌克兰造船厂有破冰船急于出售。但当时我国外汇储备有限，财政部和国家计委的财政计划也早已完成审批，不可能挪出任何经费。时任国家南极考察委员会主任的武衡写报告直接上报国务院，时任国务院总理李鹏特批从总理预备费中解决。1993 年从乌克兰以 1750 万美元买进这条破冰船。

如今你能享受到互联网带来的便捷也和总理预备费有关。1993 年，我国参加 CCIRN（洲际研究网络协调委员会）会议，基本扫清了联入全球 Internet 的障碍，随后，时任国务院总理李鹏批准使用 300 万美元总理预备费支持启动金桥前期工程建设（即建设国家公用经济信息通信网）。

疾病防治也是总理预备费倾力支持的方面。1995 年，国家用总理预备费专项拨款 600 万元资助血吸虫病疫苗研究；2003 年"非典"爆发，中央财政设立非典防治基金，基金总额 20 亿元，从预算总预备费中安排。当年中央预备费中卫生医疗支出达 22.12 亿元，占实际动用金额的 1/4 以上；2005 年，中央财政从预算总预备费中安排 20 亿元，设立高致病性禽流感防控基金。

资料来源：网易新闻：《什么是总理预备费 有多少钱 都花哪了》，http://news.163. com/17/0313/03/CFCKMJ4M00018AOP. html。

财政预备费管理也引起了众多国际组织的高度关注。OECD、世界银行与泛美开发银行在世纪之交前后，展开了针对各国预算实践及预备费管理的调查与评估。将预备费能否满足不可预知的预算支出、法律法规是否明确规定了其具体用途，以及准许动支预备费的决策机制等方面，作为衡量各国预算改革成效的重要依据之一[①]。其研究显示，在设置财政预备费的国家中，其使用偏重于突发事件，但也有少数国家将其用于平衡预算或提升政策激励效果。就预备费的规模设定而言，大多不超过当年预算总额的 1%（见表 5 - 2）。

表 5 - 2　　　　　　　　　　部分国家的财政预备费计提情况

用途	各国预备费占预算总额比例（%）								
用于突发事件	奥地利	哥斯达黎加	捷克	芬兰	英国	希腊	匈牙利	意大利	日本
	0.6	0.005	0.3	0.01	1	0.1	0.5	0.25	0.4
	丹麦	新西兰	葡萄牙	斯洛文尼亚	韩国	西班牙	土耳其	委内瑞拉	
	0.05	0.25	1	0.22	1	0.19	0.5	1	

[①]　Filc G, Scartascini C. Budget Institutions and Fiscal Outcomes: Ten Years of Inquiry on Fiscal Matters at the Research Department, Presentation at the Research Department 10th Year Anniversary Conference. Office of Evaluation and Oversight. Inter - American Development Bank. 2004.

用途	各国预备费占预算总额比例（%）	
用于平衡预算	冰岛	土耳其
	0.5	0.2
用于新政策激励	土耳其	
	0.3	
用于其他用途	匈牙利、秘鲁、斯洛伐克、斯洛文尼亚、西班牙	

资料来源：OECD Working Party of Senior Budget Officials, International Budget Practices and Procedures Database, http：//webnet. oecd. org/budgeting/Budgeting. aspx, 2007。

在现时的中国,《预算法》对于财政预备费问题仅有原则性界定，而未就其计提、动支、结转等方面做出规定具体。例如，1994 年颁布的《预算法》第三十二条规定，各级政府预算应当按照本级政府预算支出额的1% ~3% 设置预备费，用于当年预算执行中的自然灾害救灾开支及其他难以预见的特殊开支。而在2014 年8 月修改通过的新《预算法》中，第四十条规定：各级一般公共预算应当按照本级一般公共预算支出额的1% ~3% 设置预备费，用于当年预算执行中的自然灾害等突发事件处理增加的支出及其他难以预见的开支。

对比新旧《预算法》中有关财政预备费的规定，其变化主要体现在两个方面：一是，收窄了提取预备费的口径，由“本级政府预算支出”改为“本级一般公共预算支出”。也就是说，预备费的提取基础不包括政府性基金预算、国有资本经营预算、社会保险基金预算等部分。这实际上在预备费的计提基数中，剔除了具有特定安排的预算项目，从而变相缩小了预备费的提取口径。二是，预备费的动支方向由“自然灾害救灾开支”改为“自然灾害等突发事件处理增加的支出”，扩大了预备费的用途。事实上，在中国市场化进程中的预备费管理实践中，诸如“非典”“禽流感”等突发性事件也调用了中央和地方的预备费。这一修改实际上矫正了既往法条规定的不严谨，也更加符合实际情况。

综上所述，目前我国的预算管理制度中并未专门设置应急性预算资金管理的相应条款，作为应急财政集中体现的预备费管理制度则过于粗放。在当前建设现代财政制度的时代背景下，急需借鉴国际经验，实现财政预备费管理的规范化运作，建立起高效有序的应急财政管理机制。

2. 财政预备费管理的经验借鉴

各国因社会制度、经济状况、文化传统等背景差异，对预备费管理的规定也各具特色。本节对财政预备费管理的比较，将从预备费的设置类型、数额确定及动支规定等方面加以展开。

（1）财政预备费的设置类型。

在预算管理实践中，各国（地区）预备费的设置并不仅限于应急财政问题。很多国家（地区）设有专门的自然灾害基金，而预备费则因多种目的而设立，并非单纯针对自然灾害的救济问题。在现时的中国，一旦发生重大自然灾害，往往不得不动支各级财政预备费或预算稳定调节基金，这本身就是财政管理尚不够成熟的表现①。

在预算管理制度相对成熟的美国，预备费包括资本公积金、维修准备基金、应急和税收稳定储备基金等多种类型②。美国多个州均通过专门法律来规定预备费的设立与使用③，就联邦预算而言，只有在面临重大灾害且经总统授权后，方可动支联邦预备费，用来向灾区提供财政支持④。其筹集方式也并非以预算拨款作为唯一途径，还可通过专门目的税来加以筹措。例如，美国加州的阿拉米达市（Alameda）在早年间就曾通过征收 1% 的房产税来积累储备资金⑤。

从财政预备费的设置目的来看，可以分为应急性预备费、预算平衡预备费、公共设施建设预备费等主要类型。

---

① 其实，财政上的预备费和军事上的预备队颇有相同之处，均系针对不可预知及极端情况而预设的应对手段。再精密的预算和计划，也不可能就未来发展的所有方面都算无遗策，因此如何使用预备队（预备费）正是军事家（财政管理专家）必备的本领。电影《辽沈战役》里有一段经典的片段：在解放锦州的关键时刻，战况最吃紧的塔山阻援方向传来不利战报——塔山部分阵地被攻陷。危急之时，参谋长刘亚楼建议林彪，动用总预备队 1 纵支援塔山，在刘亚楼电话已接通 1 纵司令员开始下达命令时，林彪却将电话按下并平静地说，"总预备队不动！"在该战役中，总预备队最终没有用上，这是好事，说明战役的主动权始终掌控在我方手中。

② Division of Local Government and School Accountability Office of the New York State Comptroller, Local Government Management Guide：Reserve Funds, www. osc. state. ny. us/localgov/pubs/lgmg/reservefunds. pdf.

③ Community Associations Institute（CAI），Summary of State Reserve Fund Laws［EB/OL］. www. caionline. org，2013. 9.

④ Townsend F. F. The federal response to Hurricane Katrina：Lessons learned［J］. Washington, DC：The White House, 2006.

⑤ Mallery O. T. The Long-Range Planning of Public Works. Business cycles and unemployment［J］. NBER, 1923：233 – 263.

其中，应急预备费（Contingency Reserve Fund）是最为常见的，主要针对紧急情况而设置，《预算法》规定的预备费用途亦属此列。其早期的实践，可以追溯至 20 世纪 30 年代"大萧条"期间的反危机政策组合。当时，美国调整了其原有的单一预算体系，将灾后恢复重建作为一种新的紧急情况分类，从总预算中区分开来。与以往不同的是，这种新的应急预算模式不必遵循此前烦琐的信用评估程序，也不必再经常另设临时预算[①]。此外，日本、新加坡、印度及我国台湾地区的预备费也属此种类型，主要用于自然灾害、公共卫生突发事件处理以及各种难以预见的开支。

预算平衡预备费（Budget-stabilization Reserve Fund）主要用于弥补预算缺口，满足因经济衰退等原因而难以维系的公共支出需求。最典型的案例是，在 2002 年经济增长强劲的背景下，美国为预防经济衰退和其他不可预知事件，在其《个人责任与就业机会协调法》（PRWORA）中规定，政府可以设置预备费，其实际作用相当于不景气基金（Rainy Day Funds），并可结转至后续财年[②]。就平衡预算的功能而言，此类预备费与我国的预算稳定调节基金具有一定的相似性。预算稳定调节基金就是依"超收"或"超支"的不同情形而发挥稳定预算的蓄水池作用。

从与经济景气循环的相关度来看，加拿大和法国的预备费也可归入此类。法国工业危机委员会（Commission on Industrial Crises）于 1909 年设立的特殊预备费，就是在经济衰退年份用于增加开支[③]。其作用机理在于，财政收入总量在衰退年份会下降，而财政自动稳定器功能会导致失业救济、社保等支出增加，收支矛盾更显突出，则须预留更多的预备费。此外，加拿大政府自 1999 年起，为增加信息的可信性，以私人部门的经济预测代替了原有的政府部门预测[④]。财政部通过在私人部门经济预测的基础上，再上调 0.5~1 个百分点的方式来规划政府的财政目标。作为制度转换的缓冲，加拿大政府相应建立了每年达 25 亿~30 亿加元的意外开支预备费，并规定只能作为预测错误和意外事件

① Sundelson J. W. The Emergency Budget of the Federal Government [J]. The American Economic Review, 1934: 53 –68.

② Loprest P., Schmidt S., Witte A. D. Welfare Reform under PRWORA: Aid to Children with Working Families? [J]. Tax Policy and the Economy, Volume 14. MIT Press, 2000: 157 –203.

③ International Association on Unemployment, Bulletin, January to March, 1914: 263.

④ Mühleisen M., Danninger S., Hauner D. et al. How do Canadian budget forecasts compare with those of other industrial countries? [R]. IMF Working Papers, 2005: 1 –49.

的补偿，而不能转用于任何新的政策激励①。

公共设施建设预备费（public works reserve fund）则主要针对公共服务、基础设施的建设维修而设立。如美国威斯康星州的密尔沃基市（Milwauke）曾拥有一项针对紧急事项的应急资金，1921 年后则改为公共设施建设资金②。在德国，1920 年之前的很长时间内，均设置预备费以支持包括高校建设、道路拓宽、公共浴场等在内的公共设施建设③。该预备费可以在经济衰退时期使用，但在物价低廉、劳动力资源充裕时，则应转而进行资金积累④。

（2）财政预备费规模的确定方法。

各个国家（地区）为实现预备费的规范化管理，以及央地间支出比例的协调，对预备费规模的确定方法也各具特色。

我国台湾地区采用的"捆绑式"预算管理激励机制就是一种颇具启示性的管理方式。在该模式下，通常将下级政府实际获批的灾害援助资金数额与其预算申报的真实程度联系起来，利用可调增或调减的奖罚措施来督促地方政府据实申报⑤。例如，下级政府提供的恢复重建经费，经审查小组审核后，如核定数占申报数的比例达到 80% 以上，则可以调增灾害救助经费的拨款上线（由 5% 提高至 7%）⑥。这一举措有助于激励下级政府如实申请灾害财政援助，避免援助资金的低效浪费。

又如，为提高地方政府应急预算的真实程度，新加坡国会每年对各地方主管部门的预算进行质询和审批，并对上一年度的预算外透支予以审计和追加。当出现资金不足的情况时，国会将召开紧急会议，以国家储备金中的计划外资金给予紧急追加。

印度各邦按照其财政委员会的建议，建立了灾难救济基金（calamity relief

---

① Blondal J. R. Budget Reform in OECD Member Countries: Common Trends. OECD Journal on Budgeting, 2003, 2 (4): 7 – 26.

② Mallery O T. The Long-Range Planning of Public Works. Business Cycles and Unemployment. NBER, 1923: 233 – 263.

③ Shillady, John R., Planning Public Expenditures, to Compensate for Decreased Private Employment during Business Depressions (Mayor's Committee on Unemployment, New York City, November, 1916.).

④ 张德峰：《德国经济协调储备金制度之内容与借鉴》，载于《西南政法大学学报》2006 年第 8 卷第 5 期。

⑤ 秦锐：《财政公共危机管理的财政保障研究》，财政部财政科学研究所，2013 年。

⑥ 侯东哲：《台湾财政救灾中的"中央"与地方关系》，载于《新理财》（政府理财）2010 年第 10 期。

fund），由全国委员会规定一般救助标准，中央政府出资75%，邦政府出资25%。财政委员会在综合研判此前10年的灾难救助和恢复费用资金规模的基础上，确定当期总规模①，而各邦的具体标准则由一个邦级委员会提出建议②。

在澳大利亚，对于突发事件采用"自然灾害救济和恢复安排"（NDRRA）来加以应对。对于灾后重建支出实行两条预算控制线的管理方式③。如果在一个预算年度内，州（领地）用于救灾与重建的支出没有超过第一预算控制线，联邦政府将承担救灾与重建支出的50%；如果超过第一预算控制线但在第二控制线之内，联邦政府除承担救灾与重建支出的50%外，还承担修复基础设施和向个人提供贷款补贴等支出的50%；如果超过了第二预算控制线，则由联邦政府承担上述几类支出超出第二预算控制线部分的75%④。该原则保证了在一般性灾害条件下，地方政府自行承担部分责任，不至过分依赖联邦政府；而在受灾严重且资金需求巨大时，联邦政府则相应给予更高比例的援助。

（3）财政预备费的使用及监管。

对于针对自然灾害等突发事件的预备费，世界各国（地区）多有专门法律规范其设置比例、央地分担和监管等。

在预备费的设置比例方面，美国20世纪70年代通过的《斯坦福法案》（即《联邦灾难救济和突发事件救助法案》）规定：联邦政府对州政府的援助不应少于575000美元或当年财政支出的1%（以更低者为标准），但不超过15%。美国各州和地方政府依据相关法案设立灾害预备金。针对应急性需求的财政投入，1991年占GDP的9.0%（历史最高），1999~2002年占GDP的6.3%（历史最低），13年来平均占GDP的7.3%⑤。

而我国台湾地区则采用了双重预备金的特殊方式，即第一预备金和第二预

---

① 秦锐：《财政公共危机管理的财政保障研究》，财政部财政科学研究所，2013年。

② 牟卫民：《印度危机管理机制与政策调整》，http：//www.china.com.cn/xxsb/txt/2006－10/10/content_7228142.htm.

③ 以州财政收入的0.225%为第一预算控制线，以第一预算控制线×1.75为第二预算控制线。各州的预算控制线由澳大利亚联邦统计局以书面形式，通知各州或领地。

④ Austrian Government, Department of Finance, Review of the Insurance Arrangements of State and Territory Governments under the Natural Disaster Relief and Recovery Arrangements Determination 2011, http：//www.finance.gov.au/publications/review-natural-disaster-relief-recovery-arrangements/.

⑤ Sources：1990－2000 actual data, Congressional Budget Office, The Economic and Budget Outlook.

备金，我国大陆地区的财政预备费大体相当于我国台湾地区的第二预备金①。依中国台湾地区预算有关规定，第二预备金数额的确定需视财政情况而定，台湾地区有关部门审议删除或删减之预算项目及金额，不得动支预备金。但法定经费或经台湾地区有关部门同意者，不受此限。各机关动支预备金，其每笔数额超过5000 万元者，应先送台湾地区有关部门备查，但因紧急灾害动支者，不在此限。

关于预备费的央地分担问题，各国（地区）之规定也颇具特色。日本的中央政府、地方政府均设置预备费，但在资金使用方向上，前者侧重于国土安全和灾害预防，后者则主要用于应急响应和灾民救助，二者事权范围清楚②。其中，国土开发费、保全费以及自然灾害恢复重建费用支出，中央负担27%，地方负担73%③。

与之相似，为了确保财政资金的应急功能、合理分配央地间的支出责任，加拿大政府设立了灾害融资补助专项资金（Disaster Financial Assistance Arrangements，DFAA）④。自 1970 年该资金设立以来，加拿大政府已投入逾 34 亿美元，用于诸如 2003 年英属哥伦比亚的森林大火及 2005 年阿尔伯塔洪水等灾后支持与复建⑤。

在预备费的监管方面，各国（地区）往往设置特定部门来具体负责。例如，美国《斯坦福法案》规定，防灾减灾基金实行基金式管理，其支用须经过财政部审核和总统批准。2007 年，该法案由国会再次修订⑥，联邦政府据此设立了专门的赈灾基金，并由应急事务管理机构——联邦紧急事务管理署（FEMA）负责管理⑦。

而我国台湾地区实行的四层次资金准备机制则更具特色。以台湾地区行政管理机构为例，用于应急和灾后重建的财政资金计有四类：灾害准备金（不低于当年总预算支出的 1%）、第二预备金、调整预算、特别预算，并规定了

---

① 马蔡琛、张洺：《海峡两岸政府预算制度的比较研究》，载于《河北学刊》2014 年第 4 期。

② 陈玉娟：《我国应急财政资金管理研究》，山东财经大学，2014 年。

③ 日本财务省，http：//www. mof. go. jp/index. htm。

④ 该资金设立于 1970 年，地方政府用于灾难应急和重建的资金，超过自身财政能力时，可以获得。

⑤ Public Safety Canda Disaster Financial Assistance Arrangements（DFAA）［EB/OL］. http：//www. publicsafety. gc. ca/cnt/mrgnc-mngmnt/rcvr-dsstrs/dsstr-fnncl-ssstnc-rrngmnts/index-eng. aspx.

⑥ Disaster Relief and Emergency Assistance Act［R］. FEMA, 2007.

⑦ FEMA. Disaster Relief Fund：Monthly Report［R］. http：//www. fema. gov/media-library/assets/documents/31789.

依次调用的顺序①，在动支过程中需经过相关部门备案、编制、审查、核定②。

日本国会各院的预备金分别由各议长管理，支出时受到议院运营委员会批准，并且该委员会主任应定期追踪报告承诺。日本《灾害救助法》规定，各都道府县都有预存基金的义务，其金额一般为过去3年间其普通税收平均值的5‰（最低限额为500万日元）。

3. 中国财政预备费管理改革的启示与借鉴

（1）扩大财政预备费的计提规模。

尽管近年来我国财政预备费的绝对数量不断增长，但因社会经济转型过程中的突发事件相对频繁，财政预算对于应急事项的投入仍不敷所需。如表5-3所示，2008年以来，我国中央本级预备费的实际计提比例，一直受制于3%的上限。新近修正的《预算法》并未对1%~3%的预备费设置比例加以调整。其实，从各国（地区）预算管理实践来看，1%的提取下限也并不是很低，但在实践中预备费提取不足的情况却时有发生。其实，我国可以借鉴发达国家的经验，对预备费提取不设上限③，从而预留更大的应急资金弹性提取空间。

表5-3　　　　　　　　　　　中央本级预算、预备费及其占比

年份	中央本级预算支出 （亿元）	中央本级计提 预备费（亿元）	占比（%）	法定区间 （亿元）
2008	13205	350	2.65	132.05~396.16
2009	14976	400	2.67	149.76~449.28
2010	16049	400	2.49	160.49~481.47
2011	17050	500	2.93	170.50~511.50
2012	18519	500	2.70	185.19~555.57
2013	20203	500	2.47	202.03~606.09

注：预备费法定提取区间系由依据中央本级预算支出的1%~3%计算而来。
资料来源：财政部预算司官网，http://yss.mof.gov.cn/。

---

① 冯俏彬、侯东哲：《财政救灾的国际比较》，载于《电子科技大学学报》（社科版）2011年第6期。

② 侯明菁：《"台湾政府"特别预算研究——基于SARS防治及纾困特别预算实施状况及经验》，暨南大学硕士研究生毕业论文，2006年。

③ 陈玉娟：《我国应急财政资金管理研究》，山东财经大学硕士论文，2014年。

（2）优化央地政府间的预备费管理方式。

回应公共需求、承担公共责任、追求公共利益作为现代政府治理的核心价值，在不同层级政府之间还是存在一定差异的。因此，在预备费管理问题上还要处理好不同层级政府间的权责分布问题。

长期以来，我国地方政府对上级财政转移支付的依赖程度较高，在某些情况下未能依法足额提取预备费，甚至存在未提取或随意挪用预备费的现象。这造成了一旦发生突发性事件，当地政府往往陷入无钱可用的窘境，而中央政府出于社会影响的考虑，不得不承担起主要责任①，这又进一步诱发地方政府不足额计提预备费的道德风险。据不完全统计，地方财政预备费的计提和使用情况，其公开资料大多语焉不详。根据政府预算报告的信息检索显示，2005 年汇报预备费计提情况的省份竟然接近空白。即使考虑到有些省份可能提取了预备费但未公开等因素，其总体规模较之依法测算的应计提规模（640 亿元）而言②，也难免存在为数不少的偏差。

为了避免地方政府对中央援助的过度依赖，可以借鉴前述澳大利亚有关"两条预算线"的规定③，进一步合理划分我国央地政府间的应急财政管理责任。可以按照所需资金的多寡，确定责任归属份额，避免地方对中央援助的过分依赖。具体方法也可参考我国台湾地区的经验，将地方政府申报应急事项资金需求的真实程度与中央政府的财政援助比例相挂钩，以促使其据实申请资金，切实防范地方政府的道德风险。

（3）提升财政预备费的资金使用绩效。

从全球来看，各国（地区）大多设置有类似于印度财政委员会和我国台湾地区专门审议小组的应急支出绩效评价机构。评价机构通常从预防、过程和恢复三个方面进行绩效考核，并根据效益评价的高低决定是否加大投入，抑或给予削减（甚至叫停）。例如，我国相关绩效评价，就从业务、经费和人力三方面来测度，强调以结果为导向，将绩效目标及衡量指针纳入年度及中期施政计划④。又如，在澳大利亚，地方政府为获得联邦政府的援助，除需严格界定

---

① 肖超：《完善地方应急预算管理制度之我见》，载于《财会月刊》2010 年第 9 期。

② 根据《预算法》的规定测算，2004 年地方预备费的提取值为 520 亿元，2005～2011 年均为 640 亿元，2012 应为 950 亿元。

③ 周松：《澳大利亚应急管理体系概述》，载于《大众商务：下半月》2010 年第 2 期。

④ 马蔡琛、张洺：《海峡两岸政府预算制度的比较研究》，载于《河北学刊》2014 年第 4 期。

救灾项目外，还要制定减灾战略并定期提交评估报告，公布详尽的开支预算。

就设置目的而言，各级财政的预备费与预算稳定调节基金是不同的。财政预备费采用的是流量式管理方法，而预算稳定调节基金则采用滚动基金式的管理方法。也就是说，预备费与当年财政预算绑定只限当年使用、不滚动累计，当年未用完的余额，通常不能结转至下一年（即年度余额为零）。其优点在于，可以根据每年的具体情况，灵活设置预备费规模。然而，流量式管理方法导致年度之间的不连贯，制约了预备费的调度与平衡功能，管理缺乏长期性，可能导致突发性事件出现时财政资金供应不足。

在预备费管理的各国（地区）实践中，不乏采用基金式管理的成功案例。例如，美国《斯坦福法案》规定，国家防灾减灾资金实行基金式管理。相似地，日本、加拿大、澳大利亚等发达国家均有基金形式的应急财政管理模式。基金式管理有助于预备费的滚存积累，从而避免过于频繁的临时性预算调整以及正常开支的强制性缩减。因此，在我国财政预备费管理改革中，可以考虑引入公开透明的基金式预备费管理方式，并推进其国库专户管理，将年末尚未支用的预备费转入基金专户，并谋划保值增值的切实举措。

5.3 预算透明度的国际比较：基于"金砖国家"的考察[①]

20 世纪中后期以来，预算透明成为发达经济体财政改革的基本准则[②]。提升预算透明度，促进财政信息公开，可以确保公众及时获知真实的预算信息，同时也是约束政府财政支出、加强公共支出监督的重要环节。基于预算透明所具有的重要意义，国际投资者往往将其列为重要的投资考察条件[③]。在国际和区域性组织的推动下，许多国家开始探索增进预算透明度的途径，以提升公众治理水平。

"金砖国家"是由"金砖四国"的概念演化而来的。高盛公司较早对"金

---

① 马蔡琛、王亚欣：《"金砖国家"预算透明度的比较与启示——兼论预算透明度提升的动力机制》，载于《南京审计学院学报》2012 年第 6 期。

② 国际货币基金组织（IMF）、经济合作与发展组织（OECD）等国际组织高度关注并推动了诸多国家的预算透明度改革，逐步形成了指导其成员国提高预算透明度的良好范本。联合国、世界银行等组织也要求相关国家公开农业预算、环保预算等预算文件。

③ Zdenek D. , Payne W. The Impact of Transparency on Foreign Direct Investment [R]. Staff Working Paper ERAD – 99 – 02, Geneva: World Trade Organization, 2001.

砖四国"的经济情况进行比较研究与预测。其研究指出，2041 年的中国经济规模将有望超过美国；2035 年，印度的经济规模可能会超过日本；2030 年，俄罗斯的经济规模将超过欧盟[①]。"金砖国家"保持着较快的经济增长率，根据世界银行的数据，2010 年经合组织国家平均增长率为 2.7%，而南非、俄罗斯、巴西、印度和中国的增长率则分别为 2.8%、4%、7.5%、8.8% 和 10.4%，"金砖国家"的快速发展已经成为全球经济增长的重要动力。

"金砖国家"同属新兴经济体，面临着转轨时期的某些共性问题，包括提升预算透明度在内的财政预算改革，对于抑制贪污腐败、建立高效善治政府具有重要的理论价值和现实意义。国际预算合作组织（IBP）的研究显示，南非、巴西的预算透明水平处于全球前列，印度和俄罗斯的预算透明度也比较高，这为中国提升预算透明的路径选择提供了较具启示性价值的参照体系。

国外针对"金砖国家"财政预算问题的专题研究虽然较少，但新兴经济体已为各国学者所重点关注。近年来，将"金砖国家"的两个或多个成员国进行对比研究的文献中也不乏精彩之作。桑蒂索（Santiso）的研究中，对巴西、印度、南非的多边合作、审计制度等均有涉及[②]。伦齐奥等（Renzio et al.）在分析资源依赖型国家的预算透明与发展问题时，对南非、印度及俄罗斯的相关情况进行了考察[③]。纳迪（Nardis）对巴西、欧盟、日本、南非的电子政务互用性框架和最佳做法进行研究，提出了发展电子政务的总体框架及开放标准[④]。

对于"金砖国家"预算透明问题的研究，主要集中在电子政务、立法促进以及公众参与三个方面。米切纳（Michener）对拉美地区加强预算透明度、推进信息公开的法律进行了比较研究并指出，巴西尽管早已在宪法中赋予公众

---

① Wilson D.. Soopa Purushothaman. Dreaming with BRICs: the Path to 2050 [R]. Goldman Sachs, Global Eeonomics Paper, 2003, 99: 1 – 24.

② Santiso C. Improving Fiscal Governance in Emerging Economies: Multilateral Support to Budget Oversight and Public Sector Auditing [R]. United Kingdom Department for International Development (DFID), Working Paper Series, 2005.

③ De Renzio P., Gomez P., Sheppard J. Budget Transparency and Development in Resource-dependent-countries [EB/OL]. http: //ssrn. com/abstract = 1420985.

④ De Nardis L. E-Governance Policies for Interoperability and Open Standards [J]. Policy& Internet, 2010, 2: 6.

获得财政信息的权利，但其媒体的信息覆盖相对薄弱①。莫拉（Mora）对巴西开展电子政务的情况进行了总结，指出制度保障在确保信息公开中的作用，并对地方政府进行了具体考察②。桑蒂索在考察巴西议会对预算的作用时，指出议会在预算编制执行过程中的监督地位，认为应加强议会在预算透明和财政问责方面的作用，以全面保证预算效率③。

戴蒙德（Diamond）在对俄罗斯预算体制进行论述时指出了透明的财政管理体系的重要意义，进而探索了建立透明财政体系的方法④。维诺拉多娃（Vinogradova）在对俄罗斯部分地区参与式预算的研究中，指出参与式预算为推进预算透明，提供了良好的手段，促进了预算效率的提升⑤。

赖德（Rider）在分析印度地方转移支付体系时指出，目前印度中央与地方间财政关系的透明度较低，这导致预算低效率以及其他社会问题⑥。维尔马（Verma）列举了印度开展电子政务的具体措施，分析了这些措施产生的效果⑦。

根据 IBP 组织的《2010 预算透明指数》，南非以 92 分高居榜首，成为世界预算最为透明的国家。其相关研究显示，南非的信息公开程度较高，与其电子政务的良好开展密切相关。范泽尔等（Van Zyl et al.）对包括南非在内的 9 个非洲国家的预算透明问题进行了比较研究，从立法、公众参与、预算编制流程等方面系统勾勒了南非预算透明的框架⑧。

---

① Michener G. R. The Surrender of Secrecy? Explaining the Strength of Transparency Andaccess to Information Laws [R]. The 2009 Annual Meeting of the American Political Science Association, Toronto, 2009: 57.

② Mora M. O. Governo Eletrônico easpectos Fiscais: a ExperiêNcia Brasileira [M]. Rio de Janeiro: maio de , 2005.

③ Santiso C. Improving Fiscal Governance in Emerging Economies: Multilateral Support to Budget Oversight and Public Sector Auditing [R]. United Kingdom Department for International Development (DFID), Working Paper Series, 2005.

④ Diamond J. The New Russian Budget System: a Critical Assessment and Future Reform Agenda [J]. OECD Journal on Budgeting, 2002 (2): 3.

⑤ Vinogradova T. Participation in Budget Process in Russian Cities. Humanities and Political Studies Center "Strategy" Participatory Planning Initiative [R]. Logo Link International Workshop on Participatory Planning. Approaches for Local Governance Bandung, Indonesia, 2002 (1): 20 – 27.

⑥ Rider M. India's Intergovernmental Transfer System and the Fiscal Condition of the States [R]. Working Paper, 2006.

⑦ Verma S. Electronic Government Procurement in India: a Framework Analysis of Access to Knowledge and Access to Opportunity [J]. Journal of Electronic Government, 2006.

⑧ Van Zyl A., Claassens M. Budget Transparency and Participation: Nine African Case Studies, South Africa, December 2005.

1. "金砖国家"的预算透明行动

21 世纪的最初 10 年，"金砖国家"呈现出较好的经济增长态势。尽管 1990～1999 年，俄罗斯大多数年份的经济呈负增长，但自实行预算改革以来，GDP 年均增长率一度已达到 7% 左右。巴西于 2000 年实施了《财政责任法》，政府积极改进了财政账户，这十年来的财政收入盈余，使巴西的内债和预算赤字呈现下降趋势，GDP 年均增长率达到 3.6%。南非自 1994 年消除种族隔离以来，实行审慎的财政政策，经济出现良好的增长势头。而中国与印度一直保持着较快的经济增长态势，国民收入水平逐年提高。

20 世纪 90 年代以来，由于经济动荡产生了对财政信息的迫切需要，预算透明问题在全球范围得到广泛关注。与之相应，各国提高预算透明度的措施纷纷出台，而"金砖国家"的预算透明进程也大抵兴起于此时。

（1）巴西：财政管理手段的创新。

为加强预算收支管理，提高工作效率，巴西财政部于 1987 年建立了以计算机网络为基础的财政管理统一体系，涵盖预算编制、税收、国库、银行账户、预算单位等预算收支的所有环节，用于监控预算收支的增减变动情况。1998 年，巴西开始实施绩效预算，注重预算信息的评估。2000 年 4 月颁布的《财政责任法》规定将预算信息全面公之于众。巴西进行了政府会计制度改革，严格政府机关账户管理，要求公布预算执行报告、预算管理报告，并明确了相应惩戒措施。随着网络的普及，巴西政府建立了透明导向的政府门户网站，公布其预算执行情况、合同、采购招标情况及各项行政开支情况。各地方政府应在网络上公布大型工程和社会项目的投资及资金使用情况。2009 年颁布的巴西《新自由信息法》，进一步为政府信息公开提供了较为完善的法律保障。

此外，巴西作为参与式预算的重要策源地，其参与式预算开展情况得到联合国的好评。1998 年的参与式预算活动被认为是预算透明在地方实践的"破冰之旅"。如今，在巴西全国广泛展开的参与式预算，为公民和民间组织参与预算决策、监督预算资金使用情况提供了便利条件，进一步促进了预算的公开透明。

（2）俄罗斯：与社会经济转轨同步。

近年来，伴随着俄罗斯社会转型步入稳定阶段，公众参与预算决策的机制逐步得到保证。众多非政府组织（NGO）意识到参与政府预算的重要性，圣彼得堡人文和政治研究中心（SPCHPS）等非政府组织在评估预算效率、促进公众参与、编制居民预算、推动预算信息立法、进行预算知识培训等方面做了重要努力。由于具体法律依据的缺失，NGO 运用技术手段有计划地开展了推动预算公开的工作。

1998 年俄罗斯开展了"公民与政府——走向合作之路"项目（也称"预算透明进程"），旨在促进预算过程中的民主参与以及公民权利的保障。顺应公众要求预算信息的呼声，俄罗斯进行了预算过程和预算信息披露的改革。目前，俄罗斯已经将经济合作与发展组织（OECD）推荐公布的预算文件在互联网上予以公布。2009 年 2 月，俄罗斯颁布了《关于保障获取有关国家机关以及地方自治权力机构活动信息》的新法案，详细规定了政府信息公开的基本原则、信息利用者的权利、政府信息提供的方式及违法责任和救济措施等内容。这为俄罗斯预算信息公开提供了详细的法律依据，也为预算透明度的提升提供了保障与便利。

（3）印度：民间力量的积极推动。

近年来，印度的预算信息公开取得较大进步，公众在推动预算透明的过程中发挥了重要作用。民间组织和个人在致力于推进预算信息公开的同时，还推动着政府信息公开立法的进程。詹金斯和戈茨（Jenkins and Goetz）于 1999 年整理了印度拉扎山邦一个工农联盟的"赋权于工人和农民的运动"（MKSS）的工作，促成了《信息自由法》和《印度全国农村就业担保方案》的出台①②。

2005 年，印度进一步修改颁布了《信息权利法》，这为公众全面参与预算提供了依据与便利。自《信息权利法》实施以来，公民社会在监督政府财政透明、监督司法公正等各方面取得了很大成效。近年来，DISHA③、PROOF④ 等组织积极分析公共预算的内容，宣传预算知识，开展预算追踪，推动着预算透明进程。印度的信息公开主要是靠公民社会组织（CSO）和媒体推动的，印

---

① International Budget Partnership. Open Budgets. Transform Lives, the Open Budget Survey 2008 ［R］. IBP, Center on Budget and Policy Priorities, Washington D. C. , 2008.

② Jenkins R. , Goetz. Accounts and Accountability：Theoretical Implications of the Right-to-information Movement in India ［J］. Third World Quarterly, 1999（20）：603 - 622.

③ DISHA 是 Development Initiatives for Social and Human Action 的简称，是一个专门分析预算情况的组织。

④ PROOF 为 Public Record of Operations and Finance 的简称，是班加罗尔市的一个民间组织，旨在提升城市预算过程的公民参与性。

度比较健全的民主制度（包括独立的司法以及政党竞争制度等）是信息公开法律得以运行的重要基石。

（4）南非：全面完善的制度保障。

在取消种族隔离制度后，南非逐渐建立了比较完善的法律体系，保证信息公开与公众对预算过程的参与。1996 年的《宪法》、《公共财政管理条例》（PFMA），2003 年开始实施的《地方财政管理法令》（MFMA）以及 2001 年 3 月生效的《信息公开促进法》等法律，共同推进着南非的预算透明进程。

在南非，民间组织积极参与预算活动，推动着政府信息公开。例如，1999 年底，南非工会理事会、南非教会理事会和非政府组织协会组成了"人民预算联盟"。为提高公众对经济政策的关注，推动政府在消灭贫困和提高就业方面的努力，让公众更多参与预算过程，联盟在 2000 年 11 月发起了"人民预算运动"。联盟每年都对政府预算方案进行评估，重点在于评估预算方案对低收入群体的影响，是否为弱势群体提供更平等的服务以及更多的社会保障①。

2001 年，南非民间组织开始发布年度《居民预算》，在消灭贫困等领域给政府预算提出建议。后来，财政部门则于预算草案发布的同时也公布《居民预算》。在预算准备阶段，全国非政府组织联盟经常就穷人的利益需求举行听证会，对相关群体的偏好进行排序，并将其提交给预算准备机构。政府也主动召开预算听证会，听取公众意见。例如，每年的 9 月至 10 月，南非中央和地方财政机构下属的中期预算委员会将就各自的预算展开听证，之后根据听证情况向财政部提交预算建议。听证的结果成为财政部修改预算与制定《中期预算政策声明》的依据②。由民间组织建议，审计部门具体实施的追踪审计，更加强了对预算资金使用的监督控制。经过多年努力，南非的预算公开取得了可喜成果，最终跃居预算公开排行榜榜首。

（5）中国：中央与地方的共同探索。

中国政府预算信息公开大体可以分为三个阶段：第一阶段自中华人民共和国成立到改革开放前，此时的预算信息是较为封闭的，但"人民监督政府"的理念仍旧对公开政府信息具有积极的意义；第二阶段是从改革开放到 2007

---

① 谢来：《非政府组织推动"人民预算"》，载于《新京报》2007 年 10 月 21 日。
② Dubosse N. , Masud H. Open Budget, Sustainable Democracies：a Spotlight on the Middle East and North Africa［EB/OL］. IBP, 2011.

年，这一阶段的信息公开制度处于有限调整阶段；第三阶段是 2008 年之后，伴随着《中华人民共和国政府信息公开条例》的颁布实施，中国的预算信息公开步入高速发展阶段。

在现时的中国，有关预算透明的早期事件可以追溯到 1999 年，审计署公布了《关于 1998 年中央预算执行情况和其他财政收支的审计工作报告》①。2000 年之后，应全国人民代表大会常务委员会要求，中央各部委在呈报原有预算文件的基础上，增加对本部门预算情况的汇报。与此同时，近年来我国建立并完善了国库集中收付制度、规范改进政府收支分类和预算科目、推行以公开招标为核心的政府采购制度，定期出版财政公告，为预算透明提供了技术上的支持，从不同侧面推进了财政透明度的提升。进入 21 世纪后，地方预算公开得到长足发展，例如，河南省焦作市在 21 世纪的第一个十年中逐步全面公开了预算信息（见专栏 5 - 2），2007 年广州市也在网上公开了本级预算。

专栏 5 - 2　焦作试验：财权变革中的预算公开

自 20 世纪 90 年代末期以来，河南省焦作市坚持从实际出发，秉承以人为本、理财善政、源头治理、服务为先的理念，持续运作公共财政改革创新，建设阳光财政，取得了良好效果。从 2002 年 8 月《南方周末》报道"焦作试验：公共财政雏形浮现中国"，再到 2002 年 10 月央视《新闻调查》报道"财权的变革"，一直到 2011 年 3 月人民网聚焦焦作财政改革的系列报道，焦作财政一度被誉为"中国地方公共财政改革的先行样本"和"中国财政最为公开透明的地方政府"。

焦作把财政预算公开和请公众参与预算，作为民生财政建设的重要组成部分。焦作最早从 2001 年就在财政服务大厅向社会公开了部门预算，并不断扩大范围、细化内容。2007 年进一步编制并公开了包括社会保障预算、国有资本经营预算、政府采购预算、政府非税收入预算、政府债务预算、国有土地使用权出让收支预算、住房公积金预算、社会性别预算和政府投融资预算等 10 本复式预算，真实反映所有政府性资金的全貌和流向，

---

① 这份报告就中央预算执行中存在的挪用专项资金、救灾款物，挤占社保资金，投资不合理导致经济损失等诸多严重问题，做出了系统性的揭示。

真实反映所有预算单位的部门预算和决算。

焦作财政在公共预算制定、审批、执行和评估的各个阶段，规范了 8 个环节流程。一是信息公开。通过政府网站和财政"财经沙盘"信息平台，公开财政预算编制基础信息、资源分布和定额标准。二是部门申报。每年 7、8 月份，各预算单位按照政府财政预算编制要求，在规定时间内及时编制本单位预算，并经其主管部门审核后报财政部门。三是财政汇审。财政部门统一汇总经主管部门审核后的各预算单位部门预算，并登录财经沙盘广泛征求意见，通过"两上两下"公开程序，进行部门之间的磋商衔接和多方审视，达成初步意见。四是民意测评。对市委市政府确定的重大支出项目和事关民生等公共支出项目梳理排队，提出项目公示意见，报政府同意后，通过媒体、网络等形式进行项目公示，公开征集社会公众意见。五是专家论证。从财政决策咨询委员会委员和专家库中选择专家，并合理确定论证范围，对市委市政府工作经费保障和涉及民生发展的重点支出项目和重大资金安排开展论证，并将每位专家的意见汇总成册，形成论证报告，作为领导决策和科学编制部门预算的重要参考依据。六是社会听证。从决策咨询委员会委员和专家库中选择专家，并邀请社会行风评议代表财政监督员及愿意参加听证的社会人士，抽取部分预算单位的重点支出项目进行社会听证，形成听证报告，在政府网站等媒体上公开刊发，接受社会监督。七是人大审查。人大常委会选择市直单位部门预算进行事前初审，组织人大代表就百姓关注的热点问题进行公开审查，各位委员和代表分别就关心的问题提出建设性的意见和建议。八是审计监督。审计部门依法对财政预决算和部门预算执行情况进行审计监督。对审计监督检查提出的有关问题梳理分解到具体责任单位，认真整改并向人大常委会报告。

资料来源：申相臣：《焦作：财权变革 12 年间》，中国财政经济出版社 2011 年版，第 1~12 页。

此外，与预算公开相关的具体政策法规相继颁布，确保《中华人民共和国宪法》规定的公民知情权的真正实现。2004 年 3 月，国务院印发《全面推进依法行政实施纲要》，把行政决策、政府信息公开作为推进依法行政的重要内容。2005 年 3 月，《中共中央办公厅、国务院办公厅关于进一步推行政务公开的意见》出台。2008 年 5 月 1 日起正式实施了《中华人民共和国政府信息公开条例》。

2. "金砖国家"预算透明度的比较分析

为打造反腐倡廉的财政制度基础，顺应预算公开的时代潮流，"金砖国家"也开始关注本国预算的公开透明问题。各国积极开展了针对预算公开问题的研究与制度建设。由于政治经济体制、文化观念等原因，各国的预算公开情况存在显著的差别。

在预算公开指标排行榜中①，英国、新西兰、美国、法国等发达国家一直名列前茅，而苏丹、尼泊尔、民主刚果共和国等经济较为落后的国家则排在倒数的位置上。就"金砖国家"而言，2006 年的报告中没有包含中国的信息，其后的两期调研报告涵盖了巴西、俄罗斯、印度、中国、南非 5 国的相关情况。5 国的预算透明得分，散见于排名榜的各类水平上，其差别较大（见表 5 - 4）。

表 5 - 4　　　　　　　　　　"金砖国家"预算透明综合指标

	2006 年得分（分）	2006 年排名	2006 年调整后得分（分）	2006 年调整后排名	2008 年得分（分）	2008 年排名	2008 年调整后得分（分）	2008 年调整后排名	2010 年得分（分）	2010 年排名
巴西	73	10	74	9	74	8	74	8	71	9
俄罗斯	47	28	47	27	58	22	58	22	60	21
印度	52	17	53	17	60	20	60	20	67	14
中国	—	—	—	—	14	63	14	64	13	79
南非	85	4	86	4	87	2	87	2	92	1

注：2009 年，问卷调查的标准有了一些变动，IBP 组织根据新的标准对 2006 年以及 2008 年的问题进行了新的考评，得出了调整后的得分及排名。2006 年的报告中包含了 59 个国家的内容，2008 年包含了 85 个国家的内容，2010 年包含了 94 个国家的内容。

资料来源：根据 IBP 调查结果整理所得。

从表 5 - 4 可以发现，南非排名靠前，巴西、印度和俄罗斯的预算透明情况也比较良好。尤其值得注意的是，南非作为一个新兴的经济体，其预算透明

---

① 对各国预算透明度的研究中，全面且权威的当属 IBP 组织。其首份研究报告涉及的国家为 59 个，其后研究国家逐渐增多，2010 年达到 94 国。这是唯一独立自主比较衡量政府预算透明情况的研究成果，其严谨性受到国际社会的普遍赞赏。

得分一直很高，2010 年甚至成为预算最为透明的国家。具体来看，南非自首次接受调查时就在向公众提供广泛的预算信息，并且得分不断增加，排名不断提升；巴西虽然排名有升有降，但一直属于"提供大量信息"的一类①；印度得分不断增加，在 2010 年的调查中从"提供部分信息"国家变为"提供大量信息"的国家；俄罗斯的得分与排名也一直上升，虽然还处在"提供部分信息"的国家行列，但它已经达到这一级别的最高分 60 分②。

而就预算参与情况和监管而言，"金砖国家"之间也呈现一定的差异。巴西审计机关具有较强的权力，而议会对预算的影响则不够完善，没有召开适当的听证会以听取公众的意见。印度的情况与巴西类似，审计机关缺乏与公众的沟通联系，缺少公众参与审计过程的机会。俄罗斯的审计监督能力和议会监督能力都很强，但联邦政府没有针对预算草案召开听证会，审计也缺乏后继的跟进监督。南非的议会与审计机构都有着较强的权力，在预算编制、审议、实施、评价各个阶段都为公众提供了参与预算的机会，但审计机关的工作与公众沟通比较欠缺。

3. 启示与借鉴：预算透明度提升的动力机制及其差异

（1）"金砖国家"预算透明度提升的动力机制。

政府信息公开的动力机制大致包括引力模式、压力模式、推力模式以及耦合模式，虽然不同研究者对各种模式的界定不尽相同，但实质内容却大同小异③。一国的政府信息透明与预算公开，一般是多种作用力共同影响的结果。仅就"金砖国家"预算透明的动力机制而言，无疑均具耦合模式的特色，即压力、推力等多种作用力综合促进了一国的预算透明程度提升。

预算透明度包含信息公开和公众参与两方面的内涵，而预算透明度的提升涉及政府、国际组织、向政府提供捐助的非政府组织或个人等多个主体。政府作为预算的编制和执行者，掌握着预算信息，并直接决定着预算过程中的公民参与程度。公众对信息公开及预算参与的要求、政府公信力下降的压

---

① 根据 IBP 组织的规定，预算透明得分 81～100 分表示该国在预算文件中提供广泛信息，61～80 分表示提供大量信息，41～60 分表示提供部分信息，21～40 分表示提供少量信息，而 0～20 分表示提供极少信息或根本不提供信息。

② 2008 年的透明度排名共包含 84 个国家，中国的名次为 64，64/85 = 0.75，为前 75%；2010 年的透明度排名共包含 94 个国家，中国排名为第 79 位，为前 84%。

③ 段尧清、汪银霞：《政府信息公开的动力机制》，载于《电子政务》2005 年第 4 期。

力以及国际组织的要求，共同形成政府提升预算透明度的压力。经济发展、社会进步带来的公民意识觉醒，社会资源分配不公等问题引起公众不满，则是带来这种压力的深层次原因。政府满足公共需要、实现善治的愿望和改革行动则进一步推动着预算透明度的提升。政府善治的实现主要通过建立健全法律制度、运用高科技手段、管理政府事务等方式实现。同时，媒体的积极宣传报道、政府落实对国际组织的承诺也对预算透明度的提升形成推力。各种力量形成耦合模式，共同促进着预算透明度的提升，其作用机制如图 5 – 1 所示。

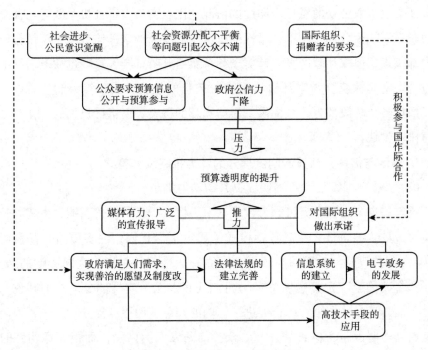

图 5 – 1　预算透明的动力机制

"金砖国家"都建立了信息公开法律来保证政府信息的公开透明，南非、巴西更在预算法律中要求公开预算草案等文件。中国焦作、温岭等地的预算听证制度或民主恳谈制度，也为公众获取预算信息、参与预算提供了途径。而巴西和南非在 IBP 组织的号召下分别作出承诺：巴西承诺要公开失业救济资金和自然灾害救助资金的花费情况，召开中央及地方会议讨论公共参与机制；南非承诺加强与民间组织的合作，为公众跟踪预算提供便利。这些国家对承诺的践行将有力提升本国的预算透明程度。而各国民间组织的活动均注重与媒体的合作，借助媒体力量向公众进行广泛宣传。

（2）"金砖国家"预算透明度提升机制的比较分析。

"金砖国家"的预算透明实践涵盖了各方的力量，均呈现耦合模式。各国政府建立健全预算、信息公开法规，加强电子政务建设，主动公开预算文件，展开参与式预算的尝试。而民众也积极要求了解预算信息，参与政府预算过程。研究机构或民间组织展开对本国预算透明度的调研，分析本国的预算文件，宣传预算知识，推动着预算透明的进程。然而，在不同国家中，各种预算透明促进因素所起的作用却不尽相同，公民在预算过程以及预算透明改革中的地位差别很大。

俄罗斯由于建立了较为完善的财经管理制度，因而确保了预算工作的可辨识性。而民主与法律保障又使民间组织在受到制度保障后，顺利开展工作，进而参照 OECD 的《预算透明最佳实践》要求，公开了各类预算报告。而民间组织更进一步加强预算研究，致力于影响政府预算编制。

印度的民间力量（尤其是个人）对预算透明的促进表现得更为突出。在中国，人大监督机制的日趋加强以及民主意识的提高使得公众对预算情况产生了强烈的诉求。然而，预算透明度提升的实质性改变，则源于政府内部的反思。在《信息公开法》颁布之后，律师群体在要求政府信息公开方面发挥着重要作用[①]。

南非则表现为上下联手推动，追踪预算执行情况：民间组织针对贫困或妇女儿童等个别问题展开调研，向政府提供预算建议；政府颁布完善的法律，提供广泛的预算，通过听证会或设立机构听取公众意见的方式，切实有力地保证了预算过程的透明。

在巴西，参与式预算改革则明确保证了公民的直接参与，为各方监督大开便利之门。政府作出的尝试为公众参与预算提供了保障，民间组织则加强对政府网络、信息系统、法律法规的考量研究，与拉美地区民间组织加强合作，指出政府在预算透明方面存在的问题，呼吁预算信息的公开透明，促进着巴西预算透明度的提升。

---

① 例如，2009 年，河北省沧州市律师韩甫政向国家发改委提出申请，要求公开移动电话月租费的成本检测报告等。资料来源：上海财经大学公共政策研究中心：《2010 中国财政透明度报告——省级财政信息与部门行政收支公开状况评估》，上海财经大学出版社 2010 年版，第 14~17 页。

就中国预算透明度提升的现实路径选择而言，首先，需要政府提高对预算透明的认识程度，不断完善相关制度。政府是掌握预算信息及执行情况的主体，应充分发挥政府作用，确保预算信息公开、预算资金使用情况评估以及宣传工作。其次，要发挥公众力量，提升公众对预算的理解力、参与能力与参与程度，这是我国目前提升预算透明度的主要途径和方式，最终使政府探索与公众努力形成合力，营造预算透明公开的氛围以及公众积极参与预算过程的局面。

5.4 预算公开："金砖国家"预算报告和审计结果之比较①

公开透明是现代政府预算的重要特征，也是当代财政管理的基本准则之一。"金砖国家"同属新兴经济体，面临着提升预算透明度等转轨时期的共性问题，而政府预算报告和审计结果公告则是各国推进预算公开的重要技术载体。本节基于预算公开的视角，从"金砖国家"预算公开的法律依据出发，针对其预算报告和审计结果公告制度的比较研究，对于中国预算透明度提升的路径选择，具有较强的启示价值。

5.4.1 "金砖国家"预算公开的法律依据

在各国预算管理实践中，预算公开的相关法律大体包括宪法、预算法律、信息公开法，以及有关公众参与的法规，其中前三项规定尤其具有普遍约束力。以下仅就"金砖五国"宪法、预算法律、信息公开法中有关预算公开的规定，加以比较分析。

1. "金砖国家"预算公开相关法律的国别比较

（1）巴西预算公开的法律依据。

巴西的《宪法》（1988）和预算相关法律都对信息公开加以明确规定，2009 年颁布的《新信息自由法》（New Freedom of Information Law）进一步为

---

① 马蔡琛、王亚欣：《预算公开："金砖国家"预算报告和审计结果之比较》，载于《河北学刊》2012 年第 6 期。

政府信息公开提供了法律保障。

巴西在预算法规中广泛涉及预算透明、公开及参与性等问题。巴西 2000 年出台的《财政责任法》（Fiscal Responsibility Law）第九章"透明度、控制与监督"中明确规定，财政管理透明的工具必须广泛公开（即使在电子公共媒介中也必须公开包括计划、预算在内的内容）。并在实施细则中规定，应公开先期预算陈述、居民预算、立法预算、年度报告、年终报告等预算资料①。在《财政责任法》中还规定要鼓励公众参与，并在预算草案讨论阶段召开听证会。

（2）俄罗斯预算公开的法律依据。

俄罗斯在《联邦宪法》（1993）、《信息、信息化和信息保护法案》（1995）以及预算管理法律中，规定保证政府信息的公开透明。1998 年的俄罗斯"预算法"对预算公开做出定义：强制向大众传播媒体公开已批准的预算案及其执行情况，并提供执行预算的详细信息等。

《信息、信息化和信息保护法案》规定政府信息资源以公开为原则、保密为例外。2009 年 2 月，《俄罗斯报》公布的《关于保障获取国家机关及地方自治机构活动信息》规定，公民遭遇官员试图隐瞒信息的情况，可向国家检察机关投诉。对政府官员阻挠公民获得预算信息的行为，除对官员撤职查办外，还处以最高 20 万卢布的罚款②。

（3）印度预算公开的法律依据。

尽管印度宪法缺少知情权的具体条款，但预算法律广泛涉及了预算公开问题。2003 年出台的《财政责任和预算管理法》（Fiscal Responsibility and Budget Management Act）将财政透明度责任作为重要目标，但未能对透明做出明确界定，也缺乏信息公开制度及公众参与的具体规定。2005 年的《信息权利法》进一步鼓励开展针对公共信息官员的培训，提高政府官员和公众的信息公开意识。

（4）南非预算公开的法律依据。

南非通过较为完善的法律体系来保障预算公开，主要包括：1996 年《宪

---

① Paolo de Renzio，VerenaKroth. Transparency and Participation in Public Financial Management：What Do Budget Laws Say［R］. IBP, Center on Budget and Policy Priorities, Washington D. C. , 2011.

② 王利平：《俄罗斯立法促国家机关信息公开的启示》，https：//club. 1688. com/article/31155087. htm。

法》、1999 年的《公共财政管理条例》（PFMA）、2003 年的《地方财政管理法令》（MFMA），以及 2001 年 3 月生效的《信息公开促进法》。

PFMA 与 MFMA 构成了南非预算信息公开的法律基础①。PFMA 规定，财政部门要在每月结束后 30 天内公布月度资金使用情况，并应涵盖该阶段政府收支情况、债务情况及其他细节；国家预算通过之前必须公布并交由公众讨论。而 MFMA 则要求预算官员向公众公开预算执行情况以及支撑性文件，并邀请 NGO 组织开展第三方评价。南非的《信息公开促进法》详细界定了公民的知情权力及其例外，并对答复时限等程序问题做出具体规定。同时，明确了受到拒绝时的申诉机制，在申诉无效时还可提起司法诉讼。

（5）中国预算公开的法律依据。

我国 2008 年 5 月实施的《中华人民共和国政府信息公开条例》，首次以行政法规的形式明确了信息公开义务，但没有具体的申诉机制，公开时限及对违法官员的惩罚规定也不够具体。

在 2015 年 1 月 1 日起实施的新《预算法》中第十四条明确规定："经本级人民代表大会或者本级人民代表大会常务委员会批准的预算、预算调整、决算、预算执行情况的报告及报表，应当在批准后二十日内由本级政府财政部门向社会公开，并对本级政府财政转移支付安排、执行的情况以及举借债务的情况等重要事项作出说明。经本级政府财政部门批复的部门预算、决算及报表，应当在批复后二十日内由各部门向社会公开，并对部门预算、决算中机关运行经费的安排、使用情况等重要事项做出说明。各级政府、各部门、各单位应当将政府采购的情况及时向社会公开。本条前三款规定的公开事项，涉及国家秘密的除外。"

2. "金砖国家"预算公开法律依据的评析

基于以上分析可以发现，"金砖五国"均建立了信息公开法规，而"宪法"和"预算法"对于透明、公开则未必有明确规定，即使有所提及，也大多仅作为原则性规范（见表 5 - 5）。

---

① Albert Van Zyl, Marritt Claassens. Budget Transparency and Participation: Nine African Case Studies [M]. IDASA Publishers, 2005.

表 5 – 5　　　　　　　　　　预算透明的法律依据比较

	宪法		预算法规	信息公开法			
	有无明确提及	明确提及状况	有无对预算报告的具体要求	法律级别	立法时间	所管辖的主体	是否规定专门负责机构
南非	有	广泛	有	议会立法	2001 年	立法、司法、行政机关	是
巴西	有	广泛	有	议会立法	2009 年	立法、司法、行政机关	否
印度	无	较多	无	议会立法	2005 年	立法、司法、行政机关	是
俄罗斯	有	较多	无	议会立法	2009 年	立法、司法、行政机关	是

资料来源：根据各国预算公开相关法律法规整理。

就"金砖五国"来说，在"预算法"中明确提及预算公开的国家，其预算透明程度较高，广泛提及信息透明的南非、巴西高居预算公开指数（OBI）排行榜的前列，较为广泛提及的印度、俄罗斯紧随其后。

各国的信息公开法中，尽管南非的信息公开法颁布较早，但缺乏对政府主动公开的要求；巴西没有指定负责信息公开的部门；印度几乎把各类情报和安全机构完全排除于其管辖范围之外，缩小了法律的约束范围①。中国的信息公开立法级别较低，仅为行政法规，规定较为笼统且缺乏申诉机制，未能指定信息公开负责部门，没有回馈时间的具体要求，也缺乏对违法行为的具体惩处规定。

但是，即使是南非，也没有对国际预算合作组织（IBP）建议公开的全部预算报告做出全面规定。然而在现实中，五国公布的预算信息远比法律规定的丰富得多②。由此可见，预算公开与透明不仅依赖于法律保障，还依赖于公民对预算信息的主动要求、政府部门的预算公开努力、有效参与国际合作等多种因素。

5.4.2 "金砖国家"预算报告的比较分析

预算报告包括先期预算报告、预算草案报告、审批后的预算报告、预算执

---

① ［加拿大］托比·曼德尔：《信息自由：多国法律比较》，社会科学文献出版社 2011 年版，第 76 页。

② International Budget Partnership, The Open Budget Survey 2010 ［R］. IBP, Center on Budget and Policy Priorities, Washington D. C. , 2010.

行阶段性报告以及年终决算等。其中预算执行阶段性报告可能是月度报告，也可能是季度报告，一些国家还提供年中报告。为提高预算报告可读性，一些国家还提供居民预算报告。在此重点就"金砖五国"的7种预算文件加以对比分析。

1. "金砖国家"预算文件的编报情况

在预算编制与执行的整个过程中，对于IMF、OECD、IBP等国际组织建议公开的预算报告，一些预算文件可能编制但仅供内部人员使用，而另一些则没有编报（见表5-6）。

表5-6 　　　　　　　　　"金砖国家"预算文件公开情况比较

	先期预算陈述	行政预算提案	居民预算	立法预算	年度报告	年中回顾	年终报告
巴西	编制并向大众公开	编制并向大众公开	没有编制	编制并向公众公开	编制并向公众公开	没有编制	编制并向公众公开
俄罗斯	没有编制	编制并向公众公开	没有编制	编制并向公众公开	编制并向公众公开	仅供内部使用	编制并向公众公开
印度	没有编制	编制并向公众公开	编制并向公众公开	编制并向公众公开	编制并向公众公开	编制并向公众公开	编制并向公众公开
中国	没有编制	仅供内部使用	没有编制	仅供内部使用	编制并向公众公开	没有编制	编制并向公众公开
南非	编制并向公众公开	编制并向公众公开	编制并向公众公开	编制并向公众公开	编制并向公众公开	编制并向公众公开	编制并向公众公开

资料来源：根据IBP调研资料整理。

需要指出的是，表5-6中的"行政预算提案"仅指预算主体报告。巴西不仅提供行政预算提案的主体报告，还向公众提供预算提案的概要性报告。印度、南非、俄罗斯则向公众公开预算提案主体报告、概要性报告以及两份预算编制依据报告。我国的行政预算提案主体报告以及编制依据的报告，均只供内部使用，仅在每年年初人代会上向公众公开概要性报告（即年度预算草案报告）。

根据表5-6的分析显示，巴西的预算文件中缺少年中预算回顾和居民预算；俄罗斯公开了行政预算提案、立法预算、年度预算与年终报告；印度除了先期预算陈述没有编制外，其他文件均已编制并公开；中国仅有较好的年度预算与年终预算报告情况；南非编制并公开了全部 7 份文件。综上所述，"金砖国家"均编制了行政预算提案、立法预算、年度报告以及年终报告，并且向公众公开了行政预算提案概要报告、年度报告以及年终报告。但只有巴西和南非编制并公布了先期预算陈述，印度和南非公开了居民预算，俄罗斯、印度、南非编制了年中预算回顾。中国行政预算提案、立法预算方面，俄罗斯在年中回顾方面则呈现为仅供内部使用的状况。

2. "金砖国家"预算文件的内容

（1）巴西。

巴西在前期预算陈述和行政预算提案中，按照行政分类、功能分类、项目分类分别做了详细报告，但在前期预算陈述中缺乏按经济分类的预算安排情况。针对债务水平、债务构成、利息水平以及政府资产情况等资产负债表项目，均缺乏必要的预警和分析。

在巴西的预算审批过程中，就宏观经济形势等开展预算听证活动，但基本没有达成较具价值的听证建议。议会对提案具有修改权，但权力很小。在预算执行过程中，巴西政府每月提供阶段性预算执行情况报告，报告包含全部资金的使用情况及所有收入的详细来源[①]。美中不足的是，巴西的追加预算占原预算的 50% ~ 100%，且在支出后才由议会审议。巴西对预算绩效情况缺乏细节解释，也没有对预算外资金的报告。

（2）俄罗斯。

在俄罗斯的行政预算提案中，按照部门分类和项目分类的报告全面且具体，但未能按照经济分类及功能分类进行全面报告。虽然对债务明细状况缺乏报告，但对债务利息情况有所说明。尽管大部分议员参与了预算辩论，但公众对预算编制的影响仍相对有限。

俄罗斯的预算执行报告较为完善，但缺乏年中预算回顾。在年终报告方面，详细对比了年终决算与年初预算之间的差异，税收水平与实际情况的差异对预算外资金也有较详细的报告[②]，但未能对预算绩效情况做出解释。

---

① Eileen M. Searson, Melissa A. Johnson. Transparency Laws and Interactive Public Relations: An Analysis of Latin American Government Web Sites [J]. Public Relations Review, 2010, 36 (2): 120 – 126.

② Jack Diamond. The New Russian Budget System: A Critical Assessment and Future Reform Agenda [J]. OECD Journal on Budgeting, 2002, 2 (3).

（3）印度。

印度的行政预算提案按照功能、项目、部门进行了全面具体的划分，但没有针对经济分类的报告，且收支报告均缺乏细节支撑。对债务结构、待偿还债务、债务利息支出情况也有较为详细的报告。大部分议员参与预算编制讨论，但公众对预算编制的参与及影响较小[①]。

在预算审批过程中，对宏观经济形势、预算框架等开展有限的听证，但不公布其结果。议会对预算草案有较大的修改权，并会对行政预算提案的详细情况进行表决。印度每月公布预算执行报告，但缺乏对部门预算的详细说明。在年终报告中，与俄罗斯相似，缺乏对预算绩效、预算外资金等做出的具体解释。

（4）南非。

南非有比较完善的预算报告制度，其预算文件也较为完善。在预算年度开始之前，将会公布未来年度的先期预算陈述。在先期预算陈述和行政预算提案中，分别按照行政部门、功能分类、经济分类来规划预算支出情况。对未来负债（如养老金）、政府持有金融资产、非金融资产、未来利息、其他债务的情况也做了较详细的说明。在行政预算提案中，提供绩效考核指标，但缺乏宏观经济假设对预算编制影响的说明。在预算审批过程中，议会针对宏观经济形势和财政政策框架以及中央机关部门预算情况进行广泛的听证，但不公开听证结果。

在预算执行过程中，南非政府提供月度报告，将预算执行与年初预算加以比较。追加预算少于原预算案20%，议会要事先审议预算追加情况，在应急预算的支出发生之后也要加以审批。在年终报告中，提供了较为全面的预算外资金报告和预算绩效考核报告。

3.“金砖国家”预算报告的时效性

在预算审批之前，巴西和俄罗斯的议会在3个月之前就可获得行政预算提案，南非议会获得资料的提前期为1～3个月，而中国和印度的立法机关得到行政预算提案的时间约为预算提交表决前的6周左右。就年度预算的公布而言，巴西、俄罗斯、中国、南非均能在每月结束后30天内给出预算公告，而

---

① Sandeep Verma. Electronic Government Procurement in India: A Framework Analysis of Access to Knowledge and Access to Opportunity [J]. Working Paper, November 31, 2006.

印度在每月结束 60 天之后才能公布预算数据。除印度外的四国均能在预算年度结束后 6 个月内，提供年终决算公告，而印度则在 12 个月之后才能提供相关报告。

针对所有的预算文件，南非、巴西、俄罗斯、印度在公告 1 个月之前会提前告知媒体公告时间，在中国则无类似规定。

4. "金砖国家"预算报告的综合评价

综合以上分析，南非提供了预算全部流程的公告，印度缺少先期预算陈述，巴西缺少居民预算和年中预算回顾，俄罗斯没有编制先期预算陈述与居民预算，年中预算回顾作为内部资料，而中国只向公众提供较为详细的年度报告和年终报告。就时效性而言，印度公布预算文件比较滞后，而其他四国均比较及时，但中国缺乏对预算公告时间的提前告知。

在预算文件的内容涵盖面上，南非表现出极大的优势，巴西与印度的预算文件质量整体也较高，俄罗斯年度预算文件的内容较为丰富，而中国年度预算报告的及时性尚可，内容仍有待完善。预算收支情况缺乏细节支撑是俄罗斯、印度两国的普遍缺陷，而巴西预算草案中对债务的相关报告显得不足[①]。对预算听证会公众意见缺乏公开，是南非、巴西、印度、俄罗斯的主要不足，而中国则基本上不召开类似的听证会。除南非外，其他四国均曾缺乏对预算效果的细致考评，中国近年来颇有改观。

5.4.3 "金砖国家"审计结果公告制度的比较分析

审计结果公告是对公共资金使用情况与效率的分析，审计结果公告的公开是预算监督透明度的集中体现，也是评价公共资源使用情况的直接依据。

1. "金砖国家"审计结果公告的对象范围

审计结果公告对象的范围分为三个层次：第一，是对被审计单位的公开，主要通过发布审计公告、公报等方式，向被审计对象公开审计目的、程序、内容、结果等；第二，面向相关主管部门公开，主要以文件或会议形式进行通报，对军队、情报机构的审计结果公告，通常就到这一层次为止；第三，面向

---

① Paolo de Renzio, Verena Kroth. Transparency and Participation in Public Financial Management: What Do Budget Laws Say [J]. IBP, Center on Budget and Policy Priorities, Washington D. C., 2011.

社会公众公开，主要通过电视、广播、报刊、新闻发布会、网络公开等形式对审计结果进行系统性公开①。

　　"金砖国家"的法律均规定，针对非涉密资金使用情况的审计结果，要求向公众公开。就现状而言，各国均对包含项目审计、专项审计、绩效审计等非涉密审计项目的结果，进行了第三层次的公告。例如，俄罗斯的海关项目、巴西的大豆项目、印度对环境和森林部门的审计项目中②，审计机关均对项目审计的时间、内容、资金使用情况、审计意见等进行了公告。在南非，除涉及保密内容的审计报告外，其他审计报告都要以公报形式公开发布，接受公众的监督。巴西审计法院每年对审计公告汇编成册，形成公共报告并摘编加以公开出版。印度在审议审计结果公告后会召开新闻发布会，向公众公布年度审计的重点，改成通俗读物印制并广为散发。而我国自2003年，审计署发布第一号审计结果公告以来，到2007年已实现所有审计和专项审计调查项目的结果，除涉及国家秘密、商业秘密等不宜对外披露的内容外，全部对社会公告③。

　　2. 审计结果公告落实情况比较——以"金砖国家"中央预算为例

　　"金砖国家"的最高审计机关均需向立法机构呈交预算执行的年度审计报告，作为中央财政资金年度使用情况的全面考评。通过对这一具有共性的审计公告涵盖内容及落实情况的比较，可以进一步透视各国审计结果公告的内容及落实情况。

　　巴西审计法院在财政年度结束6个月之内，向议会提交年度预算执行情况报告，并向社会公布。2009年的调研显示，虽然很多财政资金被审计，但能够估算的被审计资金占全部财政资金的比例仅为20%。而针对预算外资金的审计情况，调查专家认为只公布了不到2/3的审计结果④。

　　俄罗斯联邦审计院通常在财政年度结束后9个月，向议会提交涵盖全部预算内外资金的审计报告。然而，针对审计揭示的问题，政府部门并不公布其整改步骤以及措施，审计院也不对整改情况进行后续追踪。

　　印度在预算年度结束后1~2年内提交审计报告。与俄罗斯相类似，全部

---

① 李维维：《"金砖四国"审计公告制度的比较研究》，河南大学硕士论文，2011年，第17页。
② 李维维：《"金砖四国"审计公告制度的比较研究》，河南大学硕士论文，2011年，第18~21页。
③ 陈尘肇：《中国国家审计结果公告制度问题研究与机制设计》，重庆大学博士论文，2009年，第24页。
④ 王亚欣：《提升预算透明度的国际经验与启示》，南开大学硕士论文，2011年，第38页。

预算内外资金均被审计。针对审计揭示的问题，政府部门部分公开整改措施，审计机关进行相应的审计追踪并加以公告。

南非审计署在预算年度结束后 7 个月左右提供审计报告。所有的预算资金与预算外资金都被审计，并公开展示审计结果。对于审计揭示的问题，政府部门虽然公布整改措施，但提供的信息极少，而审计署也未对整改情况做延伸追踪。

中国国家审计署在预算年度结束后 6 个月左右提供审计结果报告。在预算年度结束 2 年之内，所有预算资金的使用情况都能被审计，且审计结果会向公众公开。根据法律规定，审计机关应该对预算外资金情况进行审计，但在现实中，审计机关对这部分资金情况缺乏监管能力，审计资金占总预算外资金的百分比也难以确定。针对审计署提出的问题及整改建议，虽然政府部门极少公开自身的整改措施及整改进度，但审计署会对审计结果落实情况做追踪审计。

3. "金砖国家"审计结果公告的综合分析

目前，"金砖国家"基本实现了对非涉密审计结果的社会公告。在公开期限上，与巴西一样，中国年度审计报告在 6 个月左右提交，是比较高效的国家。

虽然中国的审计署在独立性上略显逊色，但经过多年努力，中国的审计结果公告制度取得了很大进步。在报告及时性、报告涉及的内容、报告范围以及审计追踪上，中国的年度预算执行情况审计报告均处于 OBI 问卷调查的最优行列。巴西缺乏对审计项目涉及资金的相应统计，巴西、俄罗斯、南非对审计公告整改意见的落实情况，缺乏相应的追踪审计报告，而中国针对预算外资金的审计需要加强，确保对财政资金的全面监督审查。

就公开手段而言，我国还应更加注重通俗性、广泛传播性与社会影响力，积极发挥审计结果公告的作用，借助公众力量、媒体力量促进问题整改，以弥补独立性不足导致的审计结果建议执行力不足。

第6章

政府会计改革与财政安全预警机制

6.1 中国政府会计准则体系的框架设计与路径选择：基于会计准则诸要素的国际比较视角[①]

1993 年《企业会计准则》开始实施，打响了中国市场经济取向改革在财经管理领域的第一枪。但此后的二十多年中，我国始终缺少一个类似的公共部门会计准则体系，各级政府对自身的资产、负债和财务运行情况难以准确把握，从而难以找到提升政府绩效的渠道。2013 年，《十八届三中全会关于全面深化改革若干重大问题的决定》首次要求建立权责发生制的政府综合财务报告制度。2014 年颁布的新《预算法》也对编制以权责发生制为基础的政府综合财务报告提出了明确要求。2015 年 10 月，财政部公布了《政府会计准则——基本准则》（以下简称《基本准则》），并于 2017 年 1 月 1 日起施行。早在 21 世纪初，专家学者就已指出我国预算会计制度中存在的问题，并呼吁以引入权责发生制为主的政府会计改革。[②]《基本准则》的及时发布，将强化

---

① 马蔡琛、李宛姝：《中国政府会计准则体系的框架设计与路径选择——基于会计准则诸要素的国际比较视角》，载于《会计与经济研究》2016 年第 5 期。

② 国内学者对政府会计改革主要集中在实现公共受托责任、构建权责发生制财务体系等方面。李建发、张曾莲（2009）通过对比借鉴英国、澳大利亚和美国的绩效报告，从政府财务状况的视角对如何构建政府绩效报告提出具体建议。通过论证公共受托责任是政府会计的客观基础，路军伟、李建发（2006）梳理了公共受托责任不断变化下政府会计的全球变革路径，指出政府会计改革应当立足我国公共受托责任的现实。以绩效预算改革为背景，阳迅、陈靓（2010）研究了我国政府会计确认基础由收付实现制转为权责发生制的合理性和必要性。张曾莲（2011）通过借鉴英国、美国、法国、德国等多个发达国家的政府会计体系，提出重构中国政府会计体系的思路。陈立齐、李建发（2003）从受托责任、政府会计目标、与企业会计的关系三个角度梳理了国际会计准则的发展。

政府对公共受托责任的履行和人民对履行情况的监督，也为改进政府绩效提供了具有潜力的方法和通道。

在国际上，诸多国家借助新公共管理运动，在不同程度上发展了本国的政府会计制度，众多国际组织也致力于推行统一的公共部门会计制度。本节通过国际比较和借鉴，旨在为中国政府会计具体准则体系的建设，提供一个较具启示性的参照体系。

6.1.1　各国政府会计准则的总体考察

凡是建立起政府会计体系的国家或者组织，都会构造一系列针对具体情况之处理方法的详细准则体系。以美国为例，截至目前，政府会计准则委员会（GASB）共发布了 82 项准则（statements of governmental accounting standards）、6 项概念公告（concepts statements）和 6 项解释公告（interpretations）[①]。鉴于这些准则内容具体、数量庞大，我们重点关注美国、澳大利亚、新西兰、法国4 个具有代表性的发达经济体政府会计计量基础和政府间会计准则的差异。

1. 政府会计核算基础的比较

在广义上来说，政府会计应当包含两个方面：政府预算会计和政府财务会计。政府预算会计以预算管理为中心，对一个财年内预算资源的收支活动进行确认、计量与核算；政府财务会计则借鉴商业会计模式，对政府部门拥有的全部资源与收支活动进行确认、计量与核算。政府预算会计主要关注公共资源的流量变化，而政府财务会计则进一步对资源存量进行关注和披露。由于二者的管理目的和关注对象有所不同，大多数国家在制定政府会计准则时都会对预算账户核算与财务账户核算进行分别考虑，并为之匹配适当的会计计量基础。

（1）单轨模式：政府预算会计与财务会计均采用权责发生制。

国际上广泛认为，新西兰和澳大利亚是公共部门中最早使用权责发生制的国家。[②] 新西兰是首个在中央层面全面采用权责发生制对政府财务状况进行报

---

① 资料来源：http：//www. gasb. org/cs/ContentServer? c ＝ Page&pagename ＝ GASB％ 2FPage％ 2FGASBSectionPage&cid ＝1176160042391。

② Mark Champoux. Accrual Accounting in New Zealand and Australia：Issues and Solution ［Z］. ht-tp：//www. law. harvard. edu/faculty/hjackson/NewZealand_ Australia _27. pdf ，Harvard Law School Federal Budget Policy Seminar：Briefing Paper 2016（27）.

告的国家。从 1935 年开始，新西兰经过三十多年的大规模政府扩张，财政支出严重超过其收入，形成了大量财政赤字。1983 年，标准普尔将新西兰的主权信用评级由 AAA 下调至 AA +，这促使其开始进行公共部门管理改革，政府会计改革正是其重要组成部分①。1989 年，新西兰政府通过了《公共财政法案》②，要求中央部门自 1991 年 7 月起全面采用以权责发生制为基础的商业会计模式，③ 这标志着新西兰在政府层面的预算和财务体系开始应用权责发生制。1992 年 4 月，新西兰首次发布了一系列按照标准会计准则（GAAP）编制的政府财务报表（Crown Financial Statements）。1994 年的《财政责任法案》要求基于权责发生制确定财政战略目标并生成财务报告。自此，新西兰的预算会计和政府财务报告体系都以权责发生制作为核算基础。

1992 年，澳大利亚联邦政府决定在各部门使用权责发生制。4 年后，澳大利亚会计准则委员会（Australian Accounting Standards Board）发布了 3 个文件（AAS 第 27 号、29 号和 31 号），但只要求政府财务记录使用权责发生制会计，预算会计仍以收付实现制为基础。④ 1997 年的《财政管理与受托责任法案》（Financial Management and Accountability Act 1997）规定，应以权责发生制为基础，编制并发布政府预算和财务报告。⑤ 尽管直到 10 年后的 2008 年 5 月，澳大利亚才统一使用 IMF 的政府财务统计（GFS）系统来报告政府预算和财务情况⑥，但其对政府预算和财务状况的核算，自 1997 年起就以权责发生制作为基础。⑦

---

① Joanne Lye, Hector Perera, Asheq Rahman. The evolution of accruals – based Crown (government) financial statements in New Zealand [J]. Accounting, Auditing & Accountability Journal, 2005, 8 (6): 784 – 815.

② New Zealand Legislation. Public Finance Act 1989 [EB/OL]. http: //www. legislation. govt. nz/act/public/1989/0044/latest/whole. html#DLM160819.

③ Susan Newberry. Whole of Government Accounting in New Zealand: A Review of WGA Financial Reports From 1993 to 2010 [J]. Journal of Accounting, Finance and Business Studies, 2011, 47 (4): 501 – 524.

④ Allan Barton. Why Governments Should Use the Government Finance Statistics Accounting System [J]. A Journal of Accounting, Finance and Business Studies, 2011, 47 (4): 411 –445.

⑤ 资料来源: http: //www. finance. gov. au/archive/financial-framework/fma-legislation/fma-act. html。

⑥ GFS 英文全称为 Government Finance Statistics，是 IMF 衡量一个经济体中政府财务活动的数据库，IMF 会定期通过政府财务统计手册发布政府财务数据。

⑦ 2008 年以前，澳大利亚的政府预算文件同时使用两个系统：澳大利亚会计标准（AAS）和政府财务统计系统（GFS）。

（2）双轨模式（dual system）：政府预算会计与财务会计采用不同的核算基础①。

法国的政府预算会计使用收付实现制，而政府财务会计使用权责发生制，成为双轨制的典型案例。2001 年 8 月，法国组织预算法（Constitutional Bylaw on Budget Acts）规定，中央政府的财务管理实行权责发生制政府会计，预算编制与报告仍采用收付实现制。② 但直到 2006 年，法国才首次发布以权责发生制为基础的中央政府综合财务报告。

同样，美国也实行类似的双轨制模式，政府财务会计以权责发生制为基础，预算会计仍以收付实现制为基础。值得注意的是，美国州和地方政府基金会计中的基金报告以修正的权责发生制为基础。这种修正的权责发生制对确认资产和负债的时间范围做出限制，通常为一个财年及财年结束后的 60 天。③

这种双轨制模式使得财务会计与预算会计的对照难以直接进行，需要根据两种核算基础的特点进行账目调整；以收付实现制为基础的预算会计也难以体现预算资源的跨期公平。④ 当然，该模式也具有一定优势：其一，预算会计实行权责发生制的难点在于预算编制过程，通过权责发生制的政府财务会计先行积累相关经验，能够减少未来预算会计改革的阵痛；其二，以收付实现制编制预算会计报表可以在一定程度上充当财务会计的现金流量表，对现金流量披露要求不高的机构则不必另外编制现金流量表，可以适当减少财务核算的工作量。

2. 政府间会计准则的差异比较

尽管在政府会计改革中强调了主要针对中央各部门，但实际上，新西兰的政府会计报告主体囊括了中央与地方政府。从政治角度来看，新西兰是单一制国家，加之国土面积相对较小，新西兰有条件一次性完成各政府层级的

---

① IFAC. The Modernization of Government Accounting in France: the Current Situation, the Issues, the Outlook [EB/OL]. https://www.ifac.org/system/files/publications/files/no-6-the-modernization-o.pdf.

② Yuri Biondi. Should Business and Non-Business Accounting be Different? A Comparative Perspective Applied to the French Central Government Accounting Standards [J]. International Journal of Public Administration, 2012, 35 (9): 603 –619.

③ Jacqueline L. Reck, Suzanne L. Lowensohn. Accounting for Governmental & Nonprofit Entities, 17th Edition [M]. New York: McGraw-Hill Education, 2016: 33.

④ 预算资源的跨期公平包括当年预算收入是否足以满足当年政府提供公共服务的成本，以及纳税人未来是否需要继续负担这些服务的成本。

会计改革。

　　澳大利亚政府的会计改革在联邦和地方政府层面基本一致。在预算会计尚未以权责发生制为基础的时期，1996 年，澳大利亚会计准则委员会发布的第 31 号会计准则中，要求联邦与地方政府及所属部门以权责发生制为基础编制财务报告。在政府预算会计与财务会计全面使用权责发生制之后，澳大利亚会计准则的推广也体现了各层级政府的统一步调。① 2005 年，澳大利亚将国际财务报告准则（International Financial Reporting Standards）② 应用到本国时，改革范围也同时包括联邦与地方政府。③

　　法国政府会计系统中的层级分布可以概括为统一的中央会计准则和不甚一致的地方会计准则。曾有人将欧洲的政府会计系统制定分为三种模式："自上而下模式"（top-down model）、"自下而上模式"（bottom-up model）和"自上而下兼分权模式"（top-down decentralized model），并将法国归类为"自上而下兼分权模式"。④ 1982 年地方政府法案施行之后，法国地方政府的自主权得到提升，可以自由支配的经济资源也大幅增加，这些变化促使各地方政府启动了针对部分公共部门的政府会计改革，使这些部门（如医疗部门和社保部门）的会计准则与私人部门会计准则相一致，即以权责发生制为基础进行政府财务报告，不但记录资金的流入与流出，并对部门资产进行确认，这表明政府资源的记录从只关注"流量"转变为同时关注"存量"。

　　美国作为典型的联邦制国家，联邦和州政府之间有明确的职能划分，州及地方政府承担了大部分公共职能，这导致中央与地方使用同一套会计准则相对比较困难。目前美国有两套政府会计准则：由联邦会计准则咨询委员会

---

　　① Ryan, Christine. The introduction of accrual reporting policy in the Australian public sector [J]. Accounting Auditing and Accountability Journal, 1998, 11（5）：518 – 539.

　　② 国际财务报告准则是由国际会计准则委员会（IASB）制定的一套会计准则，目前 100 多个国家采用该准则体系。资料来源：http：//www.ifrs.org/about-us/pages/what-are-ifrs.aspx。

　　③ Robyn Pilcher, Graeme Dean. Implementing IFRS in Local Government：Value Adding or Additional Pain? [J]. Qualitative Research in Accounting & Management, 2009, 6（3）：180 – 196.

　　④ 自上而下模式是指政府会计改革由中央政府主导，同时逐步向下级推行的模式，该种模式下地方政府的自主权极小；自下而上模式是指某些地方政府首先进行政府会计改革，改革效果得到认可后再在中央政府进行实施；自上而下兼分权模式是指政府会计改革由中央政府主导，同时向各级地方政府推行，但随着地方自主性的增强，各地方政府的政府会计改革不完全与中央政府一致，地方政府彼此间的改革模式也不尽相同。Eugenio Caperchione, Riccardo Mussari. Comparative Issues in Local Government Accounting [J]. Springer Science & Business Media New York, 2000：94 – 95.

（FASAB）制定的联邦政府会计准则、政府会计准则委员会（GASB）制定的州与地方政府会计准则。[①]

基于以上比较可以发现，预算会计以权责发生制为基础的新西兰和澳大利亚，恰好是最早启动政府会计改革的两个国家，且具有财政集权特点。而具有财政分权色彩的法国[②]和美国，在政府预算和财务管理上仍然采行双轨制模式，即预算会计以收付实现制为基础，财务会计以权责发生制为基础。在我国《政府会计基本准则》明确规定：政府会计分为预算会计与财务会计，预算会计实行收付实现制，财务会计实行权责发生制。这种双轨制模式是符合我国现实国情的，并且可能会存在一个相对较长的过渡时期。首先，我国行政事业单位的财务管理人员尚未具备以权责发生制管理公共部门财务的经验。其次，自1994 年分税制改革以来，形成了事与愿违的财力与事权相背离的财政分配格局，地方财力严重不足（尤其是基层政府）。有些地方通过发行政府性债务来弥补资金缺口，并将这些变相债务在技术上作为预算外资金处理。若在地方政府性债务问题得到根本解决之前就以权责发生制来编制预算，那么将政府债务隐藏为预算外资金的做法就有可能得到大量效仿，这难免有悖于预算管理规范化的改革初衷。最后，我国正在推行的中期财政规划改革就是从多年期视角来规划预算资源的分配，这其实也可以视为以修正的权责发生制对预算资源进行管理。因此，对预算会计核算基础的改革可以留待中期财政规划改革取得一定经验之后再加以审慎谋划。

就国际经验而言，从开始采用权责发生制政府会计，到发布政府综合财务报告，样本国家至少需要 3 年以上的时间。即便政府会计改革最早且最全面的新西兰也不例外（见表 6 - 1）。为了尽早建立起真正意义上的政府综合财务报告体系，我国应抓紧构建包括基本准则和具体准则的政府会计准则体系，对各部门共性或特殊的资金活动之会计处理加以规定，为编制高质量的综合财务报

---

① GASB 成立于 1984 年，受到独立机构——财务会计基金会（FAF）的支持，分别为美国州和地方政府与商业组织制定会计准则。FASAB 成立于 1991 年，由财政部（Treasury）、预算管理局（Office of Management and Budget）和审计署（Government Accountability Office）共同组建。FASAB 与 GASB 制定会计准则的权威性，都受到美国注册会计师协会（AICPA）的认可，但这两个机构互相独立，没有从属关系。James L. Chan. "Reforming American Government Accounting in the 20th Century," in Handbook of Public Management Practice and Reform, edited by K. T. Liou [M]. NY: Marcel Dekker, Inc. 2000: 97 - 121.

② 张道庆：《美国与法国财政联邦主义比较》，载于《经济经纬》2005 年第 3 期。

告提供更为坚实的核算基础。

表6-1　　　　　　采用权责发生制与发布政府综合财务报告的时间

国家	新西兰	澳大利亚	法国
采用权责发生制政府会计的时间	1989 年	1992 年	2001 年
首次发布政府综合财务报告的时间	1992 年	2008 年	2006 年

6.1.2　政府会计准则体系的具体比较：以中美为例

美国拥有联邦、州和地方政府两套政府会计准则，在此重点就州和地方政府的 GASB 准则与我国进行比较。其原因在于，美国有 50 个州，9 万多个地方政府，[①] 在各类政府的法律法规、预算管理方式存在差异的情况下，GASB 仍然能制定出一套统一的政府会计准则，说明这套准则在拥有多样职能的不同政府中具有广泛的适用性。而美国联邦政府的职能较为单一，这导致联邦政府会计准则即使在其本土的非联邦政府中适用性也难免较低，对我国的借鉴意义自然更加有限。

GASB 规定，地方政府的年度综合财务报告（CAFR）包括三个部分：简介、财务报告以及数据。其中，简介部分需对政府运行和管理进行总括介绍，数据部分则以非专业术语、图表等形式对经济、财政及政府运行状况进行回顾与展望。年度综合财务报告最为核心的部分是基本财务报表，包括政府层面（government-wide）财务报表和基金（fund）财务报表。其中财务资源的分类、资源披露的完整性、政府绩效信息这三个方面，对我国而言尤具启示价值。

1. 政府财务资源的分类

美国实行的基金制政府会计，[②] 简单来说，基金体现为一组具有特定用

---

① 资料来源为美国人口调查局《2012 年美国政府机构普查总结报告》，https：//www2. census. gov/govs/cog/g12_org. pdf。该普查每 5 年进行一次。

② 基金是指按照特定的法规、限制条款或期限，为从事特定活动或达到某种目的而分离形成的，依靠一套自身平衡的科目记录现金及其他财务资源，以及相关负债和剩余权益或余额及其变动情况的一个财务与会计主体。Jacqueline L. Reck，Suzanne L. Lowensohn. Accounting for Governmental & Nonprofit Entities，17th Edition ［M］. New York：McGraw-Hill Education，2016：31.

途，要求专款专用、专门核算和报告的财务资源。① 地方政府的基金大体分为三类：政府基金（governmental fund）、权益基金（proprietary fund）和信托基金（fiduciary fund），各类基金统收统支且自求平衡（见表 6 - 2）。

表 6 - 2　　　　　　　　　　　　美国州和地方政府基金分类

政府基金	权益基金	信托基金
一般基金 （General Funds）	内部服务基金 （Internal Service Funds）	养老保障基金 （Pension Trust Funds）
特别收入基金 （Special Revenue Funds）		投资信托基金 （Investment Trust Funds）
工程投资基金 （Capital Projects Funds）	企业基金 （Enterprise Funds）	个体受益基金 （Private-Purpose Trust Funds）
债务服务基金 （Debt Service Funds）		机构基金 （Agency Funds）
永久基金 （Permanent Funds）		

资料来源：Jacqueline L. Reck, Suzanne L. Lowensohn. Accounting for Governmental & Nonprofit Entities, 17th Edition［M］. New York：McGraw-Hill Education, 2016：33。

根据我国的《财政总预算会计制度》，政府财政性资金主要分为一般公共预算、政府性基金预算、国有资本经营预算、社会保险基金预算以及财政专户管理资金、专用基金和代管资金等。② 作为政府会计改革的重要文件，《基本准则》却并未对各级政府的财政资金提供类似的分类。

在基金财务报表方面，我国照搬美国的基金制政府会计也是不现实的。首先，美国的基金分类烦琐且复杂，不同基金类别可能服务于政府运行的同一目的。例如，权益基金类别下的内部服务基金，与政府基金类别下的一般基金同样用于支撑政府的内部运营成本，其不同之处在于内部服务基金的来源是使用者收费，③ 而一般基金来源于税收。其次，不同基金的会计计量基础并不一致，权益基金与信托基金均采用权责发生制基础，政府基金则以修正的权责发

---

① 张曾莲：《基于政府财务会计和政府管理会计的政府会计体系的重构》，载于《中国管理信息化》2011 年第 3 期。

② 财政部：《财政总预算会计制度》，http：//gks. mof. gov. cn/zhengfuxinxi/guizhangzhidu/201510/t20151022_1517735. html，2015：第一章第三条。

③ 使用者收费是指对使用公共产品或服务的行为进行收费。

生制为会计基础，不同的核算基础会增加推行政府会计改革的复杂程度。最后，我国与美国的基金划分存在较大差异。例如，美国的政府基金主要包括税收收入、罚款、授权性收费和政府间转移支付，尽管仅就基金的名称而言相差不大，但我国政府预算中的政府性基金①涵盖的内容却大不相同。

2. 政府会计报告对财务资源披露的完整性

美国地方政府的财务报告和基金财务报告，分别从公共受托责任和年度财务状况的角度对政府的全部资金活动进行报告。因此，立法、审计和公众能够对政府的财政状况和受托责任履行做出详细评估。此外，考虑到某些财务报告使用者重点关注大额资金的使用情况，因此政府层面的财务报告会专门对主要基金②（major funds）的使用情况进行报告，以便使用者进一步了解政府主要的收入和支出项目。

我国现行预算会计是预算会计与财务会计的混合体，既不是真正意义上的财务会计，不能全面反映政府的财务状况、运营绩效和现金流量，也非真正意义上的预算会计，难以发挥公共预算管理的功能。③《基本准则》要求综合财务报告反映各级政府的整体财务状况、运行情况和财政中长期可持续性，这将对那些备受关注的资金使用状况提出进一步的披露要求。

从政府支出角度看，我国的中央预算内投资④主要由国家发展和改革委员会掌控，这部分资金具体用于哪些项目，即使财政部与人大一度也不甚清楚。⑤据报道，这一块资金在2014年的规模为4576亿元，占当年中央本级支出决算的20.3%。⑥如此大规模的资金将对中央资产负债表产生重大影响，因

---

① 根据财政部《关于加强政府非税收入管理的通知》规定：政府性基金是指各级政府及其所属部门根据法律、行政法规和中共中央、国务院有关文件规定，为支持某项公共事业发展，向公民、法人和其他组织无偿征收的具有专项用途的财政资金。

② GASB要求"主要基金"同时满足两点要求：第一，政务基金或企业基金中总资产、负债、收入或支出金额超过所在基金类别总额的10%；第二，满足第一点的会计要素金额超过政务基金与企业基金总金额的5%。

③ 张曾莲：《论政府预算会计与财务会计的结合》，载于《中南大学学报》（社会科学版）2011年第8期，第98~103页。

④ 中央预算内投资是财政部每年在编制中央本级预算时从总预算中切割的一块资金，由国家发展和改革委员会负责编制预算，用在基本建设等领域，从而这部分预算权落入国家发展改革委名下，因此又被戏称为口袋预算。资料来源：http://news.ifeng.com/shendu/jjgcb/detail_2011_11/21/10795442_0.shtml。

⑤ 舒圣祥：《让"口袋预算"敞开在阳光下》，载于《检察日报》2011年6月1日。

⑥ 聂日明：《改掉发改委的"口袋预算"，根治"跑部钱进"》，http://www.sifl.org.cn/show.asp?id=2670。

此应当纳入政府财务报告中加以详细披露。从公共预算收入角度看，中央转移支付作为各地方财力的重要补充，主要目的在于地区间公共服务的均等化。然而，根据对中央转移支付的多方研究，其结论大多认为，转移支付会刺激地方改变政府支出结构，更加倾向于大幅度提高基本建设支出。[①] 目前各地方大多并未详细披露中央转移支付的资金去向，转移支付资金缺乏有效的监督约束机制。

3. 政府会计体系中的绩效信息

除了传统的财务报表，许多美国地方政府会在年度综合财务报告（CAFR）中包含"服务投入与完成情况"（Service Efforts and Accomplishments, SEA）报告。SEA 报告是一种政府部门绩效报告，报告公共服务的绩效指标，公开相关部门的工作情况，既是政府预算决策的依据，也是报告的外部使用者评估政府效能的依据。尽管各州和地方政府并未强制要求编制 SEA 报告，但随着对预算绩效管理的日益重视，以及针对财政透明度和公共受托责任的更高要求，许多地方政府开始发布年度 SEA 报告。GASB 的概念声明 2 号文件规定，SEA 报告用于补充年度综合财务报告的外部财务信息，并规定了三类绩效评估方法[②]：第一，衡量服务所需的投入成本，如材料、人力成本；第二，衡量服务的完成程度，包括产出评估（output）和效果评估（outcome），产出评估关注项目提供的服务数量（如公路维修项目本年度修理的公路里程），[③] 效果评估关注项目提供的服务质量（如公路经维修后的质量评分，达到优秀、合格、不合格标准的长度各为多少）；[④] 第三，衡量服务的投入效率，包括产出效率和质量效率。

贝尔维尤市（Bellevue City）是美国华盛顿州的一个城市，该市 2014 年度的绩效报告长达 129 页，不仅报告了公共服务的成本、完成程度和绩效评估结

---

① 亓寿伟、胡洪曙：《转移支付、政府偏好与公共产品供给》，载于《财政研究》2015 年第 7 期；苑德宇、宋小宁：《转移支付与地方政府投资决策》，载于《财贸经济》2015 年第 3 期。

② GASB. Concepts Statement No. 2 of the Governmental Accounting Standards Board [EB/OL]. http：// www. gasb. org/jsp/GASB/Document＿C/GASBDocumentPage？ cid = 1176160039664&acceptedDisclaimer = true, 2008.

③ Jacqueline L. Reck, Suzanne L. Lowensohn. Accounting for Governmental & Nonprofit Entities, 17th Edition [M]. New York：McGraw-Hill Education, 2016：495.

④ Jacqueline L. Reck, Suzanne L. Lowensohn. Accounting for Governmental & Nonprofit Entities, 17th Edition [M]. New York：McGraw-Hill Education, 2016：496.

果，还包括对绩效结果的分析讨论，并提出服务绩效的改进建议。类似的绩效报告在美国地方政府中较为普遍。

进入 21 世纪以来，我国的财政部门一直致力于预算绩效改革，但离真正的绩效预算管理还有较大的差距，[①] 而且已经开展的试点地区也未能公开发布绩效评价结果。2016 年 3 月，《关于 2015 年中央和地方预算执行情况与 2016 年中央和地方预算草案的报告》在回顾 2015 年预算执行情况时提到：中央部门绩效评价项目数量和金额分别增长 26.3%、27%，评价结果与 2016 年预算安排挂钩。[②] 然而，关于中央部门绩效评价更为详细的信息并没有形成公开的报告，也就无从了解涉及绩效评价的具体项目和评价结果。新《预算法》第三十二条规定，"在预算编制时要参考上一年预算支出绩效评价结果"，这说明我国更加重视通过绩效评价来管理政府预算。然而，无论是《基本准则》还是新修订的《财政总预算会计制度》，都没有对决算报告或者政府综合财务报告提出绩效评价信息的披露要求。

6.1.3 中国政府会计准则体系的展望与前瞻

第一，在政府会计改革中应坚持财务会计与预算会计并重。政府会计改革先驱国家的经验表明，预算会计和财务会计是不可分离的两个系统，即使二者的会计核算基础不同（如美国），财务会计仍需要与预算会计进行相互参照，以确保公共资源使用的合规性。预算会计提供信息的容量和质量能够影响这种对照的效用，从而对预算会计在计量、核算和报告等方面提出较高的要求。目前，我国存在着一套政府预算会计体系，但是缺少政府财务会计体系，在推进政府会计改革时，很容易将改革重点置于建立财务会计体系上，忽视对预算会计体系的改良和重构。对于现行预算会计的改进，应重点关注以下两个方面：其一，应当建立专门的国有资本经营预算和社会保险基金的会计报表，弥补目前预算会计仅包括财政总预算会计、行政单位会计及事业单位会计的缺陷。其二，要注意财政部门与预算资金使用部门（即支出部门）的配合。原来属于

---

① 牛美丽：《中国地方绩效预算改革十年回顾：成就与挑战》，载于《武汉大学学报》（哲学社会科学版）2012 年第 11 期。

② 财政部：《关于 2015 年中央和地方预算执行情况与 2016 年中央和地方预算草案的报告》，http://www.mof.gov.cn/zhengwuxinxi/caizhengxinwen/201603/t20160318_1915291.html。

预算外资金的部分资金，目前实行"收支两条线"管理，收入全额上缴国库或财政专户，支出由财政部门统筹安排后划拨到资金使用单位。由于收入和支出的管理不在同一机构内进行，对这部分资金的预算会计报告需要不同部门之间的协调配合。

第二，要重视专项资金的财务记录，探索形成专门的财务报告。为保证政府综合财务报告的完整和清晰，有必要对一些数额较大的专项资金加以单独报告。可以借鉴美国在政府总体财务报告中对主要基金进行单独列报的做法，使得报告使用者迅捷地明晰这些资金的使用状况。为确保专项资金的专款专用，除在综合财务报告中单独列示专项资金外，还应编制单独的财务报告，至少包括每类专项资金的专门资产负债表和收入费用表。目前，至少有三种专项资金值得关注：第一种是预算权分割导致的游离于财政部门控制的预算内投资资金（即"口袋预算"）；第二种是作为地方财政重要补充的中央转移支付；第三种为政府性基金（特别是国有土地使用权出让收入）。

上述三种资金在会计处理上主要涉及流动资产与固定资产的转换确认。中央预算内投资与转移支付中的大部分资金通过投资将现金转换为有形固定资产（基础设施等），地方政府性基金通过出让土地来获取以现金为主的流动资产。因此，这三类资金的会计处理难点在于固定资产的确认，其准确性将在相当程度上影响国家资产负债表的精确性。不同之处在于，中央预算内投资与转移支付资金形成的固定资产中往往存在大量在建工程，需要按照权责发生制进行核算；而政府性基金主要涉及国有土地的出让与到期收回的会计确认。此外，这三类资金都需要收入费用表[①]来监督资金是否实现了专款专用，中央预算内投资与转移支付的资金来源主要体现为中央政府拨付的资金，因此应重点关注资金的支出项；政府性基金不但需要关注支出，还需要详细记录基金的各项收入，并且与对应项目的支出进行比较，以此确认政府性基金各项收费的必要性。

对中央预算内投资的财务信息披露，有助于推动"口袋预算"的规范化管理，以最终实现"全口径预算"的改革目标。对中央转移支付的财务记录可以保证专项转移支付的正确用途，能够降低地方官员挪用专项转移支付的动机。更为重要的是，多年来这两种资金主要投资于基础设施，沉淀了大量的非

---

① 企业财务会计中将收入费用表称为利润表，利润表的余额对评估企业盈利能力非常重要，但在政府财务会计中，政府的非营利性，使得收入费用表的余额只表明某项资金在一定时期内是否平衡。

流动资产，采用权责发生制的会计基础对其进行计量核算，有助于正确评估现实财政状况的可持续性。

政府性基金作为非税收入的重要组成部分，近年来呈超常规增长态势，2014年达到5.4亿元之多。从图6-1和图6-2可以发现，地方政府性基金收入不但占全国的90%以上，更是地方财政的重要收入来源，尽管近年有下降趋势，地方政府财政收入的相当份额仍然来自政府性基金收入。2015年修订的《财政总预算会计制度》，尽管从预算的角度强化了对政府性基金的会计管理，但其全面管理仍旧需要一套完整的财务报表。通过政府性基金财务报告，可以了解各项基金的具体用途，监督其是否真正实现专款专用。

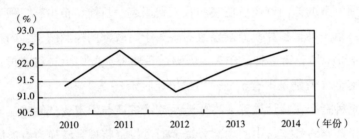

图6-1　地方政府性基金收入占全国政府性

基金收入份额趋势（2010~2014年）

注：地方政府性基金收入指地方政府本级政府性基金收入，不包括中央政府性基金转移支付部分。

资料来源：2010~2014年全国政府性基金收入决算表和2010~2014年地方政府性基金收入决算表。

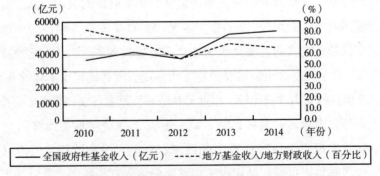

图6-2　全国政府性基金收入及地方政府性基金收入占地方

财政收入之比变化（2010~2014年）

注：地方财政收入指地方政府本级财政收入，不包括中央税收返还和转移支付。

资料来源：2010~2014年全国政府性基金收入决算表、2010~2014年地方政府性基金收入决算表和国家统计局地方财政收入年度数据。

第三，将绩效预算改革与政府会计改革相结合，在制定政府会计具体准则中，探索在综合财务报告中纳入预算绩效报告。自新公共管理运动以来，发达经济体积累了较为成熟的绩效管理经验，加之完善的政府财务报告体系，从而能够利用政府会计提供的财务信息来形成绩效报告，并使之成为年度综合财务报告的重要组成部分。我国的预算绩效管理体系尚处于完善过程中，政府会计改革也才迈出《基本准则》以及部分具体准则的重要一步，就二者的有机结合而言，至少需要从以下两个方面来加以谋划。

一方面，绩效预算管理内存在着"控制导向"与"绩效导向"之间的冲突，一个完善的政府会计体系可以在一定程度上降低这种冲突。以年终突击花钱问题为例，预算会计以收入实现制为核算基础记录资金的支出，当预算会计报表暴露出某部门存在年终突击花钱问题时，可以通过对照该部门的财务报表从权责发生制的视角来评估年末的大量资金流出是否合理。从长远来看，这也体现了中期财政规划改革的宗旨和原则。

另一方面，政府会计改革的深化能够有效推进预算绩效管理改革。通过构建政府会计报告体系，特别是对专项资金的单独核算，可以为预算绩效指标的测算提供数据信息，使预算绩效的精准量化成为可能。同时，财政部门对预算资金使用绩效的关注可以倒逼资金使用单位编制真实完整的会计报表。以中央对地方专项转移支付为例，2015 年，财政部要求规范中央对地方专项转移支付绩效目标管理，将绩效目标分为区域维度的整体绩效目标、区域绩效目标和项目绩效目标，与时间维度的实施期绩效目标和年度绩效目标。[①] 若各部门编制专项转移支付资金的财务报表，就可以在报表中获得诸如项目投入成本、生成的有形资产等具体数据，财务报表还可以提供跨年度项目在实施期内的财务数据预测。而当财政部门针对越来越多的预算资金设立绩效目标时，对政府会计系统提供高质量财务数据的需求会进一步提升。这样，预算绩效评价体系与政府会计系统相互促进、共同完善，从而有望构建起一个具有绩效信息披露功能的新型政府财务报告体系。

---

① 财政部：《关于印发〈中央对地方专项转移支付绩效目标管理暂行办法〉的通知》，http://yss. mof. gov. cn/zhengwuxinxi/zhengceguizhang/201511/t20151105_1546134. html。

6.2 公共财政安全预警机制的波段框架设计：基于短波、中波和长波预警的考察[①]

在当代社会中，各种预警（及预测）变得越来越重要，但现实中的预警效果却往往差强人意。正如格里高利·克拉克（2009）所指出的，"在经济学领域，人们描述和预测经济世界的能力只是在 1800 年前后达到顶峰。工业革命后，利用经济模型来预测各国、各地区间收入和财富差异的能力越来越差[②]。"近年来发生的全球金融危机与欧洲主权债务危机，更加突显了公共财政安全预警问题的重要性。

根据相关文献的初步检索分析，目前对于"财政安全预警与风险控制""政府会计和政府预算""开放经济下的财政政策及相关风险"的研究属于割裂式研究。或者是对财政安全预警与风险控制体系的总体或某些局部领域进行研究，或者是对财政风险的成因、传导、防控本身进行分析，抑或是对财政安全预警方法的演进过程进行梳理和评价。

本节试图从短波预警、中波预警和长波预警的不同维度出发，将"基于政府会计和财务报告体系的短波财政预警机制""基于中期基础预算的中波财政预警机制"和"基于开放经济与浮动汇率制度的长波财政预警机制"这三者整合于财政安全监测预警机制的不同时间波段之上，正面回应中国公共财政的预警机制能否实现有效的风险甄别与控制，从而为改革攻坚阶段的中国经济运行，提供一个兼具可操作性和前瞻性的公共财政"安全防火墙"。

6.2.1 公共财政短波预警机制：基于政府会计体系的财务报告预警系统

1. 引入基于政府会计的短波财政预警之必要性

在危机管理中，无论是就监测预警的难度还是精度而言，短期预警（或

---

① 马蔡琛：《公共财政安全预警机制的波段框架设计——基于短波、中波和长波预警的考察》，载于《经济纵横》2012 年第 11 期。

② ［美］格里高利·克拉克：《应该读点经济史：一部世界经济简史》，中信出版社 2009 年版，第 334 页。

预测）都更显重要，预警模型越接近危机（或风险）的爆发时点，预测精度也就越高。结合中国公共财政安全预警的现实需要，通过对财政运行环境与内部控制系统的动态监控，对财政运行中的关键风险节点进行经常性的、全面的最优监测，其迫切性是不言自明的。为满足这一需要，时间波段在 1 年以内（某些情况下，可以延展为 1 ~ 3 年）的短波预警，就现实紧迫性而言，其意义更加重大。

在通常财政预警模型的研究思维中，往往认为构造相对复杂的数理分析预警模型，进行相关变量的输入、处理、输出及反馈的拟合性分析是实现财政预警的较优路径。其实，类比企业危机的预警管理，大多数研究也集中于危机的短期预警或预测问题[①]，但其财务危机预警则主要依靠企业会计的内部控制体系和财务报告分析系统。然而，在中国公共财政危机管理实践中，或许由于相关研究者或实践者对于现代政府会计等技术问题不甚了然，这种非常行之有效的预警模式却往往被有意或无意地忽略了。在现代公共部门财务管理中，短波预警的功能主要是由相应的会计和财务报告体系（以及在此基础上生成的财务报告分析）来完成的。发达经济体在现实中之所以较少关注单纯的短期财政预警，主要原因很可能也在于其政府财务报告已可实现短波动态预警之功能。就公共财政安全监测预警而言，在现时的中国，基于政府会计和财务报告的短波预警较之数理模型分析在适用性上的优势则更加明显。

政府会计是财政风险控制最基础的技术。财政作为"行政之财务"，其会计报告系统体现为对财政事项记录、计量和报告，对于财政交易活动和资金流动的动态追踪与及时核算，其在信息反映上的先天优势是非常明显的。这种基于政府会计体系的财务报告预警系统之优势在于，短波预警模型对于数据及时性和处理简化性的要求较强，否则就可能出现预警结果"马后炮"的窘境，而受到相关数据滞后性和完整性的局限，各种相对复杂的预警分析模型，对数据及时性和完备性的限制条件较为严格，而基于政府会计体系的财务报告短波预警体系恰好可以弥补这一缺陷。在此基础上生成的政府财务报告系统，则是各国用以实现良好的预算管理、财务受托责任以及制定政策决策的关键因素。因此，将基于政府会计和财务报告的短波预警体系，作为财政预警机制的逻辑

---

① 王德胜：《企业危机预警管理模式研究》，山东人民出版社 2010 年版，第 84 页。

起点是非常重要的。

2. 欧债危机、政府会计模式选型与短波预警的关系

就世界范围内的政府会计模式而言,大体包括两类①:第一类是"盎格鲁—美国"模式,该模式源于英国传统,目前在英美法系国家广泛采用。第二类是欧洲大陆模式,该模式又演化为两个分支:一是法国、意大利和西班牙采用的"拉丁"版本;另一种是"日耳曼"版本,采用的国家有德国、瑞士及斯堪的纳维亚国家。尽管英美模式和欧洲模式均强调公共支出的受托责任(accountability),但程度有所不同(欧洲模式更为强调行政对议会的受托责任,而英美模式强调的是政府对公众的受托责任)。

综观当前的欧洲主权债务危机,结合欧洲大陆模式的两类政府会计分支,可以发现,危机程度较为严重的大多为采行"拉丁"模式政府会计体系的国家,而采用"日耳曼"模式的欧洲国家,其财政经济运行则较为安全且健康。

因此,有必要重点考察欧洲大陆模式下的政府会计模式演化分支的差异,进一步从政府会计模式选择对于财政风险防控的影响机制上,探寻如何实现中国政府会计风险防控体系的最优路径选择。

3. 简化的"拟合版"政府财务报告预警指标体系:过渡期中国短波财政预警的应急性选择

鉴于政府会计(尤其是会计计量基础)的改革和财务报告体系的构建,需要一个渐推渐进的发展过程②,而中国的公共财政安全监测预警却时不我待。为了妥善解决发展性制度构建与现实问题紧迫性之间的矛盾,需要基于中国政府会计核算计量体系的现实,运用财务管理学和风险管理学的基本原理,在有限信息揭示、计量要素相对残缺、计量基础不甚合理的现实约束条件下,尝试构造一个相对简化的"拟合版"政府财务报告风险揭示体系。并结合现有的政府会计和预算报告数据,归纳提炼出一个较具实用性的公共财政短波预警指标体系。初步考虑,这一简化的"拟合版"政府财务报告预警指标体系,应主要包括资金流动性的安全预警指标、资本项的安全预警指标(基于资本性支出的会计计量)、成本项的安全预警指标(基于政府成本会计)、人力资

---

① 陈小悦、陈立齐:《政府预算与会计改革——中国与西方国家模式》,中信出版社 2002 年版,第 331 页。

② 马蔡琛:《实行权责发生制政府会计改革的反思》,载于《会计之友》2006 年第 5 期。

本要素的安全预警指标（基于人力资源会计）等。

6.2.2　公共财政安全监测的中波预警机制：基于中期基础预算的财政风险控制系统

1. 引入基于中期基础预算的中波财政预警之必要性

尽管短波预警在精度上具有较好的可观测性，但其基本构造则是基于年度预算的财政资讯信息集成系统。就良好预警效果所需要的时间提前量而言，短波预警通常为期 1 年左右的预警波段，往往难以满足全面风险控制的现实预警需求。

同时，作为当前我国财政支出比重较大的资本性支出、公民权益性支出（或称强制性支出（mandatory spending），类似于我国的社会保障等民生支出）、或有支出事项（如政府或有负债或政府担保）等，这些财政影响通常需要中长期才能完全展现出来，这也要求超越年度预算的框架，探求某种更长时间波段上（譬如 3 ~ 5 年）的公共财政安全监测预警机制。因此，引入基于中期基础预算（midterm-term basis budget）的财政安全中波预警控制系统，应该是非常适合且必要的选择。

如果说公共财政安全的技术载体是政府会计和财务报告，那么其制度载体就是公共预算。公共预算作为现代财政治理的核心信息集成系统，大致构成了公共财政预警机制的基础制度载体和信息平台。然而，基于法定控制的目的，在通常意义上，预算是年度性的，这对于管理财政风险与财政可持续发展非常不利。在涉及多年期的预算支出项目中上，这种影响将更加显著。

近 20 年来，许多发达经济体（如 OECD 国家）和转轨国家（如俄罗斯和乌克兰）逐渐实行了将年度预算置于中期支出框架（MYEF）之下的管理模式。某些国家还采用长期的财政评估（包括代际会计、环境会计以及或有负债计量技术）等方法来弥补中期预算框架在长期的不足①。例如，美国的《年度经济战略报告》中，对主要财政指标要做出不少于 10 年的预测，英国财政部甚至发布了对财政政策未来 50 年影响的长期预测。

中期基础预算并非法定的资金配置方案，而是导向性的。其对于公共财政

---

①　王雍君：《中国公共预算改革：从年度到中期基础》，经济科学出版社 2011 年版，第 42 ~ 44 页。

中波预警的作用机理主要体现在这样三个方面：第一，资本性支出的未来成本及相关财政风险。这类支出在包括中国在内的发展中国家通常占比较大。对于未来财政安全具有较强的冲击性影响，而传统年度预算和财务报告体系往往难以体现资本性支出的集成动态追踪。中国复式预算制度的名存实亡也源于未能就资本性支出加以必要之整合①。第二，公民权益性支出需求的未来风险量化。这类支出有些类似于当前中国财政体系中的民生支出。这些事项往往涉及代际财政责任传递与风险负担转移，需要通过中期预算框架的展望来加以体现，进而构造相应的预警体系（如引入养老金风险预警的相关模型，并在此基础上构造中长期社会保障预算）。第三，导致未来支出需求的或有事项（如政府担保或隐性财政负债）。

2. 公共财政中波预警机制的框架构造

在公共预算发展史上，大致呈现出从以控制为目标的分行列支预算模式（line-item budget），走向绩效预算（performance budget）、计划/规划/预算（PPBS）、目标管理预算（MBO）、零基预算（ZBB），最后走向融合企业预算理念的结果预算（新绩效预算）和突破预算年度性原则的中期基础预算，这样一种发展演化趋势。

根据发达经济体的财政管理经验，基于年度预算的早期分行列支预算控制模式，对于经济稳态运行条件下的财政安全短期预警是相对有效的。但随着预算系统资讯和目标控制变量的几何级数增长，超越年度基础的中期预算框架，对于现代公共财政的中长期安全预警则是更加有效的。

资本性支出与运营性支出作为公共支出的基本分类，前者的安全监测预警价值对于现时的中国而言显得尤为重要。因此，需要结合各国资本预算（capital budget）改革的进展，以及中国两轮积极财政政策的运用（分别始于1998年和2008年），考察资本性支出风险管理的关键节点（如项目受益期、项目收益的年化增长率、偿债峰值、预算资源配置的中长期效率等），探寻在基于中期基础预算的财政安全监测预警体系中，如何实现对于政府资本性支出的宏观效益与短期风险积聚之间的最优化组合。

预算技术意义上的公民权益性支出，大致相当于"民生支出"的概念

---

① 马蔡琛：《我国复式预算管理模式的改革取向》，载于《中国财政》2005年第5期。

（当然二者在细节上仍旧存在较大差异），其在各国预算支出总额中的比重是相对较高的。例如，美国联邦预算中的社会保障和医疗保健支出占比已从 1975 年的 19.1% 和 4.2%，上升到 2001 年的 23% 和 12.8%[①]。其中，诸如养老保险等社会保障制度，还涉及财政责任和公民责任之间的权衡，以及相关风险积聚和利益诉求的代际分担与转移。

当前的中国民生财政改革将注意力过多放在了短期效益的惠民支出项目之上，对于涉及长期性公民权益支出的风险积聚（如社会保障等），即使认识到也未能找到较具可操作性的防控措施。因此，需要基于中期基础预算的中长期视角，就未来中国财政收入的高速增长出现拐点之后，在支持民生财政资金的增量减少的情况下，如何提供尽可能减少社会震荡的替代性方案，并提出具有预警性的测度指标体系。例如，针对社会保障制度在人口老龄化及生育政策调整下的中长期变化，需要结合相关财政假设的变化（如有效社会保障税率或缴费率、工资增长率、人口死亡率或出生率等）进行中长期预警分析。

对于政府或有事项的风险计量和预警控制是一个世界性的难题，欧洲主权债务危机的缘起也与此有关。这些或有事项的预期效益与风险防控对于受益群体而言，在时间上是相对遥远的（不会因缺乏有效风险防范而导致即时性受损），在空间上是相对分散的（具体效益难以量化至经济个体），这使得通常的风险评估手段，很难洞察或有事项风险防控的成本收益。因此，构建包括政府隐性债务、担保责任等广义财政工具在内的或有事项风险预警机制，既是实现公共财政安全预警的重要命题，也是其技术难点所在。因此，结合财政风险的类型划分，需要运用中期基础预算的技术手段，构建政府或有事项的风险确认与计量准则，探寻在中期波段上实现政府或有事项确认、计量、报告和控制风险的技术集成手段。

6.2.3　公共财政长波预警机制：基于开放经济与浮动汇率制下的财政风险国际传导与阻断

1. 引入公共财政长波预警之必要性

按照通常意义上的预警分析需要，短波财政预警（1 年期或 1~3 年期）

---

① ［美］约翰·米克赛尔：《公共财政管理：分析与应用》（第六版），中国人民大学出版社 2005 年版，第 111 页。

和中波财政预警（3~5年期）的时间监测尺度，已然可以满足各种风险预警的需求。在实践中，有效监测时段在5年以上的预警模型也甚少能够发挥预想的效果。因而，本节对于长波预警的界定，并非是基于预警时间波段的长短而言的，而是立足于中国财政经济运行的中长期动态变化。

当前的中国经济处于不确定因素日趋显著的背板底色之下，无论是国际经济形势在中长期尺度上的多变性，还是因社会转型期过长而引发的诸多社会经济问题，均体现了高度不确定的色彩。但是，在这些"非确定"条件下可以发现一些基本性趋势仍旧是相当清晰的。那就是，在开放经济条件下，中国宏观经济运行的"内敛稳定性"将逐渐降低，经济全球化和区域一体化下的"风险国际传导性"日益加强，这将左右未来中长期的中国财政经济运行态势。

回顾近30年来的世界经济史，可以发现，对于长期趋势性研判的风险测度误差与偏离将可能导致近乎难以逆转的经济风险（甚至长期经济衰退）。例如，20世纪80年代初期，日本对于"广场协议"（Plaza Accord）背后的汇率政策影响，在预警研判上的严重失误导致其经济陷于长期低迷。

在开放经济条件下，财政政策风险的国际传导与阻断往往是与国际金融问题相伴生的，汇率政策就是其中具有重大影响但在财政研究中被忽略的一个重要方面。从长期来看，在可以预见的将来，中国的汇率制度将从"有管理的浮动汇率制"走向"完全的浮动汇率制"。对于浮动汇率制度条件下，在大时间尺度上，中国财政经济政策所可能面临的风险因素及其国际传导机制，我们的研究和准备却相当不充分。

根据开放经济条件下的蒙代尔—弗莱明模型（Mundell-Flemming Model），在固定汇率制度下，财政政策是有效的；而在浮动汇率下，扩张性财政政策导致本国利息率上升，将引起大量的资本流入和本币升值，财政政策的作用将被削弱，甚至导致财政政策无效[1]。20世纪70年代的《牙买加协议》确认了浮动汇率制的合法化，此后施行浮动汇率的国家日渐增多。按照蒙代尔—弗莱明模型的结论，各国应对危机的扩张性财政政策可能达到的预期效果仍旧不容盲目乐观[2]。

---

[1]　余永定等：《西方经济学》，经济科学出版社1997年版，第457~461页。

[2]　马蔡琛：《当前金融危机与"大萧条"时期财税政策的比较与启示》，载于《税务研究》2009年第6期。

但在应对本轮全球金融危机中，各国却纷纷采取了扩张性财政政策。这种财政政策的常规性扩展与此后的欧洲主权债务危机之间是否存在着因果关系？如果蒙代尔—弗莱明模型的财政政策无效性命题确实成立，那么在未来浮动汇率制度条件下，面对突发性经济（金融）危机，我们是否还可以运用"屡试不爽"的积极财政政策？针对浮动汇率制度下，金融风险的财政化路径（如欧债危机）、财政金融风险的国际传导与阻断机制、开放经济下的财政政策有效性及其国际协调等重大问题，尽早展开未雨绸缪的长波预警研究，已成为一个刻不容缓的命题。

2. 公共财政长波预警的初步构想

就现实应用而言，公共财政的长波预警机制至少可从两个方面加以谋划。

第一，开展浮动汇率制下的财政风险模拟预警。在系统分析欧债危机与扩张性财政政策传导机制的基础上，运用中国两轮积极财政政策的历史数据，模拟在"真正的"浮动汇率制条件下，针对相关财政—金融风险国际传导与扩散的拟合性检验，为今后反危机财政政策的选型提供具有前瞻性价值的政策预警。

第二，借鉴公司金融理论，构建地方财政预警模型。中央与地方关系是中国作为单一制大国的独特命题，这一点在高速发展的经济转轨阶段体现得尤为突出。如果把中国的每一个省份都视为一个单独的经济体，那么在过去 20 年中，全世界增长最快的 30 个地区就有 20 个来自中国①。

其实，就单一制与联邦制下的地方财政预警机制的作用机理而言，是存在某种根本性差异的，这一点在以往的研究中往往未能予以充分关注。就类似中国这样的单一制大国而言，其中央与地方的财政关系更接近于大型集团公司的"总分公司"构架，相关财政风险在组织内部的纵向传递与横向扩散效应均相对显著且迅速，政府间财政风险的阻断相对困难，财政安全的整体联动性较强。而联邦制条件下的中央与地方财政关系更加接近于大型集团公司之"母子公司"构架，上下级政府之间彼此相对独立，地方财政风险在组织内部的纵向阻断在技术上相对易于实现。甚至在特殊情况下可以采行极端化的"断腕式"的地方政府破产（如发生在美国某些地方政府的案例）。

---

① ［美］丹尼·罗德里克：《探索经济繁荣：关于经济增长的描述性分析》，中信出版社 2009 年版，第 330 页。

因此，需要从中国作为单一制大国的地方财政风险生成机理与风险源分布出发，在系统借鉴公司金融理论对于"总分公司"与"母子公司"的风险预警及防控阻断理论基础上，从全新的视角来考察中国的地方财政安全预警问题。

就中国国内各地的财政经济现实而言，也同样存在着类似的"总分公司"与"母子公司"的类型化差异。

就相对发达地区而言，因其经济发展规模与质量均相对较好、财政实力也较为雄厚，地方财政风险的纵向传递机制更加接近于"母子公司"模式。相关风险的内部化解能力较好，长期意义上的债务（主要指隐性债务）偿还能力较强，通常不会沿着纵向链条向更高层级政府传导，也较少形成横向的风险源扩散。这些地区的财政安全预警与风险状况主要与其风险管理和控制能力呈正相关关系。因此，可以考虑建立相应的"财政风险控制能力"预警指标体系。

就相对欠发达地区而言，则更加类似于"总分公司"模式。中央政府或更高层级的地方政府，往往要承担财政风险的最终"兜底"责任，相关风险也存在较大的横向扩散可能。同时，受政绩考核压力等多种因素的影响，其政府性债务等基础数据的可信度也往往存在疑问。这些地区的财政安全预警与风险状况，不能单纯依靠政府债务等直接相关数据来构造计量预警模型，而需要根据主要经济变量跳跃式变化中的异动现象来加以判断。因此，可以考虑建立经济变量常态变化与现实异动之间的"指标偏离度"预警体系来间接测度其财政风险状况。

6.3　公共债务危机中的政府会计改革

6.3.1　公共债务危机中的政府会计改革研究——基于政府负债核算的视角[①]

欧美债务危机爆发以来，如何防范债务风险与提升财政安全预警能力已成为日益重要的时代命题。在防范财政风险的各种技术手段中，基于政府会计信息形成的政府财务报告系统，已成为各国实现良好财政管理、践行公共受托责

---

① 马蔡琛、尚妍：《公共债务危机中的政府会计改革研究》，载于《经济纵横》2014 年第 12 期。

任的关键因素。行之有效的政府会计及财务报告体系本应在危机爆发之前通过预警指标提示潜在的财政风险，而不至突然发现债务及赤字指标早已超出安全范围①。无论债务危机是由政府花费大量财政资源挽救金融财团的投机赌债所致，抑或是因长期施行高福利社会政策而引发，我们都面对着这样一个事实：这些国家的政府会计和财务报告体系未能完整、充分、及时地披露政府财政资金的真实状况，更不必说预警未来了。2014 年 8 月我国修改通过的《预算法》中增加了"发行地方政府债券举借债务"的新规定，这进一步突显了债券投资者、评级机构等利益相关主体对于政府财务会计信息优化的迫切需求。

1. 近期研究进展：基于债务危机与政府会计的相互影响

政府会计体系的内在功能之一就是揭示公共部门的财务状况并预警潜在的财政风险。欧美国家的政府会计体系尽管不是诱发债务危机的直接原因，但危机爆发的突然性却与会计信息披露的内在缺陷密切相关。同时，债务危机的严峻后果也促使研究者与实践者重新审视政府会计改革的迫切性和艰巨性。

一方面，不完善的政府会计制度，尤其是债务信息披露机制的缺陷，是导致债务危机"无征兆"爆发的重要原因。奥尔巴克（Auerbach，2012）总结了欧元区危机频发的教训，指出当前的负债及赤字指标难以反映真实的财政压力，且政府会计准则为报告期及未来的赤字预留了过多的自由裁量空间②。科内萨等（Conesa et al.，2012）指出，希腊在经济高速发展的 21 世纪初期举借了大量债务，并以虚假会计手段掩盖了赤字率超过 3% 的事实③。娄洪等（2012）指出，由于政府会计制度不完善导致政府债务和费用不能全面披露，掩盖了财政风险④。

另一方面，欧美债务危机的严重后果，推动了新一轮全球政府会计改革的

---

① 发生债务危机的国家，多采用收付实现制政府会计核算基础，披露的政府资产负债情况，较之真实状况存在较大差距，未能起到预警债务危机的作用。以希腊为例，2001 年希腊财政赤字占 GDP 的真实比例为 5.2%，而账面上却仅为 1.5%，其债务风险被长期掩饰，直至 2009 年才暴露出来，2010 年 4 月欧盟公布的希腊实际赤字率为 13.6%。

② Auerbach A J. Budget Rules and Fiscal Policy：Ten Lessons from Theory and Evidence ［J］. German Economic Review，2014（15）：84 – 99.

③ Conesa J. C.，Kehoe-Consultant T. J. Chronic Sovereign Debt Crises in the Eurozone，2010 – 2012 ［M］. 2012.

④ 娄洪等：《从欧洲债务危机看政府会计改革》，载于《财政研究》2012 年第 4 期。

进程。伊恩·鲍尔（Ian Ball，2012）指出，主权债务危机突显了政府财务管理的薄弱性，从国际视角探讨了如何保证政府会计提供高质量的财务信息[①]。透明、健全、权责制的政府财务报告有助于防范"潜在的危机"，并揭示了风险控制对财务报告的需求[②]。应益华（2012）[③]、余应敏（2014）[④]以希腊主权债务危机为例，探讨了政府会计在债务管理中的作用，提出了引入权责发生制（即应计制）、加强财政透明度等建议。

2. 欧美债务危机中的政府会计：表现与问题

在欧美债务危机中，政府会计与财务报告未能有效发挥预警功能的原因大致有以下两个方面：一是政府会计与报告体系本身的缺陷，无力全面反映真实的政府财务信息；二是编制虚假信息，人为掩饰财务困境。希腊债务危机就属于后者，在通过编造虚假财务信息加入欧元区后，希腊继续采取低报军费开支、少计利息等方式掩盖其政府财务风险。尽管改进政府财务报告的编报方式与规则不能确保避免欺诈行为，但一个结构清晰、内控健全的财务报告体系则可以改善财务信息的内控基础[⑤]。更多的债务危机预警失灵则源于政府会计体系的自身缺陷，导致难以全面反映政府的负债和成本费用，从而掩盖了高额债务和赤字。此次欧美债务危机中，政府赤字和负债的不完全披露，以及大额隐性负债的最终显性化，揭露了政府掌握其基本财务状况及风险情况的非充分性。

导致政府财务状况预期与现实之间差距的原因，大体有三个方面[⑥]：一是政府基础性财务信息的不完备；二是财政体系面临的外部性冲击；三是公共财政政策取向的内在变化。IMF选取了从2007～2010年政府债务超预期增幅最大的10个国家，研究显示，其中23%的债务增长源于政府财务信息的不完整。首先，政府赤字及债务数据的缺失导致公众的市场信心崩溃，引发"多米诺骨牌"效应。其次，当希腊、德国、爱尔兰、葡萄牙及美国债务危机爆

---

① Ian Ball. New development: Transparency in the Public Sector [J]. Public Money & Management, 2012, 32 (1): 35 –40.

② Ball Ian, Gary Pflugrath. Government Accounting [J]. World Economics, 2012: 1.

③ 应益华:《政府会计治理在债务管理中的作用研究——以希腊主权债务危机为例》，载于《会计之友》2012 年第 15 期。

④ 余应敏:《推行应计制（权责发生制）政府会计是防范财政风险的重要举措：由欧债危机谈起》，载于《财政研究》2014 年第 2 期。

⑤ 应益华:《政府会计治理在债务管理中的作用研究——以希腊主权债务危机为例》，载于《会计之友》2012 年第 15 期。

⑥ Carlo Cottarelli, Fiscal Transparency, Accountability and Risk [R]. IMF Paper, 2012 August.

发时，政府对公有企业及公私合营企业的隐性担保，使公共财政状况进一步恶化。最后，希腊、葡萄牙、西班牙等欧洲国家基于现金制（cash-based）的政府预算、会计及财务报告体系难以追踪并控制支出承诺，导致危机爆发前及危机过程中的应付风险持续累积。

通过对比欧美债务危机的表现与成因，不同政府会计模式在确认基础及负债披露等方面的差异对债务危机预警具有重要的影响。

20 世纪 80 年代以来，英美国家在公共部门中引入了内部市场（internal market）等竞争性机制，进一步关注财政受托责任的制度环境，为实行权责发生制政府会计提供了契机。而欧洲大陆国家的政府会计往往不会过于强调公众受托责任（近期有所转变）。具体表现在政府会计核算基础上，英美国家较早采用了（修正/完全的）权责发生制核算基础，欧洲大陆国家则主要以（修正/完全的）收付实现制为基础（近期呈现向权责发生制转变的趋势）。各国的推进程度也不尽相同，有些国家成功引进了权责发生制改革；有些国家仍以收付实现制为主，但提供部分权责发生制信息作为补充。尽管权责发生制核算基础针对政府或有负债的计量，还是存在一定的缺陷，但在预警债务危机上仍旧具有明显的优势。从这个意义上讲，权责发生制色彩较浓的盎格鲁—美国模式政府会计，在控制债务风险、预警债务危机上更具优势，这也是欧洲和美国债务危机严重程度差异的原因之一。

3. 基于债务危机预警的政府负债核算比较

对政府负债的确认与核算一方面与会计计量基础密切相关，另一方面又依赖于会计准则规定的负债确认范畴。总体而言，盎格鲁—美国模式的政府会计对政府负债的披露较为全面，而欧洲大陆模式的披露则相对狭隘。

（1）盎格鲁—美国模式下的政府负债核算。

在盎格鲁—美国模式的政府会计体系中，对于政府负债核算与计量较具典型性的当属新西兰和美国。

新西兰的会计概念框架从广义上界定了负债的含义，其涵盖范围相对广泛，认为负债即"基于既往交易或事项引起的、对其他主体承担的现时义务，该义务的履行将导致服务潜力或未来经济利益的损失"[1]。与权责发生制政府

---

① Athukorala S. L., Reid, B. Accrual budgeting and accounting in government and its relevance for developing member countries [R]. Manila: Asian Development Bank, 2003.

会计改革的成就相一致，新西兰的政府负债确认范围也较为全面，不仅囊括了全部显性直接负债，还以计提准备的方式确认了部分或有负债。除在财务状况表中披露直接显性负债，还对因政府担保、承诺等引致的或有负债单独编制报告，并结合报表附注加以说明。其或有负债核算包括了担保与赔偿、未缴资本、法律纠纷及索赔等方面。在新西兰，或有负债作为纳入预算的表外项目，根据不同特征分为可量化和不可量化两类，因而被赋予了特定的会计核算方式①。一旦或有负债处于触发状态，将会立即在资产负债表中予以核算反映。

美国联邦会计准则第五号公告（SFFAS5）对于负债的定义与新西兰的界定范畴基本相同。目前美国政府会计对负债的反映已涵盖了流动负债和长期负债，对部分或有负债也在财务报表（或报表附注中）披露。政府对或有负债的确认要求为"未来资源的流出或牺牲是颇具可能性的"，又特别地对因未决诉讼、谴责诉讼及未确定索赔产生的或有负债做出了单独规定，要求在或有费用可能发生时即进行确认，相对于其他类型的或有负债扩大了确认范畴。若或有负债的确认条件未能同时满足，但损失或额外损失的发生是可能且合理的，也应对其披露（以附注的形式报告信息）②。

（2）典型欧洲大陆国家的政府负债核算。

欧洲各国对政府负债的核算口径相对狭窄，其债务风险的防控功能也较为薄弱。其中，法国政府会计改革尽管推进较为迅速，但对于隐性负债的披露仍存在较为明显的欠缺。例如，未能系统披露针对环境问题的负债，对于公务员养老金负债的报表附注说明也过于笼统。意大利中央政府的资产负债表中，负债分为国库报表中推断出的负债（即短期负债/流动负债）和不包括在国库报表中的负债，后者被划分为合并负债、永久负债、可赎回负债等，其中虽包含支出承诺等隐性负债，但对或有负债的披露仍有不足③。德国由于权责发生制改革的失败，政府会计确认负债的口径相对较窄，提供的负债信息也不够全面。

---

① Currie E. The potential role of government debt management offices in monitoring and managing contingent liabilities [R]. World Bank Report, 2002.

② Federal Accounting Standards Advisory Board. FASAB Handbook of Federal Accounting Standards and Other Pronouncements, as Amended [M]. Washington, DC. 2006 June.

③ 财政部会计司：《欧洲政府会计与预算改革》，东北财经大学出版社 2005 年版，第 363 ~ 371 页。

（3）两类政府会计模式的负债核算比较。

对于不同类型负债的核算，各国会计准则规定了不同的规范。上述两类政府会计模式中，典型国家针对各项负债的核算情况如表 6 - 3 所示。

表 6 - 3　　　　　　　　典型国家的政府部门（公共部门）负债核算

负债	盎格鲁—美国模式			欧洲大陆模式			
	新西兰	英国	美国	德国	法国	意大利	瑞士
长期负债							
担保贷款	是	是	是	是	是	是	是
流动负债							
银行贷款与透支	是	是	是			是	是
长期负债到期部分	是	是	是			是	是
应付款	是	是	是			是	是
其他负债与准备	是	是	是				

资料来源：Oulasvirta L. The reluctance of a developed country to choose International Public Sector Accounting Standards of the IFAC. A critical case study. Critical Perspectives on Accounting, 2012。

负债核算中的"准备"等或有负债如采用权责发生制则体现于财务报表中，而在收付实现制下，则在其未转化成直接负债前将不会直观地显现出来。简言之，无论盎格鲁—美国模式抑或欧洲大陆模式的政府会计对长期负债均能较好地核算与披露，但各国对流动负债及其他负债与准备的反映程度却参差不齐。特别是其他负债与准备一项，欧洲大陆国家几乎不予考虑。而英美国家由于权责发生制政府会计改革较为深入，故负债确认的口径较宽，对其他负债与准备也能适当披露，从而在债务危机预警中发挥了积极作用。

4. 财政安全视野中的中国政府会计改革

（1）适时推进权责发生制政府会计改革。

我国现行政府会计核算基本上采用的是收付实现制计量基础，只有事业单位的经营业务核算及总预算会计的部分内容允许采用权责发生制。虽然收付实现制能够以较低成本对预算资金的收支进行动态追踪，但其缺陷在于难以区分交易的经济属性，而权责发生制可以提供更加丰富的经济信息（包括政策的可持续性、决策的有效性等）。然而，结合欧美诸国政府会计改革的经验与教训，一蹴而就的权责发生制改革往往是成本高昂的[1]，且可能引发经济运行的

---

[1]　如德国黑森州仅权责发生制预算会计的改革方案设计和软件开发支出，预计就高达 2 亿欧元。

不良反应，渐推渐进地引入（修正的）权责发生制似乎更为稳妥。

需要强调的是，权责发生制的关注重点仍为过去，对可持续发展考虑得较少。权责发生制虽然拓宽了负债披露的范围，但如将其作为债务危机预警的主体工具仍旧是远远不够的。还应在政府财务报告中补充前瞻性的财务信息，即那些有助于预测政府运营风险和不确定性的信息（如未来的大额支出承诺等)①。

（2）加快推进权责发生制政府综合财务报告体系的建设。

考虑到债务风险控制的需求，较之全面的政府会计核算改革，权责发生制政府综合财务报告既能满足财政预警之需要，又相对容易实施。参照法国、瑞典等国的做法，在权责发生制政府会计改革之前，先行启动政府财务报告的编制模式改革也成为当前全面深化财税改革的重要举措之一。

2013 年 11 月召开的党的十八届三中全会在《中共中央关于全面深化改革若干重大问题的决定》提出，"建立权责发生制的政府综合财务报告制度"。2014 年 8 月修改通过的《预算法》也明确规定："各级政府财政部门应当按年度编制以权责发生制为基础的政府综合财务报告，报告政府整体财务状况、运行情况和财政中长期可持续性。"其实，政府综合财务报告的试编工作于 2011 年就已启动，截至 2012 年已有 23 个省份试编政府综合财务报告。政府综合财务报告包括资产负债表、损益表和政府财务报表附注等，主要反映资产、负债、净资产、收入和费用五个元素。同时，审计署在政府性债务审计中也指出，现有的政府性债务评估不足以反映政府的资产安全性，而政府财务报告可以更直观、真实地反映资产负债情况，并呼吁在地方层面试点政府财务报告，全面反映政府的财务状况和运营绩效。

对此，国际上的常见做法是，日常核算仍以收付实现制为主，而年终按权责发生制原则对相关数据进行调整，进而编制权责发生制政府财务报告②。这样既能全面反映政府实际的资产负债和运营成本，又可适度减轻日常会计核算的工作量。

---

① 常丽：《政府会计资产负债要素的界定及披露问题研究》，载于《东北财经大学学报》2011 年第 1 期。

② 冯任佳：《关于建立权责发生制政府综合财务报告制度的思考》，载于《经济研究参考》2014 年第 5 期。

（3）加强隐性负债及或有负债的核算与披露。

我国现行《财政总预算会计制度》将财政负债定义为："负债是一级财政所承担的能以货币计量、需以资产偿付的债务。"具体内容包括应付款项、暂收款项、借入财政周转金与预算举借的债务等。可见现行政府会计体系未能将隐性负债和或有负债纳入核算范围。即使对于直接显性债务仍然遗漏了许多重要的内容。例如，对于发行的国债及举借的外债，政府会计及财务报告只反映了当期本金数，而对于由本期承担、在未来支付的利息则未能予以全面披露。特别是政府对国有企业的支持方式，由过去的直接支持转为担保或隐性承诺，政府承担的隐性负债呈现庞大且难以计量的特点。

为全面且及时地披露政府的真实负债情况，有效推进全口径预算管理体系的建设，需重新界定财政负债的核算范围。可以考虑纳入负债计量或核算范围的主要包括：直接显性负债产生的应计利息、社保支出缺口、商业银行的不良贷款、政府性担保等隐性负债及或有负债等。并根据不同特点采用不同的确认方法，可以量化且发生概率相对较高的隐性（及或有）负债，在报表中加以披露；难以量化或发生概率确属较小的，则可以在报表附注中予以必要的说明。此外，对于难以在报表中披露的重要事项（如政府承诺、贷款担保等），还可单独编制相关附表或附注。

6.3.2 基于债务风险的政府或有负债会计信息披露[①]

1. 问题的提出

债务危机对于一国的现实经济运行及长期社会发展具有强烈的破坏性冲击，甚至可能引发全球经济动荡。从 20 世纪末的拉美、阿根廷、俄罗斯三大主权债务危机，到 2009 年以来的欧债危机，可谓殷鉴不远。在历次债务危机中，政府或有负债都扮演着不可忽视的角色。

对于新兴经济体而言，其债务水平与 GDP 之比表面上处于安全水平，主要原因在于甚少考虑或有负债的因素。综合各方对于中国政府负债水平的估测（见图 6 - 3），政府负债占 GDP 的比重从低于 30% 到高于 70% 不等；就或有负

[①] 马蔡琛、尚妍：《基于债务风险的政府或有负债会计信息披露：国际经验与中国现实》，载于《南京审计大学学报》2016 年第 5 期。

债而言，其通常占比为 GDP 的 10% ~ 25%。这些估算结果存在较大差异的主要原因有两点：一是或有负债包含的内容非常广泛，又缺乏统一的严格界定，故统计口径存在较大差异；二是或有负债不同于直接负债，存在诸多不确定因素，也影响了估值结果的精确度。比如，同样对于 2010 年中国政府或有负债水平的评估，格林等（Green et al.）的研究仅包含了资产管理公司、铁道部及政策性银行的负债，而国务院发展研究中心的研究还考虑了养老金负债，使得其评估结果高出前者约 10 个百分点。IMF 的史蒂文·巴奈特等（Steven Barnett et al.，2014）在研究 2012 年中国政府债务时，包含了投融资平台负债，认为政府负债与 GDP 之比约为 45%。[①] 虽然诸多研究表明，我国发生债务危机的可能性较小，但债务风险却是客观存在的，特别是或有负债所蕴含的隐性财政风险。

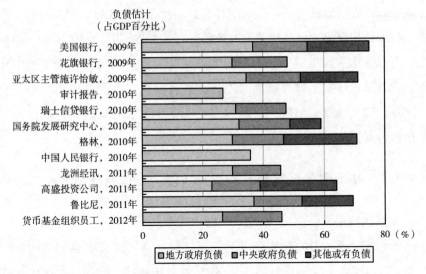

图 6 - 3 我国政府债务估算结果（占 GDP 百分比）

资料来源：IMF, Fiscal Vulnerabilities and Risks from Local Government Finance in China, 2014。

有关政府或有负债的信息——特别是贷款担保的信息——在许多国家日益得到更加全面的披露。这些国家包括发达经济体、大多数欧盟成员国、新兴市场国家、转型经济体以及部分发展中国家。[②] 长期以来，我国政府会计及报告

---

① Yuanyan Sophia Zhang, Steven Barnett. Fiscal Vulnerabilities and Risks from Local Government Finance in China [Z]. IMF Working Paper, January, 2014.

② Cebotari A. Fiscal risks: Sources, Disclosure, and Management [R]. International Monetary Fund, 2009.

体系缺乏对或有负债的披露规范。近来出台的《预算法》（修正案）、《关于加强地方政府性债务管理的意见》等法律法规，仍难以完全满足或有负债会计信息披露的要求。如果对于或有负债刻意回避，尽管有望经历一段貌似预算平衡及低负债的时期，但其财政可持续性在未来将受到严重威胁。

2. 相关文献述评

或有负债最初是企业会计的概念，世界银行经济学家汉娜（Hana）于1988年创造性地提出了"财政风险矩阵"理论，并给出了经典的"政府或有负债"界定，并依据呈现的法律特征，将其分为显性和隐性两大类型。根据汉娜（1998）的研究，显性或有负债主要包括：针对地方政府及国有企业借款的担保，贸易风险担保以及政府保险计划等。隐性或有负债主要包括：地方政府和国有企业信用违约的负债清偿，对银行倒闭的支援以及灾难救援等。[①]格雷姆·惠勒（Graeme Wheeler，2004）指出，当政府的政策信号呈现为风险激励时，或有负债更加容易转化为高额的现实负债甚至诱发债务危机。汉娜（2012）进一步指出，直接负债和或有负债之间的界限有时也不甚分明，主要取决于事件发生的不确定性程度。为判定某项资产或负债的属性，某些国家的会计准则采用50%的支付可能性作为判别门槛。[②]

关于或有负债与财政风险及可持续性间的关系，克鲁姆（Krumm，2002）基于政府或有负债的概念，对中国财政可持续性进行了实证检验。[③] 福阿德等（Fouad et al.，2009）分析了政府显性、隐性或有负债应如何予以披露，并建议各国公布财政风险的声明。[④] 伊曼纽尔·巴达奇等（Emanuele Baldacci et al.，2011）将影响财政可持续性的风险因素概括为三方面，其中之一就是或有负债冲击的不确定性。[⑤] 西涅（Signe，2013）研究了低收入国家如何通过或

---

① Polackova, Hana. Contingent Government Liabilities: a Hidden Risk for Fiscal Stability. World Bank Publications, 1998.

② Hana Polackova Brixi. Avoiding Fiscal Crisis [J]. World Economics, 2012, 13 (1): 27–52.

③ Kathie L. Krumm, Christine P. Wong. "Analyzing Government Fiscal Risk Exposure in China". Hana Polaekova Brixi and Allen Sehick: Government at Risk [R]. The World Bank and Oxford University Press, 2002: 235–250.

④ Fouad M, Martin E, Velloso R. Disclosing Fiscal Risks in the Post-Crisis World [R]. International Monetary Fund, 2010.

⑤ Baldacci E, McHugh J, Petrova I. Measuring Fiscal Vulnerability and Fiscal Stress: A Proposed Set of Indicators [J]. International Monetary Fund, 2011.

有负债来测度财政风险并发现债务缺陷。[①]

　　关于政府或有负债会计信息披露的研究主要集中于国际组织、部分发达经济体以及债务危机较严重的国家。这些国家相继在政府会计准则中规范了或有负债的确认、计量、报告方式等内容。IMF 在《财政透明度的良好方法准则》中建议，各国在预算报告中披露中央政府的主要或有负债，并描述其性质、潜在受益人等[②]。《国际公共部门会计准则》（International Public Sector Accounting Standards，IPSAS）在第 19 号文件中，对"准备、或有负债和或有资产"的会计信息披露方式提出了建议。[③] 在独立研究层面上，桑德里森（Sundaresan，2001）提出了运用企业风险分析工具来量化政府或有负债。[④] 克莱森斯等（Claessens et al.，2002）考察了测度银行或有负债的方法，以实现对银行系统的财政风险预警。[⑤] 塞尔坎等（Serkan et al.，2014）进一步构建了银行部门的或有负债指标，包括银行体系的规模和集中度、市场对于银行倒闭的预期，以及对政府援助银行的评价。[⑥]

　　就国内研究而言，最初主要集中于政府或有负债的概念、成因及风险等。阳志勇（1999）解读了政府或有负债与金融风险的关系。[⑦] 平新乔（2000）分析了财政风险矩阵中的负债类型及相应的预算改革建议。安秀梅（2002）从体制性与非体制性缺陷的维度分析了地方政府或有负债的成因。[⑧] 赵志耘、张德勇（2002）从地方支出刚性、财政机会主义、收付实现制预算体系、经济波动性等方面考察了或有负债的构成，并提出了计量及管理建议[⑨]。刘尚希等（2003）在明确政府或有负债内涵与机理的基础上，对其正反效应进行了分析。[⑩] 关于

　　① Signe Zeikate. Contingent Liabilities—How Well Do We Capture the Scope of Potential Fiscal and Debt Vulnerabilities in LICs? ［R］. The World Bank Debt Management Facility，2013.

　　② IMF. Code of Good Practice on Fiscal Transparency ［R］. 2007.

　　③ IPSAS 19 Provisions，Contingent Liabilities and Contingent Assets.

　　④ Suresh M. Sundaresan："Institutional and Analytical Framework for Measuring and Managing Government's，Contingent Liabilities". Government at Risk，edited by Hana Polankova Brixi and Allen Schick，oxford University Press，2002.

　　⑤ Stijn Claessens and Daniela Klingebiel："Measuring and Managing Government Contingent Liabilities in the Banking Sector"，Financial Sector Strategy and Policy，World Bank，2000.

　　⑥ Arslanalp，Serkan，Yin Liao. Banking Sector Contingent Liabilities and Sovereign Risk ［J］. Journal of Empirical Finance，2014，29：316 – 330.

　　⑦ 阳志勇：《政府或有负债和金融风险》，载于《预测》1999 年第 4 期。

　　⑧ 安秀梅：《地方政府或有负债的形成原因与治理对策》，载于《当代财经》2002 年第 5 期。

　　⑨ 赵志耘、张德勇：《论地方政府或有负债》，载于《财贸经济》2002 年第 12 期。

　　⑩ 刘尚希、郭鸿勋、郭煜晓：《政府或有负债：隐匿性财政风险解析》，载于《中央财经大学学报》2003 年第 5 期。

政府或有负债会计信息披露的计量方法，余定华、汪会敏（2011）从披露原
则、方式、内容等方面提出了建议。[①] 贾璐（2012）分析了风险概率法、期望
现金流量法、或有权益分析法等计量方法。[②] 王银梅、潘珊（2014）比较了传
统计量方法、期望现金流量法两种或有负债计量方法。[③] 总体而言，国内对政
府或有负债会计信息披露的研究尚处于概念界定和方法介绍的早期阶段，对于
政府或有负债确认、计量和报告中的诸多重要技术命题，仍有待进一步研究。

3. 政府或有负债的确认

政府或有负债是指时间和规模取决于某种不确定的未来事件发生与否的负
债，且该事件不受政府控制。其中，既包括全部的潜在义务，又涵盖各种不能
完全确定的现时义务，从而兼顾了 IPSAS 中规定的"或有负债"与"准备"
两个概念，不妨称之为广义的或有负债[④]。

IPSAS 建议同时满足以下条件时，可以将债务确认为"准备"：一是，主
体具有因过去事项而发生的（法定或推定）现时义务；二是，主体为履行义
务而以经济利益或服务形式流出资源的可能性较大；三是，债务的规模能够加
以有效测度。如果债务规模难以做出可靠的计量，就应将其作为"或有负债"
予以披露（见表6-4）。

表6-4　　　　　　　　　IPSAS 关于或有负债确认与披露的规定

可能性及计量	很可能发生损失 （可能性 > 50%）	可能发生损失 （可能性较小）	可能性极小
损失能够可靠计量	在财务报表中记录 并"披露"其性质	"披露"其性质及金额	不予"披露"
损失难以可靠计量	"披露"其性质	"披露"其性质	不予"披露"

资料来源：Aliona Cebotari. Contingent Liabilities：Issues and Practice，IMF Working Paper，October 2008。

---

① 余定华、汪会敏：《规范地方政府或有债务会计信息披露的几点建议》，载于《财务与会计》
2011 年第 11 期。
② 贾璐：《我国地方政府或有负债会计问题分析》，载于《会计之友》2012 年第 9 期。
③ 王银梅、潘珊：《应用现值理论计量我国地方政府或有负债探究》，载于《财政研究》2014 年
第 2 期。
④ 本节将 IPSAS 中规定的或有负债，界定为狭义或有负债，而将同时涉及狭义或有负债与"准
备"两个方面的界定为广义或有负债。并用双引号区分广义与狭义或有负债，或有负债表示广义概念，
"或有负债"表示狭义概念。

通常，现实偿债义务是否存在是相对容易辨别的，但个别情况下也有例外。例如，在诉讼案件中，某些事项发生与否及其现时义务的发生概率往往是存在争议的。针对这种情况，如果现时义务发生的可能性大于（或等于）50%，则确认为准备；如果可能性小于50%，资源流出又并非根本不可能，则应作为"或有负债"披露。IPSAS规定，符合以下两项条件之一的将作为"或有负债"披露：第一，基于过去事项的可能性义务，其发生与否取决于某些公共部门不能完全控制的不确定事件；第二，基于过去事件而形成的现实义务，但又不能直接确认为负债，因为履行该义务而导致的公共部门资源流出仅仅是可能的，或者债务金额目前还难以准确核算。①

美国联邦会计准则咨询委员会（FASAB）也规定，同时满足以下条件时，可以将或有事项确认为或有负债：一是，过去的事项或交易已然发生；二是，资源在未来流出或导致其他牺牲是颇为可能的；三是，未来资源的流出或牺牲是可计量的②。如果一项或有负债不能完全满足上述确认条件，且有合理预期可能会发生额外的损失，应将其作为或有事项予以"披露"（即基本财务报表的附注中披露）。通过对比可以发现，美国基本上采用了IPSAS的建议，只是两者对不同债务的称谓略有不同。此外，美国还对因未决诉讼及未确定索赔产生的或有负债做出了单独规定，要求在或有费用可能发生时立即加以确认，相对于其他类型的或有负债而言扩大了确认的范围。

总体而言，各国对于政府或有负债的确认虽在细节上略有差异③，但基本的确认前提是一致的。对于需在财务报表中记录的"准备"大体应满足三项条件：一是由过去的事项催生的现时义务；二是未来（很）可能会导致资源的流出；三是债务规模能够充分可靠的计量。而对于导致资源流出可能性较小但存在合理可能性的狭义"或有负债"，或是因无法可靠计量而不能确认为"准备"的或有债务，则通常不予确认，而是直接在财务报表附注中披露相关信息（见图6-4）。

---

① International Public Sector Accounting Standards Board: IPSAS 19: Provisions, Contingent Liabilities and Contingent Assets.

② Federal Accounting Standards Advisory Board: FASAB Handbook of Federal Accounting Standards and Other Pronouncements, as Amended, June 30, 2013

③ 如法国中央政府会计准则在对风险与负债准备及承诺进行区分时，特别强调中央政府是否期望获得同等的回报，实际上是从另一视角考察了资源流出的可能性。

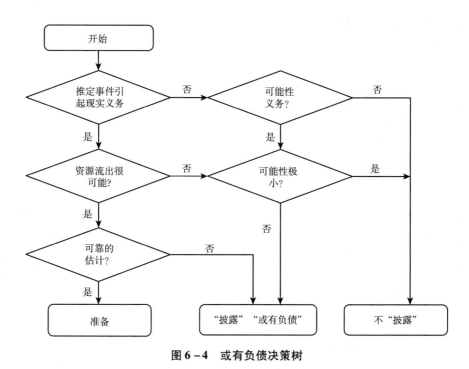

图 6 - 4　或有负债决策树

资料来源: The International Federation of Accountants, Handbook of International Public Sector Accounting Pronouncements, 2013。

　　根据财政部于 2015 年 10 月发布的《政府会计准则——基本准则》，我国的政府会计核算包含属于现时义务的"准备"类负债，但不包含会计上的狭义或有负债。然而，基于债务风险预警的考虑，对狭义政府或有负债进行披露无疑是十分必要的。IPSAS 对于"准备"及"或有负债"的会计核算规定已然在各国实践中被广泛应用，我国也应参照相关规定尽快将其纳入核算范围。

　　随着时间的推移和事态的进展，早些时候确认为"或有负债"的事项可能会以预期之外的形式演化，因而应在后续时期适时进行重估，以动态判定经济利益流出的可能性。在期初不完全符合准备的确认要求，而作为"或有负债"披露的事项，随着时间的推移，资源流出的概率可能会变大。这就需要在或有事项可能性发生变化的当期财务报表中，将其转为"准备"进行报告。美国财务会计准则委员会将或有事项可分为"很可能发生""可能发生"和"发生可能性极小"三个层次，相应的披露方式分别为在资产负债表中披露、在附注中披露、在财务报告中不披露。因而，当"可能发生"的或有负债之可能性变化时，就不宜再作为或有负债来处理，披露方式也应随之改变。如若发现某项或有负债实际上已然清偿，或者能够确定不会引起经济资源的流出，则应终止对或有负债的确认。

政府或有负债的报告及披露是会计处理的最终环节，也是将相关信息呈现给使用者的最直观方式。准备作为已确认的政府负债，自然应在资产负债表（即财务报表主表）中披露。此外，还应在报表附注中对准备的具体内容做出详细的补充说明，具体包括：期初与期末的准备金额、当期新增的准备金额（包括已有准备的增加额）、当期已实现的金额、当期已撤销的未实现金额、因时间推进或贴现率变化导致的折现额变化。对于不属于政府负债的或有事项，则应在财务报表附注中披露。可以参照国际经验，依据或有事项的归属部门、性质、成因、到期日等因素分类加以报告。对于难以量化的或有负债，可以在财务报表附注中明确列示。凡发生可能性极小的或有负债可不予披露，但应保持持续关注，一旦资源流出可能性提升至一定程度，就需在发现当期及时披露。

4. 政府或有负债的计量

或有负债是否会转化为直接负债，以及转化的时间和规模，均具有一定的不确定性，这导致其量化存在较大的难度。一方面，或有负债的核算具有主观评价性，其量化可能会掺杂政府的主观意愿；另一方面，影响政府或有负债规模的信息来源十分广泛，涉及政治、经济、社会等诸方面，而这些信息的统计通常是不完善的。在实际量化过程中，无论是计量方法的选取，还是计量结果的斟酌取舍（当量化结果为一值域范围而非具体数值时），都会导致估计结果的差异，进而影响对或有负债及其风险的专业判断。

目前，应用较为广泛的或有负债计量方法是现值法，将对未来风险的估计体现在利率上，风险越大相应的折现率也就越高。具体应用中，还可将现金流分成若干时间段，不同时段对应不同的折现率。现值法虽然简便易行，但只能通过单一的现金流量和单一的利率来估算或有负债的金额，对折现率的选择要求甚高。而能够充分体现未来风险的折现率，在现实中是很难获取的。有鉴于此，改进的现值法——"期望现金流量法"开始受到重视，其他方法还包括市场数据（或历史数据）法、期权定价模型、模拟模型等。在实践中，如果能够取得贷款损失的历史数据，也可用来估计或有负债组合的预期支出（如住房、教育或农业等部门的贷款担保）。

期权定价模型（option pricing）利用担保与看跌期权的相似性来判断担保的预期成本。通过为企业贷款提供担保，政府相当于发行了公司资产的看跌期权，赋予企业管理者在到期日按贷款面值出售其资产的权利[①]。政府担保的预期支出大致相当于看跌期权的价格，其中，期权价格是基于风险中性定价理论估算的，定价过程中不必考虑风险溢价。蒙特卡罗模拟模型（Monte Carlo simulations）通过模拟估计担保损失的概率分布对担保进行定价，进而做出特定置信水平下最大损失的估值，模拟模型通常比期权定价模型更为灵活，因为前者需要考虑更多的因素。

实际中，各国采用的计量方法大多以现值法为主。澳大利亚和新西兰采用的就是 IPSAS 推荐的计量方法。其中，澳大利亚对于特殊规定的财务担保合同采取面值计量法，并酌情考虑相关收益和费用。法国中央政府会计规定，风险及负债准备应以最能代表资源流出量的数值计量。评估过程应考虑两个因素：一是未来事件的影响，只有在截至财务报告起草之日可获得的数据，才能被用于评估可能的资源流出量；二是体现无补偿的原则，准备的数额不得减去可能得到的偿还资产的价值。[②] 在捷克，使用未结清的担保余额乘以违约概率得出的结果来估算担保性债务的规模，违约概率分为四档：很高（90%）、高（30%）、中等（15%）和低（5%）[③]。

5. 政府或有负债的报告

实践中，各国根据政府或有负债发生的可能性大小及量化的难度，分别采用四种报告或披露方式：在财务报表主表（资产负债表）中报告、在专有附表中披露、在财务报表附注中披露以及不披露。这四种报告或披露方式往往并非单独采用的，而是若干种方式的相互结合。

在财务报表主表中报告的或有负债至少应具备两个特征，一是资源流出的可能性较大，二是或有负债的规模能够相对可靠地计量。美国联邦政府会计中，或有事项分为"很可能发生""可能发生"和"发生可能性较小"三种，

[①] 当资产的市场价值低于约定价值时，看跌期权的持有者可以要求发行者以低于协定价格的价格接受资产；同样，受到担保的出借人也可在市场价值低于面值时，行使期权要求付清担保，迫使政府按照面值偿还贷款。

[②] Central Government Accounting Standards France，2009.

[③] Hana Polackova Brixi、马骏：《财政风险管理：新理念与国际经验》，中国财政经济出版社 2003 年版。

对应的披露方式分别为在资产负债表中报告、在附注中披露及在财务报告中不披露。在报告期内，或有负债的变化也应作为费用的一部分加以追踪。相似地，加拿大按发生的可能性将或有事项分成三种："很可能"——发生（或不发生）的可能性大于70%；"不太可能"——发生（或不发生）的可能性小于30%；"无法判断"——未来事项发生（或不发生）的可能性在30% ~ 70%。其中，很可能发生且能可靠计量的须在财务报表中报告。澳大利亚将很可能引起资源流出的现时义务确认为"准备"，作为负债下的一类，在资产负债表内进行报告，并在报表附注中进行详细说明。

在专有附表中报告或有负债的国家并不多，主要是新西兰等新公共管理较为成功的国家。在报表附注中披露的国家则相对较多，美国、加拿大、法国等国采取了此种方式。美国联邦政府财务报告采用完全的权责发生制计量基础，如果某项或有负债不符合负债的确认条件，且损失可能已发生，则应在基本财务报表附注中加以报告。加拿大将很可能发生但不能可靠计量和无法判断的或有负债在报表附注中披露，披露的内容包括：或有负债的性质；最优估计值或值域范围；不能披露估计结果的原因；估值的基础。[①]澳大利亚规定，对于可能性极小的或者无法量化的或有负债（如对房屋贷款公司的担保、恐怖行为担保等）在报表附注中予以说明。[②]法国中央政府会计准则规定，对于规模可确定的承诺可以在报表附注中披露其金额，规模不能确定的则应揭示详细信息及债务风险。[③]

6. 中国政府或有负债信息披露的启示与借鉴

第一，依据或有事项发生的可能性、事项性质、能否准确计量等因素，对或有负债进行科学分类。政府会计核算应体现增进政治信任和减少合规性差距的宗旨和原则，[④]体现在政府或有负债核算上，首先就是对于政府或有负债进行科学的分类。根据国际经验，或有事项发生的可能性，即资源以经济利益或服务形式流出的可能性，是决定其会计披露方式的首要因素。只有达到一定可

---

① Treasury Board of Canada Secretariat, Accounting Standard 3. 6-Treasury Board-Contingencies.

② Australian Accounting Standards Board: AASB 137: Provisions, Contingent Liabilities and Contingent Assets.

③ Central Government Accounting Standards France, 2009.

④ 应益华：《政治信任、合法性和政府会计改革研究》，载于《湖南财政经济学院学报》2015 年第 1 期。

能程度时（通常为 50%），才考虑将政府或有负债确认为现实负债，并在财务报表主表中予以披露。此外，能否可靠计量也是区别会计披露方式的重要因素，对于某些无法依据事实可靠计量的或有负债，尽管发生可能性较大，但往往也只能在财务报表附注中加以说明。

第二，在或有负债确认后需保持继续关注。由于或有事项在报告期后可能发生新的变化，导致最优的会计处理方法也应随之改变。如果或有事项发生的概率从之前的低于界定值（譬如 50%）变成高于界定值，则应将其从狭义或有负债转为准备，在财务报表中报告；反之亦然。那些已确定不会发生的或有事项，则应从前期披露的内容中取消；另外一些或有事项可能已经发生，则应将前期作为或有负债披露的内容取消，并将新的债务按规定进行报告。

第三，政府或有负债的计量存在较高的技术难度，应结合政府部门的财务核算能力，对其计量方法和报告方式做出具体规定。由于或有负债的不确定性，在实际计量中可以根据其具体风险概率分布划分为若干档次，也可参考捷克等国的经验，对风险概率做出明确的等级划分，并据此对全部或有负债进行统一核算。

或有负债的报告方式通常取决于或有事项发生的可能性。当发生可能性较高（超过设定的临界值）且能可靠计量时，政府可将或有事项作为一项负债在财务报表中报告，也可在专属或有负债表中报告。可能性较低或难以准确计量时，通常在财务报表附注中进行披露。如果或有事项发生的可能性过低，可在本报告期暂不披露，但应在后期继续关注。

第四，适时将或有负债纳入政府预算的系统化报告审批体系。尽管政府或有负债的披露场合可能有所不同，但都应遵循财政透明度准则，以便对财政状况做出综合评价。① 虽然在某些情形下，政府不希望披露一些或有负债的具体规模与构成，但这不应作为拒绝披露的借口。

参考艾伦·希克的建议，或有负债纳入预算可以通过如下途径实现：一是，编制预算时，增列或有负债的相关信息。二是，在准备现金制预算的同时，单独编制或有负债预算，并限定或有负债的上限。三是，将或有负债整合纳入传统现金制预算。在这种模式下，政府需从预算中预留一定资金，用以支

---

① Aliona Cebotari. Contingent Liabilities：Issues and Practice［R］. IMF Working Paper, October 2008.

付未来可预测的债务损失，或者利用此预算额度来限制担保总规模（或下一年度新增担保项目的规模）。四是，实行完全权责发生制的预算，编制预算时需要估计全部政府或有负债的成本，并将其统一纳入预算。[①] 就现实国情而言，按照由易到难的原则，建议先从第一种方法起步，在编制常规预算的基础上，附加政府或有负债预算表。在此基础上，随着权责发生制政府综合财务报告改革的推进，逐渐从第二、三种方式，过渡到完全的权责发生制预算，从而将政府或有负债全部纳入全口径预算管理，实现政府预算、政府会计、政府审计三位一体的或有负债信息披露与监督机制。

---

① Schick, Allen. Budgeting for Fiscal Risks. In Hana Polackova Brixi and Allen Schick. Eds. Government at Risk: Contingent Liabilities and Fiscal Risk [R]. Washington D. C.: The World Bank, 2002: 79-98.

第 7 章

跨年度预算平衡机制与
中期财政规划改革

在新一轮中国政府预算管理改革中，跨年度预算平衡机制已成为一个日益受到关注的现实财政话题。目前的预算决策过程和财政政策作用机制，更多侧重于年度预算的平衡结果与赤字规模，但年度预算用一个相对静止的框架来控制动态持续的财政经济过程的固有缺陷，却很容易助长预算过程的短期行为倾向，割裂各个年度预算在时间维度上的联系，而忽视了财政预算安排的中长期可持续性。当前，我国经济已经进入新常态的发展阶段，财政收入增长远高于经济增长速度的局面近乎已成为历史，而财政资金使用效率不高、年终突击花钱等问题却始终未能得到根本解决。在这种收支矛盾凸显的时代背景下，重塑预算平衡机制就具有尤为重要的时代意义。

在党的十八届三中全会通过的《关于全面深化改革若干重大问题的决定》中，第一次明确提出"建立跨年度预算平衡机制"的改革方向。2014 年 8 月全国人大常委会审议通过的新《预算法》第十二条也明确规定："各级政府应当建立跨年度预算平衡机制。"2014 年 9 月，国务院颁布的《关于深化预算管理制度改革的决定》中，明确提出实行中期财政规划管理，改进年度预算控制方式，强化支出预算约束，强调根据经济形势发展变化和财政政策逆周期调节的需要，建立跨年度预算平衡机制，并初步诠释了其基本政策含义。

因此，通过构建跨年度预算平衡机制，在中期财政规划的视野中，从传统的关注预算赤字和年度平衡，逐步向支出预算和政策拓展，也大致勾勒出未来中国政府预算平衡准则和宏观财政政策在运行机理层面的基本轮廓。应该说，为了加快推进预算管理改革进程，尽可能减少改革过程中的交易成本，跨年度预算平衡机制已成为事关现代财政制度建设成败的攻坚之役。

然而，跨年度预算平衡机制作为转型期话语环境下较具自主创新色彩的一个名词，并非是标准经济学教科书中常见的术语，甚至在国外文献的检索中，也很难找到可以准确对应的英文词汇。这导致跨年度预算平衡机制的管理改革在通常的经济政策三重时滞（认识时滞、决策时滞、执行时滞）之外，又增加了一个"诠释和理解时滞"。

就学理层面而言，跨年度预算平衡机制在某种程度上更多体现为一种周期性预算平衡准则，其理论依据或许来自补偿性财政政策（源自 20 世纪 30 年代的瑞典预算）。[①] 在跨年度预算平衡机制中，试图以经济周期代替财政年度，不要求财政收支在每一年度内的平衡，只要求在一个经济周期过程中的动态收支平衡，从而既能实施反周期的宏观经济政策，又有望实现中长期意义上的预算平衡。然而，结合其在各国实施的经验和教训，对于跨年度预算平衡的约束条件与实际作用效果，仍旧有很多重要的命题尚未参通解透。[②]

7.1 跨年度预算平衡机制的文献述评[③]

7.1.1 国外研究述评

跨年度预算平衡机制作为一个具有较多自主创新色彩的词汇，在国外文献检索中甚难找到对应的恰当术语。仅就"跨年度预算"而言，在英文文献中大致对应的是 multi-year budgeting 一词，也有国家使用 forward budget、expendi-

---

[①] 在 20 世纪 30 年代以前，瑞典很少有凯恩斯式的预算政策思路，通过预算政策调节经济，对于当时的政府来讲，还是一个颇为陌生的想法，当时的宗旨是保持年度预算平衡。1931 年秋，瑞典卷入了国际金融危机。为了应对危机，Gunnar Myrdal 首次将反周期财政政策理论引入瑞典。Myrdal 认为，经济低迷导致对商品和服务需求的大幅下跌，低水平的需求会导致失业，如果在短期内增加政府开支，那么通过货币的乘数效应就可以缓解经济萧条。这样政府就没有必要保持预算的年度平衡，而应该使政策着眼于保持预算在整个经济周期内的平衡。值得注意的是，赤字政策实行初期，瑞典政府虽然期望通过预算政策刺激实体经济，然而他们并不希望该政策带来永久性的债务增长。瑞典政府仅仅抛弃了年度预算平衡准则，并决定保持预算资本账户的周期性平衡。进一步论述可以参阅：Lars Magnusson, An Economic History of Sweden, 2002：196。

[②] 乔欣：《预算管理制度离现代化有多远——专访南开大学经济学院教授马蔡琛》，载于《新理财》（政府理财）2014 年 10 月 15 日。

[③] 马蔡琛、张莉：《构建中的跨年度预算平衡机制：国际经验与中国现实》，载于《财政研究》2016 年第 1 期。

ture review、multi-year estimates、forward estimates 等近义词，在早期的分析中也曾使用 multi-annual budgeting。不同研究者对于跨年度预算的影响机制也持不尽相同的观点。例如，为验证跨年度预算的积极作用，拉兹万等（Razvan et al.，2013）收集并分析了 181 个国家 1990 ~ 2008 年的面板数据，其结论认为，在平均意义上，跨年度预算可以提高 2% 的预算结余。[1] 但也有一些研究者表达了对预算决策周期由短期延展至中长期所带来消极影响的担忧。普雷姆詹德（Premchand，1984）认为，从预算编制到预算执行之间的时间跨度越长，由于缺乏相应数据而造成二者不符的可能性就越大。[2] 伊莎贝尔等（Isabelle et al.，2003）认为，跨年度预算面临着财政变量不确定性的问题，尤其是对于经济增长趋势及经济周期阶段的主观判断，容易面临更大的不确定性。[3]

美国学者对于跨年度预算平衡的研究，大多围绕地方政府层面广泛实施的双年度预算展开。例如，巴里等（Barry et al.，2000），安德里亚（Andrea，2002）先后指出，地方政府基于多年期视角编制预算时，一般会采取某种双年度预算的形式，具体包括：双年度财政规划（biennial financial plan）、滚动双年度预算（rolling biennial budget）以及经典的双年度预算（classic biennial budget）[4]。就实践部门的研究而言，美国纽约州审计局制定了跨年度财政规划手册，分析了跨年度财政规划的基本要素、主要原则，并详细分析应该如何进行跨年度预算收入和支出的预测。[5] 加拿大卡尔加里市针对跨年度预算制定了一份宣传手册，便于市民了解市政府在 3 年期的预算中重点关注的领域、各个

[1]　Razvan Vlaicu, Marijn Verhoeven, Francesco Grigoli, Zachary Mills. Multiyear Budgets and Fiscal Performance: Panel Data Evidence [J]. Journal of Public Economics, March 2014.

[2]　A. Premchand, Government Budgeting and Expenditure Controls: Theory and Practice, International Monetary Fund, 1984: 138.

[3]　Isabelle Joumard, Per Mathis Kngsrud, Young-Sook Nam and Robert Price, Enhancing the Cost Effectiveness of Public Spending: Experience in OECD Countries [J]. OECD Economic Studies, 2003 (2), http://www.oecd.org/eco/public-finance/34563306.pdf.

[4]　双年度财政规划仍然按年度拨款，并试编未来一年的非强制性的支出计划；双年度滚动预算是由两个年度拨款方案组成的两年期支出计划，并且每年进行调整；经典的或者传统的双年度预算是两年期的支出计划，即对 24 个月的支出进行一次性的审批。进一步论述可以参阅：Barry Blom and Salomon Guajardo. Multi-year Budgeting: A Primer for Finance Officers [J]. Government Finance Review, February 2000；Andrea Jackson. Taking the Plunge: The Conversion to Multi-year Budgeting [J]. Government Finance Review, August 2002.

[5]　Office of the New York State Comptroller. Multiyear Financial Planning, 2007.

部门所提供的核心服务及预算情况。①

关于财政政策对经济周期的作用效果，斯蒂尔等（Steel et al.，1997）认为财政政策应该是熨平经济周期、实现经济稳定增长的工具。米迦勒·加文等（Michael Gavin et al.，1996）的研究表明，强预算制度能够增加政府的财政政策空间，因为这类政府更容易进行恰当的中期财政应对措施，这为国际金融市场上的参与者弥补因政府逆周期财政政策而产生的赤字提供了更多的保证。迈克尔·加文（Roberto Perotti，2007）认为，如果财政政策主要体现为需求效应，能够改变对商品的需求，而且个人或者公司有信贷约束时，那么在衰退中逆周期的财政政策能够发挥作用；当财政政策主要是对劳动供给具有负的财富效应，对私人投资具有挤出效应，那么顺周期的财政政策能够发挥作用。结构性预算平衡是 IMF 和 OECD 确立的财政政策评估方法。弗兰克尔（Frankel，2012）指出，结构性平衡可以避免周期性因素对预算的影响，它是采用长期预算支出来评估政策的一种方法。②

在国别研究方面，经济合作与发展组织（OECD，1998）的研究表明，一些欧洲国家已经开始采用"黄金法则"③，允许政府在经济衰退中产生赤字，在繁荣时期产生盈余。这一"黄金法则"是在经济周期的维度上对预算平衡提出要求，而不是在年度预算的基础上提出的。例如，英国 1997 年的"黄金法则"就规定，政府在整个经济周期中所借全部债务仅能用于投资，不得用于经常性支出。瑞士要求结构性预算应该根据经济周期进行调整，如果债务规模超过 GDP 的 0.6%，议会必须在 3 年内缩减债务。2012 年，IMF 对 81 个国家的财政准则调研显示，在 2008 年没有任何一个国家在宪法层面要求年度预算平衡，而不对经济周期做出调整或者进行资本投资。欧盟于 2012 年 3 月签订的"财政协议"，限定了各国在完整的经济周期中的预算赤字，这就允许政

---

① Citizen Summary：Business Plans and Budgets 2012 – 2014 ［R］. http：//www. calgary. ca/CA/fs/Documents/Plans-Budgets-and-Financial-Reports/Business-Plans-and-Budgets-2012 – 2014/Approved/Business-Plans-and-Budgets-Citizen-Summary. pdf.

② Frankel J. A Solution to Fiscal Procyclicality：The Structural Budget Institutions Pioneered by Chile ［J］. In Fiscal Policy and Macroeconomic Performance，Series on Central Banking Analysis，and Economic Policies 17，2002.

③ "黄金法则"即在法律中规定公共预算必须实现预算平衡，至少经常性公共收支必须平衡而无需借债。英国于 1997 年制定了一项财政稳定法案，经典的"黄金法则"被当作基本原则：所有一般日常性支出必须严格由公共收入承担，并符合经济周期规律。米歇尔·布维耶：《"黄金法则"：通向公共预算平衡及削减公共债务的法律之路?》，载于《公共行政评论》2011 年第 6 期。

府在经济衰退时有较高的预算赤字，降低了对年度预算平衡的要求。宏观经济风险咨询公司在 2011 年的分析认为，如果美国通过了平衡预算宪法修正案，会使得经济衰退更为深化和持久。鲁夫尼等（Ruffini et al.，2013）则认为，在宪法层面要求年度预算平衡会在本质上损害美国的经济。

在地方政府层面，阿里克莱文森（Ariklevinson，1998）通过分析美国各州的财政政策得出结论：州财政政策能够对宏观经济产生实际的影响，严格的平衡预算要求会增加经济周期的波动性。侯一麟（2013）认为，年度预算造成了预算周期与公共服务连续性间的错配，并提出对预算进行多年期规划的替代方案，利用逆周期财政储备在整个经济周期及不同经济周期之间进行预算平衡。另外，通过面板数据分析，证实了预算稳定资金有助于经济下滑过程中稳定州政府的一般预算支出。

7.1.2　国内研究述评

国内学者对于跨年度预算平衡机制的研究主要集中于探讨其理论内涵，这也体现了新生事物在早期的发展规律。尽管早在 20 世纪 90 年代末期就曾提出过跨年度预算平衡的思想，[①] 但有关这一问题的研究主要集中在 2014 ~ 2015 年。

针对跨年度预算平衡机制的概念内涵及主要内容，楼继伟（2013）提出，跨年度预算平衡机制包括跨年度弥补超预算赤字及中长期重大事项科学论证这两个机制，这两点能有效地保证财政的可持续发展，[②] 邱泰如（2014）则认为，出于社会总供求平衡、经济周期、充分就业和建设项目跨年度支出等考虑，在必要时可每隔若干年实现一次预算基本平衡。[③] 白景明（2015）认为，为实现财政的可持续性，在预算编制和执行环节建立跨年度的动态平衡机制，硬化支出预算约束。[④] 张明（2015）认为，跨年度预算平衡机制的主要影响因素包括经济形势变化和财政政策逆周期调节，具体涵盖各级政府一般公共预算

---

① 邱泰如：《预算控制理论及我国预算控制模式》，载于《中共福建省党校学报》1999 年第 1 期。
② 楼继伟：《改进年度预算控制方式，建跨年度预算平衡机制》，载于《环球网》2013 年 11 月 21 日，http://finance. huanqiu. com/data/2013 – 11/4587279. html。
③ 邱泰如：《谈建立跨年度预算平衡机制》，载于《中国政府采购》2014 年第 6 期。
④ 白景明：《依法加快建立跨年度预算平衡机制》，载于《中国财政》2015 年第 1 期。

超收和短收、债务管理等方面。①

在分析其理论基础时，杨志勇（2014）认为，虽然周期平衡理论是跨年度预算平衡机制的基础，但在跨年度预算平衡机制建设中又不必过于拘泥于该理论，而应更多从财政运行规律入手。② 马蔡琛（2014）认为，跨年度预算平衡机制试图以经济周期代替财政年度，不要求财政收支在每一年度内的平衡，而是期望在一个经济周期中实现预算收支平衡，至少从理论上说，既能实施反周期的宏观政策，又有望实现中期意义上的预算平衡。然而，经济周期的非对称性、周期拐点预判的困难性，以及官员的道德风险问题，将增加跨年度预算平衡机制的实施难度。③ 付敏杰（2013、2014）以中长期预算（美国）及结构性预算（智利）④ 为例，说明中长期预算能够保证逆周期调控举措的顺利实施，并分析了缓解财政政策顺周期效应、实现逆周期调控的制度设计经验。

有关跨年度预算平衡机制的政策要点，楼继伟（2013）在解读党的十八届三中全会报告时指出，为实现跨年度预算平衡，应研究实行中期财政规划管理，先编制财政三年滚动规划，逐年更新滚动管理，加强三年滚动规划对年度预算的约束力。这是较早提出跨年度预算平衡机制应与实行中期财政规划相互关联的观点。⑤ 邱泰如（2014）认为，要建立跨年度预算平衡机制，应该编制中期财政滚动规划和跨年度财政滚动预算，适度利用政府发债，并加强债务风险防范。⑥ 笔者（2014）认为，在对跨年度预算平衡机制的作用机理妥为参通解透之前，年度预算平衡准则仍旧不能轻言放弃，否则就容易引发赤字财政的不良后果。因此，应稳步推进中期财政规划，辩证认识跨年度预算平衡机制，防止预算周期和经济周期的错配。

关于跨年度预算与年度预算之间的关系，刘尚希（2015）认为，跨年度预算平衡是在一个经济周期内追求的平衡，它一改年度预算平衡的固有缺陷，

---

① 张明：《我国跨年度预算平衡机制的理论与实践分析》，载于《财政监督》2015 年第 5 期。

② 杨志勇：《关于新预算法四个问题的探讨》，载于《南方金融》2014 年第 11 期。

③ 马蔡琛：《现代预算制度的演化特征与路径选择》，载于《中国人民大学学报》2014 年第 5 期。

④ 付敏杰：《财政政策周期特征研究：金融危机以来的争论与共识》，载于《金融评论》2014 年第 3 期。

⑤ 《楼继伟解读三中全会深化财税改革重点》，http：//www. mof. gov. cn/zhuantihuigu/cztz/mtb-dljw/201311/t20131121_1014343. html。

⑥ 邱泰如：《谈建立跨年度预算平衡机制》，载于《中国政府采购》2014 年第 6 期。

避免了年度预算平衡准则所导致的不适当干预。① 李燕（2015）和李慈强（2015）认为，跨年度预算平衡机制强化了年度预算的约束力，而非完全替代年度预算制度，跨年度预算平衡体现了长期平衡、动态平衡和整体平衡的预算理念，具有计划性、渐进性的特点。② 宫莹（2015）认为，建立跨年度预算平衡机制，从法律上切断了超收收入和结余资金随意转化为支出的可能性，增强了年度预算的约束力。③ 邓淑莲（2015）则更为审慎地指出，跨年度预算平衡机制若没有中期预算框架、绩效考核约束机制、年度预算平衡要求作为支撑，其运行结果令人堪忧。④

在具体应用层面，徐西栋（2015）结合我国事业单位预算管理改革的需要，以殡仪馆为例，分析了跨年度预算平衡机制的具体应用。⑤ 卢凤娟（2015）分析了建立跨年度预算平衡机制对会计期间、政府会计科目设置、预算平衡工具核算、会计核算基础、会计信息披露方式的影响及应对。⑥

7.2　跨年度预算平衡机制的作用机理与构建思路⑦

7.2.1　跨年度预算平衡机制的内涵界定

2014 年 9 月发布的《国务院关于深化预算管理制度改革的决定》中明确指出，跨年度预算平衡机制主要是针对经济形势发展变化和财政政策逆周期调节需要而建立的。具体含义体现为："中央一般公共预算执行中如出现超收，超收收入用于冲减赤字、补充预算稳定调节基金；如出现短收，通过调入预算

---

① 刘尚希：《新预算法：约束政府行为的制度保障》，载于《中国财经报》2015 年 1 月 8 日。

② 修改前的《预算法》要求实现年度预算平衡，但在实际执行中，往往因入不敷出而虚列开支，或者在经济形势较好时隐瞒预算收入，通过这些手段强求形式上的预算平衡。李慈强：《跨年度预算平衡机制及其构建》，载于《法商研究》2015 年第 1 期；李燕：《实施跨年度预算平衡机制的思考》，载于《中国财政》2015 年第 2 期。

③ 宫莹：《跨年度预算平衡机制：需增强政府收入与支出的计划性》，载于《中国会计报》2015 年 2 月 6 日。

④ 邓淑莲：《跨年度预算平衡机制与中期预算框架是否是一回事？》，载于《财政监督》2015 年第 7 期。

⑤ 徐西栋：《跨年度预算平衡机制在殡仪馆的应用》，载于《中国集体经济》2015 年第 28 期。

⑥ 卢凤娟：《跨年度预算平衡机制对财政会计的影响及应对》，载于《中国农业会计》2015 年第 1 期。

⑦ 马蔡琛：《大国财政视野中的跨年度预算平衡机制》，载于《地方财政研究》2016 年第 1 期。

稳定调节基金、削减支出或增列赤字并在经全国人大或其常委会批准的国债余额限额内发债平衡。地方一般公共预算执行中如出现超收，用于化解政府债务或补充预算稳定调节基金；如出现短收，通过调入预算稳定调节基金或其他预算资金、削减支出实现平衡。如采取上述措施后仍不能实现平衡，省级政府报本级人大或其常委会批准后增列赤字，并报财政部备案，在下一年度预算中予以弥补；市、县级政府通过申请上级政府临时救助实现平衡，并在下一年度预算中归还。政府性基金预算和国有资本经营预算如出现超收，结转下年安排；如出现短收，通过削减支出实现平衡。"如果仅就修辞学而言，这并非一个标准意义上的术语概念界定，而更接近于何种情况下应如何应对的操作性指南。

尽管国内学者围绕跨年度预算平衡机制问题展开了不同层次的研究，国际上一些国家也实施了跨年度预算的管理模式，但颇为耐人寻味的是，在现时的中国，对于跨年度预算平衡机制的概念，无论是理论界还是实务部门，仍然缺乏统一的规范界定。在国内外文献归纳总结的基础上，结合我国实施跨年度预算平衡机制的时代背景，本节尝试对其进行相对较为清晰的概念界定。

我们初步认为，跨年度预算平衡机制是指，在预算决策中结合财政政策的相机变化，进行多年期的财政收入与支出预测，实现预算收入从强制约束性向展望预期性的转变，更加强调预算收支在一个动态经济周期内的大致均衡，而不再过多强调年度预算的收支平衡，从而兼顾预算的逆周期调节作用和预算在经济周期内的平衡。

在理论上，跨年度预算平衡机制能够弥补年度预算的不足，提高预算管理水平。在跨年度预算的视角下，政府的政策目标选择会更加明确且具有可预测性，预算过程更具连续性，有助于提升预算透明度和财政受托责任。在政策工具与管理方法层面上，通过运用科学的跨年度收支预测模型，可以提升公共资源的配置效率，通过合理规范地运用预算稳定基金来调节预算，有助于实现经济周期内的预算平衡和削减政府债务。

对于跨年度预算平衡机制的深层含义，至少还应从以下两方面加以进一步思考。

1. 预算平衡的标准：基于"软赤字"与"硬赤字"的考量

人们对于预算平衡的理解，大多源自"收支平衡、略有结余"的古典经济学健全财政思想。也就是说，不管是在年度之内，还是在跨年度抑或一个经济景气周期之内，预算平衡的恒等式都是一样的，就是预算收入等于（或约等于）预算支出（需要注意的是，这里的预算收入通常是不包括债务收入的）。

然而，在前文引述中，就中央一般公共预算而言，仅有一处出现"平衡"字样，那就是"增列赤字并在经全国人大或其常委会批准的国债余额限额内发债平衡"。这就不得不涉及预算平衡的基本概念界定问题了。也就是说，在中长期尺度上，"发债平衡"是否也可以算作一种预算平衡形式。其实，这或许可以追溯到源自 20 世纪 80 年代有关"软赤字"与"硬赤字"的讨论。[①]

由于预算平衡与预算赤字是两种截然不同的财政收支配比结果，在构建跨年度预算平衡机制的过程中，首先需要明确的就是，预算平衡到底是需要彻底消除"软赤字"的平衡（也就是说，预算平衡是真正意义上的"预算收入 = 预算支出"），还是可以放宽到仅仅消除"硬赤字"就可以了（也就是说，预算平衡的约束条件是"预算收入 + 债务收入 = 预算支出"）？当这种赤字口径的选择置于跨年度的中期时间维度之下时，就显得更加重要了。

将上述讨论转化至跨年度预算平衡机制的话语环境之中，或许可以这样来加以表述：在跨年度预算平衡所覆盖的经济景气周期或其他时间尺度之内，其所追求的预算平衡，是指在债务余额控制下禁止出现"超预算赤字"的"发债平衡"，还是指实现"预算收支基本相等"的真正预算平衡？按照学理分析，如果发债平衡也能够算作预算平衡的话，那么就不存在所谓赤字财政问题了。[②] 其原因在于，《预算法》和相关法规已然禁止了通过增发货币来弥补财

---

① "软赤字"是指在统计和计算财政收支时，不把债务收入计入正常的财政收入，同时也不把债务支出计入正常的财政支出。"硬赤字"是将债务收入与经常性收入一起计入正常的财政收入，同时也将债务支出与经常性支出一道计入正常的财政支出当中。按照这样的口径，实际上是将一部分财政赤字用债务收入弥补上了。在这种前提下，如果再出现赤字，就是净赤字或者说是"硬赤字"了。"硬赤字"的计算方法属于大口径财政收支的统计方法，而计算形成的财政赤字则是小口径的。按照这种方法计算和统计财政赤字，表明政府已经将政府债务收入作为弥补财政赤字的一个手段，如果这之后仍然存在财政赤字，政府则必须采取借债以外的方法（如增发货币）来弥补。而"软赤字"计算方法在财政收支统计方面属于小口径，在财政赤字统计方面则属于大口径。按照国际惯例，运用这种方法计算和统计财政赤字，实际上表明了政府将债务收入作为弥补财政赤字的唯一手段。资料来源：http：//baike. baidu. com/view/1262209. htm。

② 马蔡琛：《论中国预算法的修订与政府理财的挑战》，载于《会计之友》2015 年第 9 期。

政赤字的途径，债务收入成为弥补财政赤字的唯一手段。如果允许将发债平衡作为跨年度预算平衡机制的一种常态现象，那么在一个中长期的时间尺度内，如何杜绝增发货币来弥补财政赤字，避免出现较为严重的通货膨胀，就成为一个颇为值得认真思考的问题。

综上所述，或许可以将跨年度预算平衡机制的内涵界定，按照经济下行期的权宜性选择和现代财政制度的长期性制度安排，这样两种不同的维度来做出不同方式的处理：作为权宜之计，在经济下行压力较大、财政收支矛盾突显的现实约束条件下，短期内不得不接受发债平衡作为跨年度预算平衡机制的一种特殊变形（对应预算赤字的口径划分，因其属于小口径的"硬赤字"，不妨称之为"小口径的跨年度预算平衡"）；但是从长期性制度安排的可持续发展来说，实现预算收支基本相等的健全财政目标，仍旧是不能轻言放弃的重要财政管理原则（因其对应的为大口径的"软赤字"，不妨称为"大口径的跨年度预算平衡"）。

2. 跨年度预算平衡机制的时间跨度：基于周期性预算平衡准则的考察

跨年度预算平衡机制到底要"跨越多少年"，这同样是一个颇难准确回答的问题。综合多方表述大致可以认为，跨年度预算平衡机制在某种程度上更多体现为一种周期性预算平衡准则，这或许可以追溯到预算史上 20 世纪 30 年代的瑞典预算。在跨年度预算平衡机制中，不硬性要求财政收支在每一年度内的平衡，只期望实现经济周期中的动态收支平衡。至少在理论上，这是有可能同时实现逆周期宏观政策和预算平衡的双重目标的。然而，这种理想状态下预算平衡机制的真正实现，至少需要就以下四个方面的命题做出进一步的思考与回应。

首先，周期性预算平衡准则是以经济周期运行呈现相对标准的"正弦波动"（sine wave）状态为假设前提的，也就是说经济周期中衰退与高涨的幅度和持续时间体现为某种对称性。唯其如此才有望将盈补亏，以实现经济景气周期内的预算平衡。然而，现实中的经济周期却与不成熟股市的运行颇有相似之处，往往是一段较长的经济衰退之后才走向姗姗来迟的经济繁荣。也就是说，经济周期中衰退与高涨的持续时间和幅度时常是不对称的。例如，较长时间的经济滑坡后，很可能接着一个短暂的、中等程度的经济复苏。[1] 由于在衰退期

①　金例：《预算是否应该平衡——介绍西方经济学的几种观点》，载于《上海大学学报》（社科版）1991 年第 6 期。

间积累了大量的预算赤字，如欲实现周期性预算平衡，就不得不在经济繁荣时期实施具有较强力度的逆周期财政政策来实现周期性的预算盈余。这却容易导致尚未稳固的经济回暖因紧缩政策而重回低谷。

其次，预算决策者道德风险的存在使得某届政府可能在任期内支出过多而留下巨额赤字，却将弥补赤字的难题顺延给继任者来承担。针对美国 20 世纪 60 年代以后的财政政策及其效果的研究显示，财政政策提供额外经济刺激往往不会遇到什么阻力，但一旦采取预算紧缩政策、平抑经济过热、试图恢复预算平衡的时候，却会受到多方面干扰，遇到很多困难。[①] 类似的情况在这一轮欧债危机中也不同程度地存在。一些新兴经济体（如新加坡）采用的"任期内预算平衡准则"可以说是针对此种道德风险问题而采用的不得已的变通做法。

再次，预算决策的事先性与经济周期研判的事后性之间的矛盾，对于经济预测的准确性提出了更高要求。顾名思义，预算就是一种预先测算，具有事先性的特点，然而经济周期拐点的确定往往具有事后性。也就是说，通常只有待一轮经济景气周期结束后才能较为清晰地辨别在哪一时点进入经济繁荣、何时又是步入衰退的开始。但预算决策却是事先性的，如果实行周期性预算平衡准则，就需要事前预测经济周期的波峰与谷底及其持续时间和深度。这种预测上的困难与预算资金供求双方的信息不对称相互叠加就容易诱发预算决策者的道德风险问题。正如前文分析的那样，艾森豪威尔政府的失误就在于未能划清经济"恢复"与"繁荣"的界限，将本应在经济过度繁荣期才可使用的紧缩性政策提前至经济恢复期使用。

此外，经济学研究日益强调量化分析的所谓精准化趋势以及统计技术的进步，却并未能真正实现期望中的经济预测质量提升。经济学家华西里·列昂惕夫就曾抱怨说，在 20 世纪 70 年代《美国经济评论》杂志所发表的文章中，虽然一半以上的文章都包含数学模型，却没有运用任何数据。[②]

最后，要防止预算周期和社会经济发展规划周期的错配。结合目前河北

---

① 艾伦·希克:《预算能力》（英文版 1991 年），转引自:张志超:《现代财政学原理》（第三版），南开大学出版社 2007 年版，第 75 页。

② ［挪威］特维德:《逃不开的经济周期:历史、理论与投资现实》，中信出版社 2012 年版，第 251 页。

省和河南省焦作市的中长期预算改革试点，以及近期各地发布的有关中期财政规划的改革举措，中期财政规划的可能选择是三年滚动周期，而我国的国民经济和社会发展规划是五年周期。由于"三"和"五"是两个质数，二者的最小公倍数高达15年。这种时间覆盖上的不匹配，难免会在相当程度上影响中期财政规划的作用效果，自然也不利于跨年度预算平衡机制的构建。根据我们对试编三年滚动预算早期试点地区的调研显示，地方国民经济和社会发展整体规划过于宏观，预期目标和施政措施不够具体，加之与三年滚动预算时间跨度不一致，使其对滚动预算编制的指导性和引领作用不够。① 此外，如果将政府换届周期也考虑在内的话，三者的周期错配影响可能会更大。

在实际操作中，这种三年期滚动预算的编制模式，每逢中期财政规划"滚动"到五年规划的临界年份之时，因其同时覆盖两个国民经济和社会发展五年规划，仅就技术层面而言，其预算编制难度将是相当之大的。

7.2.2 跨年度预算平衡机制的作用机理及政策工具②

1. 政府预算的决策周期从短期向中长期拓展

跨年度预算平衡机制将预算视角从短期的1年拓展到中期意义上的3~5年，使得预算决策可以充分考虑政府的公共政策和发展计划，审视未来3~5年财政收支流量的变化趋势，有望减少预算过程中的短期行为倾向及低效率问题。例如，在美国密歇根州奥克兰县（Oakland County）2016~2018年度的预算案中就指出，以年度为基础的短期预算会对长期财政稳定造成不利影响。2009年，该县为了提高政府预算的计划功能，将两年期预算拓展为三年期。在这一轮全球金融危机中，三年期预算被认为是在最困难时期维持奥克兰县财政可持续性的关键因素。③ 一项最近的针对美国政府部门的调研显示，90%的参与者认为，跨年度财政规划和预测可以改善财政纪律，提高财政的长期稳定

---

① A地区预算编审中心：《A地区中期财政规划编制研究报告》，2015年。

② 马蔡琛、张莉：《构建中的跨年度预算平衡机制：国际经验与中国现实》，载于《财政研究》2016年第1期。

③ L. Brooks Patterson. Recommended Budget FY2016-FY2018 Budget and General Appropriations Act, July 1, 2015. https：//www. oakgov. com/mgtbud/fiscal/Documents/2016 - 2018% 20Budget/FY2016FY2018 CountyExecutiveRecommendedBudgetBook. pdf.

性，60%的参与者认为效果显著。①

　　跨年度预算通过引入多年期的视角，能够更好地实现预算资源配置中的理性选择，有望缓解年度预算模式下时常出现的过度支出或财政保守主义倾向。② 财政保守主义和过度预算支出其实是两种相反的短期行为倾向，前者往往低估财政收入，以致过度削减财政支出来避免赤字；而后者则会高估财政收入，倾向于增加支出，这又会伴随官员的道德风险问题。在年度预算的短期决策背景下，以上两类问题较为突出，通过引入跨年度的预算平衡机制有可能从运行机理上破解这两类难题。一方面，不再刻板地追求年度内的预算平衡，在经济繁荣时期，可以根据需要顺势产生预算盈余，或在经济低谷时期审慎生成必要的赤字，这样至少能够从理论上实现经济周期内的中长期预算平衡；另一方面，在多年期的时间跨度内，进行预算收支的估计及预算决策，有助于利益相关主体合理估计财政资源的限额，科学高效地使用预算资金。总之，通过破解上述两种预算过程中的短期行为取向，跨年度预算平衡机制是很可能提高预算资源配置效率和使用效率的。

2. 实施跨年度预算的主要管理工具及时间跨度

　　各国在实施的跨年度预算改革中，往往根据具体国情选择适当的跨年度预算管理工具，多年期预算的时间跨度也不尽相同。

　　英国针对 20 世纪 80 年代财政状况恶化的现实，引入了以经济周期为基础的财政框架，主要由两部分组成：一是利用短期弹性来保证财政稳定性的"黄金法则"，要求在经济周期内保持预算的平衡或盈余；另一个是增加财政可预见性的跨年度支出框架（multiyear spending framework）。③ 而美国的跨年度预算管理机制主要在地方层面广泛开展，多数政府采用的工具为预算稳定基金（budget stabilization fund）。④

　　在各国实践中，关于跨年度预算的时间跨度选择，一般为 2~5 年的中期视角，其中各时间跨度的代表性样本如表 7-1 所示。

---

　　① Holly Sun. Improving the Effectiveness of Multi-Year Fiscal Planning [J]. Government Finance Review. February 2014.

　　② Wildavsky, A. Budgeting: A Comparative Theory of Budgetary Processes, New Brunswick [M]. N J: Transaction Books, 1986.

　　③ Keiko Honjo. The Golden Rule and the Economic Cycles, IMF Working Paper August 2007.

　　④ 预算稳定基金（BSF）又称雨天基金（rainy day fund），由美国纽约州于 1946 年最先设立。参见杜美妮、刘怡：《美国逆周期财政工具研究及对我国的借鉴意义》，载于《经济学家》2011 年第 7 期。

表 7 - 1 　　　　　　　　 各国跨年度预算的时间跨度及预算管理特点

实施跨年度预算的主体	时间跨度	跨年度预算管理的特点
美国部分地方政府	两年	双年度财政规划，滚动双年度预算以及经典的双年度预算
美国奥克兰县	三年	三年期滚动预算，五年期预测
加拿大伦敦市	四年	进行四年的运营预算、资本预算、储备资金及债务预算，对资本、储备资金和债务的后六年进行预测
新加坡	五年	参考平滑的 GDP 增长率设定五年期的支出限额

资料来源：Barry Blom and Salomon Guajardo. Multi-year Budgeting: A Primer for Finance Officers. Government Finance Review, February 2000；L. Brooks Patterson. Recommended Budget FY2016-FY2018 Budget and General Appropriations Act, July 1, 2015；Strategic Plan for the City of London 2015 - 2019；Jón R. Blöndal. Budgeting in Singapore. OECD Journal on Budgeting, 2006 (6)。

1984 年，美国和加拿大的财政官员协会（Government Finance Officers Association）设立了杰出预算编制奖（Distinguished Budget Presentation Award Program），① 该奖项的四个评奖标准是：预算是否作为政策文件，预算是否体现为操作指南，预算是否作为财务计划，预算是否作为一项交流的机制。截至 2015 年，美国奥克兰县政府是唯一的凭借三年期预算而获得该奖项的地方政府。奥克兰县的跨年度预算方式为三年期滚动预算，此外还引入了五年期的预测，在每个财年即将结束时，政府部门提供一份有关全县财政状况的季度预测文件。②

加拿大伦敦市的跨年度预算针对未来四个财年内的运营预算（operating budget）进行审批，同时需要审批未来四年的资本预算（capital budget）、储备资金以及债务预算，并对这之后六年的资本、储备资金和债务预算进行预测。③

在新加坡，从 2000 年开始，通过设置五年期（与政府的法定任期一致）的支出限额来改善预算政策的可预测性，五年期的支出上限为固定数额，而每年的支出额度是可以相机变动的。该五年限额是以平滑的 GDP 百分比来表示，④ 由财政部根据历史支出规模、中期支出预测等因素综合确定。⑤ 与通常

---

① Government Finance Officers Association, http：//www. gfoa. org/budgetaward.

② L. Brooks Patterson. Recommended Budget FY2016-FY2018 Budget and General Appropriations Act, July 1, 2015.

③ Strategic Plan for the City of London 2015 - 2019.

④ 平滑的 GDP 是指对 GDP 六年的增长率进行平均。

⑤ 李健盛：《新加坡公共财政预算管理经验及其对我国的启示》，载于《开放导报》2008 年第 2 期。

的 GDP 增长率相比，采用平滑的 GDP 增长率来测算支出限额，可以在经济形势向好的年份减少支出，而在经济形势欠佳的年份，政府能够得到更多的支出额度，从而减少各年度间的波动性，充分发挥中期预算作为逆周期调节工具的跨年度预算平衡功能。①

7.2.3 跨年度预算管理机制的国际实践及其挑战

在各国预算管理实践中，出于应对经济危机、控制政府支出和财政赤字的需要，于 20 世纪 70 年代开始广泛实施了跨年度预算管理机制。在跨年度预算机制发展的早期，主要用于审核新项目并为其提供资金，进入 80 年代中期后，逐渐转变为支出控制和收入分配的工具，进而达成约束并改进年度预算的目标。英国早在 1961 年就开始实施公共支出调查（Public Expenditure Survey），该调查涉及五年期的公共支出，② 1998 年开展了三年期预算，各部门需要估算新年度及之后两年的经费需求，由支出委员会确定未来三年的总支出规模及各部门的支出限额，并报送内阁审议通过。③ 澳大利亚于 1973 年开始实施跨年度支出预测。美国在 20 世纪 60 年代早期就具有了某些跨年度预测的雏形，当时实施的计划—规划—预算制度（PPBS）强调了预算与政府五年计划的相互联系，④ 在 20 世纪 70 年代，美国通过立法规定，行政主管部门、总统、国会预算局等机构在预算过程中需要进行跨年度财政预测。⑤ 加拿大在 20 世纪 80 年代早期实施的政策及支出管理系统（Policy and Expenditure Management System）中，就已包含了五年期的财政滚动项目，明确了支出限额，并采取相关措施加强政策和预算之间的关联。⑥

从近年来各国跨年度预算管理的实践来看，跨年度预算平衡机制主要体现为，在年度预算的过程中融入跨年度视角，进行跨年度的收入和支出估计，在此基础上构建跨年度财政规划，试图实现经济周期内的预算平衡。综合各国实

---

① Jón R. Blöndal. Budgeting in Singapore［J］. OECD Journal on Budgeting，2006 年第 6 期。

② 张晋武：《欧美发达国家的多年期预算及其借鉴》，载于《财政研究》2001 年第 10 期。

③ 李青、蔡华：《英国预算改革述评》，载于《安徽工业大学学报（社会科学版）》2014 年第 4 期。

④ 王熙：《美国预算制度变迁及其对中国的启示》，载于《中央财经大学学报》2010 年第 2 期。

⑤ 张晋武：《欧美发达国家的多年期预算及其借鉴》，载于《财政研究》2001 年第 10 期。

⑥ International Budget Partnership. Multi-year Expenditure Programming Approaches. http：//international-albudget. org/wp-content/uploads/Multi-Year-Expenditure-Programming-Approaches. pdf.

践，跨年度预算大体可以分为两大类：一类是相对简单的跨年度预算模式，主要体现为跨年度的收入及支出估计，如澳大利亚、奥地利、新西兰等国；另一类是较为完备的跨年度预算机制，体现为跨年度的财政规划，如德国、英国及美国等。① 跨年度预算机制的选择具有因国制宜的色彩，并无完全统一的模式，但无论采用何种模式，跨年度的预算估计和跨年度财政规划都是各国实践的核心内容。然而，国际社会在建立跨年度预算管理机制的过程中也面临着诸多挑战。尽管设立预算稳定基金能够在一定程度上缓解跨年度预算估计误差的负面影响，同时有助于实施逆周期的财政政策，但预算稳定基金往往存在设立金额不足的问题，难以充分实现其功能，因而需要进一步探索最佳的预算稳定基金额度及使用规则。

1. 实施跨年度的预算收入及支出估计

构建跨年度预算平衡机制是一个循序渐进的过程，改革举措的先后次序是非常重要的。很多国家都是先建立起较为基础性的跨年度预算估计，而后再构建更为复杂的综合性预算管理机制。跨年度预算估计能够反映当前税收和支出政策所带来的未来财政收支流量，为公共决策提供参考，从而成为构成跨年度预算平衡机制的重要技术支撑。

例如，奥地利在1994年之前的跨年度预算管理机制就较为简单，主要体现为在预算过程中引入跨年度的预算估计。在当前的年度预算草案基础上，补充三年期的收入和支出估计，用来反映现行公共政策带来的中期财政结果。在跨年度预算估计顺利运行一段时间之后，奥地利于1994年开始实施跨年度财政规划，并将跨年度预算估计融入其中。② 可见，跨年度预算管理制度的建立需要循序渐进，在初始阶段可以先建立跨年度的收入和支出估计，之后再逐步实现更高层次的跨年度预算平衡机制。

澳大利亚的跨年度预算制度要求对现行政策的成本以及未来四年预算中涉及的政府活动成本进行量化，这些跨年度预算估计包含在政府的预算文件当中。在预算编制的初始阶段，需要对支出估计进行及时更新，以便确定需要增加多少支出，才能使预算与政府的中期财政目标及政策优先性相吻合。

---

①② L. F. Jameson Boex. Jorge Martinez-Vazquez and Robert M. McNab. Multi-Year Budgeting: A Review of International Practices and Lessons for Developing and Transitional Economies [J]. Public Budgeting & Finance/Summer 2000.

在澳大利亚 2012～2013 财年的财政报告中，提出了构建财政战略的技术路线图，其中就包括跨年度的信息管理项目，[①] 为实施跨年度预算平衡机制提供了技术保障。与澳大利亚类似，意大利的跨年期预算估计也成为政府决策的重要参考。[②]

2. 稳步推进跨年度财政规划

在实施跨年度预算估计的前提下，很多国家试图进一步建立更为完善的跨年度财政规划体系，将跨年度预算估计融入政策决策过程，从而更好地实现跨年度预算平衡机制。研究者通过对美国 44 个州和加拿大部分省份的调研，剖析了这些地区实施跨年度财政规划的情况。有 78% 的参与者表示会在一般性政府基金中使用跨年度预测，68% 的参与者会在其他政府基金中使用跨年度预测。但只有 14% 的参与者表示按部门或者项目设定了具体的跨年度支出上限，26% 的参与者做到了将预测与部门层面战略目标的优先性选择相互关联。[③] 可见，在跨年度预算的实施中，实现预算与政府政策之间的关联，并逐步建立按部门、按项目的跨年度支出上限，即使在发达经济体中也是颇具挑战性的工作。

按照上述标准，英国的跨年度财政规划实践属于较为成功的。为了更好地加强政府政策、规划和预算之间的关联，实现中期财政目标，英国停止了已实施三十多年的公共支出调查，于 1998 年开始实行中期视野下的财政规划制度——开支审查（Spending Review）。这一审查每隔两到三年进行一次，自下而上地审查每个部门对未来三年的预算需求。[④] 由政府的中期财政政策指导跨年度预算的生成，在财政政策确定之后，进一步设定跨年度时间范围内各部委的支出限额以及针对所有政府部门的开支总限额，并通过"公共服务协议"确定各部门的绩效目标。[⑤] 在开支审查的年份，英国政府向议会提交开支审查

---

① Australian Government Department of Finance and Deregulation，http：//www. finance. gov. au/publications/annual-reports/annualreport12－13/management-and-accountability/information-technology. html.

② http：//internationalbudget. org/wp-content/uploads/Multi-Year-Expenditure-Programming-Approaches. pdf.

③ Holly Sun. Improving the Effectiveness of Multi-Year Fiscal Planning［J］. Government Finance Review. February 2014.

④ Spending Reviews. HM Treasury，http：//webarchive. nationalarchives. gov. uk/20130129110402/http：//www. hm-treasury. gov. uk/spending_review/spend_index. cfm.

⑤ 宋雄伟：《英国"公共服务协议"治理方式解析》，载于《中国青年政治学院学报》2012 年第 4 期。

白皮书（Spending Review White Paper），其中包含 25 个主要政府部门三年期支出限额的完整预测。① 总体而言，英国的跨年度财政规划集中体现在支出方面，政府会生成三年期的支出计划，而收入领域则只有跨年度的收入估计，税收政策提案仅包含在年度预算中，当然跨年度的收入估计也会使政府在确定年度财政政策时，考虑未来若干年的资源约束。

与英国侧重于支出控制的跨年度预算相比，将跨年度预算全面融入中期财政规划则是更为完善的方法。例如在德国，1967 年的《经济稳定与增长促进法》中就规定了实施财政五年计划，在计划中列出预计的支出额度及构成。② 由财政规划委员会（Financial Planning Council）制定下一财年和之后三年有关政府总支出增长、各级政府间的公共资源分配及政府借款的目标水平之方案。作为德国跨年度预算的重要组成部分，中期联邦财政规划与年度预算案一起提交议会。德国针对联邦预算中 1200 个收入项目和 8000 个支出项目分别进行了跨年度预算估计，而联邦财政规划中涉及大约 40 个功能性支出类别的支出估计。③ 加拿大卡尔加里市（Calgary）的跨年度预算则主要体现为两方面的特色：首先，在跨年度规划和预算的编制阶段，市政委员会要求跨年度规划以及预算的范围要覆盖所有的市级政府部门，实现全口径预算管理；其次，在对年度预算进行调整时，要与三年期规划和预算相吻合。④

与通常三到五年期的跨年度预算方案相比，美国州和地方政府广泛实施的双年度预算则属于较为特殊的跨年度预算管理机制（见表 7 - 2）。曾有研究者专门分析了美国双年度预算的三种类型特点（见表 7 - 3），并建议政府根据相关条件重新检验各自的经济结构和支出情况，从而判断是否适合采用双年度预算。其研究结论认为，在支出易于控制且收入来源相对稳定的前提下，双年度预算获得成功的可能性较大。⑤ 关于双年度预算的具体方案，美国加利福尼亚

---

① Richard Hughes. Performance Budgeting the UK：10 Lessons from a Decade of Experience. http：//siteresources. worldbank. org/INTMEXICO/Resources/1 - 4RichardHughesFinal. pdf.

② 谢增毅：《德国〈经济稳定与增长促进法〉及其新启示》，载于《当代法学》2002 年第 3 期。

③ L. F. Jameson Boex. Jorge Martinez-Vazquez and Robert M. McNab. Multi-Year Budgeting：A Review of International Practices and Lessons for Developing and Transitional Economies [J]. Public Budgeting &Finance/Summer 2000.

④ Chief Financial Officer's Department. Multi-Year Business Planning and Budgeting Policy for The City of Calgary, Effective Date：2005 January 31, and amended 2008 January 14 and amended 2012 April 9.

⑤ Barry Blom and Salomon Guajardo. Multi-year Budgeting：A Primer for Finance Officers [J]. Government Finance Review, February 2000.

州门多西诺县（Mendocino County）是较具典型性的案例。该县行政办公室 2009 年的报告中指出，州政府的预算举措以及立法行动会影响跨年度预算的预测。例如，持续的州政府预算削减是造成 2009 年到 2012 年的政府可支配收入预测呈现下降趋势的重要原因之一。该报告还提出了实施跨年度预算需注意的事项：对正在实施的项目进行持续的财政绩效评价；每个季度对预算的预测和对收入的估计进行检测、更新、调整、修正以及评估；预算修正和调整应涉及当前财政年度以及计划期内的其他年份；开展跨年度的预算预测。[①]

表 7 - 2　　　　　　　　　　　美国州政府的预算年度

单年度预算	亚拉巴马州、阿拉斯加州、加利福尼亚州、科罗拉多州、特拉华州、佛罗里达州、佐治亚州、爱达荷州、伊利诺伊州、艾奥瓦州、路易斯安那州、马里兰州、马萨诸塞州、密歇根州、密西西比州、宾夕法尼亚州、罗得岛州、南卡罗来纳州、南达科他州、田纳西州、犹他州、佛蒙特州、西弗吉尼亚州
双年度预算	阿肯色州、亚利桑那州、康涅狄格州、夏威夷州、印第安纳州、肯塔基州、缅因州、明尼苏达州、蒙大拿州、新泽西州、新墨西哥州、纽约州、俄克拉荷马州、内布拉斯加州、新罕布什尔州、内华达州、北卡罗来纳州、北达科他州、俄亥俄州、俄勒冈州、得克萨斯州、威斯康星州、华盛顿州、弗吉尼亚州、怀俄明州
混合预算周期	堪萨斯州（有些政府机构实行的是跨年度预算，有些政府机构实行的是单年度预算）、密苏里州（经常性预算实行的是跨年度预算，资本性预算实行的是单年度预算）

资料来源：美国国家审计总署：《双年度预算：三个州的经验》（GAO-01-132），华盛顿特区，政府出版署，2000。转引自：马蔡琛：《政府预算（第二版）》，东北财经大学出版社 2018 年版，第 23 页。

表 7 - 3　　　　　　　　　美国双年度预算的类型及相应假设前提

类型	预算特点	支出假设	收入假设	优势及缺陷
"经典"（传统）双年度预算（classic biennial budget）	针对 24 个月的预算文件，同时审批两个年份的拨款计划（也就是每两年审议一次预算）	由于组织和部门目标、优先性明确，故支出比较易于控制；支出比较容易预测；每年支出呈递增式增长	实际和计划的收入差距较小；每年收入变化较为稳定；经济形势稳定	节约行政成本、有助于实现支出硬约束；不利于应对政策变动代表地区：美国奥本市

<hr>

[①] County of Mendocino Executive Office. FY 2009 - 10 - FY2012 Budget Balancing Strategy. December 8, 2009. http：//www. co. mendocino. ca. us/administration/pdf/2009 - 2012 _Budget_Balancing_Plan_and_MultiYearBudgetingfinal. pdf.

类型	预算特点	支出假设	收入假设	优势及缺陷
双年度财政规划（biennial financial plan）	每年生成单独的预算文件；对预算文件进行年度审核；实施一年期预算，对第二年支出计划试编	由于组织、部门目标及优先性不明确，使得支出难以控制；每年的支出增长率不同	实际和计划的收入差距较大；每年收入变化较大；在两年期视角下财政收入难以预测；经济形势不稳定	经济形势不易预测时，实现跨年度规划；第二年支出计划缺乏硬约束 代表地区：美国门多西诺县
滚动的双年度预算（rolling biennial budget）	由两个一年期拨款方案组成的两年期预算文件	由于组织和部门目标、优先性明确，支出非常易于控制；支出非常容易预测；每年支出呈递增式增长	实际和计划的收入差距较小；经济形势稳定；每年收入变化较为稳定；收入在两年期视角内可以预测	加强预算和政策的关联，有利于实现政策的可预测性；对财政收入及支出的可预测性要求较高

资料来源：Barry Blom and Salomon Guajardo. Multi-year Budgeting: A Primer for Finance Officers. Government Finance Review, February 2000。

参考双年度预算的不同类型分布，可以进一步将其扩展到 3～5 年的中期视野。借鉴美国地方政府双年度财政规划的经验，我国在实施跨年度预算平衡机制中，可以根据符合各地具体情况的收入和支出假设，来选择跨年度预算的具体模式：即在经济形势较不稳定、支出不易控制、收入难以预测时，每年生成单独的预算文件，对之后年份的支出计划只进行试编；而在经济形势稳定，收入相对容易预测、支出易于控制的情况下，则尽可能实现按部门、按项目的中期收入和支出估计。

3. 合理使用各种类型的预算稳定基金

跨年度预算平衡机制需要较为准确的跨年度收入和支出估计，这就需要大量的资源和技术保障，然而由于经济环境的不确定性以及预测的复杂性，往往会出现估计误差。通常，采用逆周期财政政策有助于解决这一问题以实现财政稳定性。各国使用较为普遍的两种逆周期财政策略是一般基金盈余（general fund surplus）和预算稳定基金（budget stabilization fund）。目前更具主流色彩的是预算稳定基金方案，在经济繁荣时减少支出，积累的储备资金用于经济低谷时期的支出。

在 1980 年前后，美国各州纷纷建立预算稳定基金，其中大部分州是在经历了 1980～1982 年经济衰退之后，逐渐认识到预算稳定基金的作用并付诸实施。有研究表明，截至 20 世纪末，美国 1980 年之前的经济周期波动要大于 1980 年之后，原因之一应该就是各州预算稳定基金的建立。[①] 通过对美国 50 个州在 1989～1992 年经济衰退期间财政压力的研究发现，只有那些在经济繁荣时通过立法强制来注入预算稳定基金的州，其预算稳定基金才能成功降低财政压力。[②] 美国的政府绩效项目（1998～2002 年）也将"跨年度预算的视角"作为评估州及地方公共治理能力的一项内容。[③] 当然，各州在进行跨年度预算估计时仍旧面临估计误差的挑战，通过采用逆周期的财政政策及相关工具，在州及地方政府层面可以减少估计误差的不利影响。实践表明，在 1979～1999 年的 20 年间，预算稳定基金使州政府在经济低谷时通过释放财政储备而增加支出，以弥补财政收支之间的缺口。在 1980 年、1982 年和 1991 年衰退之前就已建立预算稳定基金的州，比其他州能够更好地应对衰退，并且较早建立预算稳定基金的州能够更好地提前预测到衰退。[④]

综合美国各州预算稳定基金的设立及运行状况，设计良好的预算稳定基金应具备如下特点：一是不设资金上限，或者设定的上限至少应达到州预算的15%；二是各州应该通过立法来规定预算稳定基金的特定储备条件；三是不强制要求预算稳定资金在某个特定时间范围内进行补充，各州可以在经济恢复后相机补充资金；四是不应设定某一年内提取的资金上限；五是该资金的提取只要满足简单多数原则即可通过。[⑤] 2014 年，通过对美国 50 个州及华盛顿特区的分析，美国有 38 个州（包括华盛顿特区）的预算稳定基金设计良好，9 个州的设计仍需改善，而另外 4 个州尚未建立预算稳定基金。[⑥] 其中，亚拉巴马州奥本市（Auburn）的预算稳定基金设计较好。该市于 2001 年开始实施双年度预算，由于跨年度的收入预测更具不确定性，其市长建议在普通基金（general fund）

---

① Arik Levinson. Balanced Budgets and Business Cycles: Evidence from the States [J]. National Tax Journal Vol. 51, No. 4 (December1998) pp. 715–732.

② Sobel, Russell S., and Randall G. Holcombe. The Impact of State Rainy Day Funds in Easing State Fiscal Crises During the 1990–1991 Recession [J]. Public Budgeting and Finance 16 No. 3 (Fall, 1996): 28–48.

③④ Budgeting for Fiscal Stability over the Business Cycle: a Countercyclical Fiscal Policy and the Multi-year Perspective on Budgeting.

⑤⑥ Elizabeth C. McNichol, Vincent Palacios, Nicholas Johnson. Budgeting for the Future: Fiscal Planning Tools Can Show the Way, February 2014.

中设立 400 万美元的永久储备金，大约占普通基金支出的 13%。市议会批准了这一建议，并规定这笔储备金只能用于应对自然灾害以及经济衰退。[①]

尽管美国大部分地区的预算稳定基金设计良好，但在实践中仍面临储备不足的挑战。2000 年，美国各州预算稳定基金结余为人均 158 美元，相当于州总支出的 3.22%。[②] 2012 年美国全国的预算稳定基金为 340 亿美元，相当于 50 个州一般预算支出的 2%。有学者基于短期收入估计、经济周期以及各州对稳定税率和支出的选择，匡算了美国各州的预算稳定基金目标额度。其研究表明，从美国州政府自 1980 年开始建立预算稳定基金直至 2014 年，这 25 年间，至少有 21 个州没有设立足够的预算稳定基金，以致不足以应对经济低谷时期的财政压力；而各州作为一个整体，在过去 25 年间面临财政压力时，大约在 2/3 的时间范围内未能储备足够的预算稳定基金。[③]

7.2.4　中国跨年度预算平衡机制的构建思路

我国已然明确提出建立跨年度预算平衡机制的改革目标，在初始阶段可以借鉴国际经验，从最为关键的跨年度预算估计开始，将跨年度视角逐渐融入预算决策过程中，逐步建立预算与财政政策之间的内在关联机制，从而真正落实跨年度财政规划。

1. 科学估计跨年度预算收入和支出

建立跨年度预算平衡机制是一个渐推渐进的过程，在实践中可以先从建立较为基础的跨年度预算估计开始，相对于较为复杂的系统性跨年度财政规划而言，这一方案所占用的管理资源更少，实施难度也相对较低。

跨年度预算估计的目的在于，为当前的财政政策提供跨年度框架，并确保这些决策与中期财政框架相符合。就预算支出一翼而言，跨年度支出估计是未来年度预算的非正式起点，为制定年度预算提供科学依据。因此，我国应该尝

---

① Andrea Jackson. Taking the Plunge: The Conversion to Multi-year Budgeting [J]. Government Finance Review, August 2002.

② 郜可祥、刘爽、王统林：《美国各州预算稳定基金的启示与借鉴》，载于《地方财政研究》2007 年第 9 期。

③ Bo Zhao. Saving for a Rainy Day: Estimating the Appropriate Size of U. S. State Budget Stabilization Funds. Federal Reserve Bank of Boston Working Paper, http://www.bostonfed.org/economic/wp/wp2014/wp1412.pdf.

试将跨年度支出估计融入预算草案中，以反映正在实施及将要出台的政府支出项目和政策在未来几年的成本。就预算收入一翼而言，尝试建立跨年度收入估计，以反映基于目前已实施及拟提出的税收法案中预计的多年期税收数额。因此，这些跨年度的估计能够表明当前及拟议中的政策对未来财政结果（如财政赤字）的影响。在跨年度预算平衡机制中，就某种意义而言，量入为出的管理原则仍旧是适用的。跨年度的收入估计是设定政府支出上限的重要基础，对跨年度财政平衡具有重要作用，因此应该进行科学合理的中期预算估计。

支出估计作为下一年度预算形成过程的逻辑起点。在考虑未来几年支出流量的前提下，合理设定下一年度的支出限度，能够降低政府官员的短期行为倾向。在转型及欠发达经济体中，往往因未来收入预测的不切实际，以及缺乏在可获资源范围内进行项目优先性排序的策略，以致造成持续性的预算不平衡现象。[①] 要实现科学有效的跨年度预算估计，需要注意两方面的问题：一方面，跨年度的收入估计应该由不参与预算决策过程的独立财政专家小组制定，并采用定量分析方法，以保证跨年度预算估计的客观性和科学性；另一方面，应该根据经济环境、财政政策等主客观因素变化，及时更新跨年度预算估计。这将有助于抑制政府过高估计未来财政收入，进而不合理地增加财政支出的行为。

2. 有序推进中期财政规划改革

在建立并完善跨年度收入和支出估计的基础上，就可以着手进一步构建跨年度财政规划，在预算决策与政府的政策、计划之间确立有机联系。结合中国当前全面深化改革的时代背景，要实现跨年度预算与政府政策之间的关联，就应该积极推进具有一定生态多样性的中期财政规划管理改革。

可以参考各国实施跨年度财政规划的经验，结合现行"两上两下"的预算编制程序，在财政部门的指导下，由各主管部门提出各自的跨年度支出限额，进而要求各级政府提出的支出政策应该控制在所设定的未来多年期支出上限的范围之内。在预算过程中引入更多的主管部门参与，能够加强政府各部门之间的有序合作，有助于提升相关财政政策及预算决策的合理性，促使各部门在预算限额内合理规划本部门项目的优先性排序。

---

① L. F. Jameson Boex. Jorge Martinez-Vazquez and Robert M. McNab. Multi-Year Budgeting: A Review of International Practices and Lessons for Developing and Transitional Economies [J]. Public Budgeting &Finance/ Summer, 2000.

政府的中期战略目标（如国民经济和社会发展五年规划）是跨年度预算的重要组成部分，在设定相关战略目标的过程中，要引导各主管部门形成各自的具体战略目标。部门的积极参与有助于制定更符合实际情况和公共需求的政策目标，以此指导具体的预算决策，设定相应的部门支出限额并严格执行，实现支出预算硬约束。还可以利用跨年度的收入和支出估计，分析当前政策的中期财政影响。如果相应的跨年度估计显示当前政府政策与中期财政战略不相符，就应该在中期财政规划中对公共政策进行调整和优化，实现公共政策与预算决策的有机关联。

3. 建立规范的预算稳定调节基金管理制度

在 2014 年 8 月修正通过的新《预算法》中，明确了预算稳定调节基金对政府预算的储备作用和债务调节作用。预算稳定调节基金既可以发挥调节预算平衡的作用，也是实施逆周期财政政策的重要工具。我国于 2007 年设立了中央预算稳定调节基金，2018 年 3 月印发了《预算稳定调节基金管理暂行办法》。近年来地方预算稳定调节基金的设立也得到了一定程度的重视，但其资金来源和用途等具体管理模式与国际上相对成熟的运作方式相比还有较大差距。应该利用建立跨年度预算平衡机制的有利时机，尽快健全预算稳定调节基金的相关管理制度，针对基金的计提、使用、补充、保值增值、业绩评价等重要核心问题，做出更为详细的规定。使得预算稳定调节基金的来源更为稳定、更具可持续性，并充分发挥其调节预算平衡的作用。此外，鉴于我国财政总预备费管理也同样相对粗放的现实，[①] 应将预算稳定调节基金和财政总预备费这两种均具一定应急财政色彩的资金，在管理制度层面加以必要的衔接，以提升财政应急管理水平。

在实际操作中，预算稳定调节基金的规模过低，则不足以发挥稳定政府预算的功能，过高则容易引发政府官员的道德风险，造成预算资金的不合理使用。当然，预算稳定调节基金的设立也同样存在机会成本，因为这部分储备资金本来可以用于减税或者提供更多的公共服务。从这个意义上讲，还需要做好预算稳定调节基金的成本—效益分析，选择最优的基金额度。即使在预算稳定基金管理较为出色的国家，关于最优额度也没有统一的标准，因此各地应根据实际情况来加

---

① 马蔡琛、隋宇彤：《预算制度建设中的财政预备费管理——基于国际比较的视角》，载于《探索与争鸣》2015 年第 10 期。

以理性判断。同时，还应设立正式的预算稳定基金存储规则，防止地方政府在不引起外界关注的情况下，刻意放弃预算资金储备的财政机会主义行为。

7.3　中国政府预算顺周期问题的实证分析[①]

从稳定经济运行、熨平经济波动的角度来看，财政政策应逆对经济风向而行，即在经济上升期增加收入、减少支出，在经济下行时减少收入、增加支出。财政政策的新古典主义理论认为，至少有四个理由支持逆周期的财政政策。首先，平稳的政府支出意味着在繁荣期应下降，经济衰退期则应提高；其次，平稳的生产可抵消负冲击，避免经济过热；再次，出于谨慎性原则也应采取逆周期政策，因为区分经济活动水平系永久性抑或临时性，也是相对困难的；最后，失业救济等相关支出的波动，也内生具有逆周期的特性。[②]

自 20 世纪 90 年代以来，关于政府预算顺周期问题的研究，从针对拉丁美洲国家的研究开始，逐渐扩展至发达国家、发展中国家、新兴经济体，大量研究文献较为一致的结论是：部分发达国家有望实现逆周期的财政政策，而包括中国在内的多数发展中国家，其财政政策的作用效果时常呈现出顺周期的特性。在当前全面深化财税改革的进程中，中国财政预算的平衡准则，将从传统的年度预算平衡机制，逐步走向跨年度预算平衡准则，这就使得政府预算和财政政策的顺周期问题研究，更具现实的迫切性。

7.3.1　政府预算顺周期问题的研究演进

1. 拉美财政政策顺周期现象引发的研究热潮

在财政政策顺周期问题的诸多研究中，迈克尔·加文（Michael Gavin，1996）、杰弗里·弗兰克尔（Jeffrey A. Frankel，2011）等对"顺周期"的概念界定是较为一致的：在经济繁荣时，财政支出增加，经济萧条时，财政支出减少，这就是财政政策"顺周期"；反之则为"逆周期"。

20 世纪 90 年代中后期，美洲开发银行的首席经济学家迈克尔·加文

---

①　马蔡琛、孙利媛：《中国财政政策的顺周期性问题研究——基于预算平衡准则的实证考察》，载于《经济与管理研究》2015 年第 4 期。

②　Thornton J. Explaining procyclical fiscal policy in African countries ［J］. Journal of African Economies, 2008（17）：451 – 464.

（Michael Gavin）首次提出拉丁美洲财政政策的顺周期问题，指出拉美国家的财政收入及公共支出是顺周期的，其经济运行的不稳定在某种程度上也是由此而导致的。[1]

此后，关于拉美财政政策顺周期的研究日益丰富。厄内斯特·塔尔维（Ernesto Talvi，2005）和卡洛斯·维（Carlos A. Végh，2005）从发展中国家税基更为不稳定的视角出发，通过扩展卢卡斯的最优财政政策模型（Optimal Fiscal Policy Model），利用56个国家的数据，对财政政策顺周期进行了检验，结果也证实拉美财政政策是顺周期的，且56个国家中的大部分发展中国家，其财政政策也同样是顺周期的。[2] 值得注意的是，厄内斯特·塔尔维（Ernesto Talvi）和卡洛斯·维（Carlos A. Veégh）的研究表明，财政政策顺周期并非拉美独有的现象。永·里（Young LEE，2007）进一步将周边国家的经济波动作为影响因素加以考虑，通过最小二乘法、HP滤波法对22个OECD国家和72个非OECD国家进行了研究，发现经常性支出、政府补贴和转移支付是逆周期的，而税收和资本支出却呈现顺周期的趋势。[3] 约翰·桑顿（John Thornton，2008）对37个非洲低收入国家1960~2004年期间的研究显示，这些国家的政府消费具有高度的顺周期特征。[4]

现有研究普遍发现，发达国家的财政政策往往是逆周期（acyclical）的，而发展中国家却呈现明显的顺周期（procyclical）特征，这一现象与财政政策的反周期调控功能设计初衷形成鲜明的反差。[5] 这种依经济发展阶段而呈现的财政政策周期特征的系统转变，也被称为"顺周期毕业假说"（Graduation from Fiscal Procyclicality）。[6]

2. 财政政策顺周期问题的解决：智利和巴西的样本

实际上，在过去数十年中，部分发展中国家曾解决了财政政策的顺周期问

---

[1] Gavin M, Perotti R. Fiscal Policy in Latin America [J]. NBER Macroeconomics, 1997 (12): 11 – 72.

[2] Talvi E, Végh C A. Tax base variability and procyclical fiscal policy in developing countries [J]. Journal of Development Economics, 2005 (78): 156 – 190.

[3] Lee Y. Sung A. Fiscal Policy, Business Cycles and Economic Stabilisation: Evidence from Industrialised and Developing Countries [J]. Fiscal Studies, 2007 (28): 437 – 462.

[4] Thornton J. Explaining procyclical fiscal policy in African countries [J]. Journal of African Economies, 2008 (17): 451 – 464.

[5] Alesina, Alberto, Campante, Filipe, Tabellini, Guido, Why is Fiscal Policy often Procyclical? Journal of the European Economic Association, 2008, 6 (5): 1006 – 1036.

[6] 付敏杰：《财政政策周期特征研究：金融危机以来的争论与共识》，引自高培勇、马珺：《中国财政经济理论前沿 (7)》，社会科学文献出版社2014年版，第141~164页。

题，智利或可算作其中的典范。2001 年以来，智利采取结构性财政平衡政策（The Structural Budgeting Balance Policy），① 初步具备了实施"以丰补歉"预算平衡机制的财力基础。② 从这个意义上讲，实施逆周期的财政政策，或许是解决财政政策顺周期问题的根本出路。

巴西也是较为成功解决财政政策顺周期问题的国家。2007 年以来，巴西政府在公共部门投资的之前和之后分别设置了基本预算盈余目标，以维持基本盈余/债务比率的水平，有效保证了政府收入的稳定性。③ 在 2008 年以来的全球金融危机中，巴西成功采取了一系列逆周期的财政货币政策，④ 至少在短期内相对成功地应对了全球金融危机。

3. 中国财政政策顺周期问题的辩证分析

多数研究认为，中国的财政政策很可能具有较强的顺周期色彩。由于预算平衡规则和经济上升阶段的预算软约束等原因，中国的财政政策难免呈现较强的顺周期特性。⑤ 孙天琦等（2010）指出，中国财政收入的顺周期性显著，财政支出则表现为经济繁荣期的顺周期和经济衰退中的逆周期并存。⑥ 楼继伟（2013）认为，我国 1994 年的财税改革摧毁了各种承包制，从根本

---

① 智利的结构性预算改革是在亚洲金融危机后为将结构性因素纳入预算平衡范畴而实施的，它借鉴了 IMF 和 OECD 的理念和测算方法，并做出调整以适应智利的特殊性。结构性平衡规则在中期时间框架内平滑了财政支出，进而确保了公共政策具有连续性，并使得财政政策具有反经济周期的特点。Michael Kumhof，Douglas Laxton. Chile's Structural Fiscal Surplus Rule：A Model-Based E-valuation，IMF Working Paper，2009；Norbert Fiess. Chile's Fiscal Rule，The World Bank working paper，2002；Jorge Rodriguez C. Carla Tokman R. Alejandra Vega C. Structural Balance Policy in Chile. Studies in Public Finance，2007；孙洪波：《智利财政改革成功经验及启示》，载于《地方财政研究》2006 年第 6 期；马骏：《从财政危机走向财政可持续：智利是如何做到的》，载于《公共行政评论》2014 年第 1 期。

② Frankel J A. A Solution To Fiscal Procyclicality：The Structural Budget Institutions Pioneered By CHILE［J］. Journal Economía Chilena，2011（14）：39 – 78.

③ Barbosa N. Latin America：Counter-Cyclical Policy in Brazil：2008—09［J］. Journal of Globalization and Development，2010（1）：13 – 13.

④ 巴西采取的逆周期宏观政策主要包括：第一，中央银行利用外汇储备抛售美元，保证货币流通性；第二，降低银行的储备金要求，在 2008 年底向货币市场注入约占 GDP3. 3% 的资金；第三，下调利率，由 2008 年 9 月的 13. 75%，下调至 2009 年的 5. 0%；第四，从 2008 年第四季度起，减少税收以刺激消费和生产。但同时保证，在 2009 年税收减少的情况下，保证对各州和地方政府正常的预算安排；第五，提高失业保险和机械设备投资的财政贴息。

⑤ 刘金全、梁冰：《我国财政政策作用机制与经济周期波动的相依性检验》，载于《财贸经济》2005 年第 10 期。

⑥ 孙天琦、杨岚、苗文龙：《中国财政政策是否具有顺周期性》，载于《当代经济科学》2010 年第 5 期，第 1~10 页。

上削弱了顺周期性，但现行预算编制和审批上所隐含的顺周期财政政策机理问题也应进一步解决。[①] 闫坤（2015）认为，我国财政顺周期行为与财政分权和地方政府预算软约束密切相关，应该从增强财税体制内在稳定器功能、完善财政政策相机抉择机制、完善预算管理体系、完善企业风险管理等方面来加以解决。[②]

当然，并非所有研究均认同财政政策顺周期的结论。例如，朱建设（2007）认为，1993 年的"适度从紧"财政政策，其逆周期功效就比较显著。[③] 王志刚（2010）也认为，应对全球金融危机而采取的积极财政政策，基本上属于逆周期的扩张性政策。[④]

7.3.2 财政政策顺周期检验的变量关系选择

在检验财政政策的顺周期性过程中，最小二乘法作为基础性方法是较为实用的。其具体变量关系的构造，大致有以下两种路径。

1. 构建财政变量与 GDP 之间的回归分析

以财政收入（税收收入）或财政支出作为财政变量的代表，通过考察财政变量与 GDP 的相关性，确定财政政策的逆（顺）周期性（见表 7 - 4）。

方法（1）是一种较为普遍的分析方法，可以直观判断财政政策的周期性。杰弗里·弗兰克尔（Jeffrey A. Frankel，2013）就是以此模型为基础，将财政支出和实际 GDP 取对数之后，直接进行线性回归分析。[⑤] 伊森·艾尔兹基（Ethan Ilzetzki）、卡洛斯·维（Carlos A. Vegh）[⑥] 和约翰·桑顿（John Thornton）的研究则采用了方法（2）和方法（3）。艾尔波托·艾莱斯纳（Alberto

---

① 楼继伟：《中国政府间财政关系再思考》，中国财政经济出版社 2013 年版，第 46 页。

② 闫坤：《构建财政逆周期宏观调控框架解决财政政策顺周期问题》，载于《中国财政》2015 年第 20 期。

③ 朱建设：《也谈紧缩财政政策的反周期效应》，载于《时代经贸》2007 年第 5 期。

④ 王志刚：《中国财政政策反周期性效果：基于 1978 年以来的经验事实》，载于《财政研究》2010 年第 11 期。

⑤ Frankel J. A. , Vegh C. A. Vuletin G. On graduation from fiscal procyclicality [J]. Journal of Development Economics, 2013（100）：32 - 47.

⑥ Ilzetzki E. , Vegh C. A. Procyclical Fiscal Policy in Developing Countries：Truth or Fiction? [R]. NBER Working Paper, 2008.

Alesina）、G. 塔贝里尼（Guido Tabellini）、[1] 张文彬、童笛和[2]孙天琦等，均采用了方法（4）作为变量构造方式。

表 7 – 4　　　　　　财政支出（财政收入）与 GDP 之间的回归形式

（1）财政支出（财政收入）与 GDP 的回归分析	$czzc = \beta gdp + \varepsilon$ 其中，$czzc$ 代表财政支出，ε 代表误差项	若 $\beta > 0$，财政政策是顺周期；若 $\beta < 0$，财政政策是逆周期
（2）财政支出（财政收入）与 GDP 滞后一期的回归分析	$czzc_t = \beta gdp_{t-1} + \varepsilon_t$ 其中，$czzc_t$ 代表 t 时期的财政支出，gdp_{t-1} 代表 $t-1$ 时期即滞后一期的 GDP，ε 代表误差项	
（3）财政支出（财政收入）滞后一期与 GDP 的回归分析	$gczzc_t = \alpha + \beta ggdp_t + \gamma czzc_{t-1} + \delta T_t + \varepsilon_t$ 其中，$gczzc$、$ggdp$ 分别代表财政支出和 GDP 的增长率，T 代表时间趋势，ε 代表误差项	
（4）财政支出（财政收入）增长率与 GDP 增长率的回归分析	$gczzc = \beta ggdp + \varepsilon$ 其中，$gczzc$、$ggdp$ 分别代表财政支出增长率、GDP 的增长率，ε 代表误差项	

值得注意的是，在衡量财政政策对经济周期的响应时，财政政策和 GDP 之间具有时间趋势。如果不对财政变量与 GDP 进行去趋势分析，其整体走势可能形成伪相关，故可采取 HP 滤波法对数据进行趋势分解。[3]

2. 构建财政预算与 GDP 之间的回归分析

以此考察财政预算与 GDP 的相关性，确定财政政策的逆（顺）周期性（见表 7 – 5）。

---

① Alesina A. , Tabellini G. Why is fiscal policy often procyclical? ［J］Journal of the European Association, 2008（6）: 1006 – 1036.

② 张文彬、童笛:《财政分权和地方财政收支的周期性行为: 1979 – 2006》，载于《兰州学刊》2009 年第 5 期，第 57 ~ 61 页。

③ 如刘金全、梁冰（2005），奥古斯丁（Agustin S. Benetrix）和菲利普（Philip R. Lane, 2011）就是通过时间序列的 H – P 滤波法，将增长率中的趋势成分进行分离再进行的回归分析。但是，此法并不是稳妥之举。科格利（Cogley T. ）和内森（Nason J. M）在 1995 年就曾指出，即便是在原始数据不存在波动性时，通过使用 H-P 滤波法也可以产生经济周期波动，埃尔根（Ehlgen J. , 1998）、阿什利（Ashley R. ）和维尔布鲁根（Verbrugge R. J. , 2006）的研究均表示，不论是否满足 H-P 滤波最优条件，通过 H-P 滤波对数据进行趋势分解，会产生不准确假设检验。即这种方法在并不存在顺周期的情况下，也会得出财政政策是具有顺周期的结论。

表 7 - 5 财政预算与 GDP 之间的回归形式

(5) $\Delta S_t = \alpha + \beta gdpgap_t + \gamma S_{t-1} + \varepsilon_t$ 其中，S_t 代表政府预算盈余占 GDP 的比重，ΔS_t 代表政府预算盈余占 GDP 的比重的年度变化率，$gdpgap_t$ 代表产出缺口，ε 代表误差项	若 $\beta > 0$，财政政策是顺周期；若 $\beta < 0$，财政政策是逆周期
(6) $B_t^{structural} = \alpha + \beta B_t^{cyclical} + \gamma B_t^{cyclical} \times Dummy_t + u_t$ 其中，$B_t^{structural}$ 代表结构性预算平衡，$B_t^{cyclical}$ 代表周期性预算平衡，$Dummy_t$ 是虚拟变量，$Dummy_t = 1$ 代表实施财政准则，$Dummy_y = 1$ 代表没有实施财政准则，μ_t 代表误差项	若 β 或 γ 大于 0，财政政策是逆周期；若 β 或 γ 小于 0，财政政策是顺周期

方法（5）曾应用于艾尔波托·艾莱斯纳（Alberto Alesina）、G. 塔贝里尼（Guido Tabellini）、李永友等的研究。

方法（6）是在实施结构性预算平衡准则的条件下提出的。在 2000 年之前，智利尚未实施结构性预算平衡准则，$\gamma < 0$，故其财政政策为顺周期；2000 年之后，智利通过实施结构性预算平衡准则，$\beta > 0$，其财政政策为逆周期。[①]

7.3.3 中国政府预算和财政政策周期性的实证检验

1. 数据与方法

本书的原始数据包括 1978 ~ 2012 年的 GDP、财政收入和财政支出，选取了财政收入和支出的增长率作为衡量财政政策的指标，而经济波动则采用 GDP 的增长率来表示。所有数据均来源于《中国统计年鉴 2013》。

在方法选择的问题上，前述方法（1）忽略了 GDP 增长的内生性问题，且不适用于 OLS 估计；[②] 而方法（2）和方法（3），采用滞后期的模型分析方法，充分考虑了财政政策的滞后性和连续性。但具体选择哪一个变量的滞后期来加以分析仍具有显著差别，且财政政策滞后性仅通过"滞后一期"来描述，其说服力较弱。而将财政预算与财政政策的周期性相结合的回归分析涉及对潜在 GDP、GDP 产出缺口的预测，或者是以结构性预算平衡政策的实施为前提，故在现实应用中具有一定的局限性。

综上分析，本节在中国财政政策周期性检验过程中，利用财政收入增长

---

① Velasco A. Fiscal policy and the reaction to shocks: some theory and the experience of Chile [R]. 2007.

② Fiess M. Chile's fiscal rule [M]. World Bank, Washington, D. C. 2002.

率、财政支出增长率与 GDP 增长率进行回归分析，即前述第（4）类方法。

2. 财政政策与经济波动的相关性分析

（1）变量的单位根检验。

为避免直接利用最小二乘法估计带来的谬回归问题，需先通过单位根检验来分析数据的平稳性。其中，*ggdp*、*gczsr* 和 *gczzc* 分别代表 GDP、财政收入和财政支出的增长率。单位根检验结果如表 7-6 所示。

表 7-6　　　　　　　　　*ggdp*、*gczsr* 和 *gczzc* 的单位根检验

变量	T 统计值	5% 的 ADF 临界值	概率	结论
ggdp	-3.38	-2.95	0.0188	平稳
gczsr	-3.73	-2.95	0.0079	平稳
gczzc	-3.42	-2.95	0.017	平稳

由表 7-6 可知，*ggdp*、*gczsr* 和 *gczzc* 存在单位根的原假设，在 5% 的显著水平上被拒绝，因为 ADF 结果小于临界值。所以 *ggdp*、*gczsr* 和 *gczzc* 序列为 I(0) 序列变量。

（2）协整关系检验。

根据单位根检验，*ggdp*、*gczsr*、*gczzc* 为 I(0) 序列变量。为检验 I(0) 序列变量之间是否存在长期均衡关系，可以利用恩格尔·格兰杰（Engle-Granger）方法来检验各变量之间是否存在协整关系。

在此采用 Engle-Granger 检验方法，分别对 *ggdp* 与 *gczsr* 和 *ggdp* 与 *gczzc* 进行协整回归，对得到的残差序列 u_1 和 u_2 进行单位根检验，结果如表 7-7。

表 7-7　　　　　　　　　　　u_1 和 u_2 的单位根检验

变量	T 统计值	1% 的 ADF 临界值	概率	结论
u_1	-4.05	-2.63	0.0002	平稳
u_2	-3.92	-2.63	0.0003	平稳

残差序列在 1% 的显著水平下拒绝原假设，接受不存在单位根的结论，因此可以确定残差序列为平稳序列。上述结果表明 *ggdp* 和 *gczzc* 之间、*ggdp* 和 *gczzc* 之间存在协整关系。

（3）回归分析。

利用 EViews 7.2 软件进行 OLS 估计，分别得到：

①财政收入增长率和 GDP 增长率之间的回归：

$$gczsr = \begin{array}{cc} -0.024053 & +1.910836 \times ggdp \\ (-0.584183) & (4.459189) \end{array}$$
$$R^2 = 0.375997 \quad F = 19.88437$$

该回归方程与样本观测值拟合度较好，GDP 增长率对财政收入增长率影响显著。GDP 增长率系数显著为正（1.910836 > 0），并通过异方差检验和自相关检验，财政收入增长率与 GDP 增长率之间不存在伪回归。因此，可以判断 1978～2012 年，中国的财政收入政策具有顺周期的特性。

②财政支出增长率和 GDP 增长率之间的回归：

$$gczzc = \begin{array}{cc} 0.146908 & +0.089811 \times ggdp \\ (3.811639) & (0.238151) \end{array}$$
$$+ \left[AR(1) = 0.988514317166, AR(2) = -0.544356099815 \right]$$
$$R^2 = 0.645064 \quad F = 17.56829$$

该回归方程与样本观测值拟合度较好，GDP 增长率对财政支出增长率影响显著。GDP 增长率系数为正（0.089811 > 0），但并不显著。并通过了异方差检验和自相关检验，财政支出增长率与 GDP 增长率之间不存在伪回归。由此可以得出结论：中国的财政支出政策同样具有顺周期性。

7.3.4 分析结论

财政政策的顺周期会引致赤字偏见，有损于宏观经济的稳定，削弱了抵御外部冲击的宏观调控能力。社会保障支出的顺周期性还会导致财政政策调节收入分配的职能弱化，使低收入阶层深受其害，最终影响财政政策的可持续性和可靠性。[①] 但在过去十数年中，以智利、巴西、博茨瓦纳为代表的一些发展中国家，毕竟曾经通过财政平衡准则的调整，使得财政政策由顺周期转变为逆周期。综合国际经验与现实国情，改善中国政府预算和财政政策顺周期特性的路径选择，可以从以下三个维度来加以谋划。

1. 构建结构性预算平衡准则，促进经济繁荣期的财政盈余积累

智利、巴西、哥伦比亚等国通过结构性预算平衡准则在相当程度上消除了

---

① Jorge R. C., Carla T. R., Alejandra V. C. Structural Balance Policy in Chile [J]. OECD Journal on Budgeting, 2007（7）：59－92.

财政政策的顺周期性。简单来讲，结构性平衡是指去除经济周期的影响后，估计财政收入并将财政收支挂钩的机制。智利的结构性预算平衡政策就是以盈余为硬性目标，在经济繁荣期增加公共储蓄。通过独立的专家委员会在年度数据基础上对结构性预算平衡进行估计，并根据经济增长、债务清偿程度等因素适时调整结构性盈余目标。例如，自 2001 年起，智利采取的是 1% GDP 的结构性预算盈余目标。[①] 随着政府债务的逐步清偿，结构性盈余目标也随之改变。2008 年，修改为 0.5% GDP 的结构性预算盈余，全球金融危机的蔓延使得 2009 年的结构性预算盈余目标进一步修订为 0GDP。到 2010 年已经将目标修改为 -1% GDP 的结构性预算"盈余"。[②]

从这个意义上讲，在设定具体的预算"盈余"或"赤字"目标时，可以 GDP 目标增长率为基准，当 GDP 增长率上升时，设定 1% ~ 2% 的预算盈余增长率，以确保在经济繁荣时期的财政积累。而预算盈余增长率目标的具体设定也殊非易事。在某种程度上，我们可以借鉴智利的做法，建立独立的专家组或智库，在相应的技术支持上对关键的经济指标进行统计和预测，为财政预算提供更为合理的数据支持。

2. 建立权责发生制政府财务报告，提升政府性债务的安全监测预警水平

在跨年度财政预算平衡机制下，因经济周期的非对称性和道德风险等问题，易诱发赤字财政。我国现行收付实现制的政府财务报告体系无法准确度量政府的各类债权债务关系，政府性债务预警能力较弱。[③] 可借鉴世界上大多数国家政府会计改革的经验，由收付实现制逐步改为权责发生制的计量基础，尽快健全权责发生制政府综合财务报告体系，更为客观地预测政府预算盈余或赤字的变迁趋势，更好地实现政府性债务的安全监测预警。

3. 逐步提升直接税比重，减缓经济运行的波动性

发展中国家的私人部门消费较发达国家而言更加不稳定，私人消费的波动性又进一步影响财政收入的稳定性。这导致在经济萧条时的反周期政策往往不能有效实施。国际经验显示，以个人所得税为主的国家往往较易实现反周期的

---

①② Blöndal J. R. , Curristine T. Budgeting in Chile [J]. OECD Journal on Budgeting, 2004 (4): 7 - 45.

③　马蔡琛、黄凤羽：《国家治理视野中的现代化财政制度》，载于《理论与现代化》2014 年第 3 期。

财政政策。

针对中国地方财政支出的实证分析显示，地方财政支出相对于省份异质性波动的顺周期程度存在明显提高的趋势。在实施逆周期财政政策过程中，如果地方政府缺乏足够的财力作为支撑就无力贯彻逆周期政策。因此，需要进一步充实地方税体系，确保地方政府拥有必要的财力安排自由裁量权。

7.4　后金融危机时代的政府预算管理改革：基于 OECD 国家中期财政规划的考察[①]

自 20 世纪下半叶以来，政府预算管理改革在许多国家渐成一种政府治理变革的发展潮流。不论是中期预算框架（medium-term budget framework），还是绩效预算（performance budget），在一些国家的推广已达数十年之久。在 2008 年全球金融危机爆发前的 4 年中，OECD 成员国平均 GDP 增长率始终保持在 2% 以上，这种良好的增长态势止步于 2008 年的全球金融危机（这一数据降至 0.25%），2009 年进一步恶化为 - 3.445%。面对金融危机带来的经济环境巨变，许多国家相机调整了财政政策，并由此激发了诸多预算管理改革的新举措。

值得注意的是，OECD 国家中许多是欧盟成员国，欧盟采取统一的货币政策，这导致在危机爆发之后，这些国家能够自主控制的应对措施往往只有调整财政政策和改进预算管理方法。尽管大部分欧盟成员国也受到《欧洲财政协定》（European Fiscal Compact）的约束，但相比欧洲央行实行统一的货币政策，财政政策和预算管理方法的调整显得更为灵活且丰富，并更加注重改革的现实绩效。因此，考察 OECD 国家（特别是欧盟成员国）为应对危机而实行的预算管理改革，对于我国跨年度预算平衡机制和中期财政规划的建设具有更为典型的启示性价值。

7.4.1　后金融危机时代的全球预算改革

自全球金融危机爆发以来，各国有关预算改革的文献大致可以分为两类，

[①]　马蔡琛、李宛姝：《后金融危机时代的政府预算管理变革——基于 OECD 国家的考察》，载于《经济与管理研究》2016 年第 6 期。

一类是对预算管理改革的总体性研究，另一类则更为关注具体的预算改革举措。

就第一类研究而言，更多体现了对整体预算改革的关注，而不过多描述具体的改革举措。理查德（Richard，2008）分析了预算改革呈现不可预测性和非线性①的主要原因：一是政府领导缺乏决策主导权，导致预算管理的不均衡发展；二是发展中国家和转型经济体的财政管理机构执行能力相对低下，普遍缺乏预算改革持续推进的知识和技能。② 在当代新公共管理运动中，预算管理改革不仅发生在财政部门，梅根（Megan，2012）还从立法监督机构的维度，对美国 2011 ~ 2012 年的最新预算改革举措进行了系统考察。③ 例如，2011 年的预算控制法案（Budget Control Act of 2011）设立了法定的自由裁量支出限额，同时成立了赤字削减委员会，这些举措将从不同角度改变预算过程；2012 年的预算增长法案（Pro-Growth Budgeting Act of 2012）要求，针对众议院和参议院提出的重大提案进行 10 年期的宏观经济影响评估。

第二类研究主要聚焦于中期预算框架、独立的财政委员会等具体改革措施。自 2008 年金融危机以来，财政空间④已经成为许多国家的稀缺资源，在 OECD 国家中尤甚。马里奥（Mario，2014）指出，应当通过具体的预算改革来有效拓展财政空间，而不是通过一揽子的财政整顿措施。财政空间的扩展不仅要求预算管理方式的实质性变革，还要求延展预算决策覆盖的时间范围，不能局限于单纯的年度预算。⑤ 若尔特（Zsolt，2010）考察了本轮金融危机对中欧和西欧国家预算政策的影响，指出应该将中期预算框架纳入财政责任法，形

---

① 这里的"非线性"是指，一国提出预算改革措施后，完成改革需要的时间会非常漫长，而且在此期间预算管理方法不一定是一直在改进的，甚至可能会出现倒退现象。

② Richard Allen. Reforming Fiscal Institutions：The Elusive Art of the Budget Advisor［J］. OECD Journal on Budgeting，2008，8（3）：1 - 9.

③ Megan Suzanne Lynch. Budget Process Reform：Proposals and Legislative Actions in 2012. CRS Report for Congress，2012.

④ 财政空间是一个比较新的术语，是指政府在支出选择以及财政福利选择上的灵活性。Peter Heller（2005）将其定义为"政府预算可以在不危害财政状况可持续性和经济稳定性的前提下，为期望目标提供资源的空间"。政府可以通过增加税收、获得外部赠与、削减低优先度支出、借用资源或从银行借款，但这一切的前提是不能损害宏观经济的稳定性和财政可持续性。进一步论述可以参阅：Peter Heller，"Understanding Fiscal Space，" Policy Development Paper 05/4，（International Monetary Fund，March 2005）。

⑤ Mario Marcel. Budgeting for fiscal space and government performance beyond the great recession［J］. OECD Journal on Budgeting，2014，13（2）：9 - 47.

成一个规范的法律约束体系。① 经合组织（OECD，2010）针对捷克的经济调查，考察了后危机时代财政整顿面临的挑战，指出需要中期财政规划对整顿过程进行有效指导。② 德布鲁因和金道（Debrun and Kinda，2014）归纳了IMF成员国组建的独立财政委员会，指出独立财政委员会的数量在危机后呈显著增加的趋势，一个设计精良的独立财政委员会与良好的财政表现及更精确的预算预测之间，呈现较强的正相关性。③ 在欧盟呼吁各成员国组建独立财政委员之前，也有一些非官方的学术团体或独立研究者为公共决策建言献策，罗伯特（Robert，2011）从国家规模的角度解释了缘何在国家层面上建立独立财政委员会可以达到更好的效果。④

总体而言，第一类的研究为预算管理改革提供了宏观视角，揭示了各国预算改革中遇到的共性问题。但这类研究涉及的国家范围广泛，各类预算改革措施繁多，且研究的时间维度较长，难免会忽略对具体改革举措的深入分析，并且缺少本轮全球金融危机对预算管理影响的针对性研究。第二类文献研究的国别范围又略显偏小，时间维度较短，往往局限于研究某一类具体预算改革措施（如对IMF成员国之独立财政委员会的研究）。而且这类文献的研究对象主要集中于欧美国家，对发展中国家和新兴工业化国家的关注度不高。

7.4.2　横跨危机前后的中期预算改革

中期预算框架（MTBF）是以多年期视角来对预算收支进行优化配置和管理的一系列制度安排。总体来看，将年度预算的视野扩展到3～5年的中期视野，可以通过加强财政纪律来提高财政的可持续性和资源配置的效率。自20世纪80年代以来，许多OECD国家就开始采用中期预算框架将公共政策的未来成本纳入预算决策考量。例如，古斯塔（Gosta，2007）对瑞典中期预算的

---

① Zsolt Darvas. The Impact of the Crisis on Budget Policy in Central and Eastern Europe [J]. OECD Journal on Budgeting, 2010, 10 (1): 1－42.

② OECD 2010. OECD Economic Surveys: Czech Republic 2010, OECD Publishing, Paris.

③ Debrebrun. Strengthening Post-Crisis Fiscal Credibility—Fiscal Councils on the Rise. A New Dataset [R]. IMF Working Papers, 2014, No. 58.

④ Robert Hagemaann. How Can Fiscal Councils Strengthen Fiscal Performance? [J]. OECD Journal: Economic Studies, 2011 (1): 1－24.

研究显示，自 1997 年以来，瑞典的预算准备过程已然全面运用中期预算框架。① 通过设定财政目标和使用相对先进的经济预测模型，三年期的视野有望使财政纪律更趋完善，而对收入和支出预测的持续更新使得政府决策的效率和质量大幅提升。

在中期预算框架最初被采纳的 20 世纪 80 年代，欧洲经济已经走出"二战"后的阴霾，整体经济水平较为平稳，而美国则大量举债，泡沫经济初露端倪。对比近年来的欧洲债务危机和美国财政悬崖，令人颇为尴尬的是，有着二十多年历史的中期预算框架似乎并未能为各国提供强有力的财政约束。因此，在金融危机后，对中期预算框架作用效果的反思，以及相关作用机制的改进，就显得尤为重要。

1. 欧盟的多年期预算框架改革

早在 2006 年，欧洲议会、欧盟理事会和执委会之间就达成了一项跨机构协议，要求建立 2007～2013 年的多年期财政框架（以下简称"七年期预算"），对预算决策做出了详细的预测和规定，这标志着欧盟正式采用中期预算框架的开始。协议要求在每一财年开始之时，执委会要对下一年的预算进行一系列技术调整。该规定主要基于以下两点考虑②：第一，由于中期财政框架中的预算数据是以不变价格表示的，故而必须在年初考虑通胀率的变化，以使未来财政支出保持既有的购买力；第二，支出拨款的上限不能够超过欧盟的自有资源（own resources）。③ 自有资源最主要的资金来源是各成员国向欧盟的转移支付，以各国 GNP 的百分比来计算。各成员国经济状况的变化会导致 GNP 的变动，进而影响支出拨款的上限，因此应该定期加以修正。

在制定七年期预算之初，欧盟未曾预料到本轮金融危机的爆发，但协议中每年初对财政框架进行调整的预见性规定，帮助欧盟在危机中有序执行了七年期预算框架。自危机爆发后，欧盟先后对七年期预算进行了四次调整（见表 7－8）。

---

① Gosta Ljungman. The Medium-Term Fiscal Framework in Sweden [J]. OECD Journal on Budgeting, 2007，6（3）：1－17.

② 欧盟预算资料网站：http：//ec. europa. eu/budget/figures/fin_fwk0713/fwk0713_en. cfm#adjust。

③ 欧盟自有资源包括以下几项：农业税、海关关税、成员国增值税收入的一定比例以及成员国 GNP 的一定百分比。关于自有资源更详细的介绍，可以参阅欧盟网站：http：//ec. europa. eu/budget/mff/resources/index_en. cfm。

表 7 – 8　　　　　　　　　　欧盟对首个七年期预算框架的调整

时间	内　　容
2009 年 5 月 6 日	为能源和宽带基础设施建设（欧洲经济复苏计划）与共同农业政策项目，提供 20 亿欧元预算资金
2009 年 12 月 17 日	再次为上述两个项目共增加 17.8 亿欧元的预算资金
2010 年 4 月 16 日	一国的 GDP 变动额超过 2005 年预测值的 5% 时，自动调整对该国的支出
2010 年 7 月 20 日	为国际热核聚变实验堆（ITER）项目增加 14 亿欧元资金

　　资料来源：根据欧盟 2007 ~ 2013 财政框架资料整理，http：//ec. europa. eu/budget/figures/fin_fwk0713/fwk0713_en. cfm#cf07_13。

　　尽管欧盟并非一个国家，但欧盟采用与多年期预算框架相似的七年期预算，可以视为是一种强烈的信号：无论是在国家层面还是跨国家层面，多年期预算框架均可以更好地配置公共资源。

2. 渐行渐变的多年期预算框架类型

　　在各国实践中，多年期预算框架规定了三种预算支出上限的类型：约束性框架（binding framework）、固定性框架（fixed framework）和指示性框架（indicative framework）。① 在约束性框架中，多年支出变量（multiyear expenditure parameter）在 t – 1 年或更早的时候进行预设，t 年制定 t + 1 年的预算并预测后续 t + 2 年和 t + 3 年的支出变量。当有证据表明，之前设定的支出上限会被突破时，就需要重新设定支出限额。在指示性框架中，对中期指标预测的更新可以不必参考前期的各项预测。土耳其就采用了指示性框架，每年 5 月 30 日内阁会通过新一轮的中期预算框架，包括经济预测指标、下一财年及之后两年的预算。然而，中期预算框架中的支出限额并不具有法律效力，而且在第二年修正限额时不会考虑前期的各项预测。② 固定性框架可以看作约束性框架的一个子集，支出上限一旦设定，后期将不会修改限额。我们认为，经济状况瞬息万变，支出上限一旦确定就不再调整，不符合中期预算框架的初衷，也鲜有国家使用这种方法，故在此不再赘述。

　　多年期预算框架在具体应用中存在多种模型，这是各国在实践中不断试验

----

① Cangiano M. , Curristine T. , Lazare M. Public Finance Management and its emerging Architecture [M]. Washington, D. C: International Monetary Fund, 2013：138.

② Leszek Kasek, David Webber. Performance-Based Budgeting and Medium-Term Expenditure Frameworks in Emerging Europe [M]. The World Bank, 2009：215.

与探索的结果，因此一个实行多年期预算框架的国家未必始终使用同一种模型，而是根据经济状况和政策变化相机转换的。在表 7 - 9 中归纳了 24 个 OECD 成员国多年期预算框架的采行情况（各国施行时间各有不同，且其类型选择时有变化，表格中呈现的是 2013 年各国的框架类型）。

表 7 - 9　　　　　　　　　24 个 OECD 典型国家的多年期预算框架类型

类型	国家	特　点
不采用多年期预算框架	希腊、冰岛、爱尔兰、波兰、葡萄牙、西班牙	没有多年期收支预测，尽管存在对总体的财政或预算预测，但这些预测资料未能组成预算文件，也很难为预算编制建立相应的事前预防框架
指示性框架	意大利、捷克、比利时、德国、匈牙利、日本、土耳其、加拿大、丹麦、斯洛伐克、新西兰	多年期支出和收入的估计量，能够反映当前政策的未来成本，但不能约束未来的政策和决策，每年会修正估计量，可以充分考虑经济变动的细节，但缺少对未来总体支出水平的确定性评价
约束性框架	奥地利、芬兰、荷兰、瑞典、法国、英国、澳大利亚、斯洛文尼亚	多年期支出和收入的估计量，既能反映当前政策的未来成本，也能约束未来政策的变动。不同国家设置约束的对象、细节程度、覆盖范围存在较大差异

资料来源：Cangiano M. , Curristine T, Lazare M. Public Finance Management and its Emerging Architecture [M]. Washington, D. C: International Monetary Fund, 2013：143 - 145。

约束性框架还可以细分为三种不同的限制方法：固定总量限制法（fixed aggregate ceiling approach）、固定部门限制法（fixed ministerial ceiling approach）和向前滚动预测法（forward estimates approach）。[1]

奥地利[2]、芬兰和瑞典运用固定总量限制法对中央政府多年期的主要支出做出了限定，其中，芬兰的约束性框架是较具代表性的。2014 年 10 月，IMF 课题组对芬兰的财政透明度进行了评估，结果显示，芬兰的中期预算框架对提升财政透明度具有重要意义。[3] 2003 年，芬兰开始采行中央政府支出限额（CGSL），该支出限额每四年编制一次（因芬兰议会选举四年举行一次），[4] 但

---

① Cangiano M. , Curristine T. , Lazare M. Public Finance Management and its Emerging Architecture [M]. Washington, D. C: International Monetary Fund, 2013：144.

② Erik J. Lundback, 2008, Medium-Term Budgetary Frameworks—Lessons for Austria from International Experience [R]. IMF Working Papers, No. 163.

③ Torben Hansen, Majdellne E. L. Rayess, Timirwin, Johann Seiwald. Fiscal Transparency Evaluation [R]. IMF Country Report, 2015, No. 60.

④ Arto Jaaskel Ainen. Finish Election System Overview [M]. Finland：Ministry of Justice, 2010：10.

每年会根据公共服务成本和价格水平的变化适时更新限额。^① 截至2014年，该限额已覆盖芬兰80%的中央政府支出。^② 但这种方式的不足之处在于，税式支出和预算外资金并未能纳入限额之中。在这方面，瑞典则进一步将养老金支出纳入中央政府支出限额。^③ 在约束性框架中，尽管总额限制是非常重要的，但在总额限制之下并未对支出的细项再行设置多年期限制，而是在年度预算决策中预留相对充分的自由裁量权。可见，这种约束性框架在总量层面上体现了全面且高度的控制，但在细节上又留有足够的分配和修改空间。

斯洛文尼亚使用固定部门限制的方法，对中央政府主管部门设置三年期的收支限制（不包括特别基金，如社保基金、医保基金等）。^④ 法国和英国也使用同样的限制方法，对25～30个中央政府主管部门设置了多年期支出限制。这种针对部门的多年收支限制，在预算执行中，确实降低了部门间重新配置预算资源的冲动，然而，这种细节层面上设置支出限制的做法也有很大风险，不得不依据经济环境来频繁修改支出上限的预测。同时，在使用该方法的早期，不应涉及过多的政府支出科目。尽管这种部门限制的方法具有高度的确定性和固定性，但缺乏对支出总量的全局考虑。

目前，使用向前滚动预测方法的国家主要是澳大利亚，^⑤ 欧盟成员国甚少使用此种方法。该方法与固定部门限制方法的不同之处在于，如果满足一定的前提条件（如年度内通胀率变化较大），就需要重新配置预算资源，一年内甚至可能两次修改预测估计量。

就各国实践而言，指示性中期预算框架是应用最为广泛的类型，但近年来开始采用约束性框架的国家日渐增多：芬兰采用约束性框架的时间是2003年，

---

① Arvisuvanto. The multi-annual spending limits system in Finland [R]. 2007, http://www. valtio-konttori. fi/vuosikertomukset/public/default. aspx? nodeid = 20132&culture = en-US&contentlan = 2.

② Torben Hansen, Majdeline E. L. Rayess, Timirwin, Johann Seiwald. Fiscal Transparency Evaluation [R]. IMF Country Report, 2015, No. 60.

③ Marten Blix. Fiscal Rules and the Budgetary Framework in Sweden [R]. http://www. oecd. org/me-na/governance/44909294. pdf.

④ Leszek Kasek, David Webber. Performance-Based Budgeting and Medium-Term Expenditure Frameworks in Emerging Europe [M]. The World Bank, 2009.

⑤ Jonr. Blondal, Daniel Bergvall, Ian Hawkesworth. Rex Deighton-Smith. Budgeting in Australia [J]. OECD Journal on Budgeting, 2008, 8 (2): 1 - 64.

法国和奥地利①分别于 2008 年和 2009 年开始采行。这种转变趋势是值得关注的，尤其是法国和奥地利改变中期预算框架类型的时间节点恰逢金融危机爆发之际。其或然性原因在于，随着经济环境的复杂多变和应对危机措施的频繁变动，各国政府难以负担频繁修改中期预测的高昂成本。此外，由于政策具有时滞性，② 应在中期预测的时间跨度内，为当前和未来的政策预留较为充分的财政空间，而不是频繁地变更支出限制。

　　无论采用何种类型的多年期预算框架，都需要在预测未来财政收支时考虑通胀率。欧盟制定七年期预算框架之初，就要求在每年年初重新预测通胀率以保证预算周期内的支出购买力相同。2010 年，政府财政官员协会（GFOA）③建议各国（主要针对美国和加拿大）在制定预算决策时，考虑通胀率变动引起的收支成本变化，可以根据具体支出类别选择不同的通胀指标。例如，关乎民生的支出可以使用消费者物价指数（Consumer Price Index），与基础建设相关的支出可考虑使用工程价格指数（Construction Price Index）。④

7.4.3　独立财政委员会的大规模组建

　　根据欧盟的定义，独立财政委员会是指那些为预算过程提供宏观预测信息、监督财政绩效的独立公共机构。早在四十多年前，一些国家已然出现了此类机构的雏形（如美国于 1974 年成立的国会预算办公室）。⑤ 2013 年，欧盟通过了《稳定、协调与治理公约》，要求成员国在国家层面组建独立财政委员会，用以监督公共财政规则的遵从情况，并提供预算准备过程所需的无偏见的经济和预算预测数据。同时，以克罗地亚⑥和罗马尼亚⑦为代表的欧洲发展中

---

　　①　Erik lundback. Medium-Term Budgetary Frameworks——Lessons for Austria from International Experience ［R］. IMF Working Paper, 2008, No. 163.

　　②　主要包括认识时滞、决策时滞、执行时滞。对于一些因各种原因而生造名词术语的新兴经济体，或许还存在政策的解释和理解时滞。

　　③　该协会英文全称为 Government Finance Officers Association，成立于 1906 年，主要任务是通过辨别、发展和推进各种财政策略、方针，来提升政府财政资源的专业化管理水平。

　　④　Gfoa. Inflationary Indices in Budgeting ［R］. 2010, http：//www. gfoa. org/inflationary-indices-budgeting.

　　⑤　美国国会预算办公室网站：https：//www. cbo. gov/。

　　⑥　欧洲央行回顾财政发展资料（2014）：https：//www. ecb. europa. eu/pub/pdf/other/mb201406_focus08. en. pdf。

　　⑦　第六届经合组织议会预算办公室与独立财政委员会会议资料：http：//knesset. gov. il/mmm/oecd/Session1_Bogdan_Dumitrescu. pdf。

国家，也在本轮金融危机后的 4 年内建立了类似的机构。

1. 危机后建立独立财政委员会的原因

2008 年金融危机爆发以来，许多国家开始筹建独立财政委员会，其主要原因在于：第一，独立财政委员会通过预测经济趋势和财政状况，可以为预算全过程和财政政策提供一个长远性的分析视角，从而提高财政稳健性，避免财政状况在危机爆发后出现巨幅波动；第二，一些国家为应对危机制定了许多公共政策目标，独立财政委员会的监督，有望促成这些承诺的实现，进而提升公共政策的可信度。

2. 各国财政委员会的类型

截至 2014 年，OECD 成员国中已有 22 个国家组建了财政委员会，其类型可以大致分为四种。[①]

第一种是设立议会预算办公室，[②] 最典型的是成立于 1974 年的美国国会预算办公室（CBO）。澳大利亚的议会预算办公室（PBO）成立于 2012 年 7 月，是后危机时代设立议会预算办公室的典型，其职责就是为议会提供关于预算周期和财政政策之经济影响的独立分析与预测。[③]

第二种是将财政委员会设在行政机构下，[④] 如英国的预算责任办公室（OBR）。OBR 是英国在本轮金融危机之后组建的新型财政委员会（成立于 2010 年 5 月），提供关于公共财政独立且极具权威性的预测和分析。OBR 每年提供两次对经济和财政状况的五年期展望预测。这样不仅可以保证经济和财政预测信息的动态更新，还能促使中长期预算针对预测信息的变动而及时做出相机调整。[⑤] OBR 也会对财政部门的税收成本和福利支出进行详细审查，将相关成本收益分析结果视为一种事前绩效信息，作为编制下一财年的年度和中期预算的决策参考。此外，OBR 还可以利用财政预测信息，针对政府绩效能否达

---

① 根据 Debrun X., T. Kinda. Strengthening Post-Crisis Fiscal Credibility—Fiscal Councils on the Rise. A New Dataset［J］. IMF Working Paper, 2014 整理，http：//www.imf.org/external/pubs/ft/wp/2014/wp 1458. pdf。

② 澳大利亚（2012）、加拿大（2008）、意大利（2014）、韩国（2003）、墨西哥（1999）和美国（1974）的财政委员会属于这一类型。

③ 根据澳大利亚 PBO 网站和第四届经合组织议会预算办公室与独立财政委员会会议资料整理，http：//www.oecd.org/gov/budgeting/49778640.pdf。

④ 比利时（1989）、丹麦（1962）、日本（1950）、荷兰（1945）、斯洛文尼亚（2009）和英国（2010）的财政委员会属于这一类型。

⑤ 根据 OBR 2015 年 7 月发布的《经济与财政展望 2015》整理。

到当初承诺的财政目标做出专业性判断，从而作为一种事中绩效信息对政府绩效表现进行监督与鞭策。①

第三种是作为一个单独机构而存在的财政委员会。② 例如，瑞典的财政政策委员会（Fiscal Policy Council）就与相关文献中描述的独立财政委员会最为接近。但在现实中，这种财政委员会的独立性远未达到描述的完美程度。2009年，匈牙利成立了财政委员会（Fiscal Council），旨在重建财政稳定性和提升财政透明度，并发布了 2010 年预算的基线预测（baseline projection）报告。③然而，2010 年 5 月匈牙利政府换届后，财政委员会对新政府提出的中期预算进行了严格审查，这令新政府十分不满，开始通过立法等方式削弱财政委员会的职能，使其成为一个没有具体职能的"空壳"机构。④

第四种是由审计机构担任财政委员会的角色，目前只有芬兰和法国属于这一类型。2012 年法国通过的《公共财政组织与管理基本法》（Organic Law on the Programming and Governance of Public Finances）要求建立财政委员会（High Council of Public Finance）。⑤ 法国的财政委员会主要负责提供编制预算需要的经济预测数据和监督预算执行情况。该机构由审计法院院长领导，工作人员组成情况为：4 名来自审计法院的员工，4 名财政领域专家，分别由国民议会议长、参议院议长和财政部（2 名）指定。⑥ 从人员构成来看，这种模式不可避免地受到审计法院的影响，这是有利也有弊的。一方面，法国审计法院是一个独立于政府的最高经济审计机构，具有高度的客观性和独立性，这有助于强化财政委员会的可信程度；⑦ 但另一方面，过度依赖审计法院可能会降低委员会

---

① 根据 OBR 网站介绍内容整理：http://budgetresponsibility.org.uk/about-the-obr/what-we-do/。

② 德国（1963）、匈牙利（2009）、爱尔兰（2011）、葡萄牙（2011）、斯洛伐克（2011）和瑞典（2007）的财政委员会属于这一类型。

③ 基线预测，也成为基线（baseline）筹划，是实行中期预算中的一个技术术语，是指假定现有政策不变的情况下，基于对经济状况的预测，对预算收支进行推测，可以作为未来政策变化时调整预算的参考标准。

④ Kopits G. Independent Fiscal Institutions: Developing Good Practices [J]. OECD Journal of Budgeting, 2011, 11（3）：1 - 18.

⑤ Robin Gadbled. Constitutional Change Through Euro Crisis Law："France"[R]. 2014, http://euro-crisislaw.eui.eu/country/france/topic/budgetary-process-changes/.

⑥ 根据 OBR 2015 年 7 月发布的《经济与财政展望 2015》整理：http://cdn.budgetresponsibility.independent.gov.uk/July-2015-EFO-234224.pdf.

⑦ 林树杰、朱天华：《中法财政监督法律制度比较研究及启示》，载于《江苏工业学院学报》2009 年第 12 期。

的经济预测能力。

各种类型的财政委员会在功能描述上大多提及"独立的"这一形容词,强调委员会不论如何设置都必须保持独立,其中较具启示性的是加拿大议会预算办公室的创设与改革。2006 年成立的加拿大议会预算办公室,第一年就发布了经济与财政状况展望报告,准确预测了加拿大在 2009 年将会出现经济衰退以及 10 年中的第一次财政赤字。从 2008 年开始,加拿大开始出现财政赤字,与预测数据基本吻合。但在 2008 年预算中,政府部门并未根据该预测对 2008 年及之后几年的预算资源分配进行相应调整。由于政府对这种直言不讳的预测并不满意,反而收回了向议会预算办公室增加预算拨款的决定,这促使加拿大的议会预算办公室开始致力于进一步的独立性改革。

3. 各国财政委员会的主要功能

一是预测功能,主要包括预测宏观经济、财政收支以及政府债务水平等核心经济变量,这是财政委员会的核心职能。其宏观经济、未来财政收支的预测数据主要服务于预算决策机构,为编制年度预算和中长期预算提供基础性数据支撑。在一些采用中期预算框架的国家中,财政委员会需要将预测的视野扩展为 5~10 年。例如,美国的国会预算办公室(CBO)需要对未来 10 年的经济进行展望,[①] 英国的预算责任办公室(OBR)每年要对经济和财政状况进行两次为期 5 年的中期预测。[②] 这种预测可以削弱政府为了在未来预留更多财政空间而进行"乐观预测"的动机。在政府预算和财政政策付诸执行之前,事先切断非正确使用预算资源的可能,这较之单纯依靠审计部门进行事后监督具有更高的管理绩效。

二是评估功能,主要包括评估官方财政收支预测数据的准确性以及各种财政措施的成本。某些国家会发布比实际情况更为乐观的官方财政收入预测数据,以规避数值性财政规则[③]的硬性约束。[④] 因而,财政委员会有责任对官方的收支预测进行重新评估,并衡量执行新财政措施的真实成本。这一方面可以

---

① 根据美国国会预算办公室网站的信息整理:https://www.cbo.gov/。
② 根据英国预算责任办公室网站的信息整理:http://budgetresponsibility.org.uk/。
③ 数值性财政规则是对财政变量总体做出数值限制的一种财政规则,可以对财政政策施加持久的约束。数值性财政规则大致可以分为四类:预算平衡规则、债务规则以及财政收入规则和支出规则。
④ Frankel J. A. , Schreger J. Over-optimistic Official Forecasts in the Eurozone and Fiscal Rules [R]. Nber Working Papers, 2012, No. 18283.

减少非经济因素造成的财政赤字和顺周期偏差，而这两个因素均会影响相机抉择财政政策的斟酌取舍；另一方面可以视为财政委员会的一种自我监督机制。每隔一定的时间节点，将财政委员会的预测数据分别与官方机构的预测结果、现实经济表现以及决算数据进行对比。如果二者的偏差过大，在进一步查找原因的同时，还要对财政委员会自身的预测能力进行重新评判。这种做法的目的在于，避免为追求"独立"地位而带来低质量预测数据，防止误导财政措施选择和预算编制指南的形成。

三是监督功能，主要是监督财政规则的遵守情况和预算执行的偏离度。在预算编制环节引入第三方监督力量，可以提升财政资金的分配效率。① 基于数据优势，财政委员会能够监督财政政策的各阶段目标是否达成，特别是可以在施行中期预算框架的国家监督预算目标的完成情况。德布鲁因和金道（Debrun and Kinda，2014）用财政平衡程度指标来衡量财政绩效，将财政委员会的某些职能特点作为控制变量，通过实证分析，认为"监督财政规则遵守情况""评估官方预测数据"和"评估财政措施成本"等职能，有助于跨年度财政平衡的实现。

为保障上述功能的发挥，IMF 要求财政委员会尽量向公众披露更多的信息，包括各项预测数据、政策评估和监督结果。② 同时，政府也应针对财政委员会的公开报告做出必要的回应。例如，公布财政委员会提供的数据和建议被采纳的情况，并解释未采纳的原因。这种信息公开可以使政府和财政委员会获得来自公众的监督，也为二者提供了提升效能的空间。

7.5　各国中期预算改革的成败得失③

中期预算的思想可以上溯到 20 世纪 40 年代美国经济学家阿尔文·汉森（Alvin Hansen）提出的周期预算平衡政策或长期预算平衡理论。④ 中期预算框

---

① 江钰辉、吴金光：《财政监督嵌入预算编制的三方博弈分析与制度优化》，载于《湖南财政经济学院学报》2015 年第 2 期。

② Canglanom, Curristine T., Lazare M. Public Finance Management and its emerging Architecture [M]. Washington, D. C: International Monetary Fund, 2013：215.

③ 马蔡琛、袁娇：《中期预算改革：国际经验与中国现实》，载于《经济纵横》2016 年第 4 期。

④ 马海涛、安秀梅：《公共财政概论》，中国财政经济出版社 2003 年版，第 295 页。

架也可追溯至 20 世纪 50 年代关于发展计划的系列文献。20 世纪 80 年代澳大利亚的预算改革大致可以算作当代中期支出框架（Medium-Term Expenditure Framework，MTEF）的雏形。[①] MTEF 是一个通常为期 3～5 年的滚动且具有约束力的支出框架。早在 20 世纪 60 年代，著名预算学者阿伦·威尔达夫斯基（Aaron Wildavsky）就曾指出，中期支出框架已逐渐成为预算编制和弥补年度预算缺陷的一种方法，有望解决诸如短视、保守主义（预算僵化）、狭隘主义（争夺预算资源）、年终突击花钱等问题。[②] 目前，全球已有超过 2/3 的国家实行了某种形式的中期支出框架，其中，较为普遍的是处于初级阶段的中期财政框架。但近年来已开始转向更高阶段的中期预算框架和中期绩效框架，有的国家则直接采用后两者，而不再经过中期财政框架的过渡（见表 7-10）。[③]

表 7-10　　　　　　　　1990～2008 年采用 MTEF 的国家变化情况　　　　　单位：个

发展阶段	模式	MTEF 的数量		1990～2008 年的变化		
		1990 年	2008 年	新的 MTEF	过渡/转换	逆转
初级阶段	MTFF	9	71	104	−41	−1
中级阶段	MTBF	1	42	21	23	−3
高级阶段	MTPF	1	19	0	18	0
统称	MTEF	11	132	125	0	−4

注：MTFF（Medium-Term Fiscal Framework）——中期财政框架、MTBF（Medium-Term Budget Framework）——中期预算框架、MTPF（Medium-Term Performance Framework）——中期绩效框架。MTFF 逆转发生在阿根廷，MTBF 逆转发生在阿根廷、爱沙尼亚和美国，18 个转换为 MTPF，其中 9 个源于 MTFF，9 个源于 MTBF。此处，逆转是指 MTEF 退回到上一发展阶段。

资料来源：World Bank（2013）。

7.5.1　发达国家中期预算改革的成功经验

目前，通过基线筹划法（Baseline Projections）在中期支出框架下制定年

---

① World Bank. Beyond the Annual Budget—Global Experience with Medium-Term Expenditure Frameworks [J]. International Bank for Reconstruction and Development，The World Bank，Washington，D. C. 2013：27.

② ［美］阿伦·威尔达夫斯基：《预算：比较理论》，上海财经大学出版社 2009 年版，第 258 页。

③ MTFF、MTBF 和 MTPF 各自的侧重点不同，依次强调财政纪律、分配效率和技术效率，属于一个逐渐递进的过程（World Bank，2013）。由于三者只是中期预算改革的不同手段和方法，因此，本节不做过于严格之区分，统一用"中期预算"来表述。

度预算的做法，在发达国家已经普遍制度化，如德国、新西兰、瑞典、法国、英国、西班牙、澳大利亚、美国、荷兰、挪威、加拿大、瑞士、爱尔兰、芬兰等所有 OECD 国家以及一些重要的国际组织（如欧盟）均已实行了某种形式的中期预算。[①] 虽然发达国家的中期预算模式各异，且效果也不尽相同，但与发展中国家和新兴市场国家相比，发达国家引入中期预算改革较为成功，也更有利于实现当代公共支出管理的三个目标：财政纪律、优先配置、运营绩效。

　　值得注意的是，在应对金融危机方面，中期预算也确实发挥了重要的作用。[②] 中期预算采用"自上而下"的集中型预算模式，[③] 可将计划与预算紧密结合，通过设定支出上限，严格在收入范围内进行合理支出，以更好地实现周期性预算平衡的目标。中期预算模式下所形成的财政政策更注重熨平经济周期，减少周期性因素对预算的冲击，尽可能避免财政政策的顺周期性，以实现经济稳定器的作用。

　　例如，澳大利亚在经历 2008 年金融危机之后，主权债务等级还被世界三大评级机构评为 AAA 级，就主要归功于其公共财政强大的稳健性。[④] 这与该国自 20 世纪 70 年代以来的预算改革密不可分，更是其在新财政规则约束下有效实施中期预算框架的直接结果。澳大利亚适时建立了规则导向的中期预算框架，预测财政经济政策对未来经济发展的影响，进而相机调整财政政策以维持合理的债务规模。[⑤] 同时将中期预算框架与绩效预算、财政透明度改革紧密结合，为澳大利亚免遭债务危机重创起到了重要作用。

---

　　① 自 1988 年开始，欧盟除每年编制共同财政预算外，还会定期提出一份跨年度的中期共同财政方案，以增强欧盟预算的透明度和延续性。资料来源：李力：《欧盟中期预算谈判重启》，载于《光明日报》2005 年 11 月 3 日。

　　② 2008 年金融危机时，MTEF 的实施提高了一些国家的财政信誉。英国和澳大利亚制定了财政刺激计划和整顿计划以应对危机，中期预算框架迫使政策制定者详细说明税收和支出将在何时增加或减少。资料来源：Schick A. Post-Crisis Fiscal Rules: Stabilising Public Finance while Responding to Economic Aftershocks [J]. Oecd Journal on Budgeting, 2010 (10).

　　③ 自上而下模式（top-down approach）可使政府更有效地控制财政赤字，有助于硬化预算约束，避免过度讨价还价导致的浪费和低效率，也有助于激活预算资源的再分配机制，促进资源从较低价值用途转入更高优先级的用途。我国"两上两下"的预算准备程序其实也应属于自上而下模式（王雍君，2011）。自下而上模式（bottom-up approach）的特点是预算限额事后才确定，整个预算过程实际上是一种讨价还价的游戏，存在鼓励支出增加的倾向，部门预算要求难以反映政府政策的轻重缓急（闫晓燕、徐卫，2009）。

　　④ Commonwealth of Australia. Mid-Year Economic and Fiscal Outlook (2012 – 2013) [R]. 2012. http://budget. gov. au/2012 – 13/content/myefo/html/.

　　⑤ 赵早早：《澳大利亚政府预算改革与财政可持续》，载于《公共行政评论》2014 年第 1 期。

此外，作为新兴市场国家的韩国，在 1997 年亚洲金融危机和 2008 年金融危机后的迅速复苏，也充分体现了其良好的财政稳健程度，被视为构建有效财政管理体系的典范。[①] 韩国自 2003 年开始大刀阔斧地推进预算改革，正式引入中期财政框架，通过对公共支出管理的有效控制，使得韩国在 2008 年金融危机中并未出现严重动荡，一直保持稳健的财政状态，甚至在危机蔓延后一年内，就已实现了少量的财政盈余。[②]

发达国家的实践表明，中期预算能够为制定、评估和实施财政政策提供比年度预算更为有效且透明的工具，有助于促进财政可持续性与资源的有效配置，但成功实施中期预算改革也殊非易事，其改革成功的关键条件主要包括以下四个方面。

第一，强大的财政管理能力和健全的预算制度。中期预算不同于传统的年度预算，前者要求在一个经济周期内实现预算平衡（即实现跨年度或周期性预算平衡），而后者要求在本年度内实现预算平衡。从传统的年度预算平衡走向跨年度预算平衡，是现代预算治理结构的重要变化之一，这需要强大的公共财政管理能力和健全的预算管理制度作为保证。

第二，稳定的经济环境和相对准确的宏观经济预测。一般来说，一个极不稳定的宏观经济环境（如重大经济危机或战争）会使预测极其困难，甚至无法实行中期预算。例如，为应对 2008 年全球经济和金融危机，亚美尼亚和俄罗斯在 2009 年就曾暂停实施中期预算。[③] 这主要考虑到全球经济增长的急剧放缓和国民经济的衰退，以及不确定的复苏前景，致使宏观经济和财政预测显得异常艰难。同时，收入下降、财政刺激计划和银行救助等一系列变化的财政后果，使得支出的优先排序更加困难。[④] 此外，宏观经济预测与物价、消费、就业和收入水平的稳定性密切相关。因此，在某些国家的中期预算实践中，通过

---

① Park N. , Choi J. Making Performance Budgeting Reform Work: A Case Study of Korea [R]. Policy Research Working Paper of World Bank, 2013.

② 张戾：《后危机时代的韩国预算改革：通往财政可持续之路》，载于《公共行政评论》2014 年第 3 期。

③ 受国际金融危机影响，俄政府曾中止了三年期联邦预算（2009～2011 年），转而执行一年期预算，其后两年的预算将失效，但涉及的长期计划和已签署的合同仍有效。与亚美尼亚不同的是，俄罗斯在危机之后，于 2010 年迅速重新启动中期预算，有效改善了 2010～2012 年预算周期内的财政状况（The Government of The Republic of Armenia, 2010）。

④ World Bank. Performance Management (PM) in Russia [R]. World Bank Policy Note prepared for the Ministry of Economic Development of the Russian Federation. World Bank, Washington, D. C. , January, 2011.

引入通胀率、汇率、失业率、消费指数等变量，建立了更加全面的宏观经济预测模型（如瑞典、英国和美国等）。

第三，年度预算的可靠性和可预测性。实施中期预算并不意味着放弃年度预算。年度预算作为中长期预测的基础，如果年度预算的可信度和可预测性不甚理想，则中期支出预测就会存在较大的误差。[①] 年度预算的可靠性主要取决于以下因素：一是预算资源的充足性，当预算资金不能及时足额拨付时，年度预算的可信度就会大打折扣。二是预算分配与政策目标的匹配程度。只有在财政部门和各支出部门普遍认为预算分配与其政策目标相适应时，中期预算才具有可行性。三是预算的执行刚性。如果预算执行效率较低且外部条件不稳定，则政府可能会对年度预算进行重大调整，大大降低了年度预算的可信度。

第四，中期财政规则的确立。中期预算的构建需要确立约束规则，以限制各部门增加支出的冲动，实现真正的预算硬约束。只有当政府明确承诺不超过特定的支出水平或赤字规模时，[②] 或者能够保证各项支出与财政目标相一致时，中期预算约束才具有较高的可信度。

7.5.2　新兴市场国家实行中期预算的反思

20 世纪 90 年代以来，许多发展中国家和新兴市场国家也开始引入中期预算模式，如非洲 13 国、[③] 新加坡、哈萨克斯坦等。这些国家引入中期预算旨在借此变革传统的年度预算，以便在政策制定、计划安排和预算编制之间建立起有机联系，但由于公共行政与财政管理能力相对欠缺，这些国家在引入中期预算中遇到了诸多困难，其成效和进展参差不齐（见表 7 - 11）。[④] 一些国家由于满足了前述关键条件而得以成功，而另一些国家则因未能满足一个或多个关

---

① 1997～2007 年，OECD 成员国广义政府支出的预测数和结果数之间的平均差异显示：葡萄牙实际支出比预测数高 4% 左右，而爱尔兰实际支出比预测数低 5.5% 左右。

② 例如，《马斯特里赫特条约》规定预算赤字不得超过 GDP 的 3%，《稳定与增长公约》也规定债务率不超过 GDP 的 60%。

③ 非洲 13 国包括乌干达、加纳、马拉维、南非、莫桑比克、几内亚、坦桑尼亚、肯尼亚、加蓬、卢旺达、纳米比亚、布基纳法索、贝宁。除纳米比亚外，其余 12 个非洲国家的中期预算改革均不同程度得到世界银行的支持（Le Houerou, P., R. Taliercio, 2002）。

④ 王雍君：《中国公共预算改革：从年度到中期基础》，经济科学出版社 2011 年版，第 7，67，204～205 页。

键条件而效果不佳。总体而言，新兴市场国家的改革效果较为显著，而非洲地区的改革效果则相对较差。[①]

表7－11　　　主要发展中国家与新兴市场国家的中期预算实践情况

改革相对成功的国家	改革效果欠佳的国家
新加坡（2000 年，五年期）、韩国（2004 年开始 MTPF 试点，2005 年全面引入，五年期）、俄罗斯（2005 年引入中期财政规划，2007 年开始引入 MTBF，2010 年转为 MTPF，三年期）、哈萨克斯坦（2002 年，三年期）、南非（1998 年引入 MTBF，2002 年开始实行 MTPF，三年期）、乌干达（1992 年引入 MTFF，1995 年开始 MTBF 试点，1997 年全面实施，三年期）	马拉维（1992 年，三年期）、加纳（1999 年，三年期）、莫桑比克（1997 年，支出六年期、收入十年期）、坦桑尼亚（1998 年，三年期）、肯尼亚（1998 年，三年期）、卢旺达（1999 年，三年期）、几内亚（1997 年，三年期）、尼加拉瓜（2002 年开始实行 MTFF，2006 年开始 MTBF 试点）、约旦（2005 年引入 MTFF，2008 年转为 MTBF，三年期）、尼日利亚（2005 年正式引入，四年期）

　　注：MTFF——中期财政框架、MTBF——中期预算框架、MTPF——中期绩效框架。括号内分别表示中期预算开始年度及时间跨度。

　　资料来源：World Bank（2013）& Le Houerou, P. , and R. Taliercio（2002）& Kanayo Ogujiuba, Benedict Ezema, and Omoju Sola（2013）。

1. 中期预算改革的成功案例及其表现

　　与其他发展中国家相比，新加坡、韩国、俄罗斯、哈萨克斯坦、南非、乌干达[②]等国的中期预算改革效果相对较为显著，其成功离不开强有力的政府承诺、利益相关者的支持、各类技术援助机构间的有效协调以及更具现实性的时间安排等。其成功经验具体表现在这样四个方面。

　　一是，在预算编制程序方面，采取"自上而下"的预算编制方法，赋予各部门以相对充分的自由裁量权，即各部门可在预算限额内按项目优先顺序自主进行资金分配，如新加坡、俄罗斯、南非、乌干达和尼日利亚。[③]据资料显示，除亚洲金融危机和本轮全球金融危机期间外，韩国均实现了综合平衡。这很大程度上得益于其"自上而下"的集中型预算模式。[④]新加坡的预算时间表安排也较为合理，其国会预算程序始于 2 月初财政部提交预算报告。因此，在

---

　　① QAG（Quality Assurance Group）. Improving Public Sector Governance Portfolio：Quality Enhancement Review［R］. QAG, World Bank, Washington, D. C. , 2008.

　　② David L. Bevan. The Budget and the Medium Term Expenditure Framework in Uganda［R］. 2001.

　　③ Kanayo Ogujiuba, Benedict Ezema, Omoju Sola. Medium Term Expenditure and Fiscal Management in Nigeria：A Review of the（2005 – 2008）Framework［J］. Journal of Economics and Behavioral Studies, Vol. 5, No. 5, 2013：292, 293.

　　④ Ministry of Strategy and Finance. The budget System of Korea［R］. 2014：12. http：//english. moef. go. kr/images/The Budget System of Korea. pdf.

4 月 1 日财政年度开始前,国会有近 2 个月的时间来审查预算。

二是,在法律约束方面,明确了中期预算的法律地位。2007 年 7 月,俄罗斯颁布了 2008～2010 年联邦预法案,这是其有史以来首次出现三年期预算,哈萨克斯坦制定了专门的《中央预算和地方预算执行监督法》,为预算监督提供法律保障,提高了预算执行效率。[①] 新加坡的预算法律规定,各部门必须力求收支平衡、略有结余,确保年度实际结余控制在预算总额的 5% 以内,不得超支,[②] 否则将削减下一年度的预算拨款。此外,新加坡在宪法中规定了三个关键性的财政规则,[③] 充分体现了政府必须在其任期内实现预算平衡的原则。这种"任期预算平衡"的原则,也可算作"改良版"的跨年度预算平衡机制。这种不违背法定财政规则的态度,促使各支出部门加强了节约意识。[④]

三是,在预算监督方面,南非由各部委专家、财政部官员和顾问共同组成审查小组,对中期预算进行严格审查。俄罗斯要求对新的支出项目进行严格审核,且必须同时满足以下三个条件才可能通过:属于国家经济社会政策优先项目的范畴、进行了项目绩效评价、不影响预算平衡。[⑤] 哈萨克斯坦主要对支出环节进行预算监督,包括推行统一的经常性开支标准、提高支出计划的决策效率、建立预算评估机制等。

四是,在应对金融危机方面,建立了抵御经济危机的国家安全气囊——财政稳定基金,并将其作为逆周期财政政策的调节工具。面对 2008 年的全球性金融危机,俄罗斯并没有重演 1998 年亚洲金融危机的悲剧,其中最主要的原因就在于 2004 年设立的财政预算储备机制发挥了积极的反危机功效,为经济稳定提供了可靠的财力保障和强大的心理依托。[⑥]

---

① 　驻哈萨克使馆经商参处:《哈萨克斯坦的预算管理》2011 年第 1 期。

② 　王海涛:《我国预算绩效管理改革研究》,财政部财政科学研究所博士论文,2014 年第 6 期。

③ 　一是政府不应挪用先前历届政府积累的财政资金。每届政府必须在其任期内实现预算收支平衡,即任期中某一年的赤字,须通过执政前期的累积盈余,进行弥补以实现平衡。二是政府只能将财政累积储备的年度净投资收益的一半视为预算收入。三是允许政府实行赤字财政以及使用过去的累积盈余,但必须得到国会和总统的同时批准,这被称为新加坡的"双钥匙"保障机制("two-key" safety mechanism)(Jón R. Blöndal. , 2006)。

④ 　Jón R. Blöndal. Budgeting in Singapore [J]. OECD Journal on Budgeting, 2006, 6 (1): 51 – 52.

⑤ 　傅志华:《透视俄罗斯百年财政中的五次"预算困境"》,载于《俄罗斯中亚东欧研究》2009 年第 3 期。

⑥ 　童伟:《抵御经济危机的国家安全气囊——俄罗斯财政预算稳定机制分析》,载于《俄罗斯中亚东欧研究》2010 年第 4 期。

2. 中期预算改革的失败案例及其成因

与上述较为成功的国家相比，马拉维、加纳、莫桑比克、坦桑尼亚、肯尼亚、约旦、尼加拉瓜等国的中期预算改革效果相对较差，主要是因为未能充分考虑各自的初始条件，财政治理体系的基础相对薄弱。[①] 改革失败的原因主要体现为以下四个方面。

第一，在预算编制程序上，中期预算未能与年度预算充分融合，致使两套预算程序并行运转，降低了预算执行效果。例如，加纳和约旦的预算程序表面上虽已融合，但由于预算时间表安排得太过紧凑，致使年度预算脱离了中期预算的控制。马拉维的经常性预算（recurrent budget）由会计人员编制，而发展性预算（development budget）则由规划或项目实施单位的工作人员编制，二者相互独立以致形成了"切块预算"。莫桑比克较为重视建设性预算（investment budget），各部门的建设性预算与经常性预算编制相分离，二者的估计也常常超出预算限额。该国的中期预算原先由宏观经济和支出工作组负责管理，随后被技术咨询办公室和预算办公室代替，管理主体的转换也影响了中期预算的改革成效。[②] 实践表明，管理责任的分割及转换不利于中期预算的施行，应设立专门的中期预算管理部门，以保证预算管理的权威性、连续性和有效性。

第二，中期预算与国家政策的联系不紧密，导致中期支出预测不准确，预算数与决算数相脱节，二者存在一定的偏离度。例如，马拉维1997年医疗部门预算支出占发展预算的20.7%，但其实际支出仅为3.6%。[③] 莫桑比克1999年教育部门实际支出比原定预算多21%，而农业部门实际支出比原定预算多49%。[④] 加纳的中期预算在施行之初貌似颇有希望，但之后由于支出的不可预测性及预算监督的缺位而丧失了可信度。加纳2000年的实际支出分配比例分别为：社会服务占28.8%（预算数为30.8%）、基础设施占16.4%（预算数

① Holmes M. , A. Evans. a Review of Experience in Implementing Medium-Term Expenditure Frameworks in a PRSP Context: a Synthesis of Eight Country Studies [R]. Overseas Development Institute, London, 2003.

② Elizabeth Muggeridge. Mozambique: Assistance with the Development of a Medium Term Expenditure Framework [R]. June 1997: 12.

③ World Bank. Malawi-Public Expenditures: Issues and Options [R]. Washington, DC, 2001: 8.

④ World Bank. Mozambique: Public Expenditure Management Review [R]. Washington, DC, 2001: 17.

为 25.2%）、行政管理占 34.9%（预算数为 22.2%），行政管理费超支严重。①

　　第三，部分支出部门缺乏健全的成本核算体系，未能核算项目成本（或核算不准确），致使中期预算的执行效果大打折扣。例如，在莫桑比克，仅有 5 个优先支出部门（交通、健康、教育、农业和水利部门）根据其活动和规划进行成本核算，② 而大多数非优先部门则根据自身内部的组织结构来核算成本，且该国的中期预算改革过于关注技术层面（如公务员制度的改革成本和部门规划成本的估计技术），却忽略了预算程序本身的优化与完善。马拉维则主要关注经常性预算成本，不太注重发展性预算的成本，且因预算决策的延迟，致使部门缺少足够的时间对支出项目进行详细的成本核算，导致预算编制与执行的偏差巨大。③ 此外，一些国家未能明确中期预算的法律地位，也缺乏相应的财政规则，倾向于高估其资源总量，致使中期预算缺乏硬约束，预算限额时常被突破。例如，在莫桑比克，大多数部门提交的预算估计往往超过其限额，部门倾向于将中期预算作为追加额外资金的手段。④

　　第四，部分国家的中期预算缺乏高层决策的支持，或者未经内阁（或议会）的正式批准，且部门在资源分配上缺乏自由裁量权，导致部门参与度非常低。例如，肯尼亚虽在所有支出部门实行中期预算，但由于缺乏预算办公室的支持，其初次改革尝试就以失败告终。莫桑比克财政部将中期预算改革失败的原因，部分归咎于部门参与不足，但财政部的过度控制也降低了部门的参与度。⑤ 在一些国别案例中，国家战略往往不存在或不明确，即便存在，大多也与部门的支出战略相互独立，难以有效确定优先支出事项。例如，当国家的减贫战略与预算分配间的联系薄弱时，国家战略也就流于形式。⑥ 此外，在支出覆盖范围上，并非所有支出都纳入了中期预算框架。例如，加纳和乌干达的政

---

①　Le Houerou，Taliercio. Medium-Term Expenditure Frameworks：From Concept to Practice（Preliminary Lessons from Africa）［R］. Africa Region Working Paper 28，World Bank，Washington，DC，2002：19.

②　Elizabeth Muggeridge，Mozambique：Assistance with the Development of a Medium Term Expenditure Framework ［R］. June 1997：27 – 30.

③　World Bank. Malawi-Public Expenditures：Issues and Options ［R］. Washington，DC，2001：8.

④　Elizabeth Muggeridge，Mozambique：Assistance with the Development of a Medium Term Expenditure Framework ［R］. June 1997：17.

⑤　Le Houerou，Taliercio. Medium-Term Expenditure Frameworks：From Concept to Practice（Preliminary Lessons from Africa）［R］. Africa Region Working Paper 28，World Bank，Washington，D. C.，2002：35.

⑥　World Bank. Minding the Gaps：Integrating Poverty Reduction Strategies and Budgets for Domestic Accountability ［R］. World Bank，Washington，D. C.，2007.

府工资性支出就被排除在外，乌干达的援助性项目（donor-financed projects）也被排除在外。①

此外，特别值得注意的是，这些国家的中期预算改革带有较强的被动色彩，属于"被动型"改革，这可能是改革效果欠佳的根本性原因。这些国家大多处于经济发展的早期阶段，这些中期预算改革尝试尽管也反映了国内发展诉求，但主要推动力更多的是外部援助机构或国际组织的要求。实施中期预算改革可以使其更容易获得国外资金和技术援助，故而带有被动采行的色彩。②例如，非洲国家的中期预算改革由世界银行或英国国际发展署（DFID）推动和支持。③ 这些国家在接受资金、顾问、培训等技术援助的同时，必须按照援助机构的要求编制中期预算，并定期提交执行报告，而中期预算执行的关键因素则被作为银行信贷结构调整的约束条件。

7.6 我国中期财政规划改革的总体思路与关键节点

7.6.1 我国中期财政规划改革的总体思路

1. 实行"自上而下"为主、"自下而上"为辅的集中型预算模式

整个中期预算编制过程，实际上是财政部门与各支出部门间反复博弈、讨价还价的过程。在实践中，为了更好地控制资源再分配，大部分国家都倾向于采取"自下而上"与"自上而下"相结合的预算编制模式。我国现行"两上两下"的预算程序，"一上"的部门上报建议数往往流于形式，"一下"的财政部门下达预算控制数才具备实质意义的约束力，因此还是属于"自上而下"的预算程序，尚未实现"自下而上"与"自上而下"的真正结合。

在这方面，可借鉴 OECD、韩国和新加坡的经验，采取以"自上而下"为主、"自下而上"为辅的集中型预算模式，实现财政部门与各支出部门间的有

---

① David L. Bevan, Geremia Palomba. The Ugandan Budget and Medium Term Expenditure Framework Set in a Wider Context [R]. 2000.

② 马蔡琛：《再论社会性别预算在中国的推广——基于焦作和张家口项目试点的考察》，载于《中央财经大学学报》2010 年第 8 期。

③ 在前述非洲 13 国中，除纳米比亚外，其余国家均得到了世界银行不同程度的支持（Le Houerou and Taliercio, 2002）。

机联动。具体设想是：首先，由财政部门设定总支出限额和各部委的支出限额，且限额一经确定不可随意突破。限额的设定一方面要反映公共政策的优先次序，另一方面要有效控制部门的支出"自动"增长。其次，在增进预算能力的同时下放部门的预算编制权，赋予各支出部门更大的预算管理权限和责任，即授权各部委在支出限额内，可自主决定资金在各项活动间的最终分配。套用多年前瑞典预算改革提出的口号，那就是，"各部的部长就是自己的财政部长"。

2. 扩大中期支出的覆盖范围，合理安预算编制时间

在我国省级三年期滚动预算的早期试点中，其覆盖范围已由 2008 年的 15 个部门扩展到省级所有分管发展性支出的部门，建立起覆盖省级财政所有发展性支出的三年滚动预算体系。[①] 就试点情况来看，支出覆盖范围在不断扩大，但却只关注发展性预算，尚未涉及经常性预算支出。对此，我国应吸取马拉维和莫桑比克的教训，将部门所有支出预算纳入中期财政规划的范围，借此实现发展性预算和经常性预算的整合，有效防止发展性预算中的"切块资金"沦为个别政府部门的"口袋预算"。

与其他国家一样，我国也存在预算编制时间比较紧的问题。尤其在基层财政部门，预算编制时间更加难以保证。在中期财政规划编制过程中，应合理安排预算编制时间，实现年度预算与中期财政规划的有机整合。可以参考新加坡的实践，在下一财年开始前，预留出充足的时间以考虑预算草案。同时，还可借鉴天津市"标准周期预算"的管理模式（即"12 + 12 + 6"模式），将每一年度预算的标准周期定为 30 个月。从时间上划分为三个标准阶段：预算编制阶段（12 个月）、预算执行与调整阶段（12 个月）、决算与绩效评价阶段（6 个月）。[②] 对每一个预算周期而言，上述三个阶段是前后继起、彼此连接的。对不同预算周期而言，这三个阶段在每一个年度中又是同时并存、相辅相成的。[③]

[①] 河北省按照试点方案要求，2008 年 15 个省级试点部门编制了 2009 ~ 2011 年滚动预算，2009 年试点部门扩大到 42 个，2010 年全面推开，所有具有发展性支出的省级部门（涉密部门除外）均编制了三年滚动预算。（资料来源：河北省财政厅预算处：《河北省中期财政规划编制研究报告》）

[②] 马蔡琛：《关于标准周期预算的理论思考》，载于《中国财政》1999 年第 10 期。

[③] 于兵：《天津市进行标准周期预算管理改革的实践与展望》，载于《中国财政》2015 年第 8 期。

3. 加强中期财政规划与发展规划的衔接

长期以来，我国的多年度计划，如"国民经济和社会发展五年规划"和"财政五年规划"等并未与年度预算很好地结合起来，甚至脱离了整个预算过程。我国很多支出安排都是"一年一定"，缺乏中长期规划。目前虽要求编制中期财政规划将"一年一定"改为"一定三年"，实行滚动调整，但其"三年滚动期"仍与"固定的五年规划期"不相匹配。就前期试点情况来看，我国国民经济发展规划与三年期滚动预算衔接得也不好，财政部门与发改委间的协商也存在一定的困难。

目前，大多数国家都建立了三年或五年的中期预算框架，并在此框架的指导下对年度预算进行约束。但现实中，许多发展中国家很难整合中期预算与国家发展规划，因为发展规划部通常比财政部更有权力，倾向于制定不切实际的政策目标，且制度刚性很难改变。对此，乌干达将财政部与规划部合并在一起，实现了国家计划与中期预算框架的耦合。[①] 2008 年，韩国也将"财政经济部"与"计划和预算部"合并在一起建立了"企划财政部"。在我国，发展改革委负责制定国家发展规划，财政部据此编制预算，前者重计划，后者重执行。在现时的中国，财政部与发展改革委的整合仍需经历一个漫长的过程，但却是值得期待的。

4. 加强各利益相关主体间的协调配合

获得高层政治支持是中期财政规划改革成功的关键。如果缺少政治支持，中期财政规划则会被视为是财政部门用来限制支出或者争夺预算资源的举措。在各国中期预算改革实践中，政治支持经常缺失或者仅是暂时的，一些国家在改革刚开始时雄心勃勃，但随着热情逐渐消退，预算改革以失败告终。我国部分地方政府三年期滚动预算试点的暂停编制，除缺乏法律约束外，另一个重要原因就是政府官员的换届以及宏观政策的不断发展变化，使得部分项目在后两年未能继续实施。

与非洲等国家"被动型"改革不同，我国中期财政规划为"主动型"改革，主要是为了改善我国预算管理制度和提高公共财政治理能力。为保持强劲且可持续的改革劲头，可借鉴新加坡、韩国、俄罗斯和南非的经验，将预算决策的参与面拓展到全部利益相关主体。

---

① Mfandaedza Hove, Andy Wynne. The Experience of MTEF and Intergrated Financial Management Information System Refroms in Sub-Africa-What is the Balance Sheet? [R]. Occasional Paper, 2010, No. 9.

7.6.2　中国中期财政规划改革的若干关键节点

1. 中期预算框架的类型选择

2015 年 1 月发布的《国务院关于实行中期财政规划管理的意见》文件指出，"中期财政规划是中期预算的过渡形态"，故有必要为我国"过渡形态"的中期预算设计一个适应当前财政管理能力的框架类型，以达成改革启动阶段的有效指引。根据 OECD 国家实施中期预算框架的经验，中期财政收支限额的确定和修改是非常重要的内容。尽管指示性框架是 OECD 国家目前应用最为广泛的类型，但转向约束性框架的发展趋势表明，根据经济变化过于频繁地修改支出限额，且不参考以往的限额水平，这种中期预算框架的操作成本就会过高，并非最优选择。

我国河北省与河南省焦作市分别于 2008 年和 2009 年开始试编三年期滚动预算。河北省是首个在省级层面实施跨年度中期预算的试点省，在编制 2009 年预算时，要求省卫生厅、水利厅等与民生相关的 15 家省级预算部门，不但要编制本年度发展性支出预算，还要同步编报接下来两年的预算，并且根据经济预测变化逐年向前滚动。但据媒体报道，河北省三年滚动预算的推进一度颇为困难，推广的阻力比较大，多年期预算缺少约束力。[①] 为了保证中期预算框架的可持续性和约束效力，在实施中期财政规划的初期，应当参考多年期预算类型中"约束性框架"的做法，采用"固定总量限制"的方法，根据经济预测数据定期修改预算限额，同时参考往期制定的收支限额，并且只对支出总量设置限额，而不对各具体项目的支出设限。这一方面可以保证中期财政规划实施初期的操作简便性，避免频繁变动财政收支计划的庞大工作量（这恰恰是采用"指示性框架"将会产生的成本）；另一方面，"约束性框架"也有利于财政监督部门对中期财政规划的动态监督。在实行中期财政规划的初期，尚未形成一套固定的评估标准来监督中期财政规划的运行状况。基于这样的环境约束条件，"约束性框架"中的"是否按时调整中期财政收支计划"是比较容易观测的，而"指示性框架"要求"随时调整收支估计量"则难以形成可操作

---

① 资料来源：《三年滚动预算编制全国启动倒逼政府"从长计议"三年》，http：//news. hexun. com/2014 - 02 - 28/162611348. html。

的监督标准。相比之下，"约束性框架"更有利于监督工作的有效施行。

2. 中期财政规划的预测技术

在编制三年期财政滚动规划时，第一年规划即是下一年度的年度预算，后两年的规划则要将现行政策的未来成本、国民经济和社会发展规划纲要以及国内外经济环境的变化考虑在内，并对相应年度的预算进行指引。在对未来财政状况进行预测时，应当重点考虑以下两方面问题。

第一，由于财政收入增长与 GDP 增长并不同步，在预测未来财政收入时，不应简单地在 GDP 增幅预测的基础上调整几个百分点。由于税收收入的主要来源是第二产业和第三产业，若某一地区正处在产业结构调整升级时期，那么税收预测就不能过多依赖 GDP 的预测结果，而应重点考察产业结构调整引致的财政收入变化。

第二，应当按照合理的通胀率预期，对财政收支额度加以调整，使未来的收支保持原有购买力。如果条件允许，可以参考前述政府财政官员协会（GFOA）的推荐方法，根据不同公共支出类别来选择通胀率指数。例如，预测教育、医疗等与民生相关度较高的支出时，可以使用消费者物价指数；对大型基建类支出进行预测时，则应使用工程价格指数。这种做法可以减少预测的支出与实际发生的支出之间的偏差，真正实现财政收支的有序规划，有助于维护财政状况的长期稳定性。

在具体操作层面上，就短期而言，至少需要将以下三个方面的预算收支与消费者物价指数（CPI）等通胀指标挂钩：一是离退休人员的养老金（即养老金发放的指数化）；二是基本支出中的公用经费定额标准；三是个人所得税的生计费用扣除标准（即目前劳动所得的每年 6 万元税前扣除额）。

3. 组建国家预算管理局

根据国际经验，建立财政委员会可以有三种备选方案：一是将财政委员会设立在立法机构内，如将我国的人大预算工委改造成一个财政委员会；二是在行政机构下设立财政委员会；三是建立一个完全独立的财政委员会。一般而言，OECD 国家选择财政委员会归属机构的原则是：如果行政机构对公共预算和财政政策的干扰过多，就应将财政委员会放在立法机构内。反之则反。然而，那些最具独立性的财政委员会的存续期和生命力还是有待进一步观察的。

　　鉴于近十多年来组建中国财政政策委员会的动议屡经波折而难以实施，[①]作为变通性的方案，可以考虑逐步构建预算编制、执行和监督"三权"分离的新型预算管理分权与制衡机制。

　　在预算编制与决策层面，实现组织机构的优化与重构，将目前的财政部预算司、科教司、文化司、行政政法司、农业司、社会保障司等机构以及其他部委中具有预算编制职能的部门统一起来，并将预算编制工作从财政部门中独立出来，组建直属于国务院的新型专业化预算管理机构——国家预算管理局，并通过法律授予其集中、明确、有效的预算编制权限，为预算决策提供组织和法律保证。

　　为解决组建独立的预算编制机构而导致的人员编制增加问题，可考虑将目前负责收入预算执行的国家税务总局，合并入财政部，将收支预算的执行整合在一个机构框架之内，以加强预算收支之间的综合协调与平衡，并适当压缩原税务系统的人员编制，有效降低税收征收成本。同时，将目前国家税务总局的税收计划部门，合并入新成立的国家预算管理局，专司收入预算的编制预测工作。[②]

　　就预算执行层面而言，在前述机构优化的框架下，鉴于预算编制与决策功能已然从财政部中独立出来，中国人民银行系统的国库机构也就不再具有相互制衡的意义，从精简机构和降低行政成本的角度出发，可以将各级人民银行的国库部门划归财政部门，实现预算执行功能的有机整合。财政部（包括合并进来的国家税务总局的收入预算执行机构）只负责具体收支预算执行和国库业务，并将相应的财政金融宏观调控职能集中于财政部门。财政部可以向国家预算管理局提供建议，但不再具有预算决策权，也不负责具体的预算编制工作。

---

　　① 中国社会科学院财政与贸易经济研究所课题组：《科学发展观：引领中国财政政策新思路》，中国财政经济出版社 2004 年版，第 281～290 页。

　　② 马蔡琛、王晓雪：《改革预算制度，强化预算管理和监督》，引自陈东琪、宋立等：《新一轮财政税收体制改革思路》，中国财政经济出版社 2009 年版，第 207～208 页。

7.7 单一制大国财政视野中的跨年度预算平衡机制：基于政府财政层级设置的视角[①]

在 2014 年审议通过的新《预算法》第十二条第二款明确规定，"各级政府应当建立跨年度预算平衡机制。"也就是说，无论是中央政府预算，还是省、市、县、乡的地方政府预算，在各个预算层级上均需要建立跨年度预算平衡机制。这种各层级统一适用的规定，在我国单一制大国财政的背景下，应该也是具有一定道理的。

但是，针对跨年度预算平衡机制的具体方案设计，不同层级的政府预算是可以保持一定程度的生态多样性，还是需要采取"一刀切"的整齐划一模式，则是值得进一步深入探讨的话题。改革开放以来，我国财经改革的诸多成就，有许多源自地方政府开拓性的探索[②]（如河北省的部门预算改革、天津市的标准周期预算改革、河南省焦作市的财政综合改革、浙江省温岭市的参与式预算改革等）。在本章中，我们将尝试站在单一制大国财政的高度，系统考察跨年度预算平衡机制的内在运行机理及其在大国财政构架下的具体实现路径问题。

7.7.1 单一制大国的财政治理结构

一国的国情特征对于经济社会发展的长期影响，对于近现代化路径选择的约束，构成了一个长时间尺度上的治理话题。其中，既包括文化与文明等相对抽象且持久稳定的命题，也包括国家治理、王朝兴衰等宏观历史层面（或可称为"大历史"，macro-history）的元素，还包括典章制度等正式规则以及风俗习惯等非正式规则的长期影响、一过性冲击的历史余波、连续性冲击的高山滚石效应等。

世界上的大国其实也不算少，但大多采行联邦制的政府治理构架，其财政管理体系的构建也主要参考了财政联邦主义理论。然而，中国作为单一制大国的治理模式选择，则是符合长期历史变迁和现实国情特点的。这或许是一个只

---

① 马蔡琛：《大国财政视野中的跨年度预算平衡机制》，载于《地方财政研究》2016 年第 1 期。
② 闫坤、马蔡琛：《我国公共财政体系演进轨迹与总体方略》，载于《改革》2013 年第 10 期。

有中国才会面对的严肃命题，在西方文化中，应该甚少存在类似的困扰。就大国财政而言，作为西方文明发源地的那些欧洲国家，很少有相关经验可供借鉴，依据存在决定意识的逻辑，甚至在其思维范式中，很可能就从未考虑过"大国财政治理"之类的命题。① 司马迁在《史记·司马穰苴列传》中，就曾总结过小国经验不适用于大国的事实："若夫穰苴，区区为小国行师，何暇及《司马兵法》之揖让乎?"②

就单一制大国财政而言，中央与地方财政关系应该是一个重要的独特命题，在高速发展的经济转轨阶段，这一点显得尤为突出。如果把中国的每一个省份都视为一个单独的经济体，那么在过去 20 多年中，全世界增长最快的 30 个地区就有 20 个来自中国。③

其实，如果我们可以借鉴公司治理结构来大致类比大国财政的央地关系的话，就类似中国这样的单一制大国而言，中央与地方的财政关系更接近于大型集团公司的"总分公司"构架，而联邦制条件下的央地财政关系更加接近于"母子公司"结构。其间的差异主要体现为这样三个方面。

第一，组织内部事权与支出责任分布上的差异。在公司治理理论中，战略、流程和管理是公司管理的"骨骼"，是任何公司都有的内容，但不同类型的公司在"骨骼架构"上的定位是不同的，其作用的结果也存在着差别。④ 在"总分公司"构架下，各级地方治理主体并非管理学意义上的典型"独立法人实体"，而更多上级治理主体下辖派出机构的代理人彩色。也就是说，地方往往根据上级财政的授权（财政职能和权限划分）来推进各种财政活动。⑤ 而在联邦制的"母子公司"结构下，与分权原则相适应，往往采取"地方余权主

---

① 与中国不同，欧美诸国人均资源相对丰富，据此形成了相应的社会发展思路和制度框架，这也是欧美诸国的制度模式从根本上与中国国情"水土不服"的主要原因之一。一些发达国家的误区在于，将这种仅适用于其本土的制度安排，误以为是全球普世价值，且不遗余力地加以输出。就其效果而言，大凡引入英美式社会制度之欠发达国家，后来基本上都陷于困境之中，或为佐证。进一步论述可以参阅：马蔡琛：《"中国式烹饪"与"强资源约束"有何干系》，载于《中国城市报》2015 年 5 月 18 日。

② 译文：至于说到田穰苴，不过是为小小的诸侯国带兵打仗，怎么能和《司马兵法》的宏阔视野相提并论呢?

③ ［美］丹尼·罗德里克：《探索经济繁荣：关于经济增长的描述性分析》，中信出版社 2009 年版，第 330 页。

④ 宁向东：《公司治理理论》，中国发展出版社 2005 年版，第 31 页。

⑤ 王德祥：《现代外国财政制度》，武汉大学出版社 2005 年版，第 291 页。

义"的划分方式，除宪法特别授予联邦的权利外，其他所有权利都归属地方。[①] 两相对比，"总分公司"的治理架构难免会导致科层组织内部的委托—代理问题更为突出。同时，由于央地之间（特别是省以下的各级政府之间），在权责分布上的"同质性"较强，也容易出现"上面千条线、下面一根针"的政府职能分布"上下一般粗"的格局。这导致财政转移支付资金在地方财政总盘子中的重要性更加突出，实施相对彻底的分税制财政体制难度较大。

第二，风险传递与扩散机制上的差异。在单一制大国的"总分公司"构架下，相关财政风险在组织内部的纵向传递与横向扩散效应，均相对显著且迅速。上下级政府间财政风险的纵向阻断相对困难，财政安全体系的整体联动性较强。而在联邦制国家的"母子公司"构架下，上下级政府之间的独立性相对较强，财政风险在组织内部的纵向阻断机制，在技术上相对易于实现。在极端情况下，甚至可采用"壮士断腕"的地方政府破产方式。[②]

第三，激励机制与地方管理创新上的差异。在历史上的美国进步时代，随着地方财政预算迅速增加，腐败的潜在收益也水涨船高，城市老板（city boss）的权力过度膨胀，由此激发了以纽约市为代表的部分地方政府和研究机构，开始尝试运用私营企业的会计技术，来推进政府预算的公开透明和审计监督。[③] 应该说，这些来自城市财政管理领域的开拓性创新，对于推进现代预算制度的建设是具有重要启示价值的。

7.7.2　单一制大国的财政层级设置[④]

1. "营改增"：现行分税制财政体制变革的导火索

（1）"营改增"引致的地方主体财源结构变化，导致现行分税制财政体制不得不尽快做出相应的较大调整。

在现行分税制体制下，真正纳入分税视野的主要是增值税和所得税（包

---

① 楼继伟：《中国政府间财政关系再思考》，中国财政经济出版社 2013 年版，第 25 页。
② 马蔡琛：《公共财政安全预警机制的波段框架设计——基于短波、中波和长波预警的考察》，载于《经济纵横》2012 年第 11 期。
③ 张国庆：《进步时代》，中国人民大学出版社 2013 年版，第 9～26 页。
④ 马蔡琛：《政府财政层级设置与分税制财政体制变革——基于"营改增"背景的考察》，收录于国家发展和改革委员会国际合作中心：《创造公平、开放与可持续发展的社会——财税改革再出发：中青年改革开放论坛（莫干山会议·2013）文集》，中国市场出版社 2014 年版，第 158～168 页。

含企业所得税和个人所得税），增值税和营业税加总一度占到了我国全部税收收入的 40% 以上[①]。"营改增"之后，如果按照原税负大致稳定测算，纳入营业税以后的增值税，将呈现"一税独大"的局面。这不仅会因地方税已无主体税种，而导致现行中央与地方的分税格局难以为继，也将加剧整体税制结构对于单一税种的严重依赖，其风险不容忽视。

（2）从"分税"的收入划分一翼，走向"事权与支出责任"的支出划分一翼，体现了中国分税制改革的内在逻辑要求。

始于 1994 年的分税制财政体制，是政府间财政关系的奠基性改革，"是一个长治久安的基础"[②]，构建了相对稳定的中央与地方收入分配关系。但是，当时各级政府间的支出责任划分基本上延续了原有做法，划分得不明确，特别是涉及全局性资源配置的支出责任，大量划分给省及省以下政府[③]。从这个意义上讲，现行分税制的问题，就在于地方政府收入与其支出责任不对称[④]。1994 年的分税制改革，在经历了漫长的"中场休息"之后，或许可以利用"营改增"这一契机，尽快完成事权与支出责任一翼的未竟事业。

（3）地方政府的"锦标赛"式财政收入竞争以及相应的公共支出责任错位，引发了较为严重的社会问题，深化分税制改革迫在眉睫。

鉴于上级政府往往按相对经济绩效来考核下级官员（也就是说，现任官员升迁的概率，与其前任或邻近地区的绩效挂钩），这引致地方官员致力扩大地方经济规模，以经济增长的高指标来获得政治上的升迁机会[⑤]。但分税制改革以来，中央财政收入占比日趋提升，地方政府严重缺失承担公共支出责任的能力（尤其是财政能力）[⑥]。地方政府为寻求自主性财源而另辟蹊径，无限制地

---

① 据测算，国内增值税（不包括进口环节增值税）和营业税分别占 2012 年全国税收收入的 26.26% 和 15.65%。数据来源：《关于 2012 年中央和地方预算执行情况与 2013 年中央和地方预算草案的报告》之附表 1《2012 年全国公共财政收入情况》。

② 朱镕基：《整顿财税秩序严肃财经纪律强化税收征管加快财税改革》1993 年 7 月 3 日。资料来源：《十四大以来重要文献选编》，人民出版社 1993 年版。

③ 楼继伟：《中国政府间财政关系再思考》，中国财政经济出版社 2013 年版，第 11 页。

④ 吴敬琏：《分税制的问题是地方政府收入和支出责任不对称》，http://finance.ifeng.com/news/special/2012lingnan/20120325/5800553.shtml。

⑤ Li Hongbin, Zhou Li-an, Political turnover and economic performance: the incentive role of personnel control in China, Journal of Public Economics 89（2005）：1743 - 1762.

⑥ 尽管通过税收返还与均衡性转移支付，这种局面近年来得到了一定缓解，但并未得到根本改观。

闯入医疗、教育和房地产等社会领域，不仅造成了地方和社会的严重对立[①]，而且对于税源的流动性和全国统一要素市场的形成也产生了较大的负面影响。

2. 优化分税制财政体制的三个假设前提

（1）"一级政府一级财政"是构建政府间财政关系的基本准则。

综观各国的财政管理实践，在多级财政体制下，一级政权（或政府），一级财政预算主体，可以归纳为其共性的特征[②]。其实，所谓财政就是"以财行政"，任何一级政权（即使是作为派出机构或监察机构的准政府层级），为了履行特定的公共服务职能总需要相应的财力配置，其公共资财的组织筹集、配置使用与绩效监督，也就构成了一级财政管理的核心要件。因此，即使就常识层面而言，"一级政府一级财政"作为构建政府间财政关系的一项基本准则，也具有不言自明的特点[③]。

（2）以确定财政层级的数量，尤其是基层财政层级的端点位置，作为构建政府间财政关系的逻辑起点。

在通常的思维范式下，划分中央与地方政府间的事权与支出责任，往往被作为构建政府间财政关系的首要命题。循着政府间职责与事权划分→以支定收→确定税种划分→以政府间转移支付平衡财力缺口，这样一条逻辑线索来构造分级分税财政管理体制的基本构架。在这一分析思路中，政府层级设置或者作为既有的先验前提，被排除在分析视野之外[④]，或者认为只有在确定中央和地方的事权与支出责任前提下，地方设置几级政府（或财政）[⑤] 才可能提上议事日程。

这种分析方式的问题在于将地方作为一个整体来加以考察，往往容易忽视

---

① 郑永年：《中国的"行为联邦制"：中央—地方关系的变革与动力》，东方出版社 2013 年版，第 8 页。

② 陈共：《财政学》（第七版），中国人民大学出版社 2012 年版，第 261 页。

③ 即使作为一级监察机构或派出机构的准政府层级，也不同程度地存在着一级财政预算。例如，我国各类开发区的预算管理方式，就具有一定的代表性。当前地方设立的各种类型的开发区，有的作为县级行政单位实行预算管理，有的作为部门预算单位纳入预算管理，一些开发区预算没有纳入当地报送人大审批的预算当中，脱离了人大的监督（廖晓军：《财政改革纵论（2010）》，经济科学出版社 2010 年版，第 23 页）。并且，各种类型的准行政层级往往试图演化为正式层级，从历史经验来看，这种努力在某些情况下也迟或早会获得成功（即"由虚入实"）。

④ 其实，在历史地理学的研究中，对于行政区划与地方政府层级的变化，过去也很少进行过深入的讨论。（周振鹤：《中国地方行政制度史》，上海人民出版社 2005 年版，第 80 页）

⑤ 基于前述"一级政府一级财政"的基本原则，本节在后续有关政府层级问题的分析中，将不再刻意地严格区分政府层级与财政层级的用语表述。

地方政府财政构架的内在复杂性和差异性。其实，地方财政层级设置的多寡，难免会影响中央与地方之间的事权划分标尺。在现时的中国，中央、省、市、县、乡的五级行政体系，其纵深结构不仅在中国历史上前所未有，就是在世界范围来看也甚少出现①。就解决问题的次序而言，确定财政层级的数量，尤其是确定基层财政到底设置在哪一层级，作为构建政府间财政关系的逻辑起点，应该是一个先于中央与地方事权划分而讨论的命题。

这就好比是设计楼房，肯定存在一个"顶层"（中央政府或中央财政），但接下来的问题是，是先解决到底整个楼房需要有几层，然后再确定每层楼的大致功能设计；还是先不必考虑到底盖几层楼，而是将"顶层"与"非顶层"作为两个整体分析单元来讨论其各自的功能设置。从常识层面来看，似乎大多数人会认同前者的分析思路。这个道理在政府间财政关系问题上也应该是大体适用的。

还是按照设计楼房的思路来进一步分析，应该说，不管有几层楼，除了有一个"顶层"（中央政府或中央财政）之外，还必然有一个"底层"（基层政府或基层财政）。也就是说，在现时的中国，构建政府间财政关系框架的逻辑顺序，应该是首先确定中央财政和基层财政的"双端点"设置，然后确定政府财政层级的数量，此后才涉及中央与地方之间的事权与支出责任划分②。

（3）从国际经验来看，完全意义上的分级分税财政管理体制③，只有在地方政府层级相对简化的条件下，才有望取得实践中的成功。

在发达市场经济国家，其政府财政层级多为三级制，即中央政府、州

---

① 付志宇：《民国政府时期税收体制演变对当前分税制改革的借鉴》，载于《贵州师范大学学报》（社会科学版）2009 年第 4 期。

② 在发达市场经济国家的政府间财政关系研究中，也同样未能采用这种以"双端点"设置作为分析问题逻辑起点的思路。其原因或许在于，这些国家历经长期演进，其行政管理体系的构架已然基本稳定；加之其地域与人口规模较小，政府层级设计的问题相对简单。

③ 由于"财政联邦主义"以及"联邦制"在中国历史和政治上存在着"污名化"的倾向，本节在部分表述中，使用了"分级分税财政管理体制"的称谓加以替代。其实，联邦主义财政与政体无关，用联邦主义财政说明市场经济多层次政府管理分权、财政分工管理，通常更为清晰。有的研究者就认为，我国财政管理体制改革就是从传统的统收统支体制逐步向联邦主义财政方向改革。进一步论述可以参阅：楼继伟：《中国政府间财政关系再思考》，中国财政经济出版社 2013 年版，第 2 页。

（或省、邦）级政府和地方政府①。就其实践效果而言，这些国家采行财政联邦主义的管理模式，应该说是比较成功的。然而，纵观历史可以发现，完全意义上的分级分税财政管理体制，其成功应用的范围也只是局限于地方政府财政层级为两级（有些情况下为三级或准三级）的国家②。当地方财政层级达到四级的情况下（也就是加上中央财政，整体财政层级达到五级），财政联邦主义的普遍有效性，尚未得到现实检验。

其实，这种财政联邦主义的应用局限也是符合常识的。当地方政府财政层级较多的时候，由于上下级政府之间的委托—代理链条过长，信息不对称和道德风险均显著增加，不仅地方各级政府之间难以清晰划分事权与支出责任，进而还会倒逼中央与地方之间的支出责任难以明晰。另外，历经多次全球性税制改革浪潮，目前各国的税种数量逐渐趋同，大体稳定在 20～30 种税之间。如果政府财政层级过多，每级政府都难以具备相对独立的税源，而只能采行大范围共享税的方式，从而使得分税制财政体制最终演化（或退化）为比例分成财政体制。

3. 地方财政层级设置与分税制改革的不同路径

（1）基于政府财政层级简化的分税制改革路径选择③。

近年来，随着"省直管县"和"乡财县管"改革的推进，有关适当精简政府层级的呼声也日益高涨。根据经济合作与发展组织（OECD）的研究观点，中国的财政管理体制层级过多，乡镇一级只是社区的基本单位，位于县以

---

① 在此需要注意的是，英文文献中的地方政府（local government）实际上就是"基层政府"，这与中文语境下的地方政府存在巨大的差异。中国的地方政府系指包括省、市、县、乡四个层级在内的多级治理构架，而英文的 local government 最多只能对应我国的县乡层级政府，与中国地方政府概念相对应的英文词汇是 subnational，翻译成汉语非常别扭，大致可以译为"次国家层面政府"。在当前的房产税改革中，这种中外"地方政府"的内涵差异是需要引起高度重视的，否则后果相当严重。

② 在此需要说明的是，尽管通常认为美国是典型的三级制政府财政层级构架，但也有观点认为，美国系采四级政府构架。除了联邦政府和州政府外，大部分州（新英格兰地区除外）都有县级政府和县以下政府。美国共有 3034 个县级政府、35933 个县以下政府（包括 19429 个市，以及 16504 个镇）。此外，美国还有 48558 个学区和其他特区政府（special-purpose local governments）。资料来源：U. S. Department of Commerce，2002 Census of Governments：Government Organization，U. S. Government Printing Office，Washington，DC，2002。引自王绍光：《乡镇财政的过去、现状及未来》，http：//www. docin. com/p-103721846. html。

③ 考虑到中国经济学界的学术探索与争鸣氛围，为免引致不必要的纠葛，本小节所引用之观点不再逐一标注。

上的地（市）一级存在的必要性也是值得怀疑的①。其实，有关政府级次多寡之论述，早在 80 多年前，中国学者就曾有过精辟的论述："级数之多寡，与政费税收之有关，盖级数过多，则政费繁，政费繁则支出增，支出增则税之征收，自应加多②。"

如果可以将现行的"四层级"地方财政精简为两个（或者三个）层级③，则政府间事权与支出责任划分就可以得到某些较具共识的解决方案。其核心要点包括：在强化中央政府的事权和支出责任、将部分支出责任上移的同时，将具有流动性税基、再分配职能以及易产生税负转嫁的增值税、企业所得税和个人所得税等划归中央税，以房产税作为地方税的主体税种，并允许地方在个别中央税的税基之上，开征较低税率的附加税（如零售税），从而实行较为彻底的分税制。由此造成的地方财政收支缺口，通过均衡性转移支付来加以解决。

按照本节前述之优化财政体制的三个假设前提，这一改革动议的逻辑顺序，应该是精简政府层级在先，支出责任调整在后，至少是二者应大体同步进行。即便地方财政层级的精简是切实可行且符合历史规律的，这种涉及一国基本治理结构的重大变革也需要假以时日才可能实现，而"营改增"所引致的分税制财政体制进一步变革的压力却是刻不容缓的。更何况从"省直管县"和"乡财县管"所引申出的"省县两级制"政府财政体制构架本身，也需要从历史和现实的维度来加以重新审视。

（2）中国地方财政"四层级"设置的辩证考量。

一是，中国政府间财政关系的"底层设计"：乡镇财政存在的现实维度分析。鉴于乡镇财政在农业税取消后的财力窘迫状况，以及"乡财县管"的全面推进，目前取消乡镇一级政府财政（改为派出机构）的说法不乏其声。其实，根据本节前述的政府间财政关系"双端点"设置的假设前提，乡镇政府及其财政是否有必要作为一级独立治理体而存在，其本质上体现为，中国最基层的完整治理体（即"底层设计"）是置于乡镇一级，还是县一级。

---

① 经济合作与发展组织：《中国公共支出面临的挑战：通往更有效和公平之路》，清华大学出版社 2006 年版，第 81 页。

② 何廉、李锐：《财政学》，商务印书馆 2011 年版，第 81 页。（原版为商务印书馆 1935 年版）。

③ 目前，关于如何精简我国地方政府（或财政）层级的方案，既有"强省扩县"之议，也有"废省弱县"之说；既有虚化地级市和乡镇政府为"派出机构"的制度设计，也间或有"废省改道，并地为郡，稳县废乡"的惊人之语。这类论述的模板，大致可以上溯至北宋熙丰变法（即王安石变法）中的撤废州县政区建制，近代则有清末民初康有为、梁启超等人提出的"废省存道"的"郡县（或府县）两级制"设想。

近年来，随着"撤乡并镇"的推进，很多地区的乡镇人口规模已达5万～10万人[1]，而县级层面上的人口规模往往为几十万甚至上百万人[2]。从最优管理半径来看，作为"底层设计"的标尺，无外乎地域和人口两个因素，尤其是人口因素，已成为中国基层治理体设置的独特国情因素。从这个意义上讲，仅就人口规模而言，乡镇作为最为基层的一级政府治理层级拥有相对独立的财政权，也应该具有不言自明的特点。

当然，我们必须承认，在中国漫长的历史长河中，乡村自治是中国的一个传统，在历史上乡镇并非一个相对独立的政府治理层级[3]。然而，中华人民共和国成立以来，历经多次政治运动，乡规民约、乡绅自治等原有的乡镇治理基础已经发生了根本性变化，政府治理的基层触角及相应财源支持也不得不延伸覆盖至乡镇一级。这或许也可以解释，缘何在人民公社的"伟大试验"归于失败后，乡镇财政建设在20世纪80年代开始走上中国财政改革的历史舞台。此外，自清雍正年间全面推行"摊丁入亩"以来，中国的总人口规模在近三百年来呈爆发式增长态势，做实乡镇一级的政府治理层级，也大体成为近代以来的一种客观需要[4]。

综合而言，我们认为，在通过"乡财县管"来精简乡镇财政供养规模和机构"瘦身"、并引入参与式与预算等协商民主制度的基础上，及时中止"乡财县管"的发展路径，转而进一步做实乡镇财政，以乡镇层级作为中国政府间财政关系"底层设计"的逻辑起点，也是大体符合中国的历史发展与现实需求的。

---

① 例如，2011年末，浙江省平均每个中心镇常住户数2.49万户、常住人口7.67万人，分别比2006年增加20.1％和21.3％（浙江统计信息网，http：//tjj. zj. gov. cn。）；截至2012年底，江苏省乡镇平均6.06万人，是1998年底的1.9倍（中国江苏网，http：//www. jschina. com. cn）。

② 根据全国2000年第五次人口普查的数据计算，每个县级行政区域的平均人口约46.27万人。（香港中文大学中国研究服务中心，http：//www. usc. cuhk. edu. hk/PaperCollection/Details. aspx？id = 2047）

③ 直到民国初年，中国社会依然是"积乡而成"，不像发达市场经济国家在很大程度上是"积市而成"。进一步论述可以参阅：周振鹤：《中国地方行政制度史》，上海人民出版社2005年版，第409页。

④ 乡镇财政问题，自清末倡导地方自治开始，民国时期逐渐充实和发展。在民国时期，乡镇在相关法规中被界定为地方自治范畴，但随着国家政权的下移，乡镇成为县政府迈向广大乡村之"脚"，从而有着官治之嫌。资料来源：尹红群：《民国时期乡镇财政若干制度问题刍议》，载于《湖南广播电视大学学报》2007年第4期。这种试图做实乡镇财政的努力，似乎也应与我国基层治理体的人口规模变化有关。

二是，中国政府财政层级中的"统县政区"①：地级市存在的历史维度考察②。较之乡镇财政是否应该存续尚有争议不同，当前取消地级市的动议似乎得到了更加广泛的认同。对于这一问题同样需要加以辩证分析。从委托—代理的传导链条过长，导致财政供养负担沉重、人浮于事、效率低下等负面影响来看，笔者也认同，地级市作为一级独立的财政治理体，目前存在的必要性确实不是很大。

然而反观历史却会发现，省与县之间的"统县政区"在中国的政府治理结构中是一种长期存在的现象。长期以来的历史演变显示，在中国这样一个大国，采用以县为基本单元的"省县两级制"政府治理构架与相应的政府间财政制度安排往往是行不通的，而任何准三级制的构造最终又总是向三级制演变③。应该说，结合中国的现实国情，采用混合型的地方行政体制，在省与县之间设置一个行政层级，或许是中国古代行政管理的一项宝贵经验④。

笔者认为，究其历史原因大致有四：第一，中国地域广大，人口众多，交通与通讯不便，不得不缩小辖区管理半径，增设政府及财政层级；第二，政府职能不断扩张，管辖事务不断增多，也导致不得不增设政府及财政层级，以缓解本级政府的公共受托责任压力⑤；第三，中国传统的政府治理构架体现为一个不断产生"冗官"的趋势，因大量的官员升迁难以安置，往往不得不通过

---

① 鉴于在中国历史上，省级（地方最高层级）与县级之间的管理层次，其称谓几经变化。加之，各朝多有将前代之较高政府层级，在本朝降为较低层级之习惯。未免引致理解上的偏差，本节援引周振鹤先生的说法，将其统称为"统县政区"。

② 尽管简化管理层次，实行省、县二级制的地方政府（财政）管理层级，确实会引致管理效率的提升。但是，从中国历史上看，取消省县之间的管理层级（即"统县政区"），往往会导致重划省区的更大范围调整（资料来源：田穗生等：《中国行政区划概论》，北京大学出版社 2005 年版，第 267 ~ 268 页）。而省级行政区划与财政层级具有长期延续的特征，这一特征又在人们心目中形成强烈的地域观念，使之成为一种较难短期内变革的社会文化现象（资料来源：周振鹤：《中国地方行政制度史》，上海人民出版社 2005 年版，第 419 页）。故而，本小节之分析，大体基于现行省级行政区划和省级财政层级基本稳定这一假设前提。关于省级行政区划之变迁问题，可以参阅：马蔡琛：《基于长期历史变迁的中国国家治理模式研究》，载于《湖南财政经济学院学报》2015 年第 3 期。

③ 回顾近 600 年来，中国省制确立后的政府层级演变，在明清和中华民国北京政府时期，省县之间一直存在着一个中间层级：明清的"州府"，中华民国北京政府时期的"道"。进一步论述可以参阅：周仕雅：《财政层级制度研究》，经济科学出版社 2007 年版。

④ 田穗生等：《中国行政区划概论》，北京大学出版社 2005 年版，第 261 ~ 268 页。

⑤ 在中国历史上，在王朝初期，通常或多或少地做出削减政府层级之努力，但随着时代之演进，往往会在省与县之间出现一个准政府层级，最终又会演化为一个正式层级的"统县政区"。这或许就与社会稳定后的人口增长及政府管理职能不断增加有关。

增设层级的方式，解决基层政府官员的提拔问题；第四，我国作为一个多民族国家，存在着大量的民族自治区域，其政府治理的层级设置往往具有一定的特殊性。

综观以上诸历史因素，除交通和通讯问题，随着技术进步，已然得到了根本改观之外，其他诸因素时至今日仍不同程度存在。此外，20 世纪一些欧洲国家的政府层级改革也提供了域外视角的启迪①：法国本来采用省与市镇两级制，第二次世界大战后，在省以上出现了一个准建制——大区，20 世纪 80 年代大区改为正式建制；意大利同法国一样，也采用大区—省—市镇三级制；英国原来为郡与市镇两级体制，20 世纪 90 年代先后在苏格兰、北爱尔兰、威尔士分别设置了大区议会。这三个国家均为中央集权的单一制国家，人口大致相当于中国的一个省，而在地方层级上却先后由原来的两级制向三级制发展，这是颇为值得进一步深入思考的。况且，"省管县"的改革思路，在区域经济发展、城镇化推进以及公共服务规模化等方面也存在着较大的风险②。因此，在现时的中国，是否全面取消"地级市"这一"统县政区"，不能采取"一刀切"的做法，仍旧需要加以审慎地辩证考量。

4. 初步结论与政策建议

一是，从理论层面推演，"五级政府五级财政"的财政体制构架基本上是符合中国国情的现实选择。在当前的社会转型时期，可从以下两个维度，暂做变通性考虑：其一，基于精简政府机构、提升行政效率的考量，在短期内或许可以暂时取消地级市这一"统县政区"的财政层级设置，但从长期来看，在既有的省级行政区划条件下，"统县政区"这一财政层级，很可能会出现某种方式的变异与再生。其二，乡镇财政作为中国政府间财政关系的"底层设计"，不仅不能削弱，反而应该加强。在切实精简乡镇政府机构、合理界定乡镇公共支出责任的基础上，及时中止"乡财县管"的改革路径，通过主体税种分享和均衡性转移支付，有效充实乡镇财政的财源基础，尽快做实做强乡镇财政。在乡镇财政支出管理中，引入参与式预算等新型基层民主理财方式，构建并完善基层政权长治久安的公共财政基础。

二是，基于"一级政府一级财政"和财政层级"双端点"设置的假设前

---

① 田穗生等：《中国行政区划概论》，北京大学出版社 2005 年版，第 261 页。

② 刘尚希：《分税制的是与非》，载于《经济研究参考》2012 年第 7 期。

提，在五级财政（或"统县政区"暂时精简后的四级财政）之层级构架之下，或许难以按照完全意义上的分级分税财政管理体制，规范地厘清各级政府之间的事权和支出责任，更难以使得每一级政府均享有相对独立的税种来源，而只能采用大范围共享税的税收收入划分方式。

三是，考虑到"营改增"引致的分税制财政体制调整的紧迫性，以及房产税（抑或零售税）等可能作为地方税主体税种构建的不确定性。作为短期内的因应之道，目前或许只能微调中央与地方支出责任中明显不合理之内容（如将明确属于中央责任的事权上划），与此同时，进一步提高增值税、企业所得税和个人所得税的地方分享比例。例如，可以将增值税的分享比例，从目前的 75∶25 调整为 65∶35（或 60∶40）；将企业所得税和个人所得税的分享比例，从目前的 60∶40 调整为 50∶50。但是，对于地方调增的分享部分，则应作出一些限制性规定。

第一，可以借鉴德国的增值税分享模式①，就增值税地方分享的调增部分不是在中央与地方之间直接分享，而是按照人口以及消费额在各省之间分配，从而在一定程度上避免来源地分享的不利结果。

第二，调增的共享税部分，不得留在省本级财政，而应同样以税种分享的形式全部或大部作为市和县级财政的主体收入来源。对于市县级财政也可以做出类似的硬性规定，切实避免税收分享中的层层截留，确保乡镇基层财政也可以同样获得稳定的分税收入来源。

四是，从长期来看，完全意义上的分级分税财政管理体制，需要在以下三方面因素均得到有效改观之后，才有可能加以全面推进。其一，各级政府行为在较大程度上能够实现有效约束，"预算硬约束"大致成为中国公共财政运行的常态现象；其二，通过对中国历史变迁、文化传统和现实国情的深入体察，理性地确定政府财政层级设计的"双端点"位置与适当层级数量；其三，房产税等地方（基层）主体税源建设的日臻成熟。有理由相信，在上述命题均得到相对明确解答的情形下，进一步破解四级（乃至五级）财政层级构架下，如何全面厘清央地之间、地方各层级之间的事权与支出责任，如何实现相对彻底的分税制等时代命题，也将不会是十分遥远的事情。

---

① 楼继伟：《中国政府间财政关系再思考》，中国财政经济出版社 2013 年版，第 158 页。

7.7.3 基于五级财政构架下的跨年度预算平衡机制构建

结合前述财政层级设置的分析，如果我们不得不承认，我国采用五级财政的大纵深治理结构，体现了基于人口和疆域等国情因素的现实选择；那么即使在理论上有可能清晰界定中央与地方之间的事权和支出责任，但一旦将地方财政的四层级"压缩包"打开，在省、市、县、乡的纵向层级分布中，试图实现事权与支出责任的精准界定以及省以下分税制的结构优化，都将面临异常复杂的两难选择。与之相应，在中国这样的单一制大国财政格局下，面对五级财政的多层级治理主体分布，跨年度预算平衡机制的构建也不能采用"一刀切"的方式，而应针对不同层级的具体情况，做出因地制宜的相机性规定。

1. 跨年度预算平衡机制在各政府层级中的具体表现形式应有所不同

我国五级财政构架所呈现的大纵深治理结构，要求不同政府层级在构建跨年度预算平衡机制的过程中，需要采用不同的具体模式和管理方法，而不能强求整齐划一，更不能搞"一刀切"。鉴于不同政府层级的权责分布和预算管理能力差异，从我国预算管理的现实出发，应突出省级预算管理的重要地位。[1] 其原因在于，中央财政和省级财政所承担的逆周期财政调节功能，以及相应的人力资源管理水平，均远远高于省以下层级。根据亚洲开发银行对于发展中国家和转轨国家的经验分析，由于经济运行稳定、可靠的宏观经济预测能力、严格的决策过程、良好的预算纪律性等条件尚不完全具备，故这些国家的中期预算改革往往不甚成功。[2] 因此，这种结合具体预算管理基础条件而采用的区别对待方式，应该说是较为符合中国财政管理现实的。

对于地方政府预算的基本支出和项目支出而言，基本支出预算的收支平衡是一条不可动摇的原则，世界上主要国家也大多体现了这一原则。但不无遗憾的是，我国采用的跨年度预算平衡机制并未就地方预算中的哪一类支出适用跨年度平衡，做出结构性的区分对待规定，从而存在地方政府基本支出预算出现赤字的隐患。[3]

---

① 马蔡琛：《变革世界中的政府预算管理———一种利益相关方视角的考察》，中国社会科学出版社 2010 年版，第 198～199 页。

② 马蔡琛：《现代预算制度的演化特征与路径选择》，载于《中国人民大学学报》2014 年第 5 期。

③ 邓淑莲：《跨年度预算平衡机制与中期预算框架是否是一回事？》，载于《财政监督》2015 年第 7 期。

在具体实施过程中，结合前述对跨年度预算平衡机制的不同口径界定，中央和省级财政可以实行"小口径的跨年度预算平衡机制"，在相应的经济景气周期中，可以采用在"国债余额限额内发债平衡"的方式，运用财政总额控制的方法实现所谓的跨年度预算平衡；而市、县、乡这三级财政则需采用"大口径的跨年度预算平衡机制"，也就是基层财政仍旧需要严守预算收支基本相等的健全财政原则，充分强调年度预算平衡对于省以下财政管理的重要性（至少是任期内预算平衡）。对于在三年滚动预算中某一年出现的偶然性赤字，必须在三年滚动周期内重新恢复财政总收支的平衡，不得将中期财政规划中的赤字进行任何变通方式的"滚动递延"。应该说，这种处理方式也是符合《国务院关于深化预算管理制度改革的决定》所确定的基层预算管理改革方向的。[①]

2. 针对不同财政层级的预算管理需要，采用繁简不同的预算预测方法

由于正规预测方法的效果要好于简单的经验预测，[②] 而较高层级的政府往往具备能力使用更为科学的预测方法，而较低层级政府的预算收入预测则未必如此。例如，在美国，除了较大规模的政府之外，地方政府中的财政预测往往是非常不正规的，一般只是在预算或财政办公室中进行。[③] 从这个意义上讲，预算收入预测的准确与否，与一国预算制度与技术手段的完善程度呈现较强的正相关关系，总体上呈现为一种渐推渐进的演化过程。[④]

作为跨年度预算平衡机制实现载体的中期滚动预算（中期财政规划），在具体预算决策过程中，同样需要结合宏观调控的现实需要以及相应的人力资源支撑状况，采用繁简适度的预算预测方法。在中央和省级财政层面上，可以逐步应用基线筹划（baseline projections）技术、计量经济模型等较为复杂的预测

---

① 《国务院关于深化预算管理制度改革的决定》中明确规定："地方一般公共预算执行中如出现超收，用于化解政府债务或补充预算稳定调节基金；如出现短收，通过调入预算稳定调节基金或其他预算资金、削减支出实现平衡。如采取上述措施后仍不能实现平衡，省级政府报本级人大或其常委会批准后增列赤字，并报财政部备案，在下一年度预算中予以弥补；市、县级政府通过申请上级政府临时救助实现平衡，并在下一年度预算中归还。"

② Stephen K. McNees, An Assessment of 'Official' Economic Forecast, New England Economics Review (July/August 1995)：13 – 23.

③ ［美］约翰·米克塞尔：《公共财政管理——分析与应用》（第六版），中国人民大学出版社2005 年版，第 520 页。

④ 马蔡琛：《市场经济国家的预算超收形成机理及其对中国的启示》，载于《财政研究》2008 年第 11 期。

方法；而在省以下层级中，则应循着"以支定收"的思路，首先界定其实现基本公共服务均等化的预算资金需求，按照"保工资、保运转、保民生"的范围，确定其中期滚动预算的上限规模，严格控制市、县、乡这三级财政以"促发展"为名，变相扩张地方政府性债务规模的内在冲动。

3. 避免预算管理改革的"单兵推进"，加快推进行政管理体制的配套改革

在现时的中国，预算支出管理模式的转换相对于行政管理体制改革而言呈现出某种程度的超前性，[①] 这往往导致收支矛盾向财政部门集中。

我们对中期滚动预算早期改革试点的调研，也同样印证了这种观点。其中，A省自2008年试编三年滚动预算以来，"由于决策机制改革滞后，造成既定事项变动频繁，使得三年滚动预算与部门预算衔接得不够顺畅，后两年项目尚难以真正的与部门预算相结合。……由于上述种种问题难以有效破解，自编制2013年预算时就先暂停编制三年滚动预算。"[②] B地区的中长期预算改革试点中，也同样提出了类似的问题。B地区自2010年实施中长期预算以来，日益认识到，"无论从编制中长期规划，还是一系列编制流程的实施，都需要一个强有力的组织保障，需要政府的高度重视，……并为中长期预算编制工作提供行政层面的保障。"[③]

因此，在构建跨年度预算平衡机制和实施中期财政规划的过程中，要注意避免预算管理改革"单兵推进"的局面，需要加快推进行政管理体制的改革，改进公共决策机制，提升政策作用效果，逐步构建利益相关主体共同治理的预算管理新格局。

---

① 吕炜：《我们离公共财政有多远》，经济科学出版社2005年版，第27页。
② A地区预算编审中心：《A地区中期财政规划编制研究报告》，2015年。
③ B地区财政局：《B地区实施中长期预算编制工作的进展情况》，2010年。

第8章

结束语：21世纪的现代
预算制度向何处去

　　财政为庶政之母，预算乃邦国之基。尽管21世纪的宏伟画卷才仅仅展开了不到1/5的序章，但每当我们思考21世纪的中国现代预算制度最终将走向何方的时候，都不禁感慨吾生有涯。

　　其实，何谓现代预算或现代财政制度，本身就是一个颇难界定的范畴。在现时的中国，涉及财政预算改革的诸多话题往往动言所谓美国"进步时代"的启示，甚或上溯至英国光荣革命以来的预算传统。然而，历史并不重复，它只是押韵而已。其实，就常识而言，数百年前英美诸国的预算改革大体属于"近代预算制度"，而非"现代预算制度"。近百年来，各国的预算制度已然从早期更具控制性的约束工具，逐渐转化为国家治理的重要制度载体与支撑平台。现代各国的预算改革与制度建设在追求决策理性化的过程中，逐渐演化出一系列更具绩效导向性与财政问责性的管理工具。笔者对于现代预算制度的认识，也大体循着当今世界的预算改革潮流、中国传统理财经验的斟酌取舍、中国现实国情的沧桑正道，这样三个维度来界定财政现代性的内涵。

　　始于21世纪第一个十年之末的这一轮全球性金融危机，导致公共财政资源进一步匮乏，这也触发了当代政府理财者对于公共预算管理范式的反思与自省，世界各国政府都在不断地探寻改进公共财政管理体系的方法。笔者相信，这些全球范围内的最新改革进展与经验分享，对于正在积极推进中的中国现代预算制度建设，应该具有非常重要的启示性价值。

　　制度是随时地而变化的，不能放之四海而皆准，正如其不能行之百世而无弊。尽管在各国实践中，公共预算往往被视为公共财政资源的一种配置工具，

343

但是，"如何用好百姓钱"作为人类文明史演进中不得不回应的一个重要命题，从理论上说，应该是可以找到一条理性、审慎且和谐地配置公共资源的路径。至少笔者相信，这应该是21世纪我们这个星球上的一个发展潮流，尽管难免会有所波折，但仍旧是初心不变。最后，笔者想借用百岁棋圣吴清源对21世纪围棋的展望，就其句式略加改动，以为结语和期许：预算本应是一种调和、均衡、和谐的状态。21世纪的预算应该是重视整体的和谐的预算。中国的预算改革生机盎然，前途无量！

参考文献

1. ［法］安东·布朗代等:《主权债务危机》,中国社会科学出版社2014年版。

2. ［美］阿伦·威尔达夫斯基:《预算:比较理论》,上海财经大学出版社2009年版,第258页。

3. ［美］埃里克·M. 佩塔斯尼克:《美国预算中的信托基金——联邦信托基金和委托代理政治》,上海人民出版社2009年版。

4. ［美］艾伦·希克:《联邦预算——政治、政策、过程(第三版)》,中国财政经济出版社2011年版。

5. ［美］罗伯特·D. 李、罗纳德·W. 约翰逊、菲利普·G. 乔伊斯:《公共预算体系(第八版)》,中国财政经济出版社2011年版。

6. ［美］丹尼·罗德里克:《探索经济繁荣:关于经济增长的描述性分析》,中信出版社2009年版。

7. ［美］格里高利·克拉克:《应该读点经济史——一部世界经济简史》,中信出版社2009年版。

8. ［美］理德、［美］斯韦恩:《公共财政管理》,中国财政经济出版社2002年版。

9. ［美］露西·F. 阿科特、理查德·迪弗斯:《行为金融:心理,决策和市场》,机械工业出版社2012年版。

10. ［美］约翰·米克塞尔:《公共财政管理——分析与应用(第六版)》,中国人民大学出版社2005年版。

11. ［挪威］特维德:《逃不开的经济周期:历史,理论与投资现实》,中信出版社2012年版。

12. ［英］尼克·威尔金森：《行为经济学》，中国人民大学出版社 2012 年版。

13. ［IMF］马尔科·坎贾诺、特里萨·克里斯汀、米切尔·拉扎尔：《公共财政管理及其新兴架构》，东北财经大学出版社 2017 年版。

14. 安体富：《安体富文集》，中国税务出版社 2010 年版。

15. 陈东琪、宋立等：《新一轮财政税收体制改革思路》，中国财政经济出版社 2009 年版。

16. 陈密：《天津市部门预算管理问题研究》，天津大学硕士论文，2013 年。

17. 陈启修（陈豹隐）：《财政学总论》，商务印书馆 2015 年版。

18. 崔津渡：《论地方预算管理的改革与创新》，载于《现代财经 - 天津财经大学学报》2005 年第 3 期。

19. 邓淑莲：《跨年度预算平衡机制与中期预算框架是否是一回事?》，载于《财政监督》2015 年第 7 期。

20. 董志勇：《行为经济学原理》，北京大学出版社 2006 年版。

21. 杜美妮、刘怡：《美国逆周期财政工具研究及对我国的借鉴意义》，载于《经济学家》2011 年第 7 期。

22. 方红生：《顺周期性财政政策研究进展》，载于《经济学动态》2009 年第 1 期。

23. 付敏杰：《财政政策周期特征研究：金融危机以来的争论与共识》，载于《金融评论》2014 年第 3 期。

24. 付敏杰：《土地出让收入的跨期平衡机制设计：来自智利结构预算的经验》，载于《工作论文》2013 年。

25. 傅志华：《透视俄罗斯百年财政中的五次"预算困境"》，载于《俄罗斯中亚东欧研究》2009 年第 3 期。

26. 高培勇：《1994 年后的财税改革》，中国社会科学出版社 2013 年版。

27. 高培勇：《财税体制改革与国家治理现代化》，社会科学文献出版社 2014 年版。

28. 高培勇：《世界主要国家财税体制：比较与借鉴》，中国财政经济出版社 2010 年版。

29. 高培勇、马珺：《中国财政经济理论前沿（7）》，社会科学文献出版社 2014 年版。

30. 高培勇、杨志勇：《将全面深化财税体制改革落到实处》，中国财政经济出版社 2014 年版。

31. 郜可祥、刘爽、王统林：《美国各州预算稳定基金的启示与借鉴》，载于《地方财政研究》2007 年第 9 期。

32. 宫莹：《跨年度预算平衡机制：需增强政府收入与支出的计划性》，载于《中国会计报》2015 年 2 月 6 日。

33. 郭庆旺、吕冰洋等：《中国分税制：问题与改革》，中国人民大学出版社 2014 年版。

34. 何廉、李锐：《财政学》，商务印书馆 2011 年版。

35. 胡爱华：《中国财政政策效应分析——基于新凯恩斯 DSGE 模型的研究》，光明日报出版社 2013 年版。

36. 贾康：《中国财税改革 30 年：简要回顾与评述》，载于《财政研究》2008 年第 10 期。

37. 贾康：《中国财政体制改革之后的分权问题》，载于《改革》2013 年第 2 期。

38. 金俐：《预算是否应该平衡——介绍西方经济学的几种观点》，载于《上海大学学报》（社会科学版）1991 年第 6 期。

39. 李慈强：《跨年度预算平衡机制及其构建》，载于《法商研究》2015 年第 1 期。

40. 李健盛：《新加坡公共财政预算管理经验及其对我国的启示》，载于《开放导报》2008 年第 2 期。

41. 李俊生、李贞：《外国财政理论与实践》，经济科学出版社 2012 年版。

42. 李俊生：《盎格鲁—撒克逊学派财政理论的破产与科学财政理论的重建——反思当代"主流"财政理论》，载于《经济学动态》2014 年第 4 期。

43. 李萍、许宏才：《中国政府间财政关系图解》，中国财政经济出版社 2006 年版。

44. 李青、蔡华：《英国预算改革述评》，载于《安徽工业大学学报》（社会科学版）2014 年第 4 期。

45. 李燕：《实施跨年度预算平衡机制的思考》，载于《中国财政》2015

年第 2 期。

46. 李永友：《经济波动的财政政策稳定效应——基于中国 1978 年以来的经验数据的实证分析》，中国社会科学出版社 2007 年版。

47. 梁朋：《改进预算管理制度》，载于《中国经济时报》2014 年 1 月 10 日。

48. 林树杰、朱天华：《中法财政监督法律制度比较研究及启示》，载于《江苏工业学院学报》2009 年第 12 期。

49. 刘金全、梁冰：《我国财政政策作用机制与经济周期波动的相依性检验》，载于《财贸经济》2005 年第 10 期。

50. 刘昆：《绩效预算：国外经验与借鉴》，中国财政经济出版社 2007 年版。

51. 刘溶沧、赵志耘：《中国财政理论前沿Ⅲ》，社会科学文献出版社 2003 年版。

52. 刘尚希：《基于国家治理的财政改革新思维》，载于《地方财政研究》2014 年第 1 期。

53. 刘尚希：《新预算法：约束政府行为的制度保障》，载于《中国财经报》2015 年 1 月 8 日。

54. 刘尚希：《公共风险视角下的公共财政》，经济科学出版社 2010 年版。

55. 刘晓路：《中国扩大内需的财政政策：一个长期视角》，中国人民大学出版社 2007 年版。

56. 楼继伟：《深化财税体制改革》，人民出版社 2015 年版。

57. 楼继伟：《中国政府间财政关系再思考》，中国财政经济出版社 2013 年版。

58. 楼继伟：《财税改革纵论（2014）——财税改革论文与调研报告文集》，经济科学出版社 2014 年版。

59. 楼继伟：《财政改革发展若干重大问题研究》，经济科学出版社 2014 年版。

60. 卢凤娟：《跨年度预算平衡机制对财政会计的影响及应对》，载于《中国农业会计》2015 年第 1 期。

61. 吕炜：《我们离公共财政有多远》，经济科学出版社 2005 年版。

62. 马蔡琛：《政府预算》（第二版），东北财经大学出版社 2018 年版。

63. 马蔡琛：《变革世界中的政府预算管理——一种利益相关方视角的考察》，中国社会科学出版社 2010 年版。

64. 马蔡琛等：《变革世界中的当代中国税制改革》，经济科学出版社 2017 年版。

65. 马蔡琛等：《中国社会性别预算改革：方法、案例及应用》，经济科学出版社 2014 年版。

66. 马蔡琛等：《社会性别预算：理论与实践》，经济科学出版社 2009 年版。

67. 马蔡琛：《现代预算制度的演化特征与路径选择》，载于《中国人民大学学报》2014 年第 5 期。

68. 马蔡琛：《基于长期历史变迁的中国国家治理模式研究》，载于《湖南财政经济学院学报》2015 年第 3 期。

69. 马蔡琛、张莉：《构建中的跨年度预算平衡机制：国际经验与中国现实》，载于《财政研究》2016 年第 1 期。

70. 马蔡琛、苗珊：《全球公共预算改革的最新演化趋势：基于 21 世纪以来的考察》，载于《财政研究》2018 年第 1 期。

71. 马蔡琛：《"营改增"背景下的分税制财政体制变革》，载于《税务研究》2013 年第 7 期。

72. 马蔡琛：《大国财政视野中的跨年度预算平衡机制》，载于《地方财政研究》2016 年第 1 期。

73. 马蔡琛：《公共财政安全预警机制的波段框架设计——基于短波，中波和长波预警的考察》，载于《经济纵横》2012 年第 11 期。

74. 马蔡琛：《论中国预算法的修订与政府理财的挑战》，载于《会计之友》2015 年第 9 期。

75. 马蔡琛：《市场经济国家的预算超收形成机理及其对中国的启示》，载于《财政研究》2008 年第 11 期。

76. 马蔡琛：《再论社会性别预算在中国的推广——基于焦作和张家口项目试点的考察》，载于《中央财经大学学报》2010 年第 8 期。

77. 马蔡琛：《政府预算过程中的分离制衡机制研究》，载于《经济纵横》2009 年第 8 期。

78. 马蔡琛：《基于评价主体视角的政府预算绩效管理改革》，载于《中国财政》2013 年第 18 期。

79. 马蔡琛：《跨年度预算平衡机制视野下的财政监督制度优化》，载于《财政监督》2014 年第 34 期。

80. 马蔡琛：《西方公共管理改革的比较与借鉴》，载于《社会科学》2002 年第 11 期。

81. 马蔡琛：《预算管理视野中的年终突击花钱问题——年终突击花钱的类型分布、形成机理及改革路径》，载于《华中师范大学学报》（人文社会科学版），2014 年第 6 期。

82. 马蔡琛：《预算绩效管理：现代公共财政的必由之路》，载于《中国财政》2011 年第 5 期。

83. 马蔡琛：《政府预算部门的行为特征及其治理结构》，载于《经济问题》2008 年第 10 期。

84. 马蔡琛、李宛姝：《后金融危机时代的政府预算管理变革——基于OECD 国家的考察》，载于《经济与管理研究》2016 年第 6 期。

85. 马蔡琛、隋宇彤：《预算制度建设中的财政预备费管理——基于国际比较的视角》，载于《探索与争鸣》2015 年第 10 期。

86. 马蔡琛、冯振：《公共预算博弈：零和游戏还是正向激励》，载于《人民论坛》2012 年第 11 期（中）。

87. 马蔡琛、冯振：《政府预算绩效评价中专家评价的行为经济学分析》，载于《经济纵横》2014 年第 1 期。

88. 马蔡琛、郭小瑞：《中期财政规划的预算决策行为分析——基于前景理论的考察》，载于《云南财经大学学报》2015 年第 1 期。

89. 马蔡琛、黄凤羽：《国家治理视野中的现代化财政制度——解读十八届三中全会〈决定〉中的深化财税体制改革问题》，载于《理论与现代化》2014 年第 3 期。

90. 马蔡琛、李璐：《"省管县"体制下的县级政府预算管理研究》，载于《经济纵横》2010 年第 8 期。

91. 马蔡琛、李宛姝：《中国政府会计准则体系的框架设计与路径选择——基于会计准则诸要素的国际比较视角》，载于《会计与经济研究》2016 年第 5 期。

92. 马蔡琛、苗珊：《基于角色压力理论的政府预算监督成本及其优化》，载于《河北学刊》2017 年第 2 期。

93. 马蔡琛、尚妍：《公共债务危机中的政府会计改革研究》，载于《经济纵横》2014 年第 12 期。

94. 马蔡琛、尚妍：《基于债务风险的政府或有负债会计信息披露：国际经验与中国现实》，载于《南京审计大学学报》2016 年第 5 期。

95. 马蔡琛、沈雁寒：《公共预算绩效提升的博弈分析——基于利益相关方互动影响的考察》，载于《云南财经大学学报》2012 年第 6 期。

96. 马蔡琛、孙利媛：《中国财政政策的顺周期性问题研究——基于预算平衡准则的实证考察》，载于《经济与管理研究》2015 年第 4 期。

97. 马蔡琛、童晓晴：《公共支出绩效管理的国际比较与借鉴》，载于《广东社会科学》2006 年第 2 期。

98. 马蔡琛、王亚欣：《预算公开："金砖国家"预算报告和审计结果之比较》，载于《河北学刊》2012 年第 6 期。

99. 马蔡琛、王亚欣：《"金砖国家"预算透明度的比较与启示——兼论预算透明度提升的动力机制》，载于《南京审计学院学报》2012 年第 6 期。

100. 马蔡琛、袁娇：《公共预算决策及时性的动态均衡分析——基于前景理论的考察》，载于《经济与管理研究》2017 年第 6 期。

101. 马蔡琛、袁娇：《中期预算改革：国际经验与中国现实》，载于《经济纵横》2016 年第 4 期。

102. 马蔡琛、张莉：《社会性别预算：中国公共预算改革的重要一维——亚洲模式及其挑战之借鉴》，载于《探索与争鸣》2013 年第 11 期。

103. 马蔡琛、张洺：《海峡两岸政府预算制度的比较研究》，载于《河北学刊》2014 年第 4 期。

104. 马蔡琛、张铁玲、孙利媛：《政府预算执行偏差的行为经济学分析》，载于《财经论丛》2015 年第 3 期。

105. 马蔡琛、赵灿：《公共预算遵从的行为经济学分析——基于前景理论的考察》，载于《河北学刊》2013 年第 4 期。

106. 马海涛、安秀梅：《公共财政概论》，中国财政经济出版社 2003 年版。

107. 马海涛：《新预算法与我国国库集中收付制度改革》，载于《中国财政》2015 年第 1 期。

108. 马寅初：《财政学与中国财政——理论与现实》，商务印书馆 2001 年版。

109. 孟春：《深化财税体制改革，推进国家治理体系现代化》，载于《中国经济时报》2015 年 3 月 23 日。

110. 米歇尔·布维耶：《"黄金法则"：通向公共预算平衡及削减公共债务的法律之路?》，载于《公共行政评论》2011 年第 6 期。

111. 倪红日：《中国经济新常态下财税改革的目标、路径以及面临的挑战》，载于《经济体制改革》2015 年第 1 期。

112. 宁向东：《公司治理理论》，中国发展出版社 2005 年版。

113. 牛美丽：《中国地方政府的零基预算改革——理性与现实的冲突和选择》，中央编译出版社 2010 年版。

114. 欧林宏等：《我国预算管理应实现从年度平衡到周期性平衡的跨越》，载于《市场论坛》2011 年第 2 期。

115. 欧文汉：《关于财政促进国家治理现代化的思考》，载于《财政研究》2015 年第 10 期。

116. 齐守印、王朝才：《非税收入规范化管理研究》，经济科学出版社 2009 年版。

117. 乔宝云、刘乐峥：《公共财政研究报告——中国政府间财政关系与财政风险分担职能》，中国财政经济出版社 2013 年版。

118. 邱泰如：《谈建立跨年度预算平衡机制》，载于《中国政府采购》2014 年第 6 期。

119. 邱泰如：《预算控制理论及我国预算控制模式》，载于《中共福建省党校学报》1999 年第 1 期。

120. 饶育蕾、张伦：《行为金融学》，复旦大学出版社 2005 年版。

121. 申相臣：《财经沙盘：兼地方财政综合管理与决策支持系统实证研究》，经济科学出版社 2010 年版。

122. 申相臣：《财权入笼》，中国财政经济出版社 2013 年版。

123. 盛洪、张宇燕：《旧邦新命：两位读书人漫谈中国与世界》，上海三联书店 2004 年版。

124. 世界银行：《超越年度预算：中期支出框架的全球经验》，中国财政经济出版社 2013 年版。

125. 宋雄伟：《英国"公共服务协议"治理方式解析》，载于《中国青年政治学院学报》2012 年第 4 期。

126. 苏明：《我国加强公共突发事件应急管理的财政保障机制研究》，载于《经济与管理研究》2008 年第 4 期。

127. 苏明：《财政现实问题研究》，经济科学出版社 2008 年版。

128. 孙天琦、杨岚、苗文龙：《中国财政政策是否具有顺周期性》，载于《当代经济科学》2010 年第 5 期。

129. 童伟：《抵御经济危机的国家安全气囊——俄罗斯财政预算稳定机制分析》，载于《俄罗斯中亚东欧研究》2010 年第 4 期。

130. 王朝才：《财政经济形势与财政改革》，载于《财会研究》2014 年第 6 期。

131. 王朝才等：《从对经济效率影响的视角谈我国增值税扩围方案的选择》，载于《财政研究》2012 年第 7 期。

132. 王传纶：《王传纶文集：跌跌撞撞往前行》，中国人民大学出版社 2002 年版。

133. 王德祥：《现代外国财政制度》，武汉大学出版社 2005 年版。

134. 王海涛：《我国预算绩效管理改革研究》，财政部财政科学研究所，2014 年第 6 期。

135. 王淑杰：《英国政府预算制度》，经济科学出版社 2014 年版。

136. 王熙：《美国预算制度变迁及其对中国的启示》，载于《中央财经大学学报》2010 年第 2 期。

137. 王银梅等：《分权制衡机制与政府预算约束》，载于《宏观经济研究》2015 年第 7 期。

138. 王雍君：《刍议跨年度预算平衡》，载于《财政监督》2015 年第 7 期。

139. 王雍君：《中国公共预算改革：从年度到中期基础》，经济科学出版社 2011 年版。

140. 王志刚：《中国财政政策反周期性效果：基于 1978 年以来的经验事实》，载于《财政研究》2010 年第 11 期。

141. 谢增毅：《德国〈经济稳定与增长促进法〉及其新启示》，载于《当代法学》2002 年第 3 期。

142. 徐西栋：《跨年度预算平衡机制在殡仪馆的应用》，载于《中国集体经济》2015 年第 28 期。

143. 许安拓：《预算权的相互制衡是我国行政管理体制改革的关键》，载于《中国行政管理》2009 年第 2 期。

144. 闫坤：《构建财政逆周期宏观调控框架解决财政政策顺周期问题》，载于《中国财政》2015 年第 20 期。

145. 闫坤、马蔡琛：《我国公共财政体系演进轨迹与总体方略》，载于《改革》2013 年第 10 期。

146. 闫坤、程瑜：《硬化支出约束以新预算法为基础构建现代预算制度》，载于《中国财政》2015 年第 1 期。

147. 闫晓燕、徐卫：《OECD 国家预算编制新模式》，载于《中国财政》2009 年第 6 期。

148. 杨玉霞、谢晓光：《韩国财政预算管理体制考察及启示》，载于《东北亚论坛》2012 年第 6 期。

149. 杨志勇：《关于新预算法四个问题的探讨》，载于《南方金融》2014 年第 11 期。

150. 姚继刚：《关于建立跨年度预算平衡机制的思考》，载于《行政事业资产与财务》2014 年第 1 期。

151. 尹中卿：《加强和改进预决算审查监督的重点》，载于《中国人大》2015 年第 1 期。

152. 于兵：《天津市进行标准周期预算管理改革的实践与展望》，载于《中国财政》2013 年第 8 期。

153. 张国庆：《进步时代》，中国人民大学出版社 2013 年版。

154. 张炭：《后危机时代的韩国预算改革：通往财政可持续之路》，载于《公共行政评论》2014 年第 3 期。

155. 张晋武：《欧美发达国家的多年期预算及其借鉴》，载于《财政研究》2001 年第 10 期。

156. 张明：《我国跨年度预算平衡机制的理论与实践分析》，载于《财政监督》2015 年第 5 期。

157. 张文彬、童笛：《财政分权和地方财政收支的周期性行为：1979 –
2006》，载于《兰州学刊》2009 年第 5 期。

158. 张馨：《公共财政论纲》，经济科学出版社 1999 年版。

159. 张玉周：《中期财政规划编制的国际经验及启示》，载于《财政研
究》2015 年第 6 期。

160. 张占斌：《大国经济的治理》，国家行政学院出版社 2014 年版。

161. 赵早早：《澳大利亚政府预算改革与财政可持续》，载于《公共行政
评论》2014 年第 1 期。

162. 郑建新：《关于推进财税体制改革的思考》，载于《湖南财政经济学
院学报》2014 年第 5 期。

163. 郑新立、梁云凤：《公共产品价值补偿与现代财政制度构建》，载于
《中央财经大学学报》2014 年第 7 期。

164. 中国社会科学院财政与贸易经济研究所课题组：《科学发展观：引领
中国财政政策新思路》，中国财政经济出版社 2004 年版。

165. Chief Financial Officer's Department. Multi-Year Business Planning and
Budgeting Policy for The City of Calgary, Effective Date：2005 January 31，and a-
mended 2008 January 14 and amended 2012 April 9.

166. Citizen Summary：Business Plans and Budgets 2012 – 2014.

167. Commonwealth of Australia. Mid-Year Economic and Fiscal Outlook（2012 –
2013）［R］. 2012. http：//budget. gov. au/2012 – 13/content/myefo/html/.

168. County of Mendocino Executive Office. FY 2009 – 10 – FY2012 Budget
Balancing Strategy. December 8，2009.

169. David L. Bevan and Geremia Palomba. The Ugandan Budget and Medium
Term Expenditure Framework Set in a Wider Context ［R］. 2000：21 –22，30 – 34.

170. David L. Bevan. The Budget and the Medium Term Expenditure Frame-
work in Uganda ［R］. 2001.

171. Debrun, Kinda. Strengthening Post-Crisis Fiscal Credibility—Fiscal Coun-
cils on the Rise. A New Dataset ［R］. IMF Working Papers, 2014, No. 58.

172. Elizabeth C. McNichol, Vincent Palacios, Nicholas Johnson. Budgeting

for the Future: Fiscal Planning Tools Can Show the Way, February 2014.

173. Elizabeth Muggeridge, Mozambique: Assistance with the Development of a Medium Term Expenditure Framework [R]. June 1997: 12.

174. Erik J. Lundback. Medium-Term Budgetary Frameworks-Lessons for Austria from International Experience [R]. IMF Working Papers, 2008, No. 163.

175. Fiess M. Chile's fiscal rule [M]. World Bank, Washington, D. C. 2002.

176. Frankel J A, Schreger J. Over-optimistic Official Forecasts in the Eurozone and Fiscal Rules [R]. NBER Working Papers, 2012, No. 18283.

177. Frankel J A, Vegh C A. Vuletin G, On Graduation from Fiscal Procyclicality [J]. Journal of Development Economics, 2013 (100): 32 – 47.

178. Frankel J A. A Solution to Fiscal Procyclicality: The Structural Budget Institutions Pioneered by CHILE [J]. Journal Economía Chilena, 2011 (14): 39 – 78.

179. Gavin M, Perotti R. Fiscal Policy in Latin America [J]. NBER Macroeconomics, 1997 (12): 11 – 72.

180. Gfoa. Inflationary Indices in Budgeting [R]. 2010.

181. Gosta Ljungman. The Medium-Term Fiscal Framework in Sweden [J]. OECD Journal on Budgeting, 2007, 6 (3): 1 – 17.

182. Holly Sun. Improving the Effectiveness of Multi-Year Fiscal Planning [J]. Government Finance Review. February 2014.

183. Holmes, M. , and A. Evans. A Review of Experience in Implementing Medium-Term Expenditure Frameworks in a PRSP Context: A Synthesis of Eight Country Studies [R]. Overseas Development Institute, London, 2003.

184. Isabelle Joumard, Per Mathis Kngsrud, Young-Sook Nam and Robert Price, Enhancing the Cost Effectiveness of Public Spending: Experience in OECD Countries [J]. OECD Economic Studies, 2003 (2).

185. Jon R. Blondal, Danianlel Bergvall, Ian Hawkesworth. Rex Deighton-Smith. Budgeting in Australia [J]. OECD Journal on Budgeting, 2008, 8 (2): 1 – 64.

186. Jón R. Blöndal. Budgeting in Singapore [J]. OECD Journal on Budgeting, 2006, 6 (1): 51 – 52.

187. Jorge R C. , Carla T R. , Alejandra V C. Structural Balance Policy in

Chile [J]. OECD Journal on Budgeting, 2007 (7): 59 – 92.

188. Kahneman D, Tversky A. Prospect Theory: An Analysis of Decision under Risk [J]. Econometrica: Journal of the Econometric Society, 1979, 47 (2): 263 – 291.

189. Kanayo Ogujiuba, Benedict Ezema, Omoju Sola. Medium Term Expenditure and Fiscal Management in Nigeria: A Review of the (2005 – 2008) Framework [J]. Journal of Economics and Behavioral Studies, Vol. 5, No. 5, 2013: 298, 299.

190. Keiko Honjo. The Golden Rule and the Economic Cycles, IMF working paper August 2007.

191. Kopits G. Independent Fiscal Institutions: Developing Good Practices [J]. OECD Journal of Budgeting, 2011, 11 (3): 1 – 18.

192. L. Brooks Patterson. Recommended Budget FY2016-FY2018 Budget and General Appropriations Act, July 1, 2015.

193. L. F. Jameson Boex. Jorge Martinez-Vazquez and Robert M. McNab. Multi-Year Budgeting: A Review of International Practices and Lessons for Developing and Transitional Economies [J]. Public Budgeting &Finance/Summer 2000.

194. Le Houerou and Taliercio. Medium-Term Expenditure Frameworks: From Concept to Practice (Preliminary Lessons from Africa) [R]. Africa Region Working Paper 28, World Bank, Washington, DC, 2002: 19.

195. Lee Y. Sung A. Fiscal Policy, Business Cycles and Economic Stabilisation: Evidence from Industrialised and Developing Countries [J]. Fiscal Studies, 2007 (28): 437 – 462.

196. Leszek Kasek, David Webber. Performance-Based Budgeting and Medium-Term Expenditure Frameworks in Emerging Europe [M]. The World Bank, 2009: 215.

197. Mario Marcel. Budgeting for Fiscal Space and Government Performance beyond the Great Recession [J]. OECD Journal on Budgeting, 2014, 13 (2): 7 – 47.

198. Marten Blix. Fiscal Rules and the Budgetary Framework in Sweden [R]. http://www. oecd. org/mena/governance/44909294. pdf.

199. Megan Suzanne Lynch. Budget Process Reform: Proposals and Legislative Actions in 2012. CRS Report for Congress, 2012.

200. Mfandaedza Hove and Andy Wynne. The Experience of MTEF and Intergrated Financial Management Information System Refroms in Sub-Africa-What is the Balance Sheet? [R]. Occasional Paper, 2010, No. 9: 18.

201. Mikesell, J. L. Fiscal Administration: Analysis and Applications for the Public Sector. 9th ed, Boston: Wadsworth, Cengage Learning, 2014.

202. Ministry of Strategy and Finance. The budget System of Korea [R]. 2014: 12.

203. OECD. OECD Economic Surveys: Czech Republic 2010, OECD Publishing, 2010.

204. Park, N. & Choi, J. Making Performance Budgeting Reform Work: A Case Study of Korea [R]. Policy Research Working Paper of World Bank, 2013.

205. QAG (Quality Assurance Group). Improving Public Sector Governance Portfolio: Quality Enhancement Review [R]. QAG, World Bank, Washington, DC, 2008.

206. Razvan Vlaicu, Marijn Verhoeven, Francesco Grigoli, Zachary Mills. Multiyear Budgets and Fiscal Performance: Panel Data Evidence [J]. Journal of Public Economics, March 2014.

207. Richard Allen. Reforming Fiscal Institutions: The Elusive Art of the Budget Advisor [J]. OECD Journal on Budgeting, 2008, 8 (3): 1 –9.

208. Richard Hughes. Performance Budgeting the UK: 10 Lessons from a Decade of Experience. http: //siteresources. worldbank. org/INTMEXICO/Resources/1 – 4RichardHughesFinal. pdf.

209. Robert Hagemann. How Can Fiscal Councils Strengthen Fiscal Performance? [J]. OECD Journal: Economic Studies, 2011, 2011 (1): 1 –24.

210. Robin Gadbled. Constitutional Change Through Euro Crisis Law: "France" [R]. http: //eurocrisislaw. eui. eu/country/france/topic/budgetary-process-changes/, 2014.

211. Schick, A. Post-Crisis Fiscal Rules: Stabilising Public Finance while Re-

sponding to Economic Aftershocks [J]. OECD Journal on Budgeting, 2010 (10).

212. Sobel, Russell S. , and Randall G. Holcombe. The Impact of State Rainy Day Funds in Easing State Fiscal Crises During the 1990 – 1991 Recession [J]. Public Budgeting and Finance 16 No. 3 (Fall, 1996): 28 – 48.

213. Talvi E, Vegh C A. Tax Base Variability and Procyclical Fiscal Policy in Developing Countries [J]. Journal of Development Economics, 2005 (78): 156 – 190.

214. Thornton J. Explaining Procyclical Fiscal Policy in African Countries [J]. Journal of African Economies, 2008 (17) : 451 – 464.

215. Torben Hansen, Majdeline EL Rayess, Tim Irwin, Johann Seiwald, Fiscal Transparency Evaluation [R]. IMF Country Report, 2015, No. 60.

216. Tversky A, Kahneman D. Advances in Prospect Theory: Cumulative Representation of Uncertainty [J]. Journal of Risk and Uncertainty, 1992, 5 (4): 297 – 323.

217. Velasco A. Fiscal Policy and the Reaction to Shocks: Some Theory and the Experience of Chile [R]. 2007.

218. Wildavsky, A. Budgeting: A Comparative Theory of Budgetary Processes, New Brunswick [M]. NJ: Transaction Books, 1986.

219. World Bank. Beyond the Annual Budget-Global Experience with Medium-Term Expenditure Frameworks [J]. International Bank for Reconstruction and Development, The World Bank, Washington, D. C. , 2013: 27.

220. World Bank. Malawi-Public Expenditures: Issues and Options [R]. Washington, D. C. , 2001: 8.

221. World Bank. Minding the Gaps: Integrating Poverty Reduction Strategies and Budgets for Domestic Accountability [R]. World Bank, Washington, D. C. , 2007.

222. World Bank. Mozambique: Public Expenditure Management Review [R]. Washington, D. C. , 2001: 17.

223. World Bank. Performance Management (PM) in Russia [R]. World Bank Policy Note prepared for the Ministry of Economic Development of the Russian Federation. World Bank, Washington, D. C. , January, 2011.

224. X. Debrun, T. Kinda, T. Curristine, L. Eyraud, J. Harris, J. Seiwald. The Functions and Impact of Fiscal Councils [R]. IMF Policy Paper, July 16, International Monetary Fund, Washington, D. C. , 2013 (6): 11 –13, 51.

225. Zsolt Darvas. The Impact of the Crisis on Budget Policy in Central and Eastern Europe [J]. OECD Journal on Budgeting, 2010, 10 (1): 1 –42.

图书在版编目（CIP）数据

山坳上的中国政府预算改革：变革世界中的现代预算制度／马蔡琛等著 . —北京：经济科学出版社，2018.9
（财政与国家治理系列丛书）
ISBN 978 - 7 - 5141 - 9742 - 6

Ⅰ . ①山… Ⅱ . ①马… Ⅲ . ①国家预算 - 财政管理体制 - 经济体制改革 - 研究 - 中国 Ⅳ . ①F812.3

中国版本图书馆 CIP 数据核字（2018）第 212375 号

责任编辑：齐伟娜 赵 芳
责任校对：靳玉环
责任印制：李 鹏

山坳上的中国政府预算改革
——变革世界中的现代预算制度
马蔡琛 等著
经济科学出版社出版、发行 新华书店经销
社址：北京市海淀区阜成路甲 28 号 邮编：100142
总编部电话：010 - 88191217 发行部电话：010 - 88191522
网址：www. esp. com. cn
电子邮件：esp@ esp. com. cn
天猫网店：经济科学出版社旗舰店
网址：http：//jjkxcbs. tmall. com
北京季蜂印刷有限公司印装
787 × 1092 16 开 23.5 印张 380000 字
2018 年 12 月第 1 版 2018 年 12 月第 1 次印刷
ISBN 978 - 7 - 5141 - 9742 - 6 定价：82.00 元
（图书出现印装问题，本社负责调换。电话：010 - 88191510）
（版权所有 侵权必究 打击盗版 举报热线：010 - 88191661
QQ：2242791300 营销中心电话：010 - 88191537
电子邮箱：dbts@ esp. com. cn）